Editor / Herausgeber:
Prof. Salomon Klaczko-Ryndziun, Frankfurt a. M.
Co-Editors / Mitherausgeber:
Prof. Ranan Banerji, Temple University, Philadelphia
Prof. Jerome A. Feldman, University of Rochester, Rochester
Prof. Mohamed Abdelrahman Mansour, ETH, Zürich
Prof. Ernst Billeter, Universität Fribourg, Fribourg
Prof. Christof Burckhardt, EPF, Lausanne
Prof. Ivar Ugi, Technische Universität München
Prof. King-Sun Fu, Purdue University, West Lafayette
Prof. Gerhard Fehl, R.W.T.H., Aachen
Dr.-Ing. Ekkehard Brunn, Universität, Dortmund

Interdisciplinary Systems Research
Analysis — Modeling — Simulation

The system science has been developed from several scientific fields: control and communication theory, model theory and computer science. Nowadays it fulfills the requirements which Norbert Wiener formulated originally for cybernetics; and were not feasible at his time, because of insufficient development of computer science in the past.

Research and practical application of system science involve works of specialists of system science as well as of those from various fields of application. Up to now, the efficiency of this co-operation has been proved in many theoretical and practical works.

The series 'Interdisciplinary Systems Research' is intended to be a source of information for university students and scientists involved in theoretical and applied systems research. The reader shall be informed about the most advanced state of the art in research, application, lecturing and metatheoretical criticism in this area. It is also intended to enlarge this area by including diverse mathematical modeling procedures developed in many decades for the description and optimization of systems.

In contrast to the former tradition, which restricted the theoretical control and computer science to mathematicians, physicists and engineers, the present series emphasizes the interdisciplinarity which system science has reached until now, and which tends to expand. City and regional planners, psychologists, physiologists, economists, ecologists, food scientists, sociologists, political scientists, lawyers, pedagogues, philologists, managers, diplomats, military scientists and other specialists are increasingly confronted or even charged with problems of system science.

The ISR series will contain research reports — including PhD-theses — lecture notes, readers for lectures and proceedings of scientific symposia. The use of less expensive printing methods is provided to assure that the authors' results may be offered for discussion in the shortest time to a broad, interested community. In order to assure the reproducibility of the published results the coding lists of the used programs should be included in reports about computer simulation.

The international character of this series is intended to be accomplished by including reports in German, English and French, both from universities and research centers in the whole world. To assure this goal, the editors' board will be composed of representatives of the different countries and areas of interest.

Interdisziplinäre Systemforschung
Analyse — Formalisierung — Simulation

Die Systemwissenschaft hat sich aus der Verbindung mehrerer Wissenschaftszweige entwickelt: der Regelungs- und Steuerungstheorie, der Kommunikationswissenschaft, der Modelltheorie und der Informatik. Sie erfüllt heute das Programm, das Norbert Wiener mit seiner Definition von Kybernetik ursprünglich vorgelegt hat und dessen Durchführung zu seiner Zeit durch die noch ungenügend entwickelte Computerwissenschaft stark eingeschränkt war.

Die Forschung und die praktische Anwendung der Systemwissenschaft bezieht heute sowohl die Fachleute der Systemwissenschaft als auch die Spezialisten der Anwendungsgebiete ein. In vielen Bereichen hat sich diese Zusammenarbeit mittlerweile bewährt.

Die Reihe «Interdisziplinäre Systemforschung» setzt sich zum Ziel, dem Studenten, dem Theoretiker und dem Praktiker über den neuesten Stand aus Lehre und Forschung, aus der Anwendung und der metatheoretischen Kritik dieser Wissenschaft zu berichten. Dieser Rahmen soll noch insofern erweitert werden, als die Reihe in ihren Publikationen die mathematischen Modellierungsverfahren mit einbezieht, die in verschiedensten Wissenschaften in vielen Jahrzehnten zur Beschreibung und Optimierung von Systemen erarbeitet wurden.

Entgegen der früheren Tradition, in der die theoretische Regelungs- und Computerwissenschaft auf den Kreis der Mathematiker, Physiker und Ingenieure beschränkt war, liegt die Betonung dieser Reihe auf der Interdisziplinarität, die die Systemwissenschaft mittlerweile erreicht hat und weiter anstrebt. Stadt- und Regionalplaner, Psychologen, Physiologen, Betriebswirte, Volkswirtschafter, Ökologen, Ernährungswissenschafter, Soziologen, Politologen, Juristen, Pädagogen, Manager, Diplomaten, Militärwissenschafter und andere Fachleute sehen sich zunehmend mit Aufgaben der Systemforschung konfrontiert oder sogar beauftragt.

Die ISR-Reihe wird Forschungsberichte — einschliesslich Dissertationen —, Vorlesungsskripten, Readers zu Vorlesungen und Tagungsberichte enthalten. Die Verwendung wenig aufwendiger Herstellungsverfahren soll dazu dienen, die Ergebnisse der Autoren in kürzester Frist einer möglichst breiten, interessierten Öffentlichkeit zur Diskussion zu stellen. Um auch die Reproduzierbarkeit der Ergebnisse zu gewährleisten, werden in Berichten über Arbeiten mit dem Computer wenn immer möglich auch die Befehlslisten im Anhang mitgedruckt.

Der internationale Charakter der Reihe soll durch die Aufnahme von Arbeiten in Deutsch, Englisch und Französisch aus Hochschulen und Forschungszentren aus aller Welt verwirklicht werden. Dafür soll eine entsprechende Zusammensetzung des Herausgebergremiums sorgen.

ISR 72

Interdisciplinary Systems Research
Interdisziplinäre Systemforschung

Ching Y. Suen

Computational Analysis of Mandarin

Springer Basel AG 1979

CIP-Kurztitelaufnahme der Deutschen Bibliothek

Suen, Ching Y.:
Computational analysis of Mandarin / Ching Y.
Suen. — Basel, Boston, Stuttgart: Birkhäuser,
1979.
  (Interdisciplinary systems research; 72)

ISBN 978-3-7643-1114-8   ISBN 978-3-0348-6555-5 (eBook)
DOI 10.1007/978-3-0348-6555-5

All Rights Reserved. No part of this publication may be reproduced, stored in
a retrieval system, or transmitted, in any form or by any means, electronic,
mechanical, photocopying, recording or otherwise, without the prior permission
of the Copyright owner.

© Springer Basel AG 1979
Originally published by Birkhäuser Verlag Basel in 1979.

Preface

This book deals with the linguistic properties of Mandarin. Much of the material presented was derived from a computational analysis of a very large corpus consisting of over 750,000 samples obtained from Chinese textbooks, newspapers, student compositions, outside reading and radio broadcasts. This corpus was transcribed by the computer into phonemic syllables using a set of phonetic rules developed by the author. The analysis yields a classification and rank distribution of all the speech sounds, the phonetic properties, frequency distribution of symbols, phonemes, and syllables of Mandarin. In addition, the frequency of joint occurrences of symbols and phonemes are presented and compared. The entire corpus, ranked in both descending order and order of phonetic symbol groups, is included at the end of this book for reference purposes. The technique used and the results derived from this analysis should be useful to linguists, scientists working on computational and speech studies, psychologists, communication engineers, teachers, students and researchers of Mandarin, as well as sinologists and scholars interested in oriental studies.

Many people have provided valuable assistance during the preparation of this book. The author wishes to thank Professor K.S. Fu of Purdue University for helpful discussions and suggestions and Professor S. Klaczko, editor of the ISR Series, for constructive comments. Many statistical tables in this book were prepared by programs written by J. Bauer and C.C. Kwan using the CDC 6400 computing facilities at Concordia University. The cooperation of L. Thiel, and support of I. Fuchs and the staff of the Concordia University Computer Centre are much appreciated. The author is indebted to Chung Hwa Book Co. Ltd., Taiwan, for their generous permission to use the data published in their book on the frequency distribution of Chinese characters and sounds and in particular, to the cooperation rendered by Miss S.M. Sun. The author also wishes to thank his wife Ling for assistance and support throughout the preparation of this book.

    Ching Y. Suen
    Dept. of Computer Science
    Concordia University
    Montreal, Canada H3G 1M8

April, 1979

Contents

	Preface	5
1.	**Introduction**	9
1.1	Spoken and Written Languages	9
1.2	Automatic Transcription and Analysis of Spoken Languages	9
1.3	The Chinese Language	10
1.4	Characteristics of Mandarin	11
1.4.1	Phonetic System and Symbols Used	11
1.4.2	Table of Mandarin Sounds	12
1.4.3	Distribution of Sounds According to Initials and Finals	12
2.	**Computational Analysis and Methodology**	12
2.1	Data Base	12
2.1.1	Sources of Material	13
2.2	Computations	13
2.2.1	Analysis of the Corpus	13
2.3	Frequency and Rank Distribution of Syllables	14
2.3.1	Frequency vs Rank of the Syllables of the Entire Corpus	14
2.3.2	Percent Proportion of the First 10, 100, 1000 Syllables	14
2.3.3	The 20 Syllabic Types, Syllables and Characters Occurring Most Frequently in the Corpus	15
3.	**Frequency and Percent Frequency Distribution of Phonetic Symbols (PS) and PS-Syllables**	16
3.1	Frequency and Percent Frequency Distribution and Rank Order of Phonetic Symbols	16
3.2	Frequency and Percent Frequency Distribution of Digrams and Trigrams	16
3.3	Frequency and Percent Frequency Distribution of Syllables	16
3.4	Frequency and Percent Frequency Distribution of 1-PS, 2-PS and 3-PS Syllables	16
3.5	Relative Percent Proportion of Tones	17
4.	**Rules Converting PS-Syllables into Phonemic Syllables**	17
4.1	Rule 1: Syllables Consisting of Only One Phonetic Symbol	18
4.2	Rule 2: Syllables Consisting of Two or More Phonetic Symbols	18
4.3	Rule 3: Remaining Symbols	19
4.4	Correspondence between PS-Syllables and Phonemic Syllables	19

5.	**Frequency and Percent Frequency Distribution of Phonemes and Syllables**	20
5.1	Frequency and Percent Frequency Distribution and Rank Order of Phonemes	20
5.2	Frequency and Percent Frequency Distribution of Diphones, Triphones and Tetraphones	20
5.3	Frequency and Percent Frequency Distribution of Syllables	21
5.4	Frequency and Percent Frequency Distribution of Single-Phoneme, Double-Phoneme, Triple-Phoneme and Quadruple-Phoneme Syllables	21
6.	**Corpus**	22
7.	**References**	22
8.	**List of Tables**	23

1. Introduction

1.1 Spoken and Written Languages

Language is the most important means of human communication. It is expressed in different forms: verbal, written, and to a lesser extent, gestures. After thousands of years of evolution and refinement, both oral and written languages are now highly developed.

Immense efforts have been devoted to the statistical studies of languages. Studies on the frequency distribution of linguistic elements of the written language are useful in the preparation of elementary textbooks, dictionaries, language behaviour analyses and curriculum developments. On the other hand, similar studies on the spoken language have attracted the interests of professionals from diverse disciplines, e.g.,

1. Linguists wish to find out the relationships between written and spoken languages, their developments, analyses and comparisons.
2. Computer scientists are interested in applying the computer to analyze languages and language units; the previous lack of computing facilities had forced many pioneers to spend years of effort in the counting exercise. Their other interests include automatic recognition and synthesis of speech.
3. Speech therapists are required to know the properties of speech in order to train and correct people with verbal and hearing communication disorders.
4. Communication and acoustical engineers need analytic quantitative data of speech sounds to design communication equipment, (e.g., telephone, audio and hi-fi equipment) in order to produce equipment most suitable for the transmission and reproduction of speech signals.
5. Stenographers, phonetic-typists, and telegraphers are interested in knowing the frequency distribution of speech sounds to encode efficiently the spoken language in written form.
6. Phoneticians, educators, and psychologists are concerned with the production, acquisition, and perception of spoken sounds.
7. Language instructors and students require phonetic information to teach and learn a language efficiently and effectively.

1.2 Automatic Transcription and Analysis of Spoken Languages

Although there are a vast number of important applications in the study of quantitative properties of speech, statistical analyses, in the past, have been heavily biased towards the study of written symbols and words rather than phonemes and syllables. The main reason for this pitfall is due to the extremely labourious process for collecting and transcribing large quantities of speech data. To overcome this, the author proposes the development of phonetic rules suitable for application on existing data on the written languages to produce quantitative data on the spoken languages. Since statistical data on written languages are readily available or can be easily compiled, this method will greatly facilitate the derivation of statistical data of spoken sounds. Using this technique on a corpus of over 750,000 samples derived from a book on the frequency distribution of Chinese characters, the author produced some statistical data on the properties of all the speech sounds in Mandarin, the official language spoken in China.

1.3 The Chinese Language

This section presents only a brief overview of the Chinese language. The readers are referred to references listed at the end of this book for a full treatment of the subject.

It is well-known that Chinese, being a hierglyphic language, is very different from Western languages. Chinese characters give people the impression of a picture. The characters are built from a combination or permutation of about 220 basic patterns, known as radicals. Chinese characters can be classified into the following categories [e.g., Wilder et al., Wang]:

1. Imitative symbols or pictures – which portray the shapes of objects.
2. Indicative symbols – which point to things and affairs.
3. Logical combinations – which contain radicals each of which has a meaning relevant to the meaning of the character as a whole.
4. Phonetic combinations – which contain a sound component of the character and another component which signifies the meaning.
5. Extensions or abstractions – which give the meaning of a character through deductions or interpretations.
6. False borrowing – the use of a character in a different sense.

Unlike Western languages whose pronunciations are all based on spelling, the pronunciation of a Chinese character is often not conspicuous even though most Chinese characters are derived from "phonetic combinations". Further, some are not pronounced according to their sound components due to evolution and other reasons. This problem is encountered by all learners of the Chinese language. It is not surprising to find that many missionaries and foreign visitors in China in the early days had to invent their own romanization systems to indicate the sounds of Chinese characters. Some of these systems will be described in the next section. To complicate matters, the same Chinese character is not necessarily pronounced the same way in different parts of China due to the existence of many regional dialects. These dialects are so different from each other that it is virtually impossible for example, for a Cantonese to understand a Pekinese and vice versa if they do not know each other's dialect. It is of interest to note that on the contrary, they can communicate in writing since there is only one written version of the Chinese language.

In a broad sense, Chinese dialects can be classified into the following groups [L. Wang, Chao, Kratochvil]

1. Mandarin dialects – spoken in Peking, the north, central and south-western parts of China, covering more than two-thirds of the Chinese population and territory.
2. Wu dialects – spoken in Shanghai and Chekiang.
3. Min dialects – spoken in Taiwan, Fukien and neighbouring regions.
4. Cantonese dialects – spoken in Canton, Hong Kong and Kwangtung.
5. Hakka dialects – spoken in the northern region of Kwangtung and neighbouring areas.

Several movements started at the beginning of this century to reform and unify the

Chinese language. As a result, Mandarin, the predominant dialect spoken in the whole country and the language spoken in the capital, Peking, was chosen as the official spoken language of China. This language is now commonly spoken throughout China. Its sound system will be described.

1.4 Characteristics of Mandarin

1.4.1 Phonetic System and Symbols Used

The sound system of Mandarin can be represented by the 37 phonetic symbols (ㄓ ㄨˋ ㄐ|ˉ ㄈ ㄨˊ ㄏ ㄠˋ , or Ju̇ Inˉ Fu′ Hau̇ in Roman transcription [Chao, Huang]) established in 1918. Since the turn of this century, quite a number of systems have been developed to write Mandarin in Roman transcription in order to facilitate the learning of the Chinese language and characters. Five phonetic systems are presented in Table 1.1, viz., the new system used in this study, JIFH, IPA, CPA and Yale. The first system was developed by the author in order to provide the unique transcription of the phonetic symbols for computer input and output of data. It has also been designed in such a way that an English-speaking person will find it easy to pronounce the Mandarin syllables when written in this system. The JIFH system and the CPA (Chinese Phonetic Alphabet, also known as Pinyin) system, were developed in China in 1918 and 1957 respectively. The IPA system represents the transcription of the JIFH system in International Phonetic Alphabet [IPA]. The Yale system was developed at Yale University and is described in the Dictionary of Spoken Chinese (see ref. 4).

Mandarin symbols can be classified into consonants, vowels, semi-vowels and diphthongs. A Mandarin syllable is composed of 1 to 3 of these phonetic symbols. The first symbol is usually a consonant. The syllabic structure of Mandarin can be illustrated as follows:

Syllabic Structure	Example
1. Vowel	/A/
2. Diphthong	/EI/
3. Triphthong	/I AU/
4. Vowel + Nasal	/AN/
5. Diphthong + Nasal	/I ANG/
6. Consonant + Vowel	/B O/
7. Consonant + Diphthong	/P AU/
8. Consonant + Triphthong	/M I AU/
9. Consonant + Vowel + Nasal	/R UN/
10. Consonant + Diphthong + Nasal	/L I ANG/

Associated with each Mandarin syllable is a tone which gives the musical quality. It is normally denoted by a diacritical mark as shown below. A tone specifies the pitch contour of the syllable. There are five tones in Mandarin and they can be described as follows [Mathews]:

Tone	Description	Pitch
1. -	high level	55
2. ´	high rising	35
3. ˇ	low rising	214
4. `	high falling to low	51
5. ·	neutral	5

For example, the syllable /WOˇ/, meaning 'I' in English, has a low rising tone. Since there are only about 400 different syllables in the whole Mandarin language, the tone is crucial in signifying the distinctive meaning of words.

1.4.2   Table of Mandarin Sounds

Very often, Chinese syllables are also considered to have 3 constituents: the initial, the final and the tone. The initial is the sound with which a syllable begins, it may be a consonant or a vowel. The final could be a vowel, diphthong, triphthong, vowel plus nasal, or diphthong plus nasal. According to the above classification, there are 22 initials and 37 finals in Mandarin. Not all combinations of initials and finals will give a Mandarin syllable. In fact, only about half (402 in the present study) of the 814 possible combinations exist in the Mandarin language. Also, not all syllabic types have the full range of tones. The Mandarin sounds analyzed in this study are presented in Table 1.2. The numbers 1 to 5 in this table indicate the existence of the tone associated with the corresponding syllable. On the average, each syllabic type takes about 3 tones. The 402 syllabic types make up a total of 1,153 distinct sounds in Mandarin. It is estimated that there are less than 1,200 distinct sounds in the whole Mandarin language.

1.4.3   Distribution of Sounds According to Initials and Finals

Distributions of Mandarin sounds according to initials and finals are shown in Tables 1.3 and 1.4 respectively. Non-consonantal initials make up 10% of the total number of distinct syllables while the consonantal initials make up 90%. As can be seen from the tables, only 15 out of 1,153 sounds are pronounced with the neutral tone.

2.   Computational Analysis and Methodology

2.1   Data Base

The data base used in this study was derived from 'A Study on the High Frequency Words used in Chinese Elementary School Reading Materials' published in Taiwan (see ref.1). The entire corpus consists of 753,941* occurrences of 4,864 Chinese characters. These characters were assembled, analyzed and rank ordered by a Committee appointed by the Education Department of Taiwan. Charged with the task of studying the frequency of Chinese characters occurring in materials used in elementary schools, the Committee was composed of 15 experts who specialized in the Chinese language, Mandarin, education, psychology and statistics. Due to the lack of copying machines and computers at that time, almost the entire study was carried out manually over a period of 4 years. To date, this data base represents one of the most extensive and systematic studies on high frequency Chinese characters.

*The total stated in ref.1 is 753, 940, while the total computed in the present study is 753,941. Even though the discrepancy is exceedingly small (0.00013%), the author went through all the data tabulated in ref.1 in detail in order to investigate the possible sources of error. In this respect, the author found several possible errors in the original data. However, the exact error could not be identified because of the absence of the original data. Since the data were calculated manually in the original study, and many cross-checks have been performed in the present investigation to verify the figures, the author could only conclude that 753,941 is more likely to be correct.

2.1.1 Sources of Material

The corpus was assembled from the following sources:

1. Newspapers

   About 29% of the samples were collected from a popular newspaper suitable for reading by school children.

2. Elementary Text Books

   About 31% of the samples were collected from elementary school texts covering a wide variety of subjects.

3. Essays Written by School Children

   About 6.7% of the samples were collected from essays written by school children of different grades from several elementary schools.

4. Outside Readers

   About 19.3% of the samples were collected from popular books for outside reading by school children.

5. Radio Broadcasts

   About 7.3% of the samples were collected from children's programs broadcasted by various radio stations.

6. Readers Used in Adult Education

   About 6.7% of the samples were collected from text books used for teaching adult illiterates.

2.2 Computations

In this study, the words of the above corpus were transcribed into syllables using the phonetic symbols presented in Table 1.1. All data were punched on cards for reading into a CDC-6400 computer for processing. Each card contains the identification number of the syllable, the composition of its phonetic symbols, frequency of occurrence and tone associated with it. Compilation of tables and figures was obtained mainly with the aid of computer programs. The transcribed corpus is presented in Table 6.1.

2.2.1 Analysis of the Corpus

The rank, frequency and percent frequency distributions of all syllables, tones, phonetic symbols (to be abbreviated as PS) and their combinations are tabulated. A set of rules has been developed to convert PS-syllables into phonemic syllables by the computer. After this phonemic conversion, the rank, frequency and percent frequency distributions of syllables, phonemes and their combinations are tabulated and compared.

2.3 Frequency and Rank Distribution of Syllables

The frequency and rank distribution of the entire corpus of 4,864 syllables are illustrated in Fig. 2.1. Also analyzed are the percent proportion of the syllables, and the frequency and rank of the 402 syllabic types.

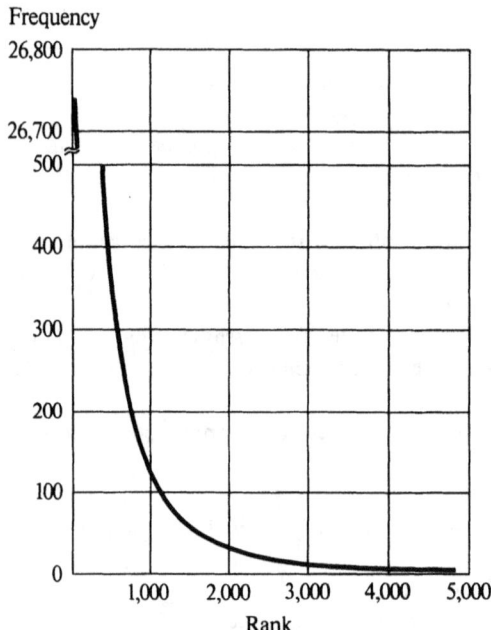

Fig. 2.1 Frequency vs Rank of All Entries of the Entire Corpus.

2.3.1 Frequency vs Rank of the Syllables of the Entire Corpus

The frequency vs rank of the syllables of the entire corpus is plotted in Fig. 2.1. The most frequent occurring syllable is /D UH(5)/ which has a frequency of 26,738. Since the total occurrence of the 4,708 syllables is 753,941, the average frequency of occurrence per syllable is 160. As can be seen in Fig. 2.1, a rather large proportion (>two-fifths) of the syllables occur less than 20 times while only 1,100 syllables occur more than 100 times in the corpus.

2.3.2 Percent Proportion of the First 10, 100, 1000 Syllables

As shown in Fig. 2.2, the percent proportion of the first 10 syllables is 12.86, while the first 100 take up 41.06% and the first 1000, 88.70%. Thus the last 3,700 syllables occupy only 11.30% of the total count.

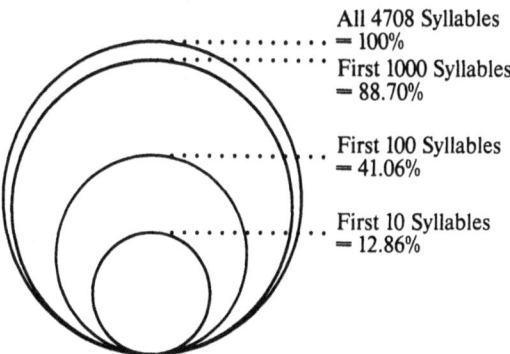

Fig. 2.2 Percent proportion of the first 10, 100, 1000 syllables.

2.3.3 The 20 Syllabic Types, Syllables and Characters Occurring Most Frequently in the Corpus

A plot of the frequency versus rank of the 402 syllabic types is shown in Fig.2.3. Since the total count of the corpus is 753,941, the average count per syllabic type is 1,875. It can be seen that the first 50 syllabic types occupy about 50% of the total count.

Fig. 2.3 Frequency vs Rank of the 402 Syllabic Types.

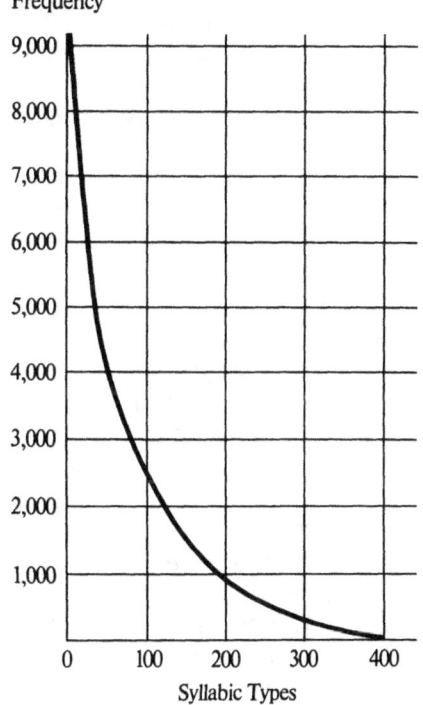

Table 2.1 gives the twenty syllabic types, syllables and characters which occur most frequently in the corpus; they occupy 28.97%, 22.01%, and 18.70% of the total count respectively. Since different characters may have identical pronunciations, and each type of syllable may have up to 5 different tones, the frequencies in column 2 are higher than those in columns 3 and 4.

3. Frequency and Percent Frequency Distribution of Phonetic Symbols (PS) and PS-Syllables

As described in Chapter 1, all Mandarin syllables can be represented by phonetic symbols (abbreviated as PS). The number of PS which make up a syllable varies from one to three. As expected in every language, some PS occur more often than others. The same can be said about the joint occurrences of these PS in syllables. This chapter is concerned with the frequency and Percent frequency distribution of PS, PS-pairs (digrams), PS-triplets (trigrams), PS syllables and the relative proportion of Mandarin tones.

3.1 Frequency and Percent Frequency Distribution and Rank Order of Phonetic Symbols

Table 3.1 shows the frequency and percent frequency distribution of PS of the entire corpus. The rank order of each PS is also presented in Table 3.2. The rank orders of several PS are quite consistent among the first 4 tones, e.g., /I/, /U/, /UNG/, /ANG/, etc. When averaged over all 5 tones, /I/ ranks the highest in the list, followed by /U/, /AN/, /D/, /UNG/, etc. A comparison of the 37 PS in the corpus is depicted in Fig. 3.1.

3.2 Frequency and Percent Frequency Distribution of Digrams and Trigrams

The distribution of digrams and trigrams is of special interest because it indicates the joint occurrence of PS in pairs and in triplets. It also reveals the internal phonetic properties of the syllables. The frequency and percent frequency distribution of digrams and trigrams are presented in Tables 3.3 and 3.4. Rank orders of the 20 most frequent digrams and trigrams are given in Table 3.5. The digram /J I/ ranks the highest in the digram list while /G U O/ ranks the highest in the trigram list.

3.3 Frequency and Percent Frequency Distribution of Syllables

The frequency and percent frequency distribution of the entire corpus of 402 syllables is presented in Table 3.6. Here it gives the overall picture of the distribution of syllables in various tones.

3.4 Frequency and Percent Distribution of 1-PS, 2-PS and 3-PS Syllables

Since each syllable is composed of 1 to 3 PS, Mandarin syllables can be subdivided into syllabic types of 1-PS, 2-PS and 3-PS. Table 3.7 indicates that only 20 of the 402 syllables are composed of single PS. There are 221 2-PS syllables and 161 3-PS syllables respectively. The total PS count for the 753,941 syllables in the corpus is 1,620,004. Thus on the average, each syllable contains approximately 2.15 PS.

Fig. 3.1 Percent Proportion of Each Phonetic Symbol in the Corpus.

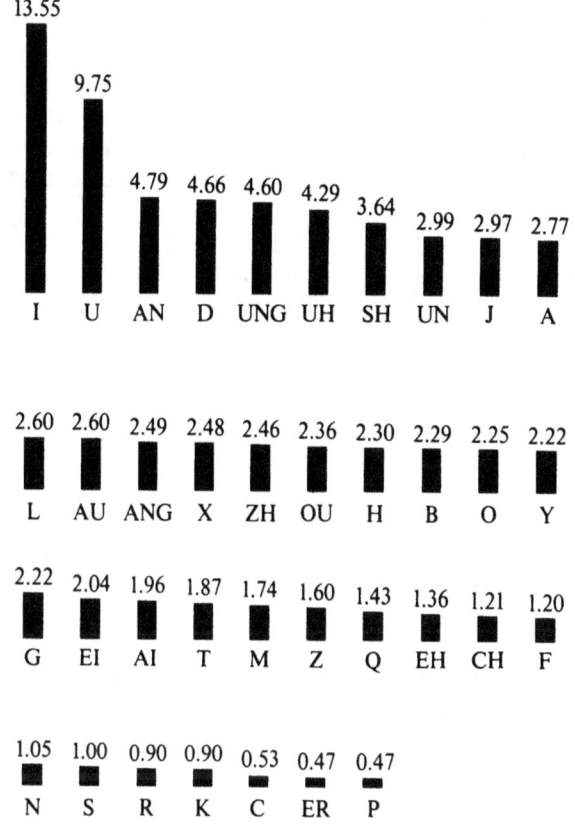

Frequency and percent frequency distributions of 1-PS, 2-PS and 3-PS syllables are computed and presented in Tables 3.8 to 3.10.

3.5 Relative Percent Proportion of Tones

Table 3.11 shows the relative percent proportion of tones in Mandarin. As expected, syllables with the 5th tone occupy only a small proportion (6.01%). Syllables with the 4th tone take up a rather large proportion (34.46%) indicating that Mandarin is spoken with a large proportion of high falling to low stress pattern.

4. Rules Converting PS-Syllables into Phonemic Syllables

Since the PS were originally developed to represent the Mandarin sounds, all PS-syllables can be converted by phonetic rules into phonemic syllables. Three rules have been developed by the author for this purpose. When applied in sequence, these rules give 100%

correct phonetic transcription of all PS-syllables. These rules have been used in the synthesis of Mandarin by the computer [Suen].

Most single PS syllables can be easily converted into phonemic syllables. However, PS-syllables which contain /I/, /U/, /Y/, /UN/ and /UNG/ have many exceptions. For these syllables, the phonetic structure of the entire syllable must be taken into consideration. Thus PS-syllable /I AN/ should be transcribed as /IJ EH N/ instead of /IJ A N/, and /I UN/ should be transcribed as /IJ I N/, etc. Rule 2 deals with all these special phonetic structures. It can be seen that after the application of rules 1 and 2, the rest can be converted into phonemic syllables quite easily.

4.1 Rule 1: Syllables Consisting of Only One Phonetic Symbol

ZH → ZH I
R → R I
CH → CH I
SH → SH I
Z → Z I
C → C I
S → S I
I → IJ I
U → W U
Y → YJ Y

4.2 Rule 2: Syllables Consisting of Two or More Phonetic Symbols

(a) When I is the initial symbol:

I A → IJ A
I O → IJ O
I EH → IJ EH
I AI → IJ AI
I AU → IJ AU
I OU → IJ OU
I AN → IJ EH N
I UN → IJ I N
I ANG → IJ A NG
I UNG → IJ I NG

(b) When I is not the initial symbol:

I AN → I EH N
I UN → I N
I UNG → I NG
I OU → IU

(c) When U is the initial symbol:

U A → W A
U O → W O

U AI → W AI
U EI → W EI
U AN → W A N
U UN → W UH N
U ANG → W A NG
U UNG → W UH NG

(d) When U is not the initial symbol but followed by AN, ANG, A, O, AI and EI:
U → W
e.g., D U AN → D W AN

(e) When U is not the initial symbol but followed by UNG:
U UNG → U NG
e.g., D U UNG → D U NG

(f) When U is not the initial symbol but followed by UN:
U UN → U N
e.g., K U UN → K U N

(g) When Y is the initial symbol:
Y EH → YJ Y EH
Y AN → YJ Y EH N
Y UN → YJ Y N
Y UNG → YJ Y U NG

(h) When Y is not the initial symbol but followed by EH, UN, UNG and AN:
Y EH → Y EH
Y AN → Y EH N
Y UN → Y N
Y UNG → Y U NG

4.3　**Rule 3: Remaining Symbols**
AN → A N
UN → UH N
ANG → A NG
UNG → UH NG

4.4　**Correspondence between PS-Syllables and Phonemic Syllables**

By applying these three rules in sequence, all PS-syllables were correctly transcribed into phonemic syllables by the computer. Correspondence between PS and phonemic syllables are presented in Table 4.1.

5. Frequency and Percent Frequency Distribution of Phonemes and Syllables

When listening to a language, the listeners must be able to differentiate phonemes and groups of phonemes to interpret their meanings. Some phonemes are influenced more strongly than others by the coarticulation of sounds. In the study of speech sounds, it is essential to know the extent to which different phonemes and phoneme sequences occur in a language.

In the previous chapters, it has been shown that Mandarin syllables consist of 1 to 4 phonemes. This chapter presents the frequency and percent frequency distributions of phonemes, their joint occurrences as diphones, triphones and tetraphones, and syllables. The tables indicate which combinations of Mandarin phonemes are spoken more frequently. Those which are spoken rarely may be more difficult to pronounce than the others.

5.1 Frequency and Percent Frequency Distribution and Rank Order of Phonemes

Table 5.1 presents the frequency and percent frequency distribution of phonemes of the entire corpus of 753,941 syllables. Since there are 1,883,462 phonemes in total, each syllable has an average length of 2.5 phonemes. The ranks of the 38 phonemes are also given in Table 5.2. Table 5.3 presents the comparison of the percent frequency distribution of consonants, semi-vowels, vowels and diphthongs. This table should be useful in understanding some of the difficulties of learning to speak Mandarin, notably the retroflex and the dental sibilant sounds which account for about 10% distribution of the Mandarin language. The distributions of the various types of phonemes are as follows:

Consonants: 46.78%
Semi-Vowels: 8.38%
Vowels: 37.13%
Diphthongs: 7.70%

The most common phonemes are the plosives (19.44%), followed by the nasals (15.19%), fricatives (9.91%) and the lateral (2.24%).

It is also noticed that there are more front vowels (e.g., /I/) than back vowels (e.g., /U/) and more high vowels (e.g., /I/) than low vowels (e.g., /A/).

The percent proportion of phonemes in the corpus is illustrated in Fig. 5.1.

5.2 Frequency and Percent Frequency Distribution of Diphones, Triphones and Tetraphones

The frequency and percent frequency distribution of diphones, triphones and tetraphones can be found in Tables 5.4 to 5.6. Since some phonemes can only occur in specific positions of the syllables (e.g., plosives can only occur in the initial position), of the 1,444 (38 × 38) possible diphones, only 190 are found in the analysis. The total number of diphones is 1,129,521, giving an average count of 5,944.85 per diphone. Of the 54,872 (38 × 38 × 38) theoretically possible triphones, only 210 occur in the entire corpus. The total number of occurrences of triphones is 386,001 giving an average count of 1,838.10 per triphone. Ranks of the 20 most frequent diphones and triphones are also presented in Table

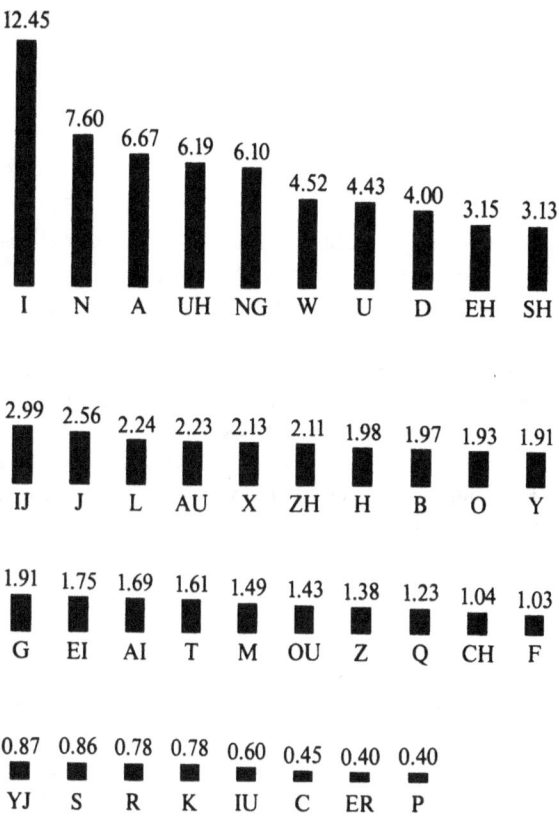

Fig. 5.1 Percent Proportion of Each Phoneme in the Corpus.

5.7. It is interesting to note that the 20 most frequent occurring diphones occupy almost half of the total count of diphones and the 20 most frequent occurring triphones occupy two-fifths of the total count of triphones.

Ranks of the twenty most frequent tetraphones are presented in Table 5.8. As there are only 44 tetraphones in the corpus, these 20 occupy a substantial proportion (88.10%) of the total count.

5.3 Frequency and Percent Frequency Distribution of Syllables

The frequency and percent frequency distributions of the entire corpus of 402 syllables are presented in Table 5.9. Once again, one can also see from this table the overall distribution of syllables in various tones.

5.4 Frequency and Percent Frequency Distribution of Single-Phoneme, Double-Phoneme, Triple-Phoneme and Quadruple-Phoneme Syllables

Depending on the number of phonemes they comprise, Mandarin syllables can be divided into 4 syllabic types. The distribution of these four syllabic types is illustrated in Table 5.10. It can be seen that most of the Mandarin syllables consist of 2 or 3 phonemes giving an overall average of 2.5 phonemes per syllable. Frequency and percent frequency distributions of the 4 types of syllables are presented in Tables 5.11 to 5.14.

6. Corpus

The entire corpus of the data used in this study is presented in Table 6.1. For ease of reference, the corpus is listed in order of phonetic symbol groups and then in descending rank. Each syllable is identified by an I.D. number. Frequency of occurrence as well as the composition of syllables are also tabulated.

Since Chinese characters written in different forms (e.g., 朋, 网) are represented by the same syllable, the same rank is assigned to these archetypes. This is the reason why the total rank (4,708) is smaller than the total syllable count (4,864).

The two lists of corpus are of great value, they can serve as a source of material for compilation of dictionaries, for language reform, for preparation of Mandarin lessons, and for linguistic and educational studies and analyses.

7. References

1. *A Study on the High Frequency Words Used in Chinese Elementary School Reading Materials,* Chung Hwa Book Co., Ltd., Taipei, 1967.
2. Chao, Y.R., *Mandarin Primer,* Harvard University Press, Cambridge, 1947, p.9.
3. Chao, Y.R., *Aspects of Chinese Sociolinguistics,* Stanford University Press, 1976, pp.21-25.
4. *Dictionary of Spoken Chinese,* compiled by Staff of the Institute of Far Eastern Languages, Yale University Press, 1966, pp.1066-1071.
5. Dow, F.D.M., *An Introduction to the Pronunciation of Chinese,* Edinburgh, 1972.
6. *Elementary Chinese,* Shang-Wu-Yin-Shu-Guan, Peking, 1972.
7. Huang, R., *Mandarin Pronunciation,* Hong Kong University Press, 1969.
8. Kratochvil, P., *The Chinese Language Today,* Hutchison & Co. (Publishers) Ltd., London, 1968.
9. Liu, E.S., *Frequency Dictionary of Chinese Words,* Mouton, The Hague, 1973.
10. Mathews, R.H., *Chinese-English Dictionary,* China Inland Mission and Presbyterian Mission Press, 1931.
11. Suen, C.Y., "Computer synthesis of Mandarin", Proc. IEEE Int. Conf. Acoustics, Speech, and Signal Processing, 698-700, April 1976.
12. *The Principles of the International Phonetic Association,* 1949.
13. Wang, L., *Chinese Phonology,* Chung Hwa, Hong Kong, 1972, pp.563-567 (in Chinese).
14. Wang, W.S.-Y., "The Chinese language", Scientific American, 51-60, Jan. 1973.

15. Wang, W.S.-Y. and Lyovin, A., *Chinese Linguistics Bibliography on Computer,* Cambridge University Press, Cambridge, 1970.

16. Wilder, G.D. and Ingram, J.H., *Analysis of Chinese Characters,* Dover Publications, Inc., New York, 1974, pp. vi-viii.

17. Yang, P.F.-M., *Chinese Linguistics: A Selected and Classified Bibliography,* The Chinese University of Hong Kong Press, Hong Kong, 1974.

8. List of Tables

1.1   List of Phonetic Symbols Used
1.2   Table of Mandarin Sounds
1.3   Distribution of Syllables According to Initial Phonetic Symbols
1.4   Distribution of Syllables According to Final Phonetic Symbol Groups

2.1   The Twenty Syllabic Types, Syllables and Characters Occurring Most Frequently in the Corpus

3.1   Frequency and Percent Frequency Distribution of Phonetic Symbols
3.2   Rank Order of Phonetic Symbols
3.3   Frequency and Percent Frequency Distribution of Digrams
3.4   Frequency and Percent Frequency Distribution of Trigrams
3.5   Rank Order of the Twenty Most Frequent Digrams and Trigrams
3.6   Frequency and Percent Frequency Distribution of Syllables
3.7   Syllabic Types and Frequency Distribution of Phonetic Symbols (PS)
3.8   Frequency and Percent Frequency Distribution of 1-PS Syllables
3.9   Frequency and Percent Frequency Distribution of 2-PS Syllables
3.10   Frequency and Percent Frequency Distribution of 3-PS Syllables
3.11   Relative Percent Proportion of Tones

4.1   Correspondence between PS-Syllables and Phonemic Syllables

5.1   Frequency and Percent Frequency Distribution of Phonemes
5.2   Rank Order of Phonemes
5.3   Relative Percent Proportion of Phonemes in the Corpus: Classified into Consonants, Semi-vowels, Vowels and Diphthongs
5.4   Frequency and Percent Frequency Distribution of Diphones
5.5   Frequency and Percent Frequency Distribution of Triphones
5.6   Frequency and Percent Frequency Distribution of Tetraphones
5.7   Rank Order of the Twenty Most Frequent Diphones and Triphones
5.8   Rank Order of the Twenty Most Frequent Tetraphones

5.9	Frequency and Percent Frequency Distribution of Syllables
5.10	Syllabic Types and Phoneme Distribution
5.11	Frequency and Percent Frequency Distribution of 1-Phoneme Syllables
5.12	Frequency and Percent Frequency Distribution of 2-Phoneme Syllables
5.13	Frequency and Percent Frequency Distribution of 3-Phoneme Syllables
5.14	Frequency and Percent Frequency Distribution of 4-Phoneme Syllables
6.1	The Corpus in Order of Phonetic Symbol Groups and Descending Rank

Table 1.1 List of Phonetic Symbols Used

	Present System	JIFH	IPA	CPA	Yale
1	B	ㄅ	b̬	b	b
2	P	ㄆ	p'	p	p
3	M	ㄇ	m	m	m
4	F	ㄈ	f	f	f
5	D	ㄉ	d̬	d	d
6	T	ㄊ	t'	t	t
7	N	ㄋ	n	n	n
8	L	ㄌ	ℓ	ℓ	ℓ
9	G	ㄍ	ġ	g	g
10	K	ㄎ	k'	k	k
11	H	ㄏ	x	h	h
12	J	ㄐ	dẓ	j	j
13	Q	ㄑ	tɕ	q	ch
14	X	ㄒ	ɕ	x	s
15	ZH	ㄓ	dẓ	zh	j
16	CH	ㄔ	tṣ'	ch	ch
17	SH	ㄕ	ṣ	sh	sh
18	R	ㄖ	ẓ	r	r
19	Z	ㄗ	dz̬	z	dz
20	C	ㄘ	ts'	c	ts
21	S	ㄙ	s	s	s
22	I	ㄧ,丨	i	i	i
23	U	ㄨ	u	u	u
24	Y	ㄩ	y	ü	yu
25	A	ㄚ	α	a	a
26	O	ㄛ	ɔ	o	o
27	UH	ㄜ	ɣ^	e	e
28	EH	ㄝ	ɛ	e	e
29	AI	ㄞ	ai	ai	ai
30	EI	ㄟ	ei	ei	ei
31	AU	ㄠ	αʊ	ao	au
32	OU	ㄡ	ou	ou	ou
33	AN	ㄢ	an	an	an
34	UN	ㄣ	ən	en	en
35	ANG	ㄤ	αŋ	ang	ang
36	UNG	ㄥ	ʌŋ	eng	eng
37	ER	ㄦ	ɜʟ	er	er

Table 1.2 Table of Mandarin Sounds

Initial	A	O	UH	AI	EI	AU	OU	AN	UN	ANG	UNG	ER
	12 4	12	12 4	1234		1234	1 3	1 4	1 4	12 4		234
B	1234	1234		234	1 34	1234		1 34	1 34	1 34	12 4	
P	12 4	1234		12 4	12 4	1234	3	12 4	12 4	12 4	1234	
M	12345	1234	1	234	234	12 4	23	234	12 45	23	234	
F	1234	2				1234		3	1234	1234	1234	12 4
D	1234		2 5	1 34	3	1 34	1 34	1 34		1 34	1 34	
T	1 34		4	12 4		12345	12 4	1234		1234	2	
N	12345		45	34	34	234		234	4	2	2	
L	1 34	5	45	2 4	234	1234	2345	234		234	234	
G	2 4		1234	1 34	3	1 34	1 34	1 34	1	1 34	1 34	
K	1 34		1234	1 3		34	34	1 34	3	12 4	1	
H	12		12 4	1234	1	1234	234	1234	234	2	12 4	
J												
Q												
X												
ZH	1234		12345	1234		1234	1234	1 34	1 34	1 34	1 34	
CH	12 4		1 34	12		123	1234	1234	123	1234	1234	
SH	1 34		1234	1 4	2	1234	1234	1 34	1234	1 345	1234	
R			34				234	2 4	23	234	234	12
Z	12		2 4	1 34	2	1234	1 34	12 4	3	1 4	1 4	
C	1		4	1234		123	4	1234	1	12	2	
S	1 34		4	1 4		1 34	1 34	1 34	1	1 34	1	

Initial	I	I A	I O	I EH	I AI	I AU	I OU	I AN	I UN	I ANG	I UNG	U
	1234	1234	1	1234	2	1234	1234	1234	1234	1234	1234	1234
B	1234			2 4		1 34		1 34	1 4		1 34	34
P	1234			1		1234		12 4	1234		12	1234
M	1234			1 4		1234		234	23		2 4	234
F												1234
D	1234			12		1 4	1	1 34			1 34	1234
T	1234			1 3		1234		123			123	1234
N	234			1 4		34	234	1234	2	2 4	2 4	234
L	12345	3		4		234	1234	234	234	234	234	1234
G												1 34
K												1 34
H												1234
J	1234	1234		1234		1234	1 34	1 34	12 4	1 34	1 34	
Q	1234	34		1234		1234	12	1234	1234	1234	1234	
X	1234	12 4		1234		1234	1 34	1234	1 4	1234	1234	
ZH	1234											1234
CH	1234											1234
SH	12345											1234
R	4											234
Z	1 345											123
C	1234											1 4
S	1 34											12 4

Initial	U A	U O	U AI	U EI	U AN	U UN	U ANG	U UNG	Y	Y EH	Y AN	Y UN	Y UNG
	1234	1 34	1 4	1234	1234	1234	1234	1 3	1234	1 4	1234	1234	1 34
B													
P													
M													
F													
D		1234		1 4	1 34	1 34		1 34					
T		1234		1234	12	12 4		1234					
N		2 4			3			2 4	3	4			
L		1234			234	2 4		234	234	4	2	2	
G	1 34	1234	1 34	1 34	1 34	34	1 34	1 34					
K	1 34	4	4	1234	1 3	1 34	12 4	1 34					
H	12 4	2345	2 4	1234	1234	1234	1234	1234					
J									1234	12	1 34	1 4	3
Q									1234	1 4	1234	2	12
X									1234	1234	1234	12 4	12
ZH	1 3	12	1	1 4	1 34	3	1 34	1 34					
CH		1 4		12	1234	123	1234	123					
SH	1 3	1 4	1 34	234	1 4	4	1 3						
R		4			34	3	4	2					
Z		1234			34	1 34	1 4	1 34					
C		1 4			1 4	4	12 4	12					
S		1 3			1234	1 4	1 3	1 34					

Table 1.3 Distribution of Syllables According to Initial Phonetic Symbols

Initials	Syllabic Types	Total Syllables Taken into Account of Tone Variations					
		1st Tone	2nd Tone	3rd Tone	4th Tone	5th Tone	Total
	35	33	26	25	30		114
B	16	13	7	13	16		49
P	17	16	15	8	14		53
M	18	8	16	13	14	2	53
F	9	7	8	7	7		29
D	21	19	6	16	17	1	59
T	19	17	16	13	14	1	61
N	23	3	14	12	18	2	49
L	28	6	22	20	24	4	76
G	19	16	3	17	17		53
K	18	13	4	13	14		44
H	19	14	18	12	16	1	61
J	14	13	7	11	12		43
Q	14	12	12	10	11		45
X	14	14	12	10	13		49
ZH	19	18	8	16	15	1	58
CH	17	17	15	13	11		56
SH	19	16	9	14	16	2	57
R	14	1	8	8	10		27
Z	17	13	7	10	13	1	44
C	16	12	8	4	10		34
S	16	15	2	10	12		39
Total	402	296	243	275	324	15	1153

Table 1.4 Distribution of Syllables According to Final Phonetic Symbols

Finals	Syllabic Types	Total Syllables Taken into Account of Tone Variations					
		1st Tone	2nd Tone	3rd Tone	4th Tone	5th Tone	Total
A	18	17	12	11	15	2	57
O	6	4	5	3	3	1	16
UH	16	8	8	6	14	4	40
AI	17	13	10	11	15		49
EI	11	4	6	7	6		23
AU	18	15	14	17	16	1	63
OU	17	9	8	14	13	1	45
AN	19	15	11	16	18		60
UN	16	11	7	9	10	1	38
ANG	19	14	12	12	15	1	54
UNG	18	13	12	8	12		45
ER	1		1	1	1		3
I	18	16	15	17	18	3	69
I A	5	3	3	4	4		14
I O	1	1					1
I EH	11	9	6	5	8		28
I AI	1		1				1
I AU	11	9	8	10	11		38
I OU	7	6	4	5	5		20
I AN	11	9	8	10	10		37
I UN	9	6	7	5	7		25
I ANG	6	4	5	5	6		20
I UNG	11	8	8	8	9		33
U	19	15	15	17	18		65
U A	6	6	2	5	4		17
U O	15	11	8	8	13	1	41
U AI	6	4	1	2	5		12
U EI	13	10	7	9	12		38
U AN	15	11	5	11	11		38
U UN	14	9	6	8	11		34
U ANG	7	7	4	6	6		23
U UNG	14	11	7	11	10		39
Y	6	4	5	6	5		20
Y EH	6	4	2	1	5		12
Y AN	5	4	4	4	4		16
Y UN	5	3	4	1	3		11
Y UNG	4	3	2	2	1		8
Total	402	296	243	275	324	15	1153

Table 2.1 The Twenty Syllabic Types, Syllables and Characters
Occurring Most Frequently in the Corpus

Rank	Syllabic Type	F	Syllable			F	Character				F
1	D UH	30079	D	UH	5	28437	D	UH	5	的	26738
2	SH	28794	SH		4	15497	I		1	一	14147
3	I	23706	I		1	15102	SH		4	是	8916
4	I OU	11391	SH		2	9438	U	O	3	我	7461
5	B U	9684	B	U	4	9389	L	UH	5	了	7176
6	G U O	9533	Z	AI	4	7465	I	OU	3	有	6894
7	J I	8874	U	O	3	7461	G	U O	2	國	6707
8	L I	8474	I	OU	3	7391	B	U	4	不	6634
9	ZH	8426	L	UH	5	7176	Z	AI	4	在	6631
10	Z AI	7718	G	U O	2	6707	T	A	1	他	5665
11	U O	7658	T	A	1	6477	R	UN	2	人	5555
12	L UH	7626	D	I	4	6371	D	A	4	大	4810
13	ER	7613	R	UN	2	5694	SH		2	十	4482
14	Q I	7415	D	AU	4	5571	ER		4	二	4376
15	D I	7248	G	UH	4	5008	L	AI	2	來	4357
16	ZH U UNG	7157	D	A	4	4810	M	UN	5	們	4325
17	ZH UH	6886	I		3	4746	SH	ANG	4	上	4216
18	U	6796	ZH U UNG		1	4406	S	AN	1	三	4006
19	R UN	6723	L	AI	2	4392	ZH	UH	4	這	3967
20	T A	6647	ER		4	4381	ZH U UNG		1	中	3905
Sum		218448				165919					140968
% Tot.		28.97				22.01					18.70

TABLE 3.1 FREQUENCY AND PERCENT FREQUENCY DISTRIBUTION OF PHONETIC SYMBOLS

PHONETIC SYMBOLS	FREQUENCY OF OCCURRENCE						PERCENTAGE OF FREQUENCY OF OCCURRENCE					
	TONE 1	TONE 2	TONE 3	TONE 4	TONE 5	SUM	TONE 1	TONE 2	TONE 3	TONE 4	TONE 5	SUM
B	6214	2073	9983	18893	0	37163	.3836	.1280	.6162	1.1662	0.0000	2.2940
A	19398	4440	6174	14582	353	44947	1.1974	.2741	.3811	.9001	.0218	2.7745
O	6189	9705	11286	9188	10	36378	.3820	.5991	.6967	.5672	.0006	2.2456
AI	2457	9571	3850	15888	0	31766	.1517	.5908	.2377	.9807	0.0000	1.9609
EI	3885	5955	8046	15139	0	33025	.2398	.3676	.4967	.9345	0.0000	2.0386
AU	4864	3533	12669	20953	34	42053	.3002	.2181	.7820	1.2934	.0021	2.5959
AN	20359	19946	9710	27546	0	77561	1.2567	1.2312	.5994	1.7004	0.0000	4.7877
UN	14432	14236	6776	8729	4325	48498	.8909	.8788	.4183	.5388	.2670	2.9937
ANG	10698	9236	7461	12962	59	40416	.6604	.5701	.4606	.8001	.0036	2.4948
UNG	27191	21235	8521	17492	0	74439	1.6785	1.3108	.5260	1.0798	0.0000	4.5950
I	57578	42585	47363	72026	16	219568	3.5542	2.6287	2.9236	4.4460	.0010	13.5535
EH	3026	6658	5443	6939	0	22066	.1868	.4110	.3360	.4283	0.0000	1.3621
U	34372	33766	31908	57880	1	157927	2.1217	2.0843	1.9696	3.5728	.0001	9.7486
P	913	3323	1089	2243	0	7568	.0564	.2051	.0672	.1385	0.0000	.4672
OU	5802	6316	12761	13349	2	38230	.3581	.3899	.7877	.8240	.0001	2.3599
M	3268	8668	5371	6165	4651	28123	.2017	.5351	.3315	.3806	.2871	1.7360
UH	4564	7464	3030	16001	38365	69424	.2817	.4607	.1870	.9877	2.3682	4.2854
F	8170	2728	3433	5055	0	19386	.5043	.1684	.2119	.3120	0.0000	1.1967
D	9784	3880	4830	28484	28437	75415	.6039	.2395	.2981	1.7583	1.7554	4.6552
T	12372	11248	3556	3069	34	30279	.7637	.6943	.2195	.1894	.0021	1.8691
N	10	8626	4285	3470	626	17017	.0006	.5325	.2645	.2142	.0386	1.0504
Y	3866	12347	5422	14408	0	36043	.2386	.7622	.3347	.8894	0.0000	2.2249
L	755	12275	8626	13255	7203	42114	.0466	.7577	.5325	.8182	.4446	2.5996
G	11782	7297	5702	11197	0	35978	.7273	.4504	.3520	.6912	0.0000	2.2209
K	3521	163	4619	6321	0	14624	.2173	.0101	.2851	.3902	0.0000	.9027
H	3034	11127	7058	15986	1	37206	.1873	.6869	.4357	.9868	.0001	2.2967
J	16868	5644	7438	18191	0	48141	1.0412	.3484	.4591	1.1229	0.0000	2.9717
Q	5784	8493	3432	5501	0	23210	.3570	.5243	.2119	.3396	0.0000	1.4327
X	11169	8609	6865	13555	0	40198	.6894	.5314	.4238	.8367	0.0000	2.4814
ZH	13462	2180	7467	14557	2153	39819	.8310	.1346	.4609	.8986	.1329	2.4580
CH	6325	10013	1637	1604	0	19579	.3904	.6181	.1010	.0990	0.0000	1.2086
SH	14808	11977	6729	25321	60	58895	.9141	.7393	.4154	1.5630	.0037	3.6355
R	44	9192	507	4911	0	14654	.0027	.5674	.0313	.3031	0.0000	.9046
Z	1283	1309	4931	16259	2128	25910	.0792	.0808	.3044	1.0036	.1314	1.5994
C	1344	3692	1208	2275	0	8519	.0830	.2279	.0746	.1404	0.0000	.5259
S	7062	312	2473	6405	0	16252	.4359	.0193	.1527	.3954	0.0000	1.0032
ER	0	2555	677	4381	0	7613	0.0000	.1577	.0418	.2704	0.0000	.4699
SUM	356653	342377	282336	550180	88458	1620004	22.0156	21.1343	17.4281	33.9616	5.4604	100.0000
AVERAGE	9639.3	9253.4	7630.7	14869.7	2390.8	43783.892	.5950	.5712	.4710	.9179	.1476	2.7027
STANDARD DEVIATION	11072.9	8451.3	8441.3	13933.0	7659.9	39728.057	.6835	.5217	.5211	.8601	.4728	2.4523

Table 3.2 Rank Order of Phonetic Symbols

Rank	1st Tone	2nd Tone	3rd Tone	4th Tone	5th Tone	Overall
1	I	I	I	I	UH	I
2	U	U	U	U	D	U
3	UNG	UNG	OU	D	L	AN
4	AN	AN	AU	AN	M	D
5	A	UN	O	SH	UN	UNG
6	J	Y	B	AU	ZH	UH
7	SH	L	AN	B	Z	SH
8	UN	SH	L	J	N	UN
9	ZH	T	UNG	UNG	A	J
10	T	H	EI	Z	SH	A
11	G	CH	ZH	UH	ANG	L
12	X	O	ANG	H	AU, T	AU
13	ANG	AI	J	AI	I	ANG
14	D	ANG	H	EI	O	X
15	F	R	X	A	OU	ZH
16	S	M	UN	ZH	U, H	OU
17	CH	N	SH	Y		H
18	B	X	A	X		B
19	O	Q	G	OU		O
20	OU	UH	EH	L		Y
21	Q	G	Y	ANG		G
22	AU	EH	M	G		EI
23	UH	OU	Z	O		AI
24	EI	EI	D	UN		T
25	Y	J	K	EH		M
26	K	A	N	S		Z
27	M	D	AI	K		Q
28	H	C	T	M		EH
29	EH	AU	F	Q		CH
30	AI	P	Q	F		F
31	C	F	UH	R		N
32	Z	ER	S	ER		S
33	P	ZH	CH	N		R
34	L	B	C	T		K
35	R	Z	P	C		C
36	N	S	ER	P		ER
37	ER	K	R	CH		P

TABLE 3.3 FREQUENCY AND PERCENT FREQUENCY DISTRIBUTION OF DIGRAMS

PHONETIC SYMBOLS		FREQUENCY OF OCCURRENCE						PERCENTAGE OF FREQUENCY OF OCCURRENCE					
		TONE 1	TONE 2	TONE 3	TONE 4	TONE 5	SUM	TONE 1	TONE 2	TONE 3	TONE 4	TONE 5	SUM
B	A	2216	47	1692	756	0	4711	.2559	.0054	.1954	.0873	0.0000	.5440
B	O	375	632	3	224	0	1234	.0433	.0730	.0003	.0259	0.0000	.1425
B	AI	0	662	979	257	0	1898	0.0000	.0764	.1130	.0297	0.0000	.2192
B	EI	203	0	1696	1429	0	3328	.0234	0.0000	.1958	.1650	0.0000	.3843
B	AU	417	26	719	1237	0	2399	.0481	.0030	.0830	.1428	0.0000	.2770
B	AN	761	0	443	996	0	2200	.0879	0.0000	.0512	.1150	0.0000	.2540
B	UN	39	0	1803	37	0	1879	.0045	0.0000	.2082	.0043	0.0000	.2170
B	ANG	283	0	89	186	0	558	.0327	0.0000	.0103	.0215	0.0000	.0644
B	UNG	22	1	0	15	0	38	.0025	.0001	0.0000	.0017	0.0000	.0044
B	I	1898	705	2264	4367	0	9234	.2192	.0814	.2614	.5042	0.0000	1.0662
I	EH	2447	2365	5288	4047	0	14147	.2825	.2731	.6106	.4673	0.0000	1.6335
I	AU	1933	1935	4596	10686	0	19150	.2232	.2234	.5307	1.2339	0.0000	2.2112
I	AN	7497	7765	3236	11912	0	30410	.8656	.8966	.3736	1.3754	0.0000	3.5113
I	UN	6942	4039	751	2904	0	14636	.8016	.4664	.0867	.3353	0.0000	1.6899
I	UNG	7369	8542	2066	6201	0	24178	.8509	.9863	.2386	.7160	0.0000	2.7917
B	U	0	0	295	9389	0	9684	0.0000	0.0000	.0341	1.0841	0.0000	1.1182
P	A	6	130	0	243	0	379	.0007	.0150	0.0000	.0281	0.0000	.0438
P	O	108	115	19	309	0	551	.0125	.0133	.0022	.0357	0.0000	.0636
P	AI	124	260	0	211	0	595	.0143	.0300	0.0000	.0244	0.0000	.0687
P	EI	10	134	0	184	0	328	.0012	.0155	0.0000	.0212	0.0000	.0379
P	AU	13	11	340	136	0	500	.0015	.0013	.0393	.0157	0.0000	.0577
P	OU	0	0	12	0	0	12	0.0000	0.0000	.0014	0.0000	0.0000	.0014
P	AN	33	121	0	155	0	309	.0038	.0140	0.0000	.0179	0.0000	.0357
P	UN	48	83	0	8	0	139	.0055	.0096	0.0000	.0009	0.0000	.0160
P	ANG	9	197	0	37	0	243	.0010	.0227	0.0000	.0043	0.0000	.0281
P	UNG	19	489	10	80	0	598	.0022	.0565	.0012	.0092	0.0000	.0690
P	I	468	1680	461	835	0	3444	.0540	.1940	.0532	.0964	0.0000	.3977
P	U	75	103	247	45	0	470	.0087	.0119	.0285	.0052	0.0000	.0543
M	A	1043	198	711	86	326	2364	.1204	.0229	.0821	.0099	.0376	.2730
M	O	78	312	17	515	0	922	.0090	.0360	.0020	.0595	0.0000	.1065
M	UH	1998	0	0	0	0	1998	.2307	0.0000	0.0000	0.0000	0.0000	.2307
M	AI	0	43	288	337	0	668	0.0000	.0050	.0333	.0389	0.0000	.0771
M	EI	0	1640	2482	343	0	4465	0.0000	.1894	.2866	.0396	0.0000	.5156
M	AU	90	298	0	210	0	598	.0104	.0344	0.0000	.0242	0.0000	.0690
M	OU	0	77	49	0	0	126	0.0000	.0089	.0057	0.0000	0.0000	.0145
M	AN	0	43	372	336	0	751	0.0000	.0050	.0430	.0388	0.0000	.0867
M	UN	6	609	0	23	4325	4963	.0007	.0703	0.0000	.0027	.4994	.5731
M	ANG	0	315	6	0	0	321	0.0000	.0364	.0007	0.0000	0.0000	.0371
M	UNG	0	202	86	173	0	461	0.0000	.0233	.0099	.0200	0.0000	.0532
M	I	53	4921	701	2966	0	8641	.0061	.5682	.0809	.3425	0.0000	.9977
M	U	0	10	659	1176	0	1845	0.0000	.0012	.0761	.1358	0.0000	.2130
F	A	1743	100	1566	238	0	3647	.2013	.0115	.1808	.0275	0.0000	.4211
F	O	0	93	0	0	0	93	0.0000	.0107	0.0000	0.0000	0.0000	.0107
F	EI	1294	171	227	690	0	2382	.1494	.0197	.0262	.0797	0.0000	.2750
F	OU	0	0	103	0	0	103	0.0000	0.0000	.0119	0.0000	0.0000	.0119

PHONETIC SYMBOLS		FREQUENCY OF OCCURRENCE						PERCENTAGE OF FREQUENCY OF OCCURRENCE					
		TONE 1	TONE 2	TONE 3	TONE 4	TONE 5	SUM	TONE 1	TONE 2	TONE 3	TONE 4	TONE 5	SUM
F	AN	137	330	428	732	0	1627	.0158	.0381	.0494	.0845	0.0000	.1879
F	UN	1472	35	121	607	0	2235	.1700	.0040	.0140	.0701	0.0000	.2581
F	ANG	1886	789	236	580	0	3491	.2178	.0911	.0272	.0670	0.0000	.4031
F	UNG	1210	63	0	135	0	1408	.1397	.0073	.0000	.0156	0.0000	.1626
F	U	428	1147	752	2073	0	4400	.0494	.1324	.0868	.2394	0.0000	.5080
D	A	79	878	656	4810	0	6423	.0091	.1014	.0757	.5554	0.0000	.7416
D	UH	0	1642	0	0	28437	30079	.0000	.1896	.0000	.0000	3.2835	3.4731
D	AI	48	0	31	1570	0	1649	.0055	.0000	.0036	.1813	0.0000	.1904
D	EI	0	0	0	0	0	90	.0000	0.0000	.0000	.0000	0.0000	.0104
D	AU	111	0	90	5571	0	6285	.0128	0.0000	.0104	.6433	0.0000	.7257
D	OU	2383	0	603	71	0	2690	.2752	0.0000	.0696	.0272	0.0000	.3106
D	AN	483	0	42	236	0	2023	.0558	0.0000	.0082	.0090	0.0000	.2336
D	ANG	1037	0	173	1498	0	1288	.1197	0.0000	.0048	.1730	0.0000	.1487
D	UNG	289	0	0	78	0	1574	.0334	0.0000	.0200	.0090	0.0000	.1817
D	I	744	493	1234	51	0	12356	.0859	.0569	.1425	.0059	0.0000	1.4267
D	OU	981	4480	1549	9570	0	22715	.1133	.5173	.1789	1.1050	0.0000	2.6228
D	U	4610	867	9438	7816	0	10958	.5323	.1001	.0898	.9025	0.0000	1.2653
U	O	5594	8541	381	5100	1	33523	.6459	.9862	.0440	.5889	.0001	3.8707
U	EI	1995	3589	11247	8140	0	19425	.2304	.4144	1.2986	.9399	0.0000	2.2429
U	AN	3517	2233	2697	11144	0	9684	.4061	.2578	.3114	1.2867	0.0000	1.1182
U	UN	1366	2029	1871	2063	0	6094	.1577	.2343	.2160	.2382	0.0000	.7036
U	UNG	12594	5717	555	2144	0	26416	1.4542	.6601	.0641	.2476	0.0000	3.0501
U	A	6477	0	3380	4725	0	6647	.7479	0.0000	.3903	.5456	0.0000	.7675
T	UH	0	0	84	86	0	499	.0000	0.0000	.0097	.0099	0.0000	.0576
T	AI	15	1236	0	499	0	2523	.0017	.1427	.0000	.0576	0.0000	.2913
T	AU	27	340	433	1272	34	913	.0031	.0393	.0500	.1469	.0039	.1054
T	OU	123	1186	0	79	0	1395	.0142	.1369	.0000	.0091	0.0000	.1611
T	AN	85	467	99	86	0	825	.0098	.0539	.0114	.0099	0.0000	.0953
T	ANG	46	411	54	174	0	542	.0053	.0475	.0062	.0201	0.0000	.0626
T	UNG	0	102	0	31	0	102	.0000	.0118	.0000	.0036	0.0000	.0118
T	I	4310	3079	1679	436	0	9504	.4977	.3555	.1939	.0503	0.0000	1.0974
T	U	1289	4427	1207	406	0	7329	.1488	.5112	.1394	.0469	0.0000	.8462
N	A	1	444	688	1849	27	3009	.0001	.0513	.0794	.2135	.0031	.3474
N	UH	0	0	0	29	599	628	.0000	0.0000	.0000	.0033	.0692	.0725
N	AI	0	0	187	78	0	265	.0000	0.0000	.0216	.0090	0.0000	.0306
N	EI	0	0	2	702	0	704	.0000	0.0000	.0002	.0811	0.0000	.0813
N	AU	0	15	156	98	0	269	.0000	.0017	.0180	.0113	0.0000	.0311
N	AN	0	1969	0	67	0	2040	.0000	.2274	.0000	.0077	0.0000	.2355
N	ANG	0	4	0	61	0	61	.0000	.0005	.0000	.0070	0.0000	.0070
N	UNG	0	14	0	0	0	14	.0000	.0016	.0000	.0000	0.0000	.0016
N	I	0	1710	0	0	0	1710	.0000	.1974	.0000	.0000	0.0000	.1974
N	ANG	9	3919	2400	361	0	6689	.0010	.4525	.2771	.0417	0.0000	.7723
N	I	3525	2750	3949	5128	0	15352	.4070	.3175	.4560	.5921	0.0000	1.7726
N	U	0	555	301	205	0	1061	.0000	.0641	.0348	.0237	0.0000	.1225
Y	EH	579	0	547	20	0	567	.0669	.0000	.0632	.0023	0.0000	.0655
L	A	658	4293	155	2892	0	7919	.0760	.4957	.0179	.3339	0.0000	.9144
L	O	0	0	26	94	9	778	.0000	.0000	.0030	.0109	0.0000	.0898
L	UH	0	0	0	0	7176	9	0.0000	0.0000	.0000	.0000	.8286	.0010
L	AI	0	4392	0	450	0	7626	0.0000	.5071	.0000	.0520	.0000	.8805
L	AI	0	165	0	47	0	4439	0.0000	.0191	.0000	.0054	0.0000	.5125
L	EI	0	165	98	647	0	910	0.0000	.0191	.0113	.0747	0.0000	.1051

PHONETIC SYMBOLS		TONE 1	FREQUENCY OF OCCURRENCE TONE 2	TONE 3	TONE 4	TONE 5	SUM	PERCENTAGE OF FREQUENCY OF OCCURRENCE TONE 1	TONE 2	TONE 3	TONE 4	TONE 5	SUM
L	AU	21	232	1278	14	0	1545	.0024	.0268	.1476	.0016	0.0000	.1784
L	OU	0	107	12	77	2	198	0.0000	.0124	.0014	.0089	.0002	.0229
L	AN	0	434	136	77	0	647	0.0000	.0501	.0157	.0089	0.0000	.0747
L	ANG	0	151	43	88	0	282	0.0000	.0174	.0050	.0102	0.0000	.0326
L	UNG	0	8	208	4	0	220	0.0000	.0009	.0240	.0005	0.0000	.0254
L	I	64	5162	6292	8414	16	19948	.0074	.5960	.7265	.9715	.0018	2.3033
L	A	4680	510	461	3501	0	9152	.5404	.0589	.0532	.4042	0.0000	1.0567
L	U	12	1613	287	2707	0	4619	.0014	.1862	.0331	.3126	0.0000	.5333
L	Y	0	11	246	636	0	893	0.0000	.0013	.0284	.0734	0.0000	.1031
L	AN	413	4577	907	1021	0	6918	.0477	.5285	.1047	.1179	0.0000	.7988
Y	UN	1240	727	27	1324	0	3318	.1432	.0839	.0031	.1529	0.0000	.3831
G	A	0	13	0	1	0	14	0.0000	.0015	0.0000	.0001	0.0000	.0016
G	UH	773	577	58	5008	0	6416	.0893	.0666	.0067	.5782	0.0000	.7408
G	AI	444	0	385	217	0	1046	.0513	0.0000	.0445	.0251	0.0000	.1208
G	EI	0	0	754	0	0	754	0.0000	0.0000	.0871	0.0000	0.0000	.0871
G	AU	1409	0	56	442	0	1907	.1627	0.0000	.0065	.0510	0.0000	.2202
G	OU	125	0	197	551	0	873	.0144	0.0000	.0227	.0636	0.0000	.1008
G	AN	626	0	727	163	0	1516	.0723	0.0000	.0839	.0188	0.0000	.1750
G	UN	1016	0	0	0	0	1016	.1173	0.0000	0.0000	0.0000	0.0000	.1173
G	ANG	414	0	349	19	0	782	.0478	0.0000	.0403	.0022	0.0000	.0903
G	UNG	139	0	5	486	0	630	.0160	0.0000	.0006	.0561	0.0000	.0727
G	U	6836	6707	3171	4310	0	21024	.7893	.7744	.3661	.4977	0.0000	2.4275
U	A	1135	1120	122	2215	0	4592	.1311	.1293	.0141	.2558	0.0000	.5302
U	AI	74	156	11	2617	0	2858	.0085	.0180	.0013	.3022	0.0000	.3300
U	ANG	1558	1762	1079	1190	0	5589	.1799	.2034	.1246	.1374	0.0000	.6453
K	A	10	0	102	65	0	177	.0012	0.0000	.0118	.0075	0.0000	.0204
K	UH	687	76	2469	2024	0	5256	.0793	.0088	.2851	.2337	0.0000	.6069
K	AI	1300	0	64	0	0	1364	.1501	0.0000	.0074	0.0000	0.0000	.1575
K	AU	0	0	392	130	0	522	0.0000	0.0000	.0453	.0150	0.0000	.0603
K	OU	0	0	754	57	0	811	0.0000	0.0000	.0871	.0066	0.0000	.0936
K	AN	93	0	55	1976	0	2124	.0107	0.0000	.0064	.2282	0.0000	.2452
K	UN	0	0	174	0	0	174	0.0000	0.0000	.0201	0.0000	0.0000	.0201
K	ANG	251	2	0	273	0	526	.0290	.0002	0.0000	.0315	0.0000	.0607
K	UNG	33	0	0	0	0	33	.0038	0.0000	0.0000	0.0000	0.0000	.0038
K	U	1147	85	609	1796	0	3637	.1324	.0098	.0703	.2074	0.0000	.4199
H	A	329	1	0	0	0	330	.0380	.0001	0.0000	0.0000	0.0000	.0381
H	UH	170	2912	0	106	0	3188	.0196	.3362	0.0000	.0122	0.0000	.3681
H	AI	5	1613	1389	350	0	3357	.0006	.1862	.1604	.0404	0.0000	.3876
H	EI	383	0	0	0	0	383	.0442	0.0000	0.0000	0.0000	0.0000	.0442
H	AU	6	86	2262	719	0	3073	.0007	.0099	.2612	.0830	0.0000	.3548
H	OU	0	63	18	3383	0	3464	0.0000	.0073	.0021	.3906	0.0000	.4000
H	AN	4	397	127	3999	0	4527	.0005	.0458	.0147	.4617	0.0000	.5227
H	UN	0	15	2124	94	0	2233	0.0000	.0017	.2452	.0109	0.0000	.2578
H	ANG	0	388	0	0	0	388	0.0000	.0448	0.0000	0.0000	0.0000	.0448
H	UNG	19	241	0	14	0	274	.0022	.0278	0.0000	.0016	0.0000	.0316
H	U	2118	5411	1138	7321	1	15989	.2446	.6248	.1314	.8453	.0001	1.8462
J	I	15310	4371	6762	16777	0	43220	1.7678	.5047	.7808	1.9372	0.0000	4.9904
J	Y	1558	1273	676	1414	0	4921	.1799	.1470	.0781	.1633	0.0000	.5682
Y	UNG	278	358	451	2698	0	3785	.0321	.0413	.0521	.3115	0.0000	.4370
Q	I	5035	6735	2911	2386	0	17067	.5814	.7777	.3361	.2755	0.0000	1.9706
Q	Y	749	1758	521	3115	0	6143	.0865	.2030	.0602	.3597	0.0000	.7093

PHONETIC SYMBOLS	FREQUENCY OF OCCURRENCE					SUM	PERCENTAGE OF FREQUENCY OF OCCURRENCE					SUM
	TONE 1	TONE 2	TONE 3	TONE 4	TONE 5		TONE 1	TONE 2	TONE 3	TONE 4	TONE 5	
X I	10184	4627	5788	12472	0	33071	1.1759	.5343	.6683	1.4401	0.0000	3.8185
X Y	985	3982	1077	1083	0	7127	.1137	.4598	.1244	.1250	0.0000	.8229
ZH A	7	42	3	121	0	173	.0008	.0048	.0003	.0140	0.0000	.0200
ZH UH	35	106	452	4140	2153	6886	.0040	.0122	.0522	.4780	.2486	.7951
ZH AI	37	11	4	28	0	80	.0043	.0013	.0005	.0032	0.0000	.0092
ZH AU	198	96	276	582	0	1152	.0229	.0111	.0319	.0672	0.0000	.1330
ZH OU	1488	52	27	71	0	1638	.1718	.0060	.0031	.0082	0.0000	.1891
ZH AN	45	0	293	1188	0	1526	.0052	0.0000	.0338	.1372	0.0000	.1762
ZH UN	1013	0	38	460	0	1511	.1170	0.0000	.0044	.0531	0.0000	.1745
ZH ANG	772	0	1180	184	0	2136	.0891	0.0000	.1362	.0212	0.0000	.2466
ZH UNG	571	0	268	2261	0	3100	.0659	0.0000	.0309	.2611	0.0000	.3579
ZH U	5987	579	3351	3274	0	13100	.6913	.0669	.3869	.3780	0.0000	1.5231
CH A	95	848	0	79	0	1022	.0110	.0979	0.0000	.0091	0.0000	.1180
CH UH	897	0	6	86	0	989	.1036	0.0000	.0007	.0099	0.0000	.1142
CH AI	75	106	0	0	0	181	.0087	.0122	0.0000	0.0000	0.0000	.0209
CH AU	124	328	67	0	0	519	.0143	.0379	.0077	0.0000	0.0000	.0599
CH OU	65	169	28	24	0	286	.0075	.0195	.0032	.0028	0.0000	.0330
CH AN	2	33	616	12	0	663	.0002	.0038	.0711	.0014	0.0000	.0766
CH UN	5	644	28	0	0	677	.0006	.0744	.0032	0.0000	0.0000	.0782
CH ANG	129	2327	134	426	0	3016	.0149	.2687	.0155	.0492	0.0000	.3482
CH UNG	372	3214	8	43	0	3637	.0430	.3711	.0009	.0050	0.0000	.4199
CH U	3608	1928	420	797	0	6753	.4166	.2226	.0485	.0920	0.0000	.7797
SH A	577	0	17	12	0	606	.0666	0.0000	.0020	.0014	0.0000	.0700
SH UH	3	1485	28	1533	0	3049	.0003	.1715	.0032	.1770	0.0000	.3521
SH AI	1	0	0	54	0	55	.0001	0.0000	0.0000	.0062	0.0000	.0064
SH EI	0	242	0	0	0	242	0.0000	.0279	0.0000	0.0000	0.0000	.0279
SH AU	241	11	464	194	0	910	.0278	.0013	.0536	.0224	0.0000	.1051
SH OU	421	116	1237	711	0	2485	.0486	.0134	.1428	.0821	0.0000	.2869
SH AN	1378	0	134	243	0	1755	.1591	0.0000	.0155	.0281	0.0000	.2026
SH UN	1104	361	179	123	0	1767	.1275	.0417	.0207	.0142	0.0000	.2040
SH ANG	549	0	71	4290	59	4969	.0634	0.0000	.0082	.4953	.0068	.5737
SH UNG	3965	47	805	552	0	5369	.4578	.0054	.0929	.0637	0.0000	.6199
SH U	4289	277	2216	2112	0	8894	.4952	.0320	.2559	.2439	0.0000	1.0269
R UH	0	0	17	436	0	453	0.0000	0.0000	.0020	.0503	0.0000	.0523
R AU	0	25	27	98	0	150	0.0000	.0029	.0031	.0113	0.0000	.0173
R OU	0	66	142	250	0	316	0.0000	.0076	.0164	.0289	0.0000	.0365
R AN	0	1323	87	0	0	1465	0.0000	.1528	.0100	0.0000	0.0000	.1692
R UN	0	5694	90	942	0	6723	0.0000	.6575	.0104	.1088	0.0000	.7763
R ANG	0	1	0	247	0	338	0.0000	.0001	0.0000	.0285	0.0000	.0390
R UNG	44	176	0	0	0	220	.0051	.0203	0.0000	0.0000	0.0000	.0254
R U	0	1907	144	889	0	2940	0.0000	.2202	.0166	.1026	0.0000	.3395
Z A	4	107	0	0	0	111	.0005	.0124	0.0000	0.0000	0.0000	.0128
Z UH	0	476	0	1	0	477	0.0000	.0550	0.0000	.0001	0.0000	.0551
Z AI	135	0	118	7465	0	7718	.0156	0.0000	.0136	.8619	0.0000	.8912
Z EI	0	14	0	0	0	14	0.0000	.0016	0.0000	0.0000	0.0000	.0016
Z AU	92	38	508	577	0	1215	.0106	.0044	.0587	.0666	0.0000	.1403
Z OU	6	0	758	67	0	831	.0007	0.0000	.0875	.0077	0.0000	.0960
Z AN	1	23	0	98	0	122	.0001	.0027	0.0000	.0113	0.0000	.0254
Z UN	0	0	889	0	0	889	0.0000	0.0000	.1026	0.0000	0.0000	.1026
Z ANG	66	0	0	184	0	250	.0076	0.0000	0.0000	.0212	0.0000	.0289
Z UNG	256	0	0	54	0	310	.0296	0.0000	0.0000	.0062	0.0000	.0358

PHONETIC SYMBOLS		FREQUENCY OF OCCURRENCE						PERCENTAGE OF FREQUENCY OF OCCURRENCE					
		TONE 1	TONE 2	TONE 3	TONE 4	TONE 5	SUM	TONE 1	TONE 2	TONE 3	TONE 4	TONE 5	SUM
Z	U	435	651	2079	5453	0	8618	.0502	.0752	.2401	.6296	0.0000	.9951
C	A	88	0	0	0	0	88	.0102	0.0000	0.0000	0.0000	0.0000	.0102
C	UH	0	0	0	412	0	412	0.0000	0.0000	0.0000	.0476	0.0000	.0476
C	AI	30	1080	337	331	0	1778	.0035	.1247	.0389	.0382	0.0000	.2053
C	AU	127	75	294	0	0	496	.0147	.0087	.0339	0.0000	0.0000	.0573
C	OU	0	0	0	10	0	10	0.0000	0.0000	0.0000	.0012	0.0000	.0012
C	AN	549	231	47	19	0	846	.0634	.0267	.0054	.0022	0.0000	.0977
C	UN	1	0	0	0	0	1	.0001	0.0000	0.0000	0.0000	0.0000	.0001
C	ANG	91	101	0	0	0	192	.0105	.0117	0.0000	0.0000	0.0000	.0222
C	UNG	0	365	0	0	0	365	0.0000	.0421	0.0000	0.0000	0.0000	.0421
C	U	439	1254	0	506	0	2199	.0507	.1448	0.0000	.0584	0.0000	.2539
S	A	7	0	46	76	0	129	.0008	0.0000	.0053	.0088	0.0000	.0149
S	UH	0	0	0	544	0	544	0.0000	0.0000	0.0000	.0628	0.0000	.0628
S	AI	40	0	0	416	0	456	.0046	0.0000	0.0000	.0480	0.0000	.0527
S	AU	40	0	183	2	0	225	.0046	0.0000	.0211	.0002	0.0000	.0260
S	OU	37	0	29	10	0	76	.0043	0.0000	.0033	.0012	0.0000	.0088
S	AN	4007	0	31	96	0	4134	.4627	0.0000	.0036	.0111	0.0000	.4773
S	UN	121	0	0	0	0	121	.0140	0.0000	0.0000	0.0000	0.0000	.0140
S	ANG	55	0	8	20	0	83	.0064	0.0000	.0009	.0023	0.0000	.0096
S	UNG	11	0	0	0	0	11	.0013	0.0000	0.0000	0.0000	0.0000	.0013
S	U	1295	312	1760	1831	0	5198	.1495	.0360	.2032	.2114	0.0000	.6002
I	O	8	0	0	0	0	8	.0009	0.0000	0.0000	0.0000	0.0000	.0009
I	AI	0	11	0	0	0	11	0.0000	.0013	0.0000	0.0000	0.0000	.0013
SUM		195399	188594	148518	290387	43165	866063	22.5618	21.7760	17.1486	33.5295	4.9840	100.0000
AVERAGE		884.2	853.4	672.0	1314.0	195.3	3918.837	.1021	.0985	.0776	.1517	.0226	.4525
STANDARD DEVIATION		2019.2	1645.5	1438.3	2544.2	1990.4	6621.782	.2331	.1900	.1661	.2938	.2298	.7646

TABLE 3.4 FREQUENCY AND PERCENT FREQUENCY DISTRIBUTION OF TRIGRAMS

PHONETIC SYMBOLS	FREQUENCY OF OCCURRENCE						PERCENTAGE OF FREQUENCY OF OCCURRENCE					
	TONE 1	TONE 2	TONE 3	TONE 4	TONE 5	SUM	TONE 1	TONE 2	TONE 3	TONE 4	TONE 5	SUM
B I EH	0	644	0	1	0	645	0.0000	.3014	.0000	.0005	0.0000	.3018
B I AU	168	0	912	2	0	1082	.0786	0.0000	.4268	.0009	0.0000	.5063
B I AN	1027	0	22	2016	0	3065	.4806	0.0000	.0103	.9434	0.0000	1.4343
B I UN	198	0	0	8	0	206	.0927	0.0000	0.0000	.0037	0.0000	.0964
B I UNG	470	0	111	1385	0	1966	.2199	0.0000	.0519	.6481	0.0000	.9200
P I EH	6	0	0	0	0	6	.0028	0.0000	0.0000	0.0000	0.0000	.0028
P I AU	73	2	37	363	0	475	.0342	.0009	.0173	.1699	0.0000	.2223
P I AN	181	23	0	396	0	600	.0847	.0108	0.0000	.1853	0.0000	.2808
P I UN	47	59	401	13	0	520	.0220	.0276	.1876	.0061	0.0000	.2433
P I UNG	4	1176	0	0	0	1180	.0019	.5503	0.0000	0.0000	0.0000	.5522
M I EH	35	0	0	140	0	175	.0164	0.0000	0.0000	.0655	0.0000	.0819
M I AU	2	113	47	106	0	268	.0009	.0529	.0220	.0496	0.0000	.1254
M I AN	0	267	277	1865	0	2409	0.0000	.1249	.1296	.8727	0.0000	1.1273
M I UN	0	1958	91	0	0	2049	0.0000	.9162	.0426	0.0000	0.0000	.9588
M I UNG	0	2509	0	387	0	2896	0.0000	1.1741	0.0000	.1811	0.0000	1.3552
D I EH	279	169	0	0	0	448	.1306	.0791	0.0000	0.0000	0.0000	.2096
D I AU	26	0	0	429	0	455	.0122	0.0000	0.0000	.2007	0.0000	.2129
D I OU	49	0	0	0	0	49	.0229	0.0000	0.0000	0.0000	0.0000	.0229
D I AN	23	0	1092	1329	0	2444	.0108	0.0000	.5110	.6219	0.0000	1.1437
D I UNG	146	0	125	1441	0	1712	.0683	0.0000	.0585	.6743	0.0000	.8011
D U O	2159	142	121	36	0	2458	1.0103	.0664	.0566	.0168	0.0000	1.1502
D U EI	61	0	0	1880	0	1941	.0285	0.0000	0.0000	.8797	0.0000	.9083
D U AN	190	0	148	342	0	680	.0889	0.0000	.0693	.1600	0.0000	.3182
D U UN	95	0	5	219	0	319	.0445	0.0000	.0023	.1025	0.0000	.1493
D U UNG	1711	0	60	1604	0	3375	.8007	0.0000	.0281	.7506	0.0000	1.5793
T I EH	74	0	675	0	0	749	.0346	0.0000	.3159	0.0000	0.0000	.3505
T I AU	37	852	3	228	0	1120	.0173	.3987	.0014	.1067	0.0000	.5241
T I AN	3303	460	5	0	0	3768	1.5456	.2153	.0023	0.0000	0.0000	1.7632
T I UNG	825	515	73	0	0	1413	.3861	.2410	.0342	0.0000	0.0000	.6612
T U O	184	61	15	32	0	292	.0861	.0285	.0070	.0150	0.0000	.1366
T U EI	255	4	62	170	0	491	.1193	.0019	.0290	.0796	0.0000	.2298
T U AN	1	308	0	0	0	309	.0005	.1441	0.0000	0.0000	0.0000	.1446
T U UN	39	25	0	3	0	67	.0182	.0117	0.0000	.0014	0.0000	.0314
T U UNG	802	2066	690	152	0	3710	.3753	.9668	.3229	.0711	0.0000	1.7361
N I EH	7	0	0	17	0	24	.0033	0.0000	0.0000	.0080	0.0000	.0112
N I AU	0	0	255	14	0	269	0.0000	0.0000	.1193	.0066	0.0000	.1259
N I OU	0	270	108	1	0	379	0.0000	.1263	.0505	.0005	0.0000	.1774
N I AN	2	2835	19	288	0	3144	.0009	1.3266	.0089	.1348	0.0000	1.4712
N I UN	0	120	0	0	0	120	0.0000	.0562	0.0000	0.0000	0.0000	.0562
N I ANG	0	51	0	17	0	68	0.0000	.0239	0.0000	.0080	0.0000	.0318
N I UNG	0	234	0	4	0	238	0.0000	.1095	0.0000	.0019	0.0000	.1114
N U O	0	70	0	69	0	139	0.0000	.0328	0.0000	.0323	0.0000	.0650
N U AN	0	0	93	0	0	93	0.0000	0.0000	.0435	0.0000	0.0000	.0435
N U UNG	0	416	0	81	0	497	0.0000	.1947	0.0000	.0379	0.0000	.2326
N Y EH	0	0	0	20	0	20	0.0000	0.0000	0.0000	.0094	0.0000	.0094

PHONETIC SYMBOLS		FREQUENCY OF OCCURRENCE						PERCENTAGE OF FREQUENCY OF OCCURRENCE					
		TONE 1	TONE 2	TONE 3	TONE 4	TONE 5	SUM	TONE 1	TONE 2	TONE 3	TONE 4	TONE 5	SUM
L	I A	0	0	20	0	0	20	0.0000	0.0000	.0094	0.0000	0.0000	.0094
L	I EH	0	0	0	610	0	610	0.0000	0.0000	0.0000	.2854	0.0000	.2854
L	I AU	0	352	141	457	0	950	0.0000	.1647	.0660	.2139	0.0000	.4445
L	I OU	51	943	51	1807	0	2852	.0239	.4413	.0239	.8456	0.0000	1.3346
L	I AN	0	1120	185	516	0	1821	0.0000	.5241	.0866	.2415	0.0000	.8521
L	I UN	0	1082	6	7	0	1095	0.0000	.5063	.0028	.0033	0.0000	.5124
L	I ANG	0	671	1388	775	0	2834	0.0000	.3140	.6495	.3627	0.0000	1.3262
L	I UNG	0	416	430	446	0	1292	0.0000	.1947	.2012	.2087	0.0000	.6046
L	U O	6	411	2	351	0	770	.0028	.1923	.0009	.1642	0.0000	.3603
L	U AN	0	12	36	178	0	226	0.0000	.0056	.0168	.0833	0.0000	.1058
L	U UN	0	585	0	483	0	1068	0.0000	.2737	0.0000	.2260	0.0000	.4998
L	U EH	0	456	38	6	0	500	0.0000	.2134	.0178	.0028	0.0000	.2340
L	Y EH	0	0	0	125	0	125	0.0000	0.0000	0.0000	.0585	0.0000	.0585
L	Y AN	0	1	0	0	0	1	0.0000	.0005	0.0000	0.0000	0.0000	.0005
L	Y UN	0	1	12	127	0	276	.0641	.0005	.0056	.0594	0.0000	.1292
G	U A	137	6707	955	1791	0	9533	.0374	3.1385	.4469	.8381	0.0000	4.4609
G	U O	80	0	9	169	0	194	.0075	0.0000	.0042	.0791	0.0000	.0908
G	U AI	16	0	108	325	0	873	.2059	0.0000	.0505	.1521	0.0000	.4085
G	U EI	440	0	583	273	0	2296	.6738	0.0000	.2728	.1277	0.0000	1.0744
G	U AN	1440	0	59	19	0	78	0.0000	0.0000	.0276	.0089	0.0000	.0365
G	U UN	756	0	576	10	0	1342	.3538	0.0000	.2695	.0047	0.0000	.6280
G	U ANG	3804	0	24	986	0	4814	1.7801	0.0000	.0112	.4614	0.0000	2.2527
G	U UNG	14	0	3	24	0	41	.0066	0.0000	.0014	.0112	0.0000	.0192
K	U A	0	0	0	204	0	204	0.0000	0.0000	0.0000	.0955	0.0000	.0955
K	U O	0	0	0	986	0	986	0.0000	0.0000	0.0000	.4614	0.0000	.4614
K	U AI	34	52	8	44	0	138	.0159	.0243	.0037	.0206	0.0000	.0646
K	U EI	49	0	81	0	0	130	.0229	0.0000	.0379	0.0000	0.0000	.0608
K	U AN	82	0	19	99	0	200	.0384	0.0000	.0089	.0463	0.0000	.0936
K	U UN	0	33	0	240	0	279	0.0000	.0154	0.0000	.1123	0.0000	.1306
K	U ANG	826	0	220	82	0	1128	.3865	0.0000	.1029	.0384	0.0000	.5278
K	U UNG	690	1090	0	2050	0	3830	.3229	.5101	0.0000	.9593	0.0000	1.7922
H	U A	0	802	756	1079	1	2638	0.0000	.3753	.3538	.5049	.0005	1.2344
H	U O	0	156	0	200	0	356	0.0000	.0730	0.0000	.0936	0.0000	.1666
H	U AI	369	1002	183	3246	0	4800	.1727	.4689	.0856	1.5190	0.0000	2.2461
H	U EI	391	241	39	214	0	885	.1830	.1128	.0182	.1001	0.0000	.4141
H	U AN	81	53	38	27	0	199	.0379	.0248	.0178	.0126	0.0000	.0931
H	U UN	103	878	24	0	0	1008	.0482	.4109	.0112	0.0000	0.0000	.4717
H	U ANG	54	486	2	1	0	543	.0253	.2274	.0009	.0005	0.0000	.2541
H	U UNG	4108	47	349	414	0	4918	1.9223	.0220	.1633	.1937	0.0000	2.3014
H	I A	887	1150	671	986	0	3694	.4151	.5381	.3140	.4614	0.0000	1.7286
H	I EH	856	15	504	3076	0	4451	.4006	.0070	.2358	1.4394	0.0000	2.0828
H	I AU	43	0	1876	4203	0	6122	.0201	0.0000	.8779	1.9668	0.0000	2.8648
H	I OU	1028	0	581	2659	0	4268	.4810	0.0000	.2719	1.2443	0.0000	1.9972
H	I AN	1757	368	0	1907	0	4032	.8222	.1722	0.0000	.8924	0.0000	1.8868
H	I UN	2021	0	804	231	0	3056	.9457	0.0000	.3762	.1081	0.0000	1.4300
H	I ANG	2330	0	362	1113	0	3805	1.0903	0.0000	.1694	.5208	0.0000	1.7805
J	I UNG	2	980	0	0	0	982	.0009	.4586	0.0000	0.0000	0.0000	.4595
J	Y EH	105	0	29	68	0	202	.0491	0.0000	.0136	.0318	0.0000	.0945
J	Y AN	1198	0	0	180	0	1378	.5606	0.0000	0.0000	.0842	0.0000	.6448
J	Y UN	0	0	11	0	0	11	0.0000	0.0000	.0051	0.0000	0.0000	.0051

PHONETIC SYMBOLS	FREQUENCY OF OCCURRENCE					SUM	PERCENTAGE OF FREQUENCY OF OCCURRENCE					SUM
	TONE 1	TONE 2	TONE 3	TONE 4	TONE 5		TONE 1	TONE 2	TONE 3	TONE 4	TONE 5	
Q I A	0	0	1	37	0	38	0.0000	0.0000	.0005	.0173	0.0000	.0178
Q I EH	36	23	393	247	0	699	.0168	.0108	.1839	.1156	0.0000	.3271
Q I AU	50	334	100	15	0	499	.0234	.1563	.0468	.0070	0.0000	.2335
Q I OU	267	1060	0	0	0	1327	.1249	.4960	0.0000	0.0000	0.0000	.6210
Q I AN	829	1478	73	34	0	2414	.3879	.6916	.0342	.0159	0.0000	1.1296
Q I UN	804	303	8	1	0	1116	.3762	.1418	.0037	.0005	0.0000	.5222
Q I ANG	146	557	74	1	0	778	.0683	.2606	.0346	.0005	0.0000	.3641
Q I UNG	1271	784	540	186	0	2781	.5948	.3669	.2527	.0870	0.0000	1.3014
Q Y EH	80	1405	0	547	0	627	.0374	.6575	0.0000	.2560	0.0000	.2934
Q Y AN	65	1405	14	70	0	1554	.0304	.6575	.0066	.0328	0.0000	.7272
Q Y UN	0	233	0	0	0	233	0.0000	.1090	0.0000	0.0000	0.0000	.1090
Q Y UNG	2	73	0	0	0	75	.0009	.0342	0.0000	0.0000	0.0000	.0351
X I A	37	228	1110	2550	0	2815	.0173	.1067	0.0000	1.1933	0.0000	1.3173
X I EH	1110	322	1110	276	0	2818	.5194	.1507	.5194	.1292	0.0000	1.3187
X I AU	484	2	2541	2455	0	5482	.2265	.0009	1.1891	1.1488	0.0000	2.5653
X I OU	383	0	12	200	0	595	.1792	0.0000	.0056	.0936	0.0000	.2784
X I AN	946	187	290	2417	0	3840	.4427	.0875	.1357	1.1310	0.0000	1.7969
X I UN	2391	0	0	451	0	2842	1.1189	0.0000	0.0000	.2110	0.0000	1.3299
X I ANG	1081	206	1128	2378	0	4793	.5058	.0964	.5278	1.1128	0.0000	2.2429
X I UNG	1083	2446	84	859	0	4472	.5068	1.1446	.0393	.4020	0.0000	2.0927
X Y EH	18	3313	155	81	0	3567	.0084	1.5503	.0725	.0379	0.0000	1.6692
X Y AN	202	135	403	9	0	749	.0945	.0632	.1886	.0042	0.0000	.3505
X Y UN	30	169	0	516	0	715	.0140	.0791	0.0000	.2415	0.0000	.3346
X Y UNG	245	285	0	0	0	530	.1146	.1334	0.0000	0.0000	0.0000	.2480
ZH U A	81	0	4	0	0	85	.0379	0.0000	.0019	0.0000	0.0000	.0398
ZH U O	238	107	0	0	0	345	.1114	.0501	0.0000	0.0000	0.0000	.1614
ZH U AI	1	0	0	0	0	1	.0005	0.0000	0.0000	0.0000	0.0000	.0005
ZH U EI	107	0	0	14	0	121	.0501	0.0000	0.0000	.0065	0.0000	.0566
ZH U AN	332	0	305	77	0	714	.1554	0.0000	.1427	.0360	0.0000	.3341
ZH U UN	0	0	303	0	0	303	0.0000	0.0000	.1418	0.0000	0.0000	.1418
ZH U ANG	372	0	1	234	0	607	.1741	0.0000	.0005	.1095	0.0000	.2840
ZH U UNG	4406	0	1512	1239	0	7157	2.0618	0.0000	.7075	.5798	0.0000	3.3491
CH U O	7	0	0	5	0	12	.0033	0.0000	0.0000	.0023	0.0000	.0056
CH U EI	121	71	0	0	0	192	.0566	.0332	0.0000	0.0000	0.0000	.0898
CH U AN	417	734	9	24	0	1184	.1951	.3435	.0042	.0112	0.0000	.5540
CH U UN	317	43	4	0	0	364	.1483	.0201	.0019	0.0000	0.0000	.1703
CH U ANG	125	111	7	143	0	386	.0585	.0519	.0033	.0669	0.0000	.1806
CH U UNG	342	462	5	0	0	809	.1600	.2162	.0023	0.0000	0.0000	.3786
SH U A	102	0	16	0	0	118	.0477	0.0000	.0075	0.0000	0.0000	.0552
SH U AI	2727	0	0	26	0	2753	1.2761	0.0000	0.0000	.0122	0.0000	1.2883
SH U EI	36	0	2	75	0	113	.0168	0.0000	.0009	.0351	0.0000	.0529
SH U AN	0	4	1681	302	0	1987	0.0000	.0019	.7866	.1413	0.0000	.9298
SH U UN	3	0	0	13	0	16	.0014	0.0000	0.0000	.0061	0.0000	.0075
SH U ANG	0	0	0	180	0	180	0.0000	0.0000	0.0000	.0842	0.0000	.0842
SH U O	171	0	26	0	0	197	.0800	0.0000	.0122	0.0000	0.0000	.0922
R U EI	0	0	0	231	0	231	0.0000	0.0000	0.0000	.1081	0.0000	.1081
R U AN	0	0	8	91	0	99	0.0000	0.0000	.0037	.0426	0.0000	.0463
R U AN	0	0	74	0	0	74	0.0000	0.0000	.0346	0.0000	0.0000	.0346
R U UNG	0	0	0	24	0	24	0.0000	0.0000	0.0000	.0112	0.0000	.0112
Z U O	1	680	274	3966	0	4482	.0005	.3182	.1282	1.8559	0.0000	2.0973

| PHONETIC SYMBOLS | | | TONE 1 | FREQUENCY OF OCCURRENCE | | | | SUM | PERCENTAGE OF FREQUENCY OF OCCURRENCE | | | | | SUM |
				TONE 2	TONE 3	TONE 4	TONE 5		TONE 1	TONE 2	TONE 3	TONE 4	TONE 5	
Z	U	EI	0	0	159	1397	0	1556	0.0000	0.0000	.0744	.6537	0.0000	.7281
Z	U	AN	17	0	15	24	0	56	.0080	0.0000	.0070	.0112	0.0000	.0262
Z	U	UN	100	0	0	3	0	103	.0468	0.0000	0.0000	.0014	0.0000	.0482
Z	U	UNG	269	0	815	63	0	1147	.1259	0.0000	.3814	.0295	0.0000	.5367
C	U	O	20	0	0	243	0	263	.0094	0.0000	0.0000	.1137	0.0000	.1231
C	U	EI	22	0	0	84	0	106	.0103	0.0000	0.0000	.0393	0.0000	.0496
C	U	AN	0	0	0	19	0	19	0.0000	0.0000	0.0000	.0089	0.0000	.0089
C	U	UN	224	103	0	57	0	384	.1048	.0482	0.0000	.0267	0.0000	.1797
C	U	UNG	109	1151	0	0	0	1260	.0510	.5386	0.0000	0.0000	0.0000	.5896
S	U	O	82	0	1663	0	0	1745	.0384	0.0000	.7782	0.0000	0.0000	.8166
S	U	EI	376	241	1	290	0	908	.1759	.1128	.0005	.1357	0.0000	.4249
S	U	AN	82	0	0	359	0	441	.0384	0.0000	0.0000	.1680	0.0000	.2064
S	U	UN	127	0	83	0	0	210	.0594	0.0000	.0388	0.0000	0.0000	.0983
S	U	UNG	197	0	13	511	0	721	.0922	0.0000	.0061	.2391	0.0000	.3374
SUM			59334	52950	30536	70879	1	213700	27.7651	24.7777	14.2892	33.1675	.0005	100.0000
AVERAGE			368.5	328.9	189.7	440.2	.0	1327.329	.1725	.1539	.0888	.2060	.0000	.6211
STANDARD DEVIATION			762.6	752.6	402.0	796.5	.1	1621.188	.3569	.3522	.1881	.3727	.0000	.7586

Table 3.5 Rank Order of the 20 Most Frequent Digrams and Trigrams

Rank	Digram			Trigram		
	Digram	Frequency	% Frequency	Trigram	Frequency	% Frequency
1	J I	43220	4.99	G U O	9533	4.46
2	U O	33523	3.87	ZH U UNG	7157	3.35
3	X I	33071	3.82	J I OU	6122	2.86
4	I AN	30410	3.51	X I AU	5482	2.57
5	D UH	30079	3.47	J I A	4918	2.30
6	U UNG	26416	3.05	G U UNG	4814	2.25
7	I UNG	24178	2.79	H U EI	4800	2.25
8	I OU	22715	2.62	X I ANG	4793	2.24
9	G U	21024	2.43	Z U O	4482	2.10
10	L I	19948	2.30	X I UNG	4472	2.09
11	U EI	19425	2.24	J I AU	4451	2.08
12	I AU	19150	2.21	J I AN	4268	2.00
13	Q I	17067	1.97	J I UN	4032	1.89
14	H U	15989	1.85	X I AN	3840	1.80
15	I ANG	15352	1.77	H U A	3830	1.79
16	I UN	14636	1.69	J I UNG	3805	1.78
17	I EH	14147	1.63	T I AN	3768	1.76
18	ZH U	13191	1.52	T U UNG	3710	1.74
19	D I	12356	1.43	J I EH	3693	1.73
20	D U	10958	1.27	X Y EH	3567	1.67
Total		436855	50.43		95538	44.71

TABLE 3.6 FREQUENCY AND PERCENT FREQUENCY DISTRIBUTION OF SYLLABLES

PHONETIC SYMBOLS		FREQUENCY OF OCCURRENCE						PERCENTAGE OF FREQUENCY OF OCCURRENCE					
		TONE 1	TONE 2	TONE 3	TONE 4	TONE 5	SUM	TONE 1	TONE 2	TONE 3	TONE 4	TONE 5	SUM
B	A	2216	47	1692	756	0	4711	.2939	.0062	.2244	.1003	0.0000	.6248
B	O	375	632	3	224	0	1234	.0497	.0838	.0004	.0297	0.0000	.1637
B	AI	0	662	979	257	0	1898	0.0000	.0878	.1299	.0341	0.0000	.2517
B	EI	203	0	1696	1429	0	3328	.0269	0.0000	.2250	.1895	0.0000	.4414
B	AU	417	26	719	1237	0	2399	.0553	.0034	.0954	.1641	0.0000	.3182
B	AN	761	0	443	996	0	2200	.1009	0.0000	.0588	.1321	0.0000	.2918
B	UN	39	0	1803	37	0	1879	.0052	0.0000	.2391	.0049	0.0000	.2492
B	ANG	283	0	89	186	0	558	.0375	0.0000	.0118	.0247	0.0000	.0740
B	UNG	22	1	0	15	0	38	.0029	.0001	0.0000	.0020	0.0000	.0050
B	I	35	61	1219	955	0	2270	.0046	.0081	.1617	.1267	0.0000	.3011
B	I EH	0	644	0	1	0	645	0.0000	.0854	0.0000	.0001	0.0000	.0856
B	I AU	168	0	912	2	0	1082	.0223	0.0000	.1210	.0003	0.0000	.1435
B	I AN	1027	0	22	2016	0	3065	.1362	0.0000	.0029	.2674	0.0000	.4065
B	I UN	198	0	0	8	0	206	.0263	0.0000	0.0000	.0011	0.0000	.0273
B	I UNG	470	0	111	1385	0	1966	.0623	0.0000	.0147	.1837	0.0000	.2608
B	U	0	0	295	9389	0	9684	0.0000	0.0000	.0391	1.2453	0.0000	1.2845
P	A	6	130	0	243	0	379	.0008	.0172	0.0000	.0322	0.0000	.0503
P	O	108	115	19	309	0	551	.0143	.0153	.0025	.0410	0.0000	.0731
P	AI	124	260	0	211	0	595	.0164	.0345	0.0000	.0280	0.0000	.0789
P	EI	10	134	0	184	0	328	.0013	.0178	0.0000	.0244	0.0000	.0435
P	AU	13	11	340	136	0	500	.0017	.0015	.0451	.0180	0.0000	.0663
P	OU	0	0	12	0	0	12	0.0000	0.0000	.0016	0.0000	0.0000	.0016
P	AN	33	121	0	155	0	309	.0044	.0160	0.0000	.0206	0.0000	.0410
P	UN	48	83	0	8	0	139	.0064	.0110	0.0000	.0011	0.0000	.0184
P	ANG	9	197	0	37	0	243	.0012	.0261	0.0000	.0049	0.0000	.0322
P	UNG	19	489	10	80	0	598	.0025	.0649	.0013	.0106	0.0000	.0793
P	I	157	420	23	63	0	663	.0208	.0557	.0031	.0084	0.0000	.0879
P	I EH	6	0	0	0	0	6	.0008	0.0000	0.0000	0.0000	0.0000	.0008
P	I AU	73	2	37	363	0	475	.0097	.0003	.0049	.0481	0.0000	.0630
P	I AN	181	23	0	396	0	600	.0240	.0031	0.0000	.0525	0.0000	.0796
P	I UN	47	59	401	13	0	520	.0062	.0078	.0532	.0017	0.0000	.0690
P	I UNG	4	1176	0	0	0	1180	.0005	.1560	0.0000	0.0000	0.0000	.1565
P	U	75	103	247	45	0	470	.0099	.0137	.0328	.0060	0.0000	.0623
M	A	1043	198	711	86	326	2364	.1383	.0263	.0943	.0114	.0432	.3136
M	O	78	312	17	515	0	922	.0103	.0414	.0023	.0683	0.0000	.1223
M	UH	1998	0	0	0	0	1998	.2650	0.0000	0.0000	0.0000	0.0000	.2650
M	AI	0	43	288	337	0	668	0.0000	.0057	.0382	.0447	0.0000	.0886
M	EI	0	1640	2482	343	0	4465	0.0000	.2175	.3292	.0455	0.0000	.5922
M	AU	90	298	0	210	0	598	.0119	.0395	0.0000	.0279	0.0000	.0793
M	OU	0	77	49	0	0	126	0.0000	.0102	.0065	0.0000	0.0000	.0167
M	AN	0	43	372	336	0	751	0.0000	.0057	.0493	.0446	0.0000	.0996
M	UN	6	609	0	23	4325	4963	.0008	.0808	0.0000	.0031	.5737	.6583
M	ANG	0	315	6	0	0	321	0.0000	.0418	.0008	0.0000	0.0000	.0426
M	UNG	0	202	86	173	0	461	0.0000	.0268	.0114	.0229	0.0000	.0611
M	I	16	74	286	468	0	844	.0021	.0098	.0379	.0621	0.0000	.1119
M	I EH	35	0	0	140	0	175	.0046	0.0000	0.0000	.0186	0.0000	.0232

PHONETIC SYMBOLS		FREQUENCY OF OCCURRENCE					SUM	PERCENTAGE OF FREQUENCY OF OCCURRENCE					SUM
		TONE 1	TONE 2	TONE 3	TONE 4	TONE 5		TONE 1	TONE 2	TONE 3	TONE 4	TONE 5	
M	I	2	113	47	106	0	268	.0003	.0150	.0062	.0141	0.0000	.0355
M	I AU	0	267	277	1865	0	2409	0.0000	.0354	.0367	.2474	0.0000	.3195
M	I AN	0	1958	91	0	0	2049	0.0000	.2597	.0121	0.0000	0.0000	.2718
M	I UN	0	2509	0	387	0	2896	0.0000	.3328	0.0000	.0513	0.0000	.3841
M	I UNG	0	10	659	1176	0	1845	0.0000	.0013	.0874	.1560	0.0000	.2447
M	U	1743	100	1566	238	0	3647	.2312	.0133	.2077	.0316	0.0000	.4837
M	A	0	93	0	0	0	93	0.0000	.0123	0.0000	0.0000	0.0000	.0123
F	O	1294	171	227	690	0	2382	.1716	.0227	.0301	.0915	0.0000	.3159
F	EI	0	0	103	0	0	103	0.0000	0.0000	.0137	0.0000	0.0000	.0137
F	OU	137	330	428	732	0	1627	.0182	.0438	.0568	.0971	0.0000	.2158
F	AN	1472	35	121	607	0	2235	.1952	.0046	.0160	.0805	0.0000	.2964
F	UN	1886	789	236	580	0	3491	.2502	.1047	.0313	.0769	0.0000	.4630
F	ANG	1210	63	0	135	0	1408	.1605	.0084	0.0000	.0179	0.0000	.1868
F	UNG	428	1147	752	2073	0	4400	.0568	.1521	.0997	.2750	0.0000	.5836
D	U	79	878	656	4810	0	6423	.0105	.1165	.0870	.6380	0.0000	.8519
D	A	0	1642	0	0	28437	30079	0.0000	.2178	0.0000	0.0000	3.7718	3.9896
D	UH	48	0	31	0	0	1649	.0064	0.0000	.0041	0.0000	0.0000	.2187
D	AI	0	0	90	0	0	90	0.0000	0.0000	.0119	0.0000	0.0000	.0119
D	EI	111	0	603	5571	0	6285	.0147	0.0000	.0800	.7389	0.0000	.8336
D	AU	2383	0	71	236	0	2690	.3161	0.0000	.0094	.0313	0.0000	.3568
D	OU	483	0	42	1498	0	2023	.0641	0.0000	.0056	.1987	0.0000	.2683
D	AN	1037	0	173	78	0	1288	.1375	0.0000	.0229	.0103	0.0000	.1708
D	ANG	289	0	1234	51	0	1574	.0383	0.0000	.1637	.0068	0.0000	.2088
D	UNG	221	324	332	6371	0	7248	.0293	.0430	.0440	.8450	0.0000	.9613
D	I	279	169	0	0	0	448	.0370	.0224	0.0000	0.0000	0.0000	.0594
D	I EH	26	0	0	429	0	455	.0034	0.0000	0.0000	.0569	0.0000	.0603
D	I AU	49	0	0	0	0	49	.0065	0.0000	0.0000	0.0000	0.0000	.0065
D	I OU	23	0	1092	1329	0	2444	.0031	0.0000	.1448	.1763	0.0000	.3242
D	I AN	146	0	125	1441	0	1712	.0194	0.0000	.0166	.1911	0.0000	.2271
D	I UN	394	725	47	1019	0	2185	.0523	.0962	.0062	.1352	0.0000	.2898
D	I ANG	2159	142	121	36	0	2458	.2864	.0188	.0160	.0048	0.0000	.3260
D	I UNG	61	0	0	1880	0	1941	.0081	0.0000	0.0000	.2494	0.0000	.2574
D	U O	190	0	148	342	0	680	.0252	0.0000	.0196	.0454	0.0000	.0902
D	U EI	95	0	5	219	0	319	.0126	0.0000	.0007	.0290	0.0000	.0423
D	U AN	1711	0	60	1604	0	3375	.2269	0.0000	.0080	.2127	0.0000	.4476
D	U UN	6477	0	84	86	0	6647	.8591	0.0000	.0111	.0114	0.0000	.8816
D	U UNG	0	0	0	499	0	499	0.0000	0.0000	0.0000	.0662	0.0000	.0662
T	A	15	1236	0	1272	0	2523	.0020	.1639	0.0000	.1687	0.0000	.3346
T	UH	27	340	433	79	34	913	.0036	.0451	.0574	.0105	.0045	.1211
T	AI	123	1186	0	86	0	1395	.0163	.1573	0.0000	.0114	0.0000	.1850
T	AU	85	467	99	174	0	825	.0113	.0619	.0131	.0231	0.0000	.1094
T	OU	46	411	54	31	0	542	.0061	.0545	.0072	.0041	0.0000	.0719
T	AN	0	102	0	0	0	102	0.0000	.0135	0.0000	0.0000	0.0000	.0135
T	ANG	71	1252	923	208	0	2454	.0094	.1661	.1224	.0276	0.0000	.3255
T	UNG	74	852	675	0	0	749	.0098	0.0000	.0895	0.0000	0.0000	.0993
T	I	37	460	3	228	0	1120	.0049	.1130	.0004	.0302	0.0000	.1486
T	I EH	3303	515	5	0	0	3768	.4381	.0610	.0007	0.0000	0.0000	.4998
T	I AU	825	1963	73	0	0	1413	.1094	.2604	.0097	0.0000	0.0000	.1874
T	I AN	8	0	440	49	0	2460	.0011	0.0000	.0584	.0065	0.0000	.3263
T	I UNG	184	61	15	32	0	292	.0244	.0081	.0020	.0042	0.0000	.0387
T	U O	255	4	62	170	0	491	.0338	.0005	.0082	.0225	0.0000	.0651
T	U EI	1	308	0	0	0	309	.0001	.0409	0.0000	0.0000	0.0000	.0410
T	U AN												

PHONETIC SYMBOLS	FREQUENCY OF OCCURRENCE						PERCENTAGE OF FREQUENCY OF OCCURRENCE					
	TONE 1	TONE 2	TONE 3	TONE 4	TONE 5	SUM	TONE 1	TONE 2	TONE 3	TONE 4	TONE 5	SUM
T U UN	39	25	0	3	0	67	.0052	.0033	0.0000	.0004	0.0000	.0089
T U UNG	802	2066	690	152	0	3710	.1064	.2740	.0915	.0202	0.0000	.4921
T N A	1	444	688	1849	27	3009	.0001	.0589	.0913	.2452	.0036	.3991
N Z UH	0	0	0	29	599	628	0.0000	0.0000	0.0000	.0038	.0794	.0833
N Z AI	0	0	187	78	0	265	0.0000	0.0000	.0248	.0103	0.0000	.0351
N Z EI	0	0	2	702	0	704	0.0000	0.0000	.0003	.0931	0.0000	.0934
N Z AU	0	15	156	98	0	269	0.0000	.0020	.0207	.0130	0.0000	.0357
N Z AN	0	1969	4	67	0	2040	0.0000	.2612	.0005	.0089	0.0000	.2706
N Z UN	0	0	0	61	0	61	0.0000	0.0000	0.0000	.0081	0.0000	.0081
N Z ANG	0	14	0	0	0	14	0.0000	.0019	0.0000	0.0000	0.0000	.0019
N Z UNG	0	1710	0	0	0	1710	0.0000	.2268	0.0000	0.0000	0.0000	.2268
N Z I	0	409	2018	20	0	2447	0.0000	.0542	.2677	.0027	0.0000	.3246
N Z I EH	7	0	0	17	0	24	.0009	0.0000	0.0000	.0023	0.0000	.0032
N Z I AU	0	0	255	14	0	269	0.0000	0.0000	.0338	.0019	0.0000	.0357
N Z I OU	0	270	108	1	0	379	0.0000	.0358	.0143	.0001	0.0000	.0503
N Z I AN	2	2835	19	288	0	3144	.0003	.3760	.0025	.0382	0.0000	.4170
N Z I UN	0	120	0	0	0	120	0.0000	.0159	0.0000	0.0000	0.0000	.0159
N Z I ANG	0	51	0	17	0	68	0.0000	.0068	0.0000	.0023	0.0000	.0090
N Z I UNG	0	234	0	4	0	238	0.0000	.0310	0.0000	.0005	0.0000	.0316
N Z U	0	69	208	55	0	332	0.0000	.0092	.0276	.0073	0.0000	.0440
N Z U O	0	70	0	69	0	139	0.0000	.0093	0.0000	.0092	0.0000	.0184
N Z U AN	0	0	93	0	0	93	0.0000	0.0000	.0123	0.0000	0.0000	.0123
N Z U UNG	0	416	0	81	0	497	0.0000	.0552	0.0000	.0107	0.0000	.0659
N Z Y	0	0	547	0	0	547	0.0000	0.0000	.0726	0.0000	0.0000	.0726
N Z Y EH	0	0	0	20	0	20	0.0000	0.0000	0.0000	.0027	0.0000	.0027
L A	658	0	26	94	0	778	.0873	0.0000	.0034	.0125	0.0000	.1032
L O	0	0	0	0	9	9	0.0000	0.0000	0.0000	0.0000	.0012	.0012
L UH	0	0	0	450	7176	7626	0.0000	0.0000	0.0000	.0597	.9518	1.0115
L I AI	0	4392	0	47	0	4439	0.0000	.5825	0.0000	.0062	0.0000	.5888
L I EI	0	165	98	647	0	910	0.0000	.0219	.0130	.0858	0.0000	.1207
L I AU	21	232	1278	14	0	1545	.0028	.0308	.1695	.0019	0.0000	.2049
L I OU	0	107	12	77	2	198	0.0000	.0142	.0016	.0102	.0003	.0263
L I AN	0	434	136	77	0	647	0.0000	.0576	.0180	.0102	0.0000	.0858
L I ANG	0	151	43	88	0	282	0.0000	.0200	.0057	.0117	0.0000	.0374
L I UNG	0	8	208	4	0	220	0.0000	.0011	.0276	.0005	0.0000	.0292
L I I	13	578	4071	3796	16	8474	.0017	.0767	.5400	.5035	.0021	1.1240
L I I A	0	0	20	0	0	20	0.0000	0.0000	.0027	0.0000	0.0000	.0027
L I I EH	0	352	141	610	0	610	0.0000	.0000	.0187	.0809	0.0000	.0809
L I I AU	0	352	141	457	0	950	0.0000	.0467	.0187	.0606	0.0000	.1260
L I I OU	51	943	51	1807	0	2852	.0068	.1251	.0068	.2397	0.0000	.3783
L I I AN	0	1120	185	516	0	1821	0.0000	.1486	.0245	.0684	0.0000	.2415
L I I UN	0	1082	6	7	0	1095	0.0000	.1435	.0008	.0009	0.0000	.1452
L I I ANG	0	671	1388	775	0	2834	0.0000	.0890	.1841	.1028	0.0000	.3759
L I I UNG	6	416	430	446	0	1292	.0008	.0552	.0570	.0592	0.0000	.1714
L U U	6	149	211	1689	0	2055	.0008	.0198	.0280	.2240	0.0000	.2726
L U U O	0	411	2	351	0	770	0.0000	.0545	.0003	.0466	0.0000	.1021
L U U AN	0	12	36	178	0	226	0.0000	.0016	.0048	.0236	0.0000	.0300
L U U UN	0	585	0	483	0	1068	0.0000	.0776	0.0000	.0641	0.0000	.1417
L U U UNG	0	456	38	6	0	500	0.0000	.0605	.0050	.0008	0.0000	.0663
L Y	0	9	246	511	0	766	0.0000	.0012	.0326	.0678	0.0000	.1016
L Y EH	0	0	0	125	0	125	0.0000	0.0000	0.0000	.0166	0.0000	.0166
L Y AN	0	1	0	0	0	1	0.0000	.0001	0.0000	0.0000	0.0000	.0001

PHONETIC SYMBOLS			FREQUENCY OF OCCURRENCE					SUM	PERCENTAGE OF FREQUENCY OF OCCURRENCE					SUM
		TONE 1	TONE 2	TONE 3	TONE 4	TONE 5			TONE 1	TONE 2	TONE 3	TONE 4	TONE 5	
L	Y	UN	0	1	0	0	0	1	0.0000	.0001	0.0000	0.0000	0.0000	.0001
G	A		0	13	0	1	0	14	0.0000	.0017	0.0000	.0001	0.0000	.0019
G	UH		773	577	58	5008	0	6416	.1025	.0765	.0077	.6642	0.0000	.8510
G	AI		444	0	385	217	0	1046	.0589	0.0000	.0511	.0288	0.0000	.1387
G	EI		0	0	754	0	0	754	0.0000	0.0000	.1000	0.0000	0.0000	.1000
G	AU		1409	0	56	442	0	1907	.1869	0.0000	.0074	.0586	0.0000	.2529
G	OU		125	0	197	551	0	873	.0166	0.0000	.0261	.0731	0.0000	.1158
G	AN		626	0	727	163	0	1516	.0830	0.0000	.0964	.0216	0.0000	.2011
G	UN		1016	0	0	0	0	1016	.1348	0.0000	0.0000	0.0000	0.0000	.1348
G	ANG		414	0	349	19	0	782	.0549	0.0000	.0463	.0025	0.0000	.1037
G	UNG		139	0	5	486	0	630	.0184	0.0000	.0007	.0645	0.0000	.0836
G	U		163	0	845	610	0	1618	.0216	0.0000	.1121	.0809	0.0000	.2146
G	U	A	137	0	12	127	0	276	.0182	0.0000	.0016	.0168	0.0000	.0366
G	U	O	80	6707	955	1791	0	9533	.0106	.8896	.1267	.2376	0.0000	1.2644
G	U	AI	16	0	9	169	0	194	.0021	0.0000	.0012	.0224	0.0000	.0257
G	U	EI	440	0	108	325	0	873	.0584	0.0000	.0143	.0431	0.0000	.1158
G	U	AN	1440	0	583	273	0	2296	.1910	0.0000	.0773	.0362	0.0000	.3045
G	U	UN	0	0	59	19	0	78	0.0000	0.0000	.0078	.0025	0.0000	.0103
G	U	ANG	756	0	576	10	0	1342	.1003	0.0000	.0764	.0013	0.0000	.1780
G	U	UNG	3804	0	24	986	0	4814	.5045	0.0000	.0032	.1308	0.0000	.6385
K	A		10	0	102	65	0	177	.0013	0.0000	.0135	.0086	0.0000	.0235
K	UH		687	76	2469	2024	0	5256	.0911	.0101	.3275	.2685	0.0000	.6971
K	AI		1300	0	64	0	0	1364	.1724	0.0000	.0085	0.0000	0.0000	.1809
K	AU		0	0	392	130	0	522	0.0000	0.0000	.0520	.0172	0.0000	.0692
K	OU		0	0	754	57	0	811	0.0000	0.0000	.1000	.0076	0.0000	.1076
K	AN		93	0	55	1976	0	2124	.0123	0.0000	.0073	.2621	0.0000	.2817
K	UN		0	2	0	0	0	174	0.0000	.0003	.0231	0.0000	0.0000	.0231
K	ANG		251	0	174	273	0	526	.0333	0.0000	.0231	.0362	0.0000	.0698
K	UNG		33	0	0	0	0	33	.0044	0.0000	0.0000	0.0000	0.0000	.0044
K	U	A	136	0	278	117	0	531	.0180	0.0000	.0369	.0155	0.0000	.0704
K	U	O	14	0	3	24	0	41	.0019	0.0000	.0004	.0032	0.0000	.0054
K	U	AI	0	0	0	204	0	204	0.0000	0.0000	0.0000	.0271	0.0000	.0271
K	U	EI	0	0	0	986	0	986	0.0000	0.0000	0.0000	.1308	0.0000	.1308
K	U	AN	34	52	8	44	0	138	.0045	.0069	.0011	.0058	0.0000	.0183
K	U	UN	49	0	81	0	0	130	.0065	0.0000	.0107	0.0000	0.0000	.0172
K	U	ANG	82	0	19	99	0	200	.0109	0.0000	.0025	.0131	0.0000	.0265
K	U	UNG	6	33	0	240	0	279	.0008	.0044	0.0000	.0318	0.0000	.0370
H	A		826	0	220	82	0	1128	.1096	0.0000	.0292	.0109	0.0000	.1496
H	UH		329	1	0	106	0	330	.0436	.0001	0.0000	.0141	0.0000	.0438
H	AI		170	2912	0	350	0	3188	.0225	.3862	0.0000	.0464	0.0000	.4228
H	EI		5	1613	1389	0	0	3357	.0007	.2139	.1842	0.0000	0.0000	.4453
H	AU		383	0	0	0	0	383	.0508	0.0000	0.0000	0.0000	0.0000	.0508
H	OU		6	86	2262	719	0	3073	.0008	.0114	.3000	.0954	0.0000	.4076
H	AN		0	63	18	3383	0	3464	0.0000	.0084	.0024	.4487	0.0000	.4595
H	UN		4	397	127	3999	0	4527	.0005	.0527	.0168	.5304	0.0000	.6004
H	ANG		0	15	2124	94	0	2233	0.0000	.0020	.2817	.0125	0.0000	.2962
H	UNG		0	388	0	0	0	388	0.0000	.0515	0.0000	0.0000	0.0000	.0515
H	U		19	241	0	14	0	274	.0025	.0320	0.0000	.0019	0.0000	.0363
H	U	A	430	703	96	501	0	1730	.0570	.0932	.0127	.0665	0.0000	.2295
H	U	O	690	1090	0	2050	0	3830	.0915	.1446	0.0000	.2719	0.0000	.5080
H	U	AI	0	802	756	1079	1	2638	0.0000	.1064	.1003	.1431	.0001	.3499
H	U		0	156	0	200	0	356	0.0000	.0207	0.0000	.0265	0.0000	.0472

PHONETIC SYMBOLS			FREQUENCY OF OCCURRENCE					SUM	PERCENTAGE OF FREQUENCY OF OCCURRENCE					SUM
			TONE 1	TONE 2	TONE 3	TONE 4	TONE 5		TONE 1	TONE 2	TONE 3	TONE 4	TONE 5	
H	U	EI	369	1002	183	3246	0	4800	.0489	.1329	.0243	.4305	0.0000	.6367
H	U	AN	391	241	39	214	0	885	.0519	.0320	.0052	.0284	0.0000	.1174
H	U	UN	81	53	38	27	0	199	.0107	.0070	.0050	.0036	0.0000	.0264
H	U	ANG	103	878	24	3	0	1008	.0137	.1165	.0032	.0004	0.0000	.1337
H	U	UNG	54	486	2	1	0	543	.0072	.0645	.0003	.0001	0.0000	.0720
J	I	A	2280	2791	1615	2188	0	8874	.3024	.3702	.2142	.2902	0.0000	1.1770
J	I	EH	4108	47	349	414	0	4918	.5449	.0062	.0463	.0549	0.0000	.6523
J	I	AU	887	1150	671	986	0	3694	.1176	.1525	.0890	.1308	0.0000	.4900
J	I	OU	856	15	504	3076	0	4451	.1135	.0020	.0668	.4080	0.0000	.5904
J	I	AN	43	0	1876	4203	0	6122	.0057	0.0000	.2488	.5575	0.0000	.8120
J	I	UN	1028	0	581	2659	0	4268	.1364	0.0000	.0771	.3527	0.0000	.5661
J	I	ANG	1757	368	0	1907	0	4032	.2330	.0488	0.0000	.2529	0.0000	.5348
J	I	UNG	2021	0	804	231	0	3056	.2681	0.0000	.1066	.0306	0.0000	.4053
J	I	ANG	2330	0	362	1113	0	3805	.3090	0.0000	.0480	.1476	0.0000	.5047
J	Y	UNG	253	293	636	1166	0	2348	.0336	.0389	.0844	.1547	0.0000	.3114
J	Y	EH	2	980	0	0	0	982	.0003	.1300	0.0000	0.0000	0.0000	.1302
J	Y	AN	105	0	29	68	0	202	.0139	0.0000	.0038	.0090	0.0000	.0268
J	Y	UN	1198	0	11	180	0	1378	.1589	0.0000	.0015	.0239	0.0000	.1828
J	Y	UNG	0	0	11	0	0	11	0.0000	0.0000	.0015	0.0000	0.0000	.0015
Q	I	A	1632	2196	1722	1865	0	7415	.2165	.2913	.2284	.2474	0.0000	.9835
Q	I	EH	0	0	1	37	0	38	0.0000	0.0000	.0001	.0049	0.0000	.0050
Q	I	AU	36	23	393	247	0	699	.0048	.0031	.0521	.0328	0.0000	.0927
Q	I	OU	50	334	100	15	0	499	.0066	.0443	.0133	.0020	0.0000	.0662
Q	I	AN	267	1060	0	0	0	1327	.0354	.1406	0.0000	0.0000	0.0000	.1760
Q	I	UN	829	1478	73	34	0	2414	.1100	.1960	.0097	.0045	0.0000	.3202
Q	I	ANG	804	303	8	1	0	1116	.1066	.0402	.0011	.0001	0.0000	.1480
Q	I	UNG	146	557	74	1	0	778	.0194	.0739	.0098	.0001	0.0000	.1032
Q	I	ANG	1271	784	540	186	0	2781	.1686	.1040	.0716	.0247	0.0000	.3689
Q	Y	EH	602	47	507	2498	0	3654	.0798	.0062	.0672	.3313	0.0000	.4847
Q	Y	AN	80	0	0	547	0	627	.0106	0.0000	0.0000	.0726	0.0000	.0832
Q	Y	UN	65	1405	14	70	0	1554	.0086	.1864	.0019	.0093	0.0000	.2061
Q	Y	UNG	0	233	0	0	0	233	0.0000	.0309	0.0000	0.0000	0.0000	.0309
X	I	A	2	73	0	0	0	75	0.0003	.0097	0.0000	0.0000	0.0000	.0099
X	I	EH	2669	1236	623	886	0	5414	.3540	.1639	.0826	.1175	0.0000	.7181
X	I	AU	37	228	1	2550	0	2815	.0049	.0302	.0000	.3382	0.0000	.3734
X	I	OU	1110	322	1110	276	0	2818	.1472	.0427	.1472	.0366	0.0000	.3738
X	I	AN	484	0	2541	2455	0	5482	.0642	.0003	.3370	.3256	0.0000	.7271
X	I	UN	383	0	12	200	0	595	.0508	0.0000	.0016	.0265	0.0000	.0789
X	I	ANG	946	187	290	2417	0	3840	.1255	.0248	.0385	.3206	0.0000	.5093
X	I	UNG	2391	0	0	451	0	2842	.3171	0.0000	0.0000	.0598	0.0000	.3770
X	I	ANG	1081	206	1128	2378	0	4793	.1434	.0273	.1496	.3154	0.0000	.6357
X	I	UNG	1083	2446	84	859	0	4472	.1436	.3244	.0111	.1139	0.0000	.5931
X	Y	EH	490	80	519	477	0	1566	.0650	.0106	.0688	.0633	0.0000	.2077
X	Y	AN	18	3313	155	81	0	3567	.0024	.4394	.0206	.0107	0.0000	.4731
X	Y	UN	202	135	403	9	0	749	.0268	.0179	.0535	.0012	0.0000	.0993
X	Y	UN	30	169	0	516	0	715	.0040	.0224	0.0000	.0684	0.0000	.0948
X	Y	UNG	245	285	0	0	0	530	.0325	.0378	0.0000	0.0000	0.0000	.0703
ZH		A	3309	1294	1575	2248	0	8426	.4389	.1716	.2089	.2982	0.0000	1.1176
ZH		UH	7	42	3	121	0	173	.0009	.0056	.0004	.0160	0.0000	.0229
ZH		AI	35	106	452	4140	2153	6886	.0046	.0141	.0600	.5491	.2856	.9133
ZH		AI	37	11	4	28	0	80	.0049	.0015	.0005	.0037	0.0000	.0106
			198	96	276	582	0	1152	.0263	.0127	.0366	.0772	0.0000	.1528

PHONETIC SYMBOLS		FREQUENCY OF OCCURRENCE					SUM	PERCENTAGE OF FREQUENCY OF OCCURRENCE					SUM
		TONE 1	TONE 2	TONE 3	TONE 4	TONE 5		TONE 1	TONE 2	TONE 3	TONE 4	TONE 5	
ZH	OU	1488	52	27	71	0	1638	.1974	.0069	.0036	.0094	0.0000	.2173
ZH	AN	45	0	293	1188	0	1526	.0060	0.0000	.0389	.1576	0.0000	.2024
ZH	UN	1013	0	38	460	0	1511	.1344	0.0000	.0050	.0610	0.0000	.2004
ZH	ANG	772	0	1180	184	0	2136	.1024	0.0000	.1565	.0244	0.0000	.2833
ZH	UNG	571	0	268	2261	0	3100	.0757	0.0000	.0355	.2999	0.0000	.4112
ZH	U	450	472	1226	1710	0	3858	.0597	.0626	.1626	.2268	0.0000	.5117
ZH	U	81	4	0	0	0	85	.0107	.0005	0.0000	0.0000	0.0000	.0113
ZH	U	238	107	0	0	0	345	.0316	.0142	0.0000	0.0000	0.0000	.0458
ZH	A						1	.0001	0.0000	0.0000	0.0000	0.0000	.0001
ZH	O												
ZH	AI	107	0	0	14	0	121	.0142	0.0000	0.0000	.0019	0.0000	.0160
ZH	EI												
ZH	AN	332	0	305	77	0	714	.0440	0.0000	.0405	.0102	0.0000	.0947
ZH	UN	0	0	303	0	0	303	0.0000	0.0000	.0402	0.0000	0.0000	.0402
ZH	ANG	372	0	1	234	0	607	.0493	0.0000	.0001	.0310	0.0000	.0805
ZH	UNG	4406	0	1512	1239	0	7157	.5844	0.0000	.2005	.1643	0.0000	.9493
CH	A	953	416	330	137	0	1836	.1264	.0552	.0438	.0182	0.0000	.2435
CH	UH	95	848	0	79	0	1022	.0126	.1125	0.0000	.0105	0.0000	.1356
CH	AI	897	0	6	86	0	989	.1190	0.0000	.0008	.0114	0.0000	.1312
CH	AU	75	106	0	0	0	181	.0099	.0141	0.0000	0.0000	0.0000	.0240
CH	CU	124	328	67	0	0	519	.0164	.0435	.0089	0.0000	0.0000	.0688
CH	AN	65	169	28	24	0	286	.0086	.0224	.0037	.0032	0.0000	.0379
CH	UN	2	33	616	12	0	663	.0003	.0044	.0817	.0016	0.0000	.0879
CH	ANG	5	644	28	0	0	677	.0007	.0854	.0037	0.0000	0.0000	.0898
CH	UNG	129	2327	134	426	0	3016	.0171	.3086	.0178	.0565	0.0000	.4000
CH	U	372	3214	8	43	0	3637	.0493	.4263	.0011	.0057	0.0000	.4824
CH	U	2279	507	395	625	0	3806	.3023	.0672	.0524	.0829	0.0000	.5048
CH	U	7	0	0	5	0	12	.0009	0.0000	0.0000	.0007	0.0000	.0016
CH	O	121	71	0	0	0	192	.0160	.0094	0.0000	0.0000	0.0000	.0255
CH	EI	417	734	9	24	0	1184	.0553	.0974	.0012	.0032	0.0000	.1570
CH	AN	317	43	4	0	0	364	.0420	.0057	.0005	0.0000	0.0000	.0483
CH	UN	125	111	7	143	0	386	.0166	.0147	.0009	.0190	0.0000	.0512
CH	ANG	342	462	5	0	0	809	.0454	.0613	.0007	0.0000	0.0000	.1073
CH	UNG	2280	9438	1578	15497	1	28794	.3024	1.2518	.2093	2.0555	.0001	3.8191
SH	A	577	0	17	12	0	606	.0765	0.0000	.0023	.0016	0.0000	.0804
SH	UH	3	1485	28	1533	0	3049	.0004	.1970	.0037	.2033	0.0000	.4044
SH	AI	1	0	0	54	0	55	.0001	0.0000	0.0000	.0072	0.0000	.0073
SH	EI	0	242	0	0	0	242	0.0000	.0321	0.0000	0.0000	0.0000	.0321
SH	AU	241	11	464	194	0	910	.0320	.0015	.0615	.0257	0.0000	.1207
SH	OU	421	116	1237	711	0	2485	.0558	.0154	.1641	.0943	0.0000	.3296
SH	AN	1378	0	134	243	0	1755	.1828	0.0000	.0178	.0322	0.0000	.2328
SH	UN	1104	361	179	123	0	1767	.1464	.0479	.0237	.0163	0.0000	.2344
SH	ANG	549	0	71	4290	59	4969	.0728	0.0000	.0094	.5690	.0078	.6591
SH	UNG	3965	47	805	552	0	5369	.5259	.0062	.1068	.0732	0.0000	.7121
SH	U	1250	273	491	1516	0	3530	.1658	.0362	.0651	.2011	0.0000	.4682
SH	U	102	0	16	0	0	118	.0135	0.0000	.0021	0.0000	0.0000	.0157
SH	U	2727	0	0	26	0	2753	.3617	0.0000	0.0000	.0034	0.0000	.3651
SH	U	36	0	2	75	0	113	.0048	0.0000	.0003	.0099	0.0000	.0150
SH	A	0	4	1681	302	0	1987	0.0000	.0005	.2230	.0401	0.0000	.2635
SH	O	3	0	0	13	0	16	.0004	0.0000	0.0000	.0017	0.0000	.0021
SH	AI	0	0	0	180	0	180	0.0000	0.0000	0.0000	.0239	0.0000	.0239
SH	EI	171	0	26	0	0	197	.0227	0.0000	.0034	0.0000	0.0000	.0261
SH	AN	0	0	0	2049	0	2049	0.0000	0.0000	0.0000	.2718	0.0000	.2718
SH	UN												
SH	ANG												
R	U	0	0	17	436	0	453	0.0000	0.0000	.0023	.0578	0.0000	.0601
R	UH												

PHONETIC SYMBOLS		FREQUENCY OF OCCURRENCE					SUM	PERCENTAGE OF FREQUENCY OF OCCURRENCE					SUM
		TONE 1	TONE 2	TONE 3	TONE 4	TONE 5		TONE 1	TONE 2	TONE 3	TONE 4	TONE 5	
R	AU	0	25	27	98	0	150	0.0000	.0033	.0036	.0130	0.0000	.0199
R	OU	0	66	0	250	0	316	0.0000	.0088	0.0000	.0332	0.0000	.0419
R	AN	0	1323	142	0	0	1465	0.0000	.1755	.0188	0.0000	0.0000	.1943
R	UN	0	5694	87	942	0	6723	0.0000	.7552	.0115	.1249	0.0000	.8917
R	ANG	0	1	90	247	0	338	0.0000	.0001	.0119	.0328	0.0000	.0448
R	UNG	44	176	0	0	0	220	.0058	.0233	0.0000	0.0000	0.0000	.0292
R	U	0	1227	62	543	0	1832	0.0000	.1627	.0082	.0720	0.0000	.2430
R	U O	0	0	0	231	0	231	0.0000	0.0000	0.0000	.0306	0.0000	.0306
R	U EI	0	0	8	91	0	99	0.0000	0.0000	.0011	.0121	0.0000	.0131
R	U AN	0	0	74	0	0	74	0.0000	0.0000	.0098	0.0000	0.0000	.0098
R	U UN	0	0	0	24	0	24	0.0000	0.0000	0.0000	.0032	0.0000	.0032
R	U UNG	0	680	0	0	0	680	0.0000	.0902	0.0000	0.0000	0.0000	.0902
Z		288	0	579	2360	2128	5355	.0382	0.0000	.0768	.3130	.2823	.7103
Z	A	4	107	0	0	0	111	.0005	.0142	0.0000	0.0000	0.0000	.0147
Z	UH	0	476	0	1	0	477	0.0000	.0631	0.0000	.0001	0.0000	.0633
Z	AI	135	0	118	7465	0	7718	.0179	0.0000	.0157	.9901	0.0000	1.0237
Z	EI	0	14	0	0	0	14	0.0000	.0019	0.0000	0.0000	0.0000	.0019
Z	AU	92	38	508	577	0	1215	.0122	.0050	.0674	.0765	0.0000	.1612
Z	OU	6	0	758	67	0	831	.0008	0.0000	.1005	.0089	0.0000	.1102
Z	AN	1	23	0	98	0	122	.0001	.0031	0.0000	.0130	0.0000	.0162
Z	UN	0	0	889	0	0	889	0.0000	0.0000	.1179	0.0000	0.0000	.1179
Z	ANG	66	0	0	184	0	250	.0088	0.0000	0.0000	.0244	0.0000	.0332
Z	UNG	256	0	0	54	0	310	.0340	0.0000	0.0000	.0072	0.0000	.0411
Z	U	48	410	816	0	0	1274	.0064	.0544	.1082	0.0000	0.0000	.1690
Z	U O	1	241	274	3966	0	4482	.0001	.0320	.0363	.5260	0.0000	.5945
Z	U EI	0	0	159	1397	0	1556	0.0000	0.0000	.0211	.1853	0.0000	.2064
Z	U AN	17	0	15	24	0	56	.0023	0.0000	.0020	.0032	0.0000	.0074
Z	U UN	100	0	0	3	0	103	.0133	0.0000	0.0000	.0004	0.0000	.0137
Z	U UNG	269	0	815	63	0	1147	.0357	0.0000	.1081	.0084	0.0000	.1521
Z	U	19	586	530	997	0	2132	.0025	.0777	.0703	.1322	0.0000	.2828
C	A	88	0	0	0	0	88	.0117	0.0000	0.0000	0.0000	0.0000	.0117
C	UH	0	0	0	412	0	412	0.0000	0.0000	0.0000	.0546	0.0000	.0546
C	AI	30	1080	337	331	0	1778	.0040	.1432	.0447	.0439	0.0000	.2358
C	AU	127	75	294	0	0	496	.0168	.0099	.0390	0.0000	0.0000	.0658
C	OU	0	0	0	10	0	10	0.0000	0.0000	0.0000	.0013	0.0000	.0013
C	AN	549	231	47	19	0	846	.0728	.0306	.0062	.0025	0.0000	.1122
C	UN	1	0	0	0	0	1	.0001	0.0000	0.0000	0.0000	0.0000	.0001
C	ANG	91	101	0	0	0	192	.0121	.0134	0.0000	0.0000	0.0000	.0255
C	UNG	0	365	0	0	0	365	0.0000	.0484	0.0000	0.0000	0.0000	.0484
C	U	64	0	0	103	0	167	.0085	0.0000	0.0000	.0137	0.0000	.0222
C	U O	20	0	0	243	0	263	.0027	0.0000	0.0000	.0322	0.0000	.0349
C	U EI	22	0	0	84	0	106	.0029	0.0000	0.0000	.0111	0.0000	.0141
C	U AN	0	0	0	19	0	19	0.0000	0.0000	0.0000	.0025	0.0000	.0025
C	U UN	224	103	0	57	0	384	.0297	.0137	0.0000	.0076	0.0000	.0509
C	U UNG	109	1151	0	0	0	1260	.0145	.1527	0.0000	0.0000	0.0000	.1671
C	U	1449	0	416	3410	0	5275	.1922	0.0000	.0552	.4523	0.0000	.6997
S	A	7	0	46	76	0	129	.0009	0.0000	.0061	.0101	0.0000	.0171
S	UH	0	0	0	544	0	544	0.0000	0.0000	0.0000	.0722	0.0000	.0722
S	AI	40	0	0	416	0	456	.0053	0.0000	0.0000	.0552	0.0000	.0605
S	AU	40	0	183	2	0	225	.0053	0.0000	.0243	.0003	0.0000	.0298
S	OU	37	0	29	10	0	76	.0049	0.0000	.0038	.0013	0.0000	.0101
S	AN	4007	0	31	96	0	4134	.5315	0.0000	.0041	.0127	0.0000	.5483

PHONETIC SYMBOLS	FREQUENCY OF OCCURRENCE					SUM	PERCENTAGE OF FREQUENCY OF OCCURRENCE					SUM
	TONE 1	TONE 2	TONE 3	TONE 4	TONE 5		TONE 1	TONE 2	TONE 3	TONE 4	TONE 5	
S UN	121	0	0	0	0	121	.0160	0.0000	0.0000	0.0000	0.0000	.0160
S ANG	55	0	8	20	0	83	.0073	0.0000	.0011	.0027	0.0000	.0110
S UNG	11	0	0	0	0	11	.0015	0.0000	0.0000	0.0000	0.0000	.0015
S U	431	71	1663	671	0	1173	.0572	.0094	.2206	.0890	0.0000	.1556
S U O	82	0	0	0	0	1745	.0109	0.0000	0.0000	0.0000	0.0000	.2315
S U EI	376	241	1	290	0	908	.0499	.0320	.0001	.0385	0.0000	.1204
S U AN	82	0	0	359	0	441	.0109	0.0000	0.0000	.0476	0.0000	.0585
S U UN	127	0	83	0	0	210	.0168	0.0000	.0110	0.0000	0.0000	.0279
S U UNG	197	0	13	511	0	721	.0261	0.0000	.0017	.0678	0.0000	.0956
A	243	2	0	350	0	595	.0322	.0003	0.0000	.0464	0.0000	.0789
O	26	12	0	0	0	38	.0034	.0016	0.0000	0.0000	0.0000	.0050
UH	1	190	0	733	0	924	.0001	.0252	0.0000	.0972	0.0000	.1226
AI	129	1	57	638	0	825	.0171	.0001	.0076	.0846	0.0000	.1094
AU	15	17	15	178	0	225	.0020	.0023	.0020	.0236	0.0000	.0298
OU	173	0	28	0	0	201	.0229	0.0000	.0037	0.0000	0.0000	.0267
AN	728	0	0	721	0	1449	.0966	0.0000	0.0000	.0956	0.0000	.1922
UN	59	0	0	0	2	61	.0078	0.0000	0.0000	0.0000	.0003	.0081
ANG	27	28	0	1	0	56	.0036	.0037	0.0000	.0001	0.0000	.0074
ER	0	2555	677	4381	0	7613	0.0000	.3389	.0898	.5811	0.0000	1.0098
I	15102	847	4746	3011	0	23706	2.0031	.1123	.6295	.3994	0.0000	3.1443
I A	535	235	91	500	0	1361	.0710	.0312	.0121	.0663	0.0000	.1805
I O	8	0	0	0	0	8	.0011	0.0000	0.0000	0.0000	0.0000	.0011
I EH	13	57	2439	1770	0	4279	.0017	.0076	.3235	.2348	0.0000	.5676
I AI	0	11	0	0	0	11	0.0000	.0015	0.0000	0.0000	0.0000	.0015
I AU	237	265	56	3541	0	4099	.0314	.0351	.0074	.4697	0.0000	.5437
I OU	188	2207	7391	1605	0	11391	.0249	.2927	.9803	.2129	0.0000	1.5109
I AN	158	1395	692	392	0	2637	.0210	.1850	.0918	.0520	0.0000	.3498
I UN	1745	149	245	517	0	2656	.2315	.0198	.0325	.0686	0.0000	.3523
I ANG	277	1265	555	1726	0	3823	.0367	.1678	.0736	.2289	0.0000	.5071
I UNG	1240	462	341	380	0	2423	.1645	.0613	.0452	.0504	0.0000	.3214
	377	790	3878	1751	0	6796	.0500	.1048	.5144	.2322	0.0000	.9014
U	111	30	87	14	0	242	.0147	.0040	.0115	.0019	0.0000	.0321
U A	90	0	7461	107	0	7658	.0119	0.0000	.9896	.0142	0.0000	1.0157
U O	21	0	0	1187	0	1208	.0028	0.0000	0.0000	.1574	0.0000	.1602
U AI	210	2215	487	3301	0	6213	.0279	.2938	.0646	.4378	0.0000	.8241
U EI	595	938	488	540	0	2561	.0789	.1244	.0647	.0716	0.0000	.3397
U AN	301	1220	44	1030	0	2595	.0399	.1618	.0058	.1366	0.0000	.3442
U ANG	25	740	445	560	0	1770	.0033	.0982	.0590	.0743	0.0000	.2348
U UNG	74	0	1	0	0	75	.0098	0.0000	.0001	0.0000	0.0000	.0099
Y	11	1963	1427	1821	0	5222	.0015	.2604	.1893	.2415	0.0000	.6926
Y EH	479	0	0	2119	0	2598	.0635	0.0000	0.0000	.2811	0.0000	.3446
Y AN	41	3036	461	874	0	4412	.0054	.4027	.0611	.1159	0.0000	.5852
Y UN	12	324	27	628	0	991	.0016	.0430	.0036	.0833	0.0000	.1314
Y UNG	31	0	440	2698	0	3169	.0041	0.0000	.0584	.3579	0.0000	.4203
SUM	161254	153783	133818	259793	45293	753941	21.3881	20.3972	17.7491	34.4580	6.0075	100.0000
AVERAGE	401.13	382.54	332.88	646.25	112.67	1875.475	.0532	.0507	.0442	.0857	.0149	.2488
STANDARD DEVIATION	1056.84	877.91	770.16	1353.23	1482.40	2991.371	.1402	.1164	.1022	.1795	.1966	.3968

Table 3.7 Syllabic Types and Frequency Distribution of Phonetic Symbols (PS)

Syllable	1-PS	2-PS	3-PS	Total
Type	20	221	161	402
Frequency	101578	438663	213700	753941
% Frequency	13.47	58.18	28.34	
PS Count	101578	877326	641100	1620004
% PS Count	6.27	54.16	39.57	

TABLE 3.8 FREQUENCY AND PERCENT FREQUENCY DISTRIBUTION OF 1-PS SYLLABLES

PHONETIC SYMBOLS	FREQUENCY OF OCCURRENCE						PERCENTAGE OF FREQUENCY OF OCCURRENCE					
	TONE 1	TONE 2	TONE 3	TONE 4	TONE 5	SUM	TONE 1	TONE 2	TONE 3	TONE 4	TONE 5	SUM
ZH	3309	1294	1575	2248	0	8426	3.2576	1.2739	1.5505	2.2131	0.0000	8.2951
CH	953	416	330	137	0	1836	.9382	.4095	.3249	.1349	0.0000	1.8075
SH	2280	9438	1578	15497	1	28794	2.2446	9.2914	1.5535	15.2563	.0010	28.3467
R	0	0	0	2049	0	2049	0.0000	0.0000	0.0000	2.0172	0.0000	2.0172
Z	288	0	579	2360	0	5355	.2835	0.0000	.5700	2.3233	2.0949	5.2718
C	19	586	530	997	0	2132	.0187	.5769	.5218	.9815	0.0000	2.0989
S	1449	0	416	3410	0	5275	1.4265	0.0000	.4095	3.3570	0.0000	5.1931
A	243	2	0	350	0	595	.2392	.0020	0.0000	.3446	0.0000	.5858
O	26	12	0	0	0	38	.0256	.0118	0.0000	0.0000	0.0000	.0374
UH	1	190	0	733	0	924	.0010	.1870	0.0000	.7216	0.0000	.9096
AI	129	1	57	638	0	825	.1270	.0010	.0561	.6281	0.0000	.8122
AU	15	17	15	178	0	225	.0148	.0167	.0148	.1752	0.0000	.2215
OU	173	0	28	0	0	201	.1703	0.0000	.0276	0.0000	0.0000	.1979
AN	728	0	0	721	0	1449	.7167	0.0000	0.0000	.7098	0.0000	1.4265
UN	59	0	0	2	0	61	.0581	0.0000	0.0000	.0020	0.0000	.0601
ANG	27	28	0	1	0	56	.0266	.0276	0.0000	.0010	0.0000	.0551
ER	0	2555	677	4381	0	7613	0.0000	2.5153	.6665	4.3129	0.0000	7.4947
I	15102	847	4746	3011	0	23706	14.8674	.8338	4.6723	2.9642	0.0000	23.3377
U	377	790	3878	1751	0	6796	.3711	.7777	3.8178	1.7238	0.0000	6.6904
Y	11	1963	1427	1821	0	5222	.0108	1.9325	1.4048	1.7927	0.0000	5.1409
SUM	25189	18139	15836	40285	2129	101578	24.7977	17.8572	15.5900	39.6592	2.0959	100.0000
AVERAGE	1259.5	906.9	791.8	2014.3	106.5	5078.900	1.2399	.8929	.7795	1.9830	.1048	5.0000
STANDARD DEVIATION	3289.1	2080.6	1292.1	3337.2	463.8	7583.793	3.2380	2.0483	1.2721	3.2853	.4566	7.4660

TABLE 3.9 FREQUENCY AND PERCENT FREQUENCY DISTRIBUTION OF 2-PS SYLLABLES

PHONETIC SYMBOLS		FREQUENCY OF OCCURRENCE						PERCENTAGE OF FREQUENCY OF OCCURRENCE					
	TONE 1	TONE 2	TONE 3	TONE 4	TONE 5	SUM		TONE 1	TONE 2	TONE 3	TONE 4	TONE 5	SUM
B A	2216	47	1692	756	0	4711		.5052	.0107	.3857	.1723	0.0000	1.0739
B O	375	632	3	224	0	1234		.0855	.1441	.0007	.0511	0.0000	.2813
B AI	0	662	979	257	0	1898		0.0000	.1509	.2232	.0586	0.0000	.4327
B EI	203	0	1696	1429	0	3328		.0463	0.0000	.3866	.3258	0.0000	.7587
B AU	417	26	719	1237	0	2399		.0951	.0059	.1639	.2820	0.0000	.5469
B AN	761	0	443	996	0	2200		.1735	0.0000	.1010	.2271	0.0000	.5015
B UN	39	0	1803	37	0	1879		.0089	0.0000	.4110	.0084	0.0000	.4283
B ANG	283	0	89	186	0	558		.0645	0.0000	.0203	.0424	0.0000	.1272
B UNG	22	1	0	15	0	38		.0050	.0002	0.0000	.0034	0.0000	.0087
B I	35	61	1219	955	0	2270		.0080	.0139	.2779	.2177	0.0000	.5175
B U	0	0	295	9389	0	9684		0.0000	0.0000	.0672	2.1404	0.0000	2.2076
P A	6	130	0	243	0	379		.0014	.0296	0.0000	.0554	0.0000	.0864
P O	108	115	19	309	0	551		.0246	.0262	.0043	.0704	0.0000	.1256
P AI	124	260	0	211	0	595		.0283	.0593	0.0000	.0481	0.0000	.1356
P EI	10	134	0	184	0	328		.0023	.0305	0.0000	.0419	0.0000	.0748
P AU	13	11	340	136	0	500		.0030	.0025	.0775	.0310	0.0000	.1140
P OU	0	0	0	12	0	12		0.0000	0.0000	0.0000	.0027	0.0000	.0027
P AN	33	121	0	155	0	309		.0075	.0276	0.0000	.0353	0.0000	.0704
P UN	48	83	0	8	0	139		.0109	.0189	0.0000	.0018	0.0000	.0317
P ANG	9	197	0	37	0	243		.0021	.0449	0.0000	.0084	0.0000	.0554
P UNG	19	489	10	80	0	598		.0043	.1115	.0023	.0182	0.0000	.1363
P I	157	420	23	63	0	663		.0358	.0957	.0052	.0144	0.0000	.1511
P U	75	103	247	45	0	470		.0171	.0235	.0563	.0103	0.0000	.1071
M A	1043	198	711	86	326	2364		.2378	.0451	.1621	.0196	.0743	.5389
M O	78	312	17	515	0	922		.0178	.0711	.0039	.1174	0.0000	.2102
M UH	1998	0	0	0	0	1998		.4555	0.0000	0.0000	0.0000	0.0000	.4555
M AI	0	43	288	337	0	668		0.0000	.0098	.0657	.0768	0.0000	.1523
M EI	0	1640	2482	343	0	4465		0.0000	.3739	.5658	.0782	0.0000	1.0179
M AU	90	298	0	210	0	598		.0205	.0679	0.0000	.0479	0.0000	.1363
M OU	0	77	49	0	0	126		0.0000	.0176	.0112	0.0000	0.0000	.0287
M AN	0	43	372	336	0	751		0.0000	.0098	.0848	.0766	0.0000	.1712
M UN	6	609	0	23	4325	4963		.0014	.1388	0.0000	.0052	.9860	1.1314
M ANG	0	315	6	0	0	321		0.0000	.0718	.0014	0.0000	0.0000	.0732
M UNG	0	202	86	173	0	461		0.0000	.0460	.0196	.0394	0.0000	.1051
M I	16	74	286	468	0	844		.0036	.0169	.0652	.1067	0.0000	.1924
M U	0	10	659	1176	0	1845		0.0000	.0023	.1502	.2681	0.0000	.4206
F A	1743	100	1566	238	0	3647		.3973	.0228	.3570	.0543	0.0000	.8314
F O	0	93	0	0	0	93		0.0000	.0212	0.0000	0.0000	0.0000	.0212
F EI	1294	171	227	690	0	2382		.2950	.0390	.0517	.1573	0.0000	.5430
F OU	0	0	103	0	0	103		0.0000	0.0000	.0235	0.0000	0.0000	.0235
F AN	137	330	428	732	0	1627		.0312	.0752	.0976	.1669	0.0000	.3709
F UN	1472	35	121	607	0	2235		.3356	.0080	.0276	.1384	0.0000	.5095
F ANG	1886	789	236	580	0	3491		.4299	.1799	.0538	.1322	0.0000	.7958
F UNG	1210	63	0	135	0	1408		.2758	.0144	0.0000	.0308	0.0000	.3210
F U	428	1147	752	2073	0	4400		.0976	.2615	.1714	.4726	0.0000	1.0030

PHONETIC SYMBOLS		TONE 1	FREQUENCY OF OCCURRENCE TONE 2	TONE 3	TONE 4	TONE 5	SUM	PERCENTAGE OF FREQUENCY OF OCCURRENCE TONE 1	TONE 2	TONE 3	TONE 4	TONE 5	SUM
D	A	79	878	656	4810	0	6423	.0180	.2002	.1495	1.0965	0.0000	1.4642
D	UH	0	1642	0	0	28437	30079	0.0000	.3743	0.0000	0.0000	6.4827	6.8570
D	AI	48	0	31	1570	0	1649	.0109	0.0000	.0071	.3579	0.0000	.3759
D	EI	0	0	90	0	0	90	0.0000	0.0000	.0205	0.0000	0.0000	.0205
D	AU	111	0	603	5571	0	6285	.0253	0.0000	.1375	1.2700	0.0000	1.4328
D	OU	2383	0	71	236	0	2690	.5432	0.0000	.0162	.0538	0.0000	.6132
D	AN	483	0	42	1498	0	2023	.1101	0.0000	.0096	.3415	0.0000	.4612
D	ANG	1037	0	173	78	0	1288	.2364	0.0000	.0394	.0178	0.0000	.2936
D	UNG	289	0	1234	51	0	1574	.0659	0.0000	.2813	.0116	0.0000	.3588
D	I	221	324	332	6371	0	7248	.0504	.0739	.0757	1.4524	0.0000	1.6523
D	U	394	725	47	1019	0	2185	.0898	.1653	.0107	.2323	0.0000	.4981
T	A	6477	0	84	86	0	6647	1.4765	0.0000	.0191	.0196	0.0000	1.5153
T	UH	0	0	0	499	0	499	0.0000	0.0000	0.0000	.1138	0.0000	.1138
T	AI	15	1236	0	1272	0	2523	.0034	.2818	0.0000	.2900	0.0000	.5752
T	AU	27	340	433	79	34	913	.0062	.0775	.0987	.0180	.0078	.2081
T	OU	123	1186	0	86	0	1395	.0280	.2704	0.0000	.0196	0.0000	.3180
T	AN	85	467	99	174	0	825	.0194	.1065	.0226	.0397	0.0000	.1881
T	ANG	46	411	54	31	0	542	.0105	.0937	.0123	.0071	0.0000	.1236
T	UNG	0	102	0	0	0	102	0.0000	.0233	0.0000	0.0000	0.0000	.0233
T	I	71	1252	923	208	0	2454	.0162	.2854	.2104	.0474	0.0000	.5594
T	U	8	1963	440	49	0	2460	.0018	.4475	.1003	.0112	0.0000	.5608
N	A	1	444	688	1849	27	3009	.0002	.1012	.1568	.4215	.0062	.6859
N	UH	0	0	0	29	599	628	0.0000	0.0000	0.0000	.0066	.1366	.1432
N	AI	0	0	187	78	0	265	0.0000	0.0000	.0426	.0178	0.0000	.0604
N	EI	0	0	2	702	0	704	0.0000	0.0000	.0005	.1600	0.0000	.1605
N	AU	0	15	156	98	0	269	0.0000	.0034	.0356	.0223	0.0000	.0613
N	AN	0	1969	4	67	0	2040	0.0000	.4489	.0009	.0153	0.0000	.4650
N	UN	0	0	0	61	0	61	0.0000	0.0000	0.0000	.0139	0.0000	.0139
N	ANG	0	14	0	0	0	14	0.0000	.0032	0.0000	0.0000	0.0000	.0032
N	UNG	0	1710	0	0	0	1710	0.0000	.3898	0.0000	0.0000	0.0000	.3898
N	I	0	409	2018	20	0	2447	0.0000	.0932	.4600	.0046	0.0000	.5578
N	U	0	69	208	55	0	332	0.0000	.0157	.0474	.0125	0.0000	.0757
N	Y	0	0	547	0	0	547	0.0000	0.0000	.1247	0.0000	0.0000	.1247
L	A	658	0	26	94	0	778	.1500	0.0000	.0059	.0214	0.0000	.1774
L	O	0	0	0	0	9	9	0.0000	0.0000	0.0000	0.0000	.0021	.0021
L	UH	0	0	0	450	7176	7626	0.0000	0.0000	0.0000	.1026	1.6359	1.7385
L	AI	0	4392	0	47	0	4439	0.0000	1.0012	0.0000	.0107	0.0000	1.0119
L	EI	0	165	98	647	0	910	0.0000	.0376	.0223	.1475	0.0000	.2074
L	AU	0	232	1278	14	0	1545	0.0000	.0529	.2913	.0032	0.0000	.3522
L	OU	21	107	12	77	2	198	.0048	.0244	.0027	.0176	.0005	.0451
L	AN	0	434	136	77	0	647	0.0000	.0989	.0310	.0176	0.0000	.1475
L	ANG	0	151	43	88	0	282	0.0000	.0344	.0098	.0201	0.0000	.0643
L	UNG	0	8	208	4	0	220	0.0000	.0018	.0474	.0009	0.0000	.0502
L	I	13	578	4071	3796	16	8474	.0030	.1318	.9280	.8654	.0036	1.9318
L	U	6	149	211	1689	0	2055	.0014	.0340	.0481	.3850	0.0000	.4685
L	Y	0	9	246	511	0	766	0.0000	.0021	.0561	.1165	0.0000	.1746
G	A	0	13	0	1	0	14	0.0000	.0030	0.0000	.0002	0.0000	.0032
G	UH	773	577	58	5008	0	6416	.1762	.1315	.0132	1.1417	0.0000	1.4626
G	AI	444	0	385	217	0	1046	.1012	0.0000	.0878	.0495	0.0000	.2385
G	EI	0	0	754	0	0	754	0.0000	0.0000	.1719	0.0000	0.0000	.1719
G	AU	1409	0	56	442	0	1907	.3212	0.0000	.0128	.1008	0.0000	.4347

PHONETIC SYMBOLS		FREQUENCY OF OCCURRENCE					SUM	PERCENTAGE OF FREQUENCY OF OCCURRENCE					SUM
		TONE 1	TONE 2	TONE 3	TONE 4	TONE 5		TONE 1	TONE 2	TONE 3	TONE 4	TONE 5	
G	OU	125	0	197	551	0	873	.0285	0.0000	.0449	.1256	0.0000	.1990
G	AN	626	0	727	163	0	1516	.1427	0.0000	.1657	.0372	0.0000	.3456
G	UN	1016	0	0	0	0	1016	.2316	0.0000	0.0000	0.0000	0.0000	.2316
G	ANG	414	0	349	19	0	782	.0944	0.0000	.0796	.0043	0.0000	.1783
G	UNG	139	0	5	486	0	630	.0317	0.0000	.0011	.1108	0.0000	.1436
G	U	163	0	845	610	0	1618	.0372	0.0000	.1926	.1391	0.0000	.3688
G	A	10	0	102	65	0	177	.0023	0.0000	.0233	.0148	0.0000	.0403
K	UH	687	76	2469	2024	0	5256	.1566	.0173	.5628	.4614	0.0000	1.1982
K	AI	1300	0	64	0	0	1364	.2964	0.0000	.0146	0.0000	0.0000	.3109
K	AU	0	0	392	130	0	522	0.0000	0.0000	.0894	.0296	0.0000	.1190
K	OU	0	0	754	57	0	811	0.0000	0.0000	.1719	.0130	0.0000	.1849
K	AN	93	0	55	1976	0	2124	.0212	0.0000	.0125	.4505	0.0000	.4842
K	UN	0	0	174	0	0	174	0.0000	0.0000	.0397	0.0000	0.0000	.0397
K	ANG	251	2	0	273	0	526	.0572	.0005	0.0000	.0622	0.0000	.1199
K	UNG	33	0	0	0	0	33	.0075	0.0000	0.0000	0.0000	0.0000	.0075
K	U	136	0	278	117	0	531	.0310	0.0000	.0634	.0267	0.0000	.1210
K	A	329	1	0	0	0	330	.0750	.0002	0.0000	0.0000	0.0000	.0752
H	UH	170	2912	1389	106	0	3188	.0388	.6638	0.0000	.0242	0.0000	.7268
H	AI	5	1613	0	350	0	3357	.0011	.3677	.3166	.0798	0.0000	.7653
H	EI	383	0	0	0	0	383	.0873	0.0000	0.0000	0.0000	0.0000	.0873
H	AU	6	86	2262	719	0	3073	.0014	.0196	.5157	.1639	0.0000	.7005
H	OU	0	63	18	3383	0	3464	0.0000	.0144	.0041	.7712	0.0000	.7897
H	AN	4	397	127	3999	0	4527	.0009	.0905	.0290	.9116	0.0000	1.0320
H	UN	0	15	2124	94	0	2233	0.0000	.0034	.4842	.0214	0.0000	.5090
H	ANG	0	388	0	0	0	388	0.0000	.0885	0.0000	0.0000	0.0000	.0885
H	UNG	19	241	0	14	0	274	.0043	.0549	0.0000	.0032	0.0000	.0625
H	U	430	703	96	501	0	1730	.0980	.1603	.0219	.1142	0.0000	.3944
J	I	2280	2791	1615	2188	0	8874	.5198	.6363	.3682	.4988	0.0000	2.0230
J	Y	253	293	636	1166	0	2348	.0577	.0668	.1450	.2658	0.0000	.5353
Q	I	1632	2196	1722	1865	0	7415	.3720	.5006	.3926	.4252	0.0000	1.6904
Q	Y	602	47	507	2498	0	3654	.1372	.0107	.1156	.5695	0.0000	.8330
X	I	2669	1236	623	886	0	5414	.6084	.2818	.1420	.2020	0.0000	1.2342
X	Y	490	80	519	477	0	1566	.1117	.0182	.1183	.1087	0.0000	.3570
Z	A	7	42	3	121	0	173	.0016	.0096	.0007	.0276	0.0000	.0394
ZH	UH	35	106	452	4140	2153	6886	.0080	.0242	.1030	.9438	.4908	1.5698
ZH	AI	37	11	4	28	0	80	.0084	.0025	.0009	.0064	0.0000	.0182
ZH	AU	198	96	276	582	0	1152	.0451	.0219	.0629	.1327	0.0000	.2626
ZH	OU	1488	52	27	71	0	1638	.3392	.0119	.0062	.0162	0.0000	.3734
ZH	AN	45	0	293	1188	0	1526	.0103	0.0000	.0668	.2708	0.0000	.3479
ZH	UN	1013	0	38	460	0	1511	.2309	0.0000	.0087	.1049	0.0000	.3445
ZH	ANG	772	0	1130	184	0	2136	.1760	0.0000	.2690	.0419	0.0000	.4869
ZH	UNG	571	0	268	2261	0	3100	.1302	0.0000	.0611	.5154	0.0000	.7067
ZH	U	450	472	1226	1710	0	3858	.1026	.1076	.2795	.3898	0.0000	.8795
ZH	A	95	848	0	79	0	1022	.0217	.1933	0.0000	.0180	0.0000	.2330
CH	UH	897	0	6	86	0	989	.2045	0.0000	.0014	.0196	0.0000	.2255
CH	AI	75	106	0	0	0	181	.0171	.0242	0.0000	0.0000	0.0000	.0413
CH	AU	124	328	67	0	0	519	.0283	.0748	.0153	0.0000	0.0000	.1183
CH	OU	65	169	28	24	0	286	.0148	.0385	.0064	.0055	0.0000	.0652
CH	AN	2	33	616	12	0	663	.0005	.0075	.1404	.0027	0.0000	.1511
CH	UN	5	644	28	0	0	677	.0011	.1468	.0064	0.0000	0.0000	.1543
CH	ANG	129	2327	134	426	0	3016	.0294	.5305	.0305	.0971	0.0000	.6875

PHONETIC SYMBOLS	FREQUENCY OF OCCURRENCE					SUM	PERCENTAGE OF FREQUENCY OF OCCURRENCE					SUM
	TONE 1	TONE 2	TONE 3	TONE 4	TONE 5		TONE 1	TONE 2	TONE 3	TONE 4	TONE 5	
CH UNG	372	3214	8	43	0	3637	.0848	.7327	.0018	.0098	0.0000	.8291
CH U	2279	507	395	625	0	3806	.5195	.1156	.0900	.1425	0.0000	.8676
SH A	577	0	17	12	0	606	.1315	0.0000	.0039	.0027	0.0000	.1381
SH UH	3	1485	28	1533	0	3049	.0007	.3385	.0064	.3495	0.0000	.6951
SH AI	1	0	0	54	0	55	.0002	0.0000	0.0000	.0123	0.0000	.0125
SH EI	0	242	0	0	0	242	0.0000	.0552	0.0000	0.0000	0.0000	.0552
SH OU	241	11	464	194	0	910	.0549	.0025	.1058	.0442	0.0000	.2074
SH AU	421	116	1237	711	0	2485	.0960	.0264	.2820	.1621	0.0000	.5665
SH AN	1378	0	134	243	0	1755	.3141	0.0000	.0305	.0554	0.0000	.4001
SH UN	1104	361	179	123	0	1767	.2517	.0823	.0408	.0280	0.0000	.4028
SH ANG	549	0	71	4290	59	4969	.1252	0.0000	.0162	.9780	.0134	1.1328
SH UNG	3965	47	805	552	0	5369	.9039	.0107	.1835	.1258	0.0000	1.2239
SH U	1250	273	491	1516	0	3530	.2850	.0622	.1119	.3456	0.0000	.8047
R UH	0	0	17	436	0	453	0.0000	0.0000	.0039	.0994	0.0000	.1033
R AU	0	25	27	98	0	150	0.0000	.0057	.0062	.0223	0.0000	.0342
R OU	0	66	0	250	0	316	0.0000	.0150	0.0000	.0570	0.0000	.0720
R AN	0	1323	142	0	0	1465	0.0000	.3016	.0324	0.0000	0.0000	.3340
R UN	0	5694	87	942	0	6723	0.0000	1.2980	.0198	.2147	0.0000	1.5326
R ANG	0	1	90	247	0	338	0.0000	.0002	.0205	.0563	0.0000	.0771
R UNG	44	176	0	0	0	220	.0100	.0401	0.0000	0.0000	0.0000	.0502
R U	0	1227	62	543	0	1832	0.0000	.2797	.0141	.1238	0.0000	.4176
Z A	4	107	0	0	0	111	.0009	.0244	0.0000	0.0000	0.0000	.0253
Z UH	0	476	0	1	0	477	0.0000	.1085	0.0000	.0002	0.0000	.1087
Z AI	135	0	118	7465	0	7718	.0308	0.0000	.0269	1.7018	0.0000	1.7594
Z EI	0	14	0	0	0	14	0.0000	.0032	0.0000	0.0000	0.0000	.0032
Z AU	92	38	508	577	0	1215	.0210	.0087	.1158	.1315	0.0000	.2770
Z OU	6	0	758	67	0	831	.0014	0.0000	.1728	.0153	0.0000	.1894
Z AN	1	23	0	98	0	122	.0002	.0052	0.0000	.0223	0.0000	.0278
Z UN	0	0	889	0	0	889	0.0000	0.0000	.2027	0.0000	0.0000	.2027
Z ANG	66	0	0	184	0	250	.0150	0.0000	0.0000	.0419	0.0000	.0570
Z UNG	256	0	0	54	0	310	.0584	0.0000	0.0000	.0123	0.0000	.0707
Z U	48	410	816	0	0	1274	.0109	.0935	.1860	0.0000	0.0000	.2904
C A	88	0	0	0	0	88	.0201	0.0000	0.0000	0.0000	0.0000	.0201
C UH	30	1080	337	412	0	1778	.0068	.2462	.0768	.0939	0.0000	.4053
C AI	127	75	294	331	0	496	.0290	.0171	.0670	.0755	0.0000	.1131
C AU	0	0	47	10	0	10	0.0000	0.0000	.0107	.0023	0.0000	.0023
C OU	549	231	0	19	0	846	.1252	.0527	0.0000	.0043	0.0000	.1929
C AN	1	0	0	0	0	1	.0002	0.0000	0.0000	0.0000	0.0000	.0002
C UN	91	101	0	0	0	192	.0207	.0230	0.0000	0.0000	0.0000	.0438
C ANG	0	365	0	0	0	365	0.0000	.0832	0.0000	0.0000	0.0000	.0832
C UNG	64	0	0	103	0	167	.0146	0.0000	0.0000	.0235	0.0000	.0381
C U	7	0	46	76	0	129	.0016	0.0000	.0105	.0173	0.0000	.0294
S A	0	0	0	544	0	544	0.0000	0.0000	0.0000	.1240	0.0000	.1240
S UH	40	0	183	416	0	456	.0091	0.0000	.0417	.0948	0.0000	.1040
S AI	40	0	2	0	0	225	.0091	0.0000	.0000	.0005	0.0000	.0513
S AU	37	0	29	10	0	76	.0084	0.0000	.0066	.0023	0.0000	.0173
S OU	4007	0	31	96	0	4134	.9135	0.0000	.0071	.0219	0.0000	.9424
S AN	121	0	0	0	0	121	.0276	0.0000	0.0000	0.0000	0.0000	.0276
S UN	55	0	8	20	0	83	.0125	0.0000	.0018	.0046	0.0000	.0189
S ANG	11	0	0	0	0	11	.0025	0.0000	0.0000	0.0000	0.0000	.0025

PHONETIC SYMBOLS	FREQUENCY OF OCCURRENCE						PERCENTAGE OF FREQUENCY OF OCCURRENCE					
	TONE 1	TONE 2	TONE 3	TONE 4	TONE 5	SUM	TONE 1	TONE 2	TONE 3	TONE 4	TONE 5	SUM
S U	431	71	0	671	0	1173	.0983	.0162	0.0000	.1530	0.0000	.2674
I A	535	235	91	500	0	1361	.1220	.0536	.0207	.1140	0.0000	.3103
I O	8	0	0	0	0	8	.0018	0.0000	0.0000	0.0000	0.0000	.0018
I EH	13	57	2439	1770	0	4279	.0030	.0130	.5560	.4035	0.0000	.9755
I AI	0	11	0	0	0	11	0.0000	.0025	0.0000	0.0000	0.0000	.0025
I AU	237	265	56	3541	0	4099	.0540	.0604	.0128	.8072	0.0000	.9344
I OU	188	2207	7391	1605	0	11391	.0429	.5031	1.6849	.3659	0.0000	2.5968
I AN	158	1395	692	392	0	2637	.0360	.3180	.1578	.0894	0.0000	.6011
I UN	1745	149	245	517	0	2656	.3978	.0340	.0559	.1179	0.0000	.6055
I ANG	277	1265	555	1726	0	3823	.0631	.2884	.1265	.3935	0.0000	.8715
I UNG	1240	462	341	380	0	2423	.2827	.1053	.0777	.0866	0.0000	.5524
U A	111	30	87	14	0	242	.0253	.0068	.0198	.0032	0.0000	.0552
U O	90	0	7461	107	0	7658	.0205	0.0000	1.7009	.0244	0.0000	1.7458
U AI	21	0	0	1187	0	1208	.0048	0.0000	0.0000	.2706	0.0000	.2754
U EI	210	2215	487	3301	0	6213	.0479	.5049	.1110	.7525	0.0000	1.4163
U AN	595	938	488	540	0	2561	.1356	.2138	.1112	.1231	0.0000	.5838
U UN	301	1220	44	1030	0	2595	.0686	.2781	.0100	.2348	0.0000	.5916
U ANG	25	740	445	560	0	1770	.0057	.1687	.1014	.1277	0.0000	.4035
U UNG	74	0	1	0	0	75	.0169	0.0000	.0002	0.0000	0.0000	.0171
Y EH	479	0	0	2119	0	2598	.1092	0.0000	0.0000	.4831	0.0000	.5923
Y AN	41	3036	461	874	0	4412	.0093	.6921	.1051	.1992	0.0000	1.0058
Y UN	12	324	27	628	0	991	.0027	.0739	.0062	.1432	0.0000	.2259
Y UNG	31	0	440	2698	0	3169	.0071	0.0000	.1003	.6151	0.0000	.7224
SUM	76731	82694	87446	148629	43163	438663	17.4920	18.8514	19.9347	33.8823	9.8397	100.0000
AVERAGE	347.2	374.2	395.7	672.5	195.3	1984.900	.0791	.0853	.0902	.1533	.0445	.4525
STANDARD DEVIATION	747.4	755.4	878.7	1288.4	1990.4	2828.051	.1704	.1722	.2003	.2937	.4537	.6447

Table 3.10 See Table 3.5

Table 3.11 Relative Percent Proportion of Tones

1st Tone	2nd Tone	3rd Tone	4th Tone	5th Tone
21.39	20.40	17.75	34.46	6.01

Table 4.1 Correspondence between PS-Syllables and Phonemic Syllables

	PS-Syllable		Phonemic Syllable			PS-Syllable		Phonemic Syllable	
1	B	A	B	A	31	P	I UN	P	I N
2	B	O	B	O	32	P	I UNG	P	I NG
3	B	AI	B	AI	33	P	U	P	U
4	B	EI	B	EI	34	M	A	M	A
5	B	AU	B	AU	35	M	O	M	O
6	B	AN	B	A N	36	M	UH	M	UH
7	B	UN	B	UH N	37	M	AI	M	AI
8	B	ANG	B	A NG	38	M	EI	M	EI
9	B	UNG	B	UH NG	39	M	AU	M	AU
10	B	I	B	I	40	M	OU	M	OU
11	B	I EH	B	I EH	41	M	AN	M	A N
12	B	I AU	B	I AU	42	M	UN	M	UH N
13	B	I AN	B	I EH N	43	M	ANG	M	A NG
14	B	I UN	B	I N	44	M	UNG	M	UH NG
15	B	I UNG	B	I NG	45	M	I	M	I
16	B	U	B	U	46	M	I EH	M	I EH
17	P	A	P	A	47	M	I AU	M	I AU
18	P	O	P	O	48	M	I AN	M	I EH N
19	P	AI	P	AI	49	M	I UN	M	I N
20	P	EI	P	EI	50	M	I UNG	M	I NG
21	P	AU	P	AU	51	M	U	M	U
22	P	OU	P	OU	52	F	A	F	A
23	P	AN	P	A N	53	F	O	F	O
24	P	UN	P	UH N	54	F	EI	F	EI
25	P	ANG	P	A NG	55	F	OU	F	OU
26	P	UNG	P	UH NG	56	F	AN	F	A N
27	P	I	P	I	57	F	UN	F	UH N
28	P	I EH	P	I EH	58	F	ANG	F	A NG
29	P	I AU	P	I AU	59	F	UNG	F	UH NG
30	P	I AN	P	I EH N	60	F	U	F	U

	PS-Syllable			Phonemic Syllable				PS-Syllable			Phonemic Syllable		
61	D	A		D	A		91	T	I	EH	T	I	EH
62	D	UH		D	UH		92	T	I	AU	T	I	AU
63	D	AI		D	AI		93	T	I	AN	T	I	EH N
64	D	EI		D	EI		94	T	I	UNG	T	I	NG
65	D	AU		D	AU		95	T	U		T	U	
66	D	OU		D	OU		96	T	U	O	T	W	O
67	D	AN		D	A	N	97	T	U	EI	T	W	EI
68	D	ANG		D	A	NG	98	T	U	AN	T	W	A N
69	D	UNG		D	UH	NG	99	T	U	UN	T	U	N
70	D	I		D	I		100	T	U	UNG	T	U	NG
71	D	I	EH	D	I	EH	101	N	A		N	A	
72	D	I	AU	D	I	AU	102	N	UH		N	UH	
73	D	I	OU	D	IU		103	N	AI		N	AI	
74	D	I	AN	D	I	EH N	104	N	EI		N	EI	
75	D	I	UNG	D	I	NG	105	N	AU		N	AU	
76	D	U		D	U		106	N	AN		N	A	N
77	D	U	O	D	W	O	107	N	UN		N	UH	N
78	D	U	EI	D	W	EI	108	N	ANG		N	A	NG
79	D	U	AN	D	W	A N	109	N	UNG		N	UH	NG
80	D	U	UN	D	U	N	110	N	I		N	I	
81	D	U	UNG	D	U	NG	111	N	I	EH	N	I	EH
82	T	A		T	A		112	N	I	AU	N	I	AU
83	T	UH		T	UH		113	N	I	OU	N	IU	
84	T	AI		T	AI		114	N	I	AN	N	I	EH N
85	T	AU		T	AU		115	N	I	UN	N	I	N
86	T	OU		T	OU		116	N	I	ANG	N	I	A NG
87	T	AN		T	A	N	117	N	I	UNG	N	I	NG
88	T	ANG		T	A	NG	118	N	U		N	U	
89	T	UNG		T	UH	NG	119	N	U	O	N	W	O
90	T	I		T	I		120	N	U	AN	N	W	A N

	PS-Syllable			Phonemic Syllable				PS-Syllable			Phonemic Syllable		
121	N	U	UNG	N	U	NG	151	L	Y	UN	L	Y	N
122	N	Y		N	Y		152	G	A		G	A	
123	N	Y	EH	N	Y	EH	153	G	UH		G	UH	
124	L	A		L	A		154	G	AI		G	AI	
125	L	O		L	O		155	G	EI		G	EI	
126	L	UH		L	UH		156	G	AU		G	AU	
127	L	AI		L	AI		157	G	OU		G	OU	
128	L	EI		L	EI		158	G	AN		G	A	N
129	L	AU		L	AU		159	G	UN		G	UH	N
130	L	OU		L	OU		160	G	ANG		G	A	NG
131	L	AN		L	A	N	161	G	UNG		G	UH	NG
132	L	ANG		L	A	NG	162	G	U		G	U	
133	L	UNG		L	UH	NG	163	G	U	A	G	W	A
134	L	I		L	I		164	G	U	O	G	W	O
135	L	I	A	L	I	A	165	G	U	AI	G	W	AI
136	L	I	EH	L	I	EH	166	G	U	EI	G	W	EI
137	L	I	AU	L	I	AU	167	G	U	AN	G	W	A N
138	L	I	OU	L	IU		168	G	U	UN	G	U	N
139	L	I	AN	L	I	EH N	169	G	U	ANG	G	W	A NG
140	L	I	UN	L	I	N	170	G	U	UNG	G	U	NG
141	L	I	ANG	L	I	A NG	171	K	A		K	A	
142	L	I	UNG	L	I	NG	172	K	UH		K	UH	
143	L	U		L	U		173	K	AI		K	AI	
144	L	U	O	L	W	O	174	K	AU		K	AU	
145	L	U	AN	L	W	A N	175	K	OU		K	OU	
146	L	U	UN	L	U	N	176	K	AN		K	A	N
147	L	U	UNG	L	U	NG	177	K	UN		K	UH	N
148	L	Y		L	Y		178	K	ANG		K	A	NG
149	L	Y	EH	L	Y	EH	179	K	UNG		K	UH	NG
150	L	Y	AN	L	Y	EH N	180	K	U		K	U	

	PS-Syllable			Phonemic Syllable				PS-Syllable			Phonemic Syllable		
181	K	U	A	K	W	A	211	J	I	AU	J	I	AU
182	K	U	O	K	W	O	212	J	I	OU	J	IU	
183	K	U	AI	K	W	AI	213	J	I	AN	J	I	EH N
184	K	U	EI	K	W	EI	214	J	I	UN	J	I	N
185	K	U	AN	K	W	A N	215	J	I	ANG	J	I	A NG
186	K	U	UN	K	U	N	216	J	I	UNG	J	I	NG
187	K	U	ANG	K	W	A NG	217	J	Y		J	Y	
188	K	U	UNG	K	U	NG	218	J	Y	EH	J	Y	EH
189	H	A		H	A		219	J	Y	AN	J	Y	EH N
190	H	UH		H	UH		220	J	Y	UN	J	Y	N
191	H	AI		H	AI		221	J	Y	UNG	J	Y	U NG
192	H	EI		H	EI		222	Q	I		Q	I	
193	H	AU		H	AU		223	Q	I	A	Q	I	A
194	H	OU		H	OU		224	Q	I	EH	Q	I	EH
195	H	AN		H	A	N	225	Q	I	AU	Q	I	AU
196	H	UN		H	UH	N	226	Q	I	OU	Q	IU	
197	H	ANG		H	A	NG	227	Q	I	AN	Q	I	EH N
198	H	UNG		H	UH	NG	228	Q	I	UN	Q	I	N
199	H	U		H	U		229	Q	I	ANG	Q	I	A NG
200	H	U	A	H	W	A	230	Q	I	UNG	Q	I	NG
201	H	U	O	H	W	O	231	Q	Y		Q	Y	
202	H	U	AI	H	W	AI	232	Q	Y	EH	Q	Y	EH
203	H	U	EI	H	W	EI	233	Q	Y	AN	Q	Y	EH N
204	H	U	AN	H	W	A N	234	Q	Y	UN	Q	Y	N
205	H	U	UN	H	U	N	235	Q	Y	UNG	Q	Y	U NG
206	H	U	ANG	H	W	A NG	236	X	I		X	I	
207	H	U	UNG	H	U	NG	237	X	I	A	X	I	A
208	J	I		J	I		238	X	I	EH	X	I	EH
209	J	I	A	J	I	A	239	X	I	AU	X	I	AU
210	J	I	EH	J	I	EH	240	X	I	OU	X	IU	

	PS-Syllable	Phonemic Syllable		PS-Syllable	Phonemic Syllable
241	X I AN	X I EH N	271	CH UH	CH UH
242	X I UN	X I N	272	CH AI	CH AI
243	X I ANG	X I A NG	273	CH AU	CH AU
244	X I UNG	X I NG	274	CH OU	CH OU
245	X Y	X Y	275	CH AN	CH A N
246	X Y EH	X Y EH	276	CH UN	CH UH N
247	X Y AN	X Y EH N	277	CH ANG	CH A NG
248	X Y UN	X Y N	278	CH UNG	CH UH NG
249	X Y UNG	X Y U NG	279	CH U	CH U
250	ZH	ZH I	280	CH U O	CH W O
251	ZH A	ZH A	281	CH U EI	CH W EI
252	ZH UH	ZH UH	282	CH U AN	CH W A N
253	ZH AI	ZH AI	283	CH U UN	CH U N
254	ZH AU	ZH AU	284	CH U ANG	CH W A NG
255	ZH OU	ZH OU	285	CH U UNG	CH U NG
256	ZH AN	ZH A N	286	SH	SH I
257	ZH UN	ZH UH N	287	SH A	SH A
258	ZH ANG	ZH A NG	288	SH UH	SH UH
259	ZH UNG	ZH UH NG	289	SH AI	SH AI
260	ZH U	ZH U	290	SH EI	SH EI
261	ZH U A	ZH W A	291	SH AU	SH AU
262	ZH U O	ZH W O	292	SH OU	SH OU
263	ZH U AI	ZH W AI	293	SH AN	SH A N
264	ZH U EI	ZH W EI	294	SH UN	SH UH N
265	ZH U AN	ZH W A N	295	SH ANG	SH A NG
266	ZH U UN	ZH U N	296	SH UNG	SH UH NG
267	ZH U ANG	ZH W A NG	297	SH U	SH U
268	ZH U UNG	ZH U NG	298	SH U A	SH W A
269	CH	CH I	299	SH U O	SH W O
270	CH A	CH A	300	SH U AI	SH W AI

	PS-Syllable	Phonemic Syllable		PS-Syllable	Phonemic Syllable
301	SH U EI	SH W EI	331	Z U O	Z W O
302	SH U AN	SH W A N	332	Z U EI	Z W EI
303	SH U UN	SH U N	333	Z U AN	Z W A N
304	SH U ANG	SH W A NG	334	Z U UN	Z U N
305	R	R I	335	Z U UNG	Z U NG
306	R UH	R UH	336	C	C I
307	R AU	R AU	337	C A	C A
308	R OU	R OU	338	C UH	C UH
309	R AN	R A N	339	C AI	C AI
310	R UN	R UH N	340	C AU	C AU
311	R ANG	R A NG	341	C OU	C OU
312	R UNG	R UH NG	342	C AN	C A N
313	R U	R U	343	C UN	C UH N
314	R U O	R W O	344	C ANG	C A NG
315	R U EI	R W EI	345	C UNG	C UH NG
316	R U AN	R W A N	346	C U	C U
317	R U UN	R U N	347	C U O	C W O
318	R U UNG	R U NG	348	C U EI	C W EI
319	Z	Z I	349	C U AN	C W A N
320	Z A	Z A	350	C U UN	C U N
321	Z UH	Z UH	351	C U UNG	C U NG
322	Z AI	Z AI	352	S	S I
323	Z EI	Z EI	353	S A	S A
324	Z AU	Z AU	354	S UH	S UH
325	Z OU	Z OU	355	S AI	S AI
326	Z AN	Z A N	356	S AU	S AU
327	Z UN	Z UH N	357	S OU	S OU
328	Z ANG	Z A NG	358	S AN	S A N
329	Z UNG	Z UH NG	359	S UN	S UH N
330	Z U	Z U	360	S ANG	S A NG

	PS-Syllable	Phonemic Syllable		PS-Syllable	Phonemic Syllable
361	S UNG	S UH NG	391	U O	W O
362	S U	S U	392	U AI	W AI
363	S U O	S W O	393	U EI	W EI
364	S U EI	S W EI	394	U AN	W A N
365	S U AN	S W A N	395	U UN	W UH N
366	S U UN	S U N	396	U ANG	W A NG
367	S U UNG	S U NG	397	U UNG	W UH NG
368	A	A	398	Y	YJ Y
369	O	O	399	Y EH	YJ Y EH
370	UH	UH	400	Y AN	YJ Y EH N
371	AI	AI	401	Y UN	YJ Y N
372	AU	AU	402	Y UNG	YJ Y U NG
373	OU	OU			
374	AN	A N			
375	UN	UH N			
376	ANG	A NG			
377	ER	ER			
378	I	IJ I			
379	I A	IJ A			
380	I O	IJ O			
381	I EH	IJ EH			
382	I AI	IJ AI			
383	I AU	IJ AU			
384	I OU	IJ OU			
385	I AN	IJ EH N			
386	I UN	IJ I N			
387	I ANG	IJ A NG			
388	I UNG	IJ I NG			
389	U	W U			
390	U A	W A			

PHONEMES	FREQUENCY OF OCCURRENCE						PERCENTAGE OF FREQUENCY OF OCCURRENCE					
	TONE 1	TONE 2	TONE 3	TONE 4	TONE 5	SUM	TONE 1	TONE 2	TONE 3	TONE 4	TONE 5	SUM
B	6214	2073	9983	18893	0	37163	.3299	.1101	.5300	1.0031	0.0000	1.9731
A	42545	21280	19202	42157	412	125596	2.2589	1.1298	1.0195	2.2383	.0219	6.6684
O	6189	9705	11286	9188	10	36378	.3286	.5153	.5992	.4878	.0005	1.9314
AI	2457	9571	3850	15888	0	31766	.1305	.5082	.2044	.8436	0.0000	1.6866
EI	3885	5955	8046	15139	0	33025	.2063	.3162	.4272	.8038	0.0000	1.7534
AU	4864	3533	12669	20953	34	42053	.2582	.1876	.6726	1.1125	.0018	2.2328
N	34801	42808	20771	39745	4951	143076	1.8477	2.2728	1.1028	2.1102	.2629	7.5964
UH	16773	22743	11142	23256	42690	116604	.8905	1.2075	.5916	1.2347	2.2666	6.1909
NG	37889	30471	15982	30454	59	114855	2.0117	1.6178	.8485	1.6169	.0031	6.0981
I	63667	46611	39106	82979	2145	234502	3.3803	2.4748	2.0760	4.4057	.1139	12.4506
EH	10936	19000	9586	19872	0	59394	.5806	1.0088	.5090	1.0551	0.0000	3.1534
U	20402	15503	15287	32179	0	83371	1.0832	.8231	.8116	1.7085	0.0000	4.4265
P	913	3323	1089	2243	0	7568	.0485	.1764	.0578	.1191	0.0000	.4018
OU	5009	4043	10714	7138	2	26906	.2659	.2147	.5688	.3790	.0001	1.4285
M	3268	8668	5371	6165	4651	28123	.1735	.4602	.2852	.3273	.2469	1.4932
F	8170	2728	3433	5055	0	19386	.4338	.1448	.1823	.2684	0.0000	1.0293
D	9784	3880	4830	28484	28437	75415	.5195	.2060	.2564	1.5123	1.5098	4.0041
IU	793	2273	2047	6211	0	11324	.0421	.1207	.1087	.3298	0.0000	.6012
W	14625	19411	20950	30150	1	85137	.7765	1.0306	1.1123	1.6008	.0001	4.5202
T	12372	11248	3556	3069	34	30279	.6569	.5972	.1888	.1629	.0018	1.6076
Y	3866	12347	5422	14408	0	36043	.2053	.6555	.2879	.7650	0.0000	1.9137
L	755	12275	8626	13255	7203	42114	.0401	.6517	.4580	.7038	.3824	2.2360
G	11782	7297	5702	11197	0	35978	.6256	.3874	.3027	.5945	0.0000	1.9102
K	3521	163	4619	6321	0	14624	.1869	.0087	.2452	.3356	0.0000	.7764
H	3034	11127	7058	15986	1	37206	.1611	.5908	.3747	.8488	.0001	1.9754
J	16868	5644	7438	18191	0	48141	.8956	.2997	.3949	.9658	0.0000	2.5560
Q	5784	8493	3432	5501	0	23210	.3071	.4509	.1822	.2921	0.0000	1.2323
X	11169	8609	6865	13555	0	40198	.5930	.4571	.3645	.7197	0.0000	2.1343
ZH	13462	2180	7467	14557	2153	39819	.7147	.1157	.3965	.7729	.1143	2.1141
CH	6325	10013	1637	1604	0	19579	.3358	.5316	.0869	.0852	0.0000	1.0395
SH	14808	11977	6729	25321	60	58895	.7862	.6359	.3573	1.3444	.0032	3.1270
R	44	9192	507	4911	0	14654	.0023	.4880	.0269	.2607	0.0000	.7780
Z	1283	1309	4931	16259	2128	25910	.0681	.0695	.2618	.8633	.1130	1.3757
C	1344	3692	1208	2275	0	8519	.0714	.1960	.0641	.1208	0.0000	.4523
S	7062	312	2473	6405	0	16252	.3749	.0166	.1313	.3401	0.0000	.8629
ER	0	2555	677	4381	0	7613	0.0000	.1357	.0359	.2326	0.0000	.4042
IJ	19503	6893	16556	13442	0	56394	1.0355	.3660	.8790	.7137	0.0000	2.9942
YJ	574	5323	2355	8140	0	16392	.0305	.2826	.1250	.4322	0.0000	.8703
SUM	426740	404228	322596	634927	94971	1883462	22.6572	21.4620	17.1278	33.7106	5.0424	100.0000
AVERAGE	11230.0	10637.6	8489.4	16708.6	2499.2	49564.789	.5962	.5648	.4507	.8871	.1327	2.6316
STANDARD DEVIATION	13294.9	10470.0	7497.2	15033.1	8120.3	45380.083	.7059	.5559	.3981	.7982	.4311	2.4094

Table 5.2 Rank Order of Phonemes

Rank	1st Tone	2nd Tone	3rd Tone	4th Tone	5th Tone	Overall
1	I	I	I	I	UH	I
2	A	N	W	A	D	N
3	NG	NG	N	N	L	A
4	N	UH	A	U	N	UH
5	U	A	IJ	NG	M	NG
6	IJ	W	NG	W	ZH	W
7	J	EH	U	D	I	U
8	UH	U	AU	SH	Z	D
9	SH	Y	O	UH	A	EH
10	W	L	UH	AU	SH	SH
11	ZH	SH	OU	EH	NG	IJ
12	T	T	B	B	AU, T	J
13	G	H	EH	J	O	L
14	X	CH	L	Z	OU	AU
15	EH	O	EI	H	W, H	X
16	D	AI	ZH	AI		ZH
17	F	R	J	EI		H
18	S	M	H	ZH		B
19	CH	X	X	Y		O
20	B	Q	SH	X		Y
21	O	G	G	IJ		G
22	Q	IJ	Y	L		EI
23	OU	EI	M	G		AI
24	AU	J	Z	O		T
25	EI	YJ	D	YJ		M
26	Y	OU	K	OU		OU
27	K	D	AI	S		Z
28	M	C	T	K		Q
29	H	AU	F	IU		CH
30	AI	P	Q	M		F
31	C	F	S	Q		YJ
32	Z	ER	YJ	F		S
33	P	IU	IU	R		R
34	IU	ZH	CH	ER		K
35	L	B	C	T		IU
36	YJ	Z	P	C		C
37	R	S	ER	P		ER
38	ER	K	R	CH		P

Table 5.3 Relative Percent Proportion of Phonemes in the Corpus: Classified into Consonants, Semi-vowels, Vowels and Diphthongs

(a) Consonants

Manner Place	Plosive		Nasal	Lateral	Fricative	Total
	Unaspirated	Aspirated				
Labial	B 1.97	P 0.40	M 1.49		F 1.03	4.89
Dental & Alveolar	D 4.00	T 1.61	N 7.60	L 2.24		15.45
Gutteral	G 1.91	K 0.78	NG 6.10		H 1.98	10.77
Palatal	J 2.56	Q 1.23			X 2.13	5.92
Retroflex	ZH 2.11	CH 1.04			SH 3.13 R 0.78	7.06
Dental Sibilant	Z 1.38	C 0.45			S 0.86	2.69
Total	13.93	5.51	15.19	2.24	9.91	46.78

(b) Semi-vowels

W 4.52	IJ 2.99	YJ 0.87	Total 8.38

(c) Vowels

Tongue Position	Front	Central	Back	Total
High	I 12.45 Y 1.91		U 4.43	18.79
Mid	EH 3.15	ER 0.40 UH 6.19	O 1.93	11.67
Low		A 6.67		6.67
Total	17.51	13.26	6.36	37.13

(d) Diphthongs

AI 1.69	EI 1.75	AU 2.23	OU 1.43	IU 0.60	Total 7.70

TABLE 5.4 FREQUENCY AND PERCENT FREQUENCY DISTRIBUTION OF DIPHONES

PHONEMES		FREQUENCY OF OCCURRENCE						PERCENTAGE OF FREQUENCY OF OCCURRENCE					
		TONE 1	TONE 2	TONE 3	TONE 4	TONE 5	SUM	TONE 1	TONE 2	TONE 3	TONE 4	TONE 5	SUM
B	A	3260	47	2224	1938	0	7469	.2886	.0042	.1969	.1716	0.0000	.6613
B	O	375	632	3	224	0	1234	.0332	.0560	.0003	.0198	0.0000	.1092
B	AI	0	662	979	257	0	1898	0.0000	.0586	.0867	.0228	0.0000	.1680
B	EI	203	0	1696	1429	0	3328	.0180	0.0000	.1502	.1265	0.0000	.2946
B	AU	417	26	719	1237	0	2399	.0369	.0023	.0637	.1095	0.0000	.2124
A	N	12449	7604	5567	14613	0	40233	1.1021	.6732	.4929	1.2937	0.0000	3.5620
B	UH	61	1	1803	52	0	1917	.0054	.0001	.1596	.0046	0.0000	.1697
UH	N	5185	8661	5487	3387	4325	27045	.4590	.7668	.4858	.2999	.3829	2.3944
A	NG	10698	9236	7461	12962	59	40416	.9471	.8177	.6605	1.1476	.0052	3.5782
UH	NG	7024	6618	2625	3868	0	20135	.6219	.5859	.2324	.3424	0.0000	1.7826
B	I	1898	705	2264	4367	0	9234	.1680	.0624	.2004	.3866	0.0000	.8175
I	EH	9773	8678	5393	13797	0	37641	.8652	.7683	.4775	1.2215	0.0000	3.3325
I	AU	1696	1670	4540	7145	0	15051	.1502	.1479	.4019	.6326	0.0000	1.3325
EH	N	7910	12342	4143	12933	0	37328	.7003	1.0927	.3668	1.1450	0.0000	3.3048
I	N	6942	4039	751	2904	0	14636	.6146	.3576	.0665	.2571	0.0000	1.2958
I	NG	7369	8542	2066	6201	0	24178	.6524	.7562	.1829	.5490	0.0000	2.1406
B	U	0	0	295	9389	0	9684	0.0000	0.0000	.0261	.8312	0.0000	.8574
P	A	48	448	0	435	0	931	.0042	.0397	0.0000	.0385	0.0000	.0824
P	O	108	115	19	309	0	551	.0096	.0102	.0017	.0274	0.0000	.0488
P	AI	124	260	0	211	0	595	.0110	.0230	0.0000	.0187	0.0000	.0527
P	EI	10	134	0	184	0	328	.0009	.0119	0.0000	.0163	0.0000	.0290
P	AU	13	11	340	136	0	500	.0012	.0010	.0301	.0120	0.0000	.0443
P	OU	0	0	12	0	0	12	0.0000	0.0000	.0011	0.0000	0.0000	.0011
P	UH	67	572	10	88	0	737	.0059	.0506	.0009	.0078	0.0000	.0652
P	I	468	1680	461	835	0	3444	.0414	.1487	.0408	.0739	0.0000	.3049
P	U	75	103	247	45	0	470	.0066	.0091	.0219	.0040	0.0000	.0416
M	A	1043	556	1089	422	326	3436	.0923	.0492	.0964	.0374	.0289	.3042
M	O	78	312	17	515	0	922	.0069	.0276	.0015	.0456	0.0000	.0816
M	UH	2004	811	86	196	4325	7422	.1774	.0718	.0076	.0174	.3829	.6571
M	AI	0	43	288	337	0	668	0.0000	.0038	.0255	.0298	0.0000	.0591
M	EI	0	1640	2482	343	0	4465	0.0000	.1452	.2197	.0304	0.0000	.3953
M	AU	90	298	0	210	0	598	.0080	.0264	0.0000	.0186	0.0000	.0529
M	OU	0	77	49	0	0	126	0.0000	.0068	.0043	0.0000	0.0000	.0112
M	I	53	4921	701	2966	0	8641	.0047	.4357	.0621	.2626	0.0000	.7650
M	U	10	0	659	1176	0	1845	.0009	0.0000	.0583	.1041	0.0000	.1633
F	A	3766	1219	2230	1550	0	8765	.3334	.1079	.1974	.1372	0.0000	.7760
F	O	0	93	0	0	0	93	0.0000	.0082	0.0000	0.0000	0.0000	.0082
F	EI	1294	171	227	690	0	2382	.1146	.0151	.0201	.0611	0.0000	.2109
F	OU	0	0	103	0	0	103	0.0000	0.0000	.0091	0.0000	0.0000	.0091
F	UH	2682	98	121	742	0	3643	.2374	.0087	.0107	.0657	0.0000	.3225
F	U	428	1147	752	2073	0	4400	.0379	.1015	.0666	.1835	0.0000	.3895
D	A	1599	878	871	6386	0	9734	.1416	.0777	.0771	.5654	0.0000	.8618
D	UH	289	1642	1234	51	28437	31653	.0256	.1454	.1092	.0045	2.5176	2.8023
D	AI	48	0	31	1570	0	1649	.0042	0.0000	.0027	.1390	0.0000	.1460
D	EI	0	0	90	0	0	90	0.0000	0.0000	.0080	0.0000	0.0000	.0080

PHONEMES	FREQUENCY OF OCCURRENCE					SUM	PERCENTAGE OF FREQUENCY OF OCCURRENCE					SUM
	TONE 1	TONE 2	TONE 3	TONE 4	TONE 5		TONE 1	TONE 2	TONE 3	TONE 4	TONE 5	
D AU	111	0	603	5571	0	6285	.0098	0.0000	.0534	.4932	0.0000	.5564
D OU	2383	0	71	236	0	2690	.2110	0.0000	.0063	.0209	0.0000	.2382
D I	695	493	1549	9570	0	12307	.0615	.0436	.1371	.8473	0.0000	1.0896
D IU	49	0	0	0	0	49	.0043	0.0000	0.0000	0.0000	0.0000	.0043
D U	2200	725	112	2842	0	5879	.1948	.0642	.0099	.2516	0.0000	.5205
D W	2410	142	269	2258	0	5079	.2134	.0126	.0238	.1999	0.0000	.4497
W O	5594	8541	11247	8140	1	33523	.4953	.7562	.9957	.7207	.0001	2.9679
W EI	1995	3589	2697	11144	0	19425	.1766	.3177	.2388	.9866	0.0000	1.7198
W A	6210	5115	3072	5468	0	19865	.5498	.4528	.2720	.4841	0.0000	1.7587
U NG	1065	809	511	1114	0	3499	.0943	.0716	.0452	.0986	0.0000	.3098
U NG	12798	6075	3830	7423	0	30126	1.1330	.5378	.3391	.6572	0.0000	2.6671
T A	6608	878	237	291	0	8014	.5850	.0777	.0210	.0258	0.0000	.7095
T UH	15	102	0	499	0	601	.0013	.0090	0.0000	.0442	0.0000	.0532
T AI	27	1236	0	1272	0	2523	.0024	.1094	0.0000	.1126	0.0000	.2234
T AU	123	340	433	79	34	913	.0109	.0301	.0383	.0070	.0030	.0808
T OU	4310	1186	0	86	0	9504	.3816	.1050	0.0000	.0076	0.0000	.8414
T I	849	3079	1679	436	0	6237	.0752	.2726	.1486	.0386	0.0000	.5522
T U	440	4054	1130	204	0	1092	.0390	.3589	.1000	.0181	0.0000	.0967
T W	1	373	77	202	0	5063	.0001	.0330	.0068	.0179	0.0000	.4482
N A	2427	2427	692	1916	27	2399	0.0000	.2149	.0613	.1696	.0024	.2124
N UH	0	1710	0	90	599	265	0.0000	.1514	0.0000	.0080	.0530	.0235
N AI	0	0	187	78	0	704	0.0000	0.0000	.0166	.0069	0.0000	.0623
N EI	0	0	2	702	0	269	0.0000	0.0000	.0002	.0622	0.0000	.0238
N AU	0	15	156	98	0	6310	0.0000	.0013	.0138	.0087	0.0000	.5586
N I	9	3649	2292	360	0	379	.0008	.3231	.2029	.0319	0.0000	.0336
N IU	0	270	108	1	0	19320	0.0000	.0239	.0096	.0001	0.0000	1.7105
N A	7393	1760	3764	6403	0	829	.6545	.1558	.3332	.5669	0.0000	.0734
N U	0	485	208	136	0	232	0.0000	.0429	.0184	.0120	0.0000	.0205
N W	0	70	93	69	0	567	0.0000	.0062	.0082	.0061	0.0000	.0502
N Y	0	0	547	20	0	14837	0.0000	0.0000	.0484	.0018	0.0000	1.3136
N EH	992	8870	1062	3913	0	1707	.0878	.7853	.0940	.3464	0.0000	.1511
L A	658	585	205	259	0	9	.0583	.0518	.0181	.0229	0.0000	.0008
L O	0	0	0	0	0	7846	0.0000	0.0000	0.0000	0.0000	0.0000	.6946
L UH	0	8	208	0	7176	4439	0.0000	.0007	.0184	0.0000	.6353	.3930
L AI	0	4392	0	454	0	910	0.0000	.3888	0.0000	.0402	0.0000	.0806
L EI	0	165	98	47	0	1545	0.0000	.0146	.0087	.0042	0.0000	.1368
L AU	21	232	1278	647	0	198	.0019	.0205	.1131	.0573	0.0000	.0175
L OU	0	107	12	14	2	17096	0.0000	.0095	.0011	.0012	.0002	1.5136
L I	13	4219	6241	6607	16	2852	.0012	.3735	.5525	.5849	.0014	.2525
L IU	51	943	51	1807	0	3623	.0045	.0835	.0045	.1600	0.0000	.3208
L U	6	1190	249	2178	0	996	.0005	.1054	.0220	.1928	0.0000	.0882
L W	6	423	38	529	0	893	.0005	.0374	.0034	.0468	0.0000	.0791
L Y	0	11	246	636	0	3318	0.0000	.0010	.0218	.0563	0.0000	.2938
Y N	1240	727	27	1324	0	2312	.1098	.0644	.0024	.1172	0.0000	.2047
G A	1040	13	1076	183	0	8062	.0921	.0012	.0953	.0162	0.0000	.7138
G UH	1928	577	63	5494	0	1046	.1707	.0511	.0056	.4864	0.0000	.0926
G AI	0	0	385	217	0	754	0.0000	0.0000	.0341	.0192	0.0000	.0668
G EI	444	0	754	0	0	1907	.0393	0.0000	.0668	0.0000	0.0000	.1688
G AU	1409	0	56	442	0	873	.1247	0.0000	.0050	.0391	0.0000	.0773
G OU	125	0	197	551	0	6510	.0111	0.0000	.0174	.0488	0.0000	.5764
G U	3967	0	928	1615	0		.3512	0.0000	.0822	.1430	0.0000	

PHONEMES	FREQUENCY OF OCCURRENCE					SUM	PERCENTAGE OF FREQUENCY OF OCCURRENCE					SUM
	TONE 1	TONE 2	TONE 3	TONE 4	TONE 5		TONE 1	TONE 2	TONE 3	TONE 4	TONE 5	
G W	2869	6707	2243	2695	0	14514	.2540	.5938	.1986	.2386	0.0000	1.2850
W AI	354	156	11	2617	0	2858	.0066	.0138	.0010	.2317	0.0000	.2530
K A	354	2	157	2314	0	2827	.0313	.0002	.0139	.2049	0.0000	.2503
K UH	720	76	2643	2024	0	5463	.0637	.0067	.2340	.1792	0.0000	.4837
K AI	1300	0	64	0	0	1364	.1151	0.0000	.0057	0.0000	0.0000	.1208
K AU	0	0	392	130	0	522	0.0000	0.0000	.0347	.0115	0.0000	.0462
K OU	0	0	754	57	0	811	0.0000	0.0000	.0668	.0050	0.0000	.0718
K U	1044	0	517	298	0	1859	.0924	0.0000	.0458	.0264	0.0000	.1646
K W	103	85	92	1498	0	1778	.0091	.0075	.0081	.1326	0.0000	.1574
K A	333	786	127	3999	0	5245	.0295	.0696	.0112	.3540	0.0000	.4644
H UH	189	3168	2124	214	0	5695	.0167	.2805	.1880	.0189	0.0000	.5042
H AI	5	1613	1389	350	0	3357	.0004	.1428	.1230	.0310	0.0000	.2972
H EI	383	0	0	0	0	383	.0339	0.0000	0.0000	0.0000	0.0000	.0339
H AU	6	86	2262	719	0	3073	.0005	.0076	.2003	.0637	0.0000	.2721
H OU	0	63	18	3383	0	3464	0.0000	.0056	.0016	.2995	0.0000	.3067
H U	565	1242	136	529	0	2472	.0500	.1100	.0120	.0468	0.0000	.2189
H W	1553	4169	1002	6792	1	13517	.1375	.3691	.0887	.6013	.0001	1.1967
J I	15267	4371	4886	12574	0	37098	1.3516	.3870	.4326	1.1132	0.0000	3.2844
J IU	43	0	1876	4203	0	6122	.0038	0.0000	.1661	.3721	0.0000	.5420
J Y	1558	1273	676	1414	0	4921	.1379	.1127	.0598	.1252	0.0000	.4357
J U	278	358	451	2698	0	3785	.0246	.0317	.0399	.2389	0.0000	.3351
Y U	4768	5675	2911	2386	0	15740	.4221	.5024	.2577	.2112	0.0000	1.3935
Q I	267	1060	0	0	0	1327	.0236	.0938	0.0000	0.0000	0.0000	.1175
Q IU	749	1758	521	3115	0	6143	.0663	.1556	.0461	.2758	0.0000	.5439
Q Y	9801	4627	5776	12272	0	32476	.8677	.4096	.5114	1.0865	0.0000	2.8752
X IU	383	0	0	200	12	595	.0339	0.0000	0.0000	.0177	.0011	.0527
X Y	985	3982	1077	1083	0	7127	.0872	.3525	.0954	.0959	0.0000	.6310
X I	3309	1294	1575	2248	0	8426	.2930	.1146	.1394	.1990	0.0000	.7460
ZH A	824	42	1476	1493	0	3835	.0730	.0037	.1307	.1322	0.0000	.3395
ZH UH	1619	106	758	6861	2153	11497	.1433	.0094	.0671	.6074	.1906	1.0179
ZH AI	37	11	4	28	0	80	.0033	.0010	.0004	.0025	0.0000	.0071
ZH AU	198	96	276	582	0	1152	.0175	.0085	.0244	.0515	0.0000	.1020
ZH OU	1488	52	27	71	0	1638	.1317	.0046	.0024	.0063	0.0000	.1450
ZH U	4856	472	3041	2949	0	11318	.4299	.0418	.2692	.2611	0.0000	1.0020
ZH W	1131	107	310	325	0	1873	.1001	.0095	.0274	.0288	0.0000	.1658
CH I	953	416	330	137	0	1836	.0844	.0368	.0292	.0121	0.0000	.1625
CH A	226	3208	750	517	0	4701	.0200	.2840	.0664	.0458	0.0000	.4162
CH UH	1274	3858	42	129	0	5303	.1128	.3416	.0037	.0114	0.0000	.4695
CH AI	75	106	0	0	0	181	.0066	.0094	0.0000	0.0000	0.0000	.0160
CH AU	124	328	67	0	0	519	.0110	.0290	.0059	0.0000	0.0000	.0459
CH OU	65	169	28	24	0	286	.0058	.0150	.0025	.0021	0.0000	.0253
CH U	2938	1012	404	625	0	4979	.2601	.0896	.0358	.0553	0.0000	.4408
CH W	670	916	16	172	0	1774	.0593	.0811	.0014	.0152	0.0000	.1571
SH I	2280	9438	1578	15497	1	28794	.2019	.8356	.1397	1.3720	.0001	2.5492
SH A	2504	0	222	4545	59	7330	.2217	0.0000	.0197	.4024	.0052	.6489
SH UH	5072	1893	1012	2208	0	10185	.4490	.1676	.0896	.1955	0.0000	.9017
SH AI	1	0	0	54	0	55	.0001	0.0000	0.0000	.0048	0.0000	.0049
SH EI	0	242	0	0	0	242	0.0000	.0214	0.0000	0.0000	0.0000	.0214
SH AU	241	11	464	194	0	910	.0213	.0010	.0411	.0172	0.0000	.0806
SH OU	421	116	1237	711	0	2485	.0373	.0103	.1095	.0629	0.0000	.2200
SH U	1250	273	491	1696	0	3710	.1107	.0242	.0435	.1502	0.0000	.3285

PHONEMES	FREQUENCY OF OCCURRENCE						PERCENTAGE OF FREQUENCY OF OCCURRENCE					
	TONE 1	TONE 2	TONE 3	TONE 4	TONE 5	SUM	TONE 1	TONE 2	TONE 3	TONE 4	TONE 5	SUM
SH W	3039	4	1725	416	0	5184	.2691	.0004	.1527	.0368	0.0000	.4590
R I	0	0	0	2049	0	2049	0.0000	0.0000	0.0000	.1814	0.0000	.1814
R UH	44	5870	104	1378	0	7396	.0039	.5197	.0092	.1220	0.0000	.6548
R AU	0	25	27	98	0	150	0.0000	.0022	.0024	.0087	0.0000	.0133
R OU	0	66	0	250	0	316	0.0000	.0058	0.0000	.0221	0.0000	.0280
R A	0	1324	232	247	0	1803	0.0000	.1172	.0205	.0219	0.0000	.1596
R U	0	1907	62	567	0	2536	0.0000	.1688	.0055	.0502	0.0000	.2245
R W	0	0	82	322	0	404	0.0000	0.0000	.0073	.0285	0.0000	.0358
Z I	288	0	579	2360	2128	5355	.0255	0.0000	.0513	.2089	.1884	.4741
Z A	71	130	0	282	0	483	.0063	.0115	0.0000	.0250	0.0000	.0428
Z UH	256	476	889	55	0	1676	.0227	.0421	.0787	.0049	0.0000	.1484
Z AI	135	0	118	7465	0	7718	.0120	0.0000	.0104	.6609	0.0000	.6833
Z EI	0	14	0	0	0	14	0.0000	.0012	0.0000	0.0000	0.0000	.0012
Z AU	92	38	508	577	0	1215	.0081	.0034	.0450	.0511	0.0000	.1076
Z OU	6	0	758	67	0	831	.0005	0.0000	.0671	.0059	0.0000	.0736
Z U	417	410	1631	66	0	2524	.0369	.0363	.1444	.0058	0.0000	.2235
Z W	18	241	448	5387	0	6094	.0016	.0213	.0397	.4769	0.0000	.5395
Z I	19	586	530	997	0	2132	.0017	.0519	.0469	.0883	0.0000	.1888
Z A	728	332	47	19	0	1126	.0645	.0294	.0042	.0017	0.0000	.0997
C UH	1	365	0	412	0	778	.0001	.0323	0.0000	.0365	0.0000	.0689
C AI	30	1080	337	331	0	1778	.0027	.0956	.0298	.0293	0.0000	.1574
C AU	127	75	294	0	0	496	.0112	.0066	.0260	0.0000	0.0000	.0439
C OU	0	0	0	10	0	10	0.0000	0.0000	0.0000	.0009	0.0000	.0009
C U	397	1254	0	160	0	1811	.0351	.1110	0.0000	.0142	0.0000	.1603
C W	42	0	0	346	0	388	.0037	0.0000	0.0000	.0306	0.0000	.0344
S I	1449	0	416	3410	0	5275	.1283	0.0000	.0368	.3019	0.0000	.4670
S A	4069	0	85	192	0	4346	.3602	0.0000	.0075	.0170	0.0000	.3848
S UH	132	0	0	544	0	676	.0117	0.0000	0.0000	.0482	0.0000	.0598
S AI	40	0	0	416	0	456	.0035	0.0000	0.0000	.0368	0.0000	.0404
S AU	40	0	183	2	0	225	.0035	0.0000	.0162	.0002	0.0000	.0199
S OU	37	0	29	10	0	76	.0033	0.0000	.0026	.0009	0.0000	.0067
S U	755	71	96	1182	0	2104	.0668	.0063	.0085	.1046	0.0000	.1863
S W	540	241	1664	649	0	3094	.0478	.0213	.1473	.0575	0.0000	.2739
IJ I	18087	1458	5332	3908	0	28785	1.6013	.1291	.4721	.3460	0.0000	2.5484
IJ A	812	1500	646	2226	0	5184	.0719	.1328	.0572	.1971	0.0000	.4590
IJ O	8	0	0	0	0	8	.0007	0.0000	0.0000	0.0000	0.0000	.0007
IJ EH	171	1452	3131	2162	0	6916	.0151	.1286	.2772	.1914	0.0000	.6123
IJ AI	0	11	0	0	0	11	0.0000	.0010	0.0000	0.0000	0.0000	.0010
IJ AU	237	265	56	3541	0	4099	.0210	.0235	.0050	.3135	0.0000	.3629
IJ OU	188	2207	7391	1605	0	11391	.0166	.1954	.6543	.1421	0.0000	1.0085
W U	377	790	3878	1751	0	6796	.0334	.0699	.3433	.1550	0.0000	.6017
W UH	375	1220	45	1030	0	2670	.0332	.1080	.0040	.0912	0.0000	.2364
YJ Y	574	5323	2355	8140	0	16392	.0508	.4713	.2085	.7207	0.0000	1.4512
SUM	265486	250445	188778	375134	49678	1129521	23.5043	22.1727	16.7131	33.2118	4.3981	100.0000
AVERAGE	1397.3	1318.1	993.6	1974.4	261.5	5944.847	.1237	.1167	.0880	.1748	.0231	.5263
STANDARD DEVIATION	2813.8	2288.9	1647.7	3140.2	2169.4	8632.303	.2491	.2026	.1459	.2780	.1921	.7642

TABLE 5.5 FREQUENCY AND PERCENT FREQUENCY DISTRIBUTION OF TRIPHONES

PHONEMES			FREQUENCY OF OCCURRENCE						PERCENTAGE OF FREQUENCY OF OCCURRENCE					
			TONE 1	TONE 2	TONE 3	TONE 4	TONE 5	SUM	TONE 1	TONE 2	TONE 3	TONE 4	TONE 5	SUM
B	A	N	761	0	443	996	0	2200	.1971	0.0000	.1148	.2580	0.0000	.5699
B	UH	N	39	0	1803	37	0	1879	.0101	0.0000	.4671	.0096	0.0000	.4868
B	A	NG	283	0	89	186	0	558	.0733	0.0000	.0231	.0482	0.0000	.1446
B	UH	NG	22	1	0	15	0	38	.0057	.0003	.0000	.0039	0.0000	.0098
B	I	EH	1027	644	22	2017	0	3710	.2661	.1668	.0057	.5225	0.0000	.9611
B	I	AU	168	0	912	2	0	1082	.0435	0.0000	.2363	.0005	0.0000	.2803
I	EH	N	7339	6370	2544	11520	0	27773	1.9013	1.6503	.6591	2.9844	0.0000	7.1951
B	I	N	198	0	0	8	0	206	.0513	0.0000	.0000	.0021	0.0000	.0534
B	I	NG	470	0	111	1385	0	1966	.1218	0.0000	.0288	.3588	0.0000	.5093
P	A	N	33	121	0	155	0	309	.0085	.0313	.0000	.0402	0.0000	.0801
P	UH	N	48	83	0	8	0	139	.0124	.0215	.0000	.0021	0.0000	.0360
P	A	NG	9	197	0	37	0	243	.0023	.0510	.0000	.0096	0.0000	.0630
P	UH	NG	19	489	10	80	0	598	.0049	.1267	.0026	.0207	0.0000	.1549
P	I	EH	187	23	0	396	0	606	.0484	.0060	.0000	.1026	0.0000	.1570
P	I	AU	73	2	37	363	0	475	.0189	.0005	.0096	.0940	0.0000	.1231
P	I	N	47	59	401	13	0	520	.0122	.0153	.1039	.0034	0.0000	.1347
P	I	NG	4	1176	0	0	0	1180	.0010	.3047	.0000	.0000	0.0000	.3057
M	A	N	0	43	372	336	0	751	0.0000	.0111	.0964	.0870	0.0000	.1946
M	UH	N	6	609	0	23	4325	4963	.0016	.1578	.0000	.0060	1.1205	1.2857
M	A	NG	0	315	6	0	0	321	0.0000	.0816	.0016	.0000	0.0000	.0832
M	UH	NG	0	202	86	173	0	461	.0000	.0523	.0223	.0448	0.0000	.1194
M	I	EH	35	267	277	2005	0	2584	.0091	.0692	.0718	.5194	0.0000	.6694
M	I	AU	2	113	47	106	0	268	.0005	.0293	.0122	.0275	0.0000	.0694
M	I	N	0	1958	91	0	0	2049	.0000	.5073	.0236	.0000	0.0000	.5308
M	I	NG	0	2509	0	387	0	2896	0.0000	.6500	.0000	.1003	0.0000	.7503
F	A	N	137	330	428	732	0	1627	.0355	.0855	.1109	.1896	0.0000	.4215
F	UH	N	1472	35	121	607	0	2235	.3813	.0091	.0313	.1573	0.0000	.5790
F	A	NG	1886	789	236	580	0	3491	.4886	.2044	.0611	.1503	0.0000	.9044
F	UH	NG	1210	63	0	135	0	1408	.3135	.0163	.0000	.0350	0.0000	.3648
D	A	N	483	0	42	1498	0	2023	.1251	0.0000	.0109	.3881	0.0000	.5241
D	UH	N	1037	0	173	78	0	1288	.2687	0.0000	.0448	.0202	0.0000	.3337
D	UH	NG	289	0	1234	51	0	1574	.0749	0.0000	.3197	.0132	0.0000	.4078
D	I	EH	302	169	1092	1329	0	2892	.0782	.0438	.2829	.3443	0.0000	.7492
D	I	AU	26	0	0	429	0	455	.0067	0.0000	.0000	.1111	0.0000	.1179
D	I	N	146	0	125	1441	0	1712	.0378	0.0000	.0324	.3733	0.0000	.4435
D	I	NG	2159	142	121	36	0	2458	.5593	.0368	.0313	.0093	0.0000	.6368
D	W	O	61	0	0	1880	0	1941	.0158	0.0000	.0000	.4870	0.0000	.5028
D	W	EI	190	0	148	342	0	680	.0492	0.0000	.0383	.0886	0.0000	.1762
D	W	A	3517	2233	1871	2063	0	9684	.9111	.5785	.4847	.5345	0.0000	2.5088
D	U	N	95	0	5	219	0	319	.0246	0.0000	.0013	.0567	0.0000	.0826
D	U	NG	1711	0	60	1604	0	3375	.4433	0.0000	.0155	.4155	0.0000	.8744
T	A	N	85	467	99	174	0	825	.0220	.1210	.0256	.0451	0.0000	.2137
T	A	NG	46	411	54	31	0	542	.0119	.1065	.0140	.0080	0.0000	.1404
T	UH	NG	0	102	0	0	0	102	.0000	.0264	.0000	.0000	0.0000	.0264
T	I	EH	3377	460	680	0	0	4517	.8749	.1192	.1762	0.0000	0.0000	1.1702

PHONEMES			FREQUENCY OF OCCURRENCE					SUM	PERCENTAGE OF FREQUENCY OF OCCURRENCE					SUM
			TONE 1	TONE 2	TONE 3	TONE 4	TONE 5		TONE 1	TONE 2	TONE 3	TONE 4	TONE 5	
T	I	AU	37	852	3	228	0	1120	.0096	.2207	.0008	.0591	0.0000	.2902
T	I	NG	825	515	73	0	0	1413	.2137	.1334	.0189	0.0000	0.0000	.3661
T	I	O	184	61	15	32	0	292	.0477	.0158	.0039	.0083	0.0000	.0756
T	W	EI	255	4	62	170	0	491	.0661	.0010	.0161	.0440	0.0000	.1272
T	W	A	1	308	0	0	0	309	.0003	.0798	0.0000	0.0000	0.0000	.0801
T	U	N	39	25	0	3	0	67	.0101	.0065	0.0000	.0008	0.0000	.0174
T	U	NG	802	2066	690	152	0	3710	.2078	.5352	.1788	.0394	0.0000	.9611
N	A	N	0	1969	4	67	0	2040	0.0000	.5101	.0010	.0174	0.0000	.5285
N	UH	N	0	0	0	61	0	61	0.0000	0.0000	0.0000	.0158	0.0000	.0158
N	A	NG	0	14	0	0	0	14	0.0000	.0036	0.0000	0.0000	0.0000	.0036
N	UH	NG	0	1710	0	0	0	1710	0.0000	.4430	0.0000	0.0000	0.0000	.4430
N	I	EH	9	2835	19	305	0	3168	.0023	.7345	.0049	.0790	0.0000	.8207
N	I	AU	0	0	255	14	0	269	0.0000	0.0000	.0661	.0036	0.0000	.0697
N	I	N	0	120	0	0	0	120	0.0000	.0311	0.0000	0.0000	0.0000	.0311
N	I	A	0	51	0	17	0	68	0.0000	.0132	0.0000	.0044	0.0000	.0176
N	I	NG	3248	1485	3394	3402	0	11529	.8414	.3847	.8793	.8813	0.0000	2.9868
N	I	O	0	234	0	4	0	238	0.0000	.0606	0.0000	.0010	0.0000	.0617
N	Y	A	0	70	0	69	0	139	0.0000	.0181	0.0000	.0179	0.0000	.0360
N	U	EH	0	0	93	0	0	93	0.0000	0.0000	.0241	0.0000	0.0000	.0241
N	Y	N	0	416	0	81	0	497	0.0000	.1078	0.0000	.0210	0.0000	.1288
N	A	NG	0	0	0	20	0	20	0.0000	0.0000	0.0000	.0052	0.0000	.0052
L	I	N	0	434	136	77	0	647	0.0000	.1124	.0352	.0199	0.0000	.1676
L	A	NG	0	151	43	88	0	282	0.0000	.0391	.0111	.0228	0.0000	.0731
L	UH	NG	0	8	208	4	0	220	0.0000	.0021	.0539	.0010	0.0000	.0570
L	I	EH	0	671	1408	775	0	2854	0.0000	.1738	.3648	.2008	0.0000	.7394
L	I	AU	0	1120	185	1126	0	2431	0.0000	.2902	.0479	.2917	0.0000	.6298
L	I	N	0	352	141	457	0	950	0.0000	.0912	.0365	.1184	0.0000	.2461
L	I	NG	0	1082	6	7	0	1095	0.0000	.2803	.0016	.0018	0.0000	.2837
L	W	O	0	416	430	446	0	1292	0.0000	.1078	.1114	.1155	0.0000	.3347
L	U	A	0	411	2	351	0	770	0.0000	.1065	.0005	.0909	0.0000	.1995
L	U	N	0	12	36	178	0	226	0.0000	.0031	.0093	.0461	0.0000	.0585
L	U	NG	0	585	0	483	0	1068	0.0000	.1516	0.0000	.1251	0.0000	.2767
L	Y	EH	0	456	38	6	0	500	0.0000	.1181	.0098	.0016	0.0000	.1295
L	Y	N	0	1	0	125	0	126	0.0000	.0003	0.0000	.0324	0.0000	.0326
Y	EH	N	413	4577	907	1021	0	6918	.1070	1.1857	.2350	.2645	0.0000	1.7922
L	Y	N	0	1	0	0	0	1	0.0000	.0003	0.0000	0.0000	0.0000	.0003
G	A	N	626	0	727	163	0	1516	.1622	0.0000	.1883	.0422	0.0000	.3927
G	UH	NG	1016	0	0	0	0	1016	.2632	0.0000	0.0000	0.0000	0.0000	.2632
G	A	NG	414	0	349	19	0	782	.1073	0.0000	.0904	.0049	0.0000	.2026
G	UH	NG	139	0	5	486	0	630	.0360	0.0000	.0013	.1259	0.0000	.1632
G	W	A	2333	0	1171	410	0	3914	.6044	0.0000	.3034	.1062	0.0000	1.0140
G	W	O	80	6707	955	1791	0	9533	.0207	1.7376	.2474	.4640	0.0000	2.4697
G	W	AI	16	0	9	169	0	194	.0041	0.0000	.0023	.0438	0.0000	.0503
G	W	EI	440	0	108	325	0	873	.1140	0.0000	.0280	.0842	0.0000	.2262
G	U	N	0	0	59	19	0	78	0.0000	0.0000	.0153	.0049	0.0000	.0202
G	U	NG	1558	1762	1079	1190	0	5589	.4036	.4565	.2795	.3083	0.0000	1.4479
W	A	N	3804	0	24	986	0	4814	.9855	0.0000	.0062	.2554	0.0000	1.2471
G	UH	N	93	0	55	1976	0	2124	.0241	0.0000	.0142	.5119	0.0000	.5503
K	A	NG	251	2	174	273	0	174	.0650	.0005	.0451	.0707	0.0000	.0451
K	UH	N	0	0	0	0	0	526	0.0000	0.0000	0.0000	0.0000	0.0000	.1363
K	UH	NG	33	0	0	0	0	33	.0085	0.0000	0.0000	0.0000	0.0000	.0085

PHONEMES			FREQUENCY OF OCCURRENCE						PERCENTAGE OF FREQUENCY OF OCCURRENCE					
		TONE 1	TONE 2	TONE 3	TONE 4	TONE 5	SUM		TONE 1	TONE 2	TONE 3	TONE 4	TONE 5	SUM
K	W A	69	33	84	264	0	450		.0179	.0085	.0218	.0684	0.0000	.1166
K	W O	0	0	0	204	0	204		0.0000	0.0000	0.0000	.0528	0.0000	.0528
K	W AI	0	0	0	986	0	986		0.0000	0.0000	0.0000	.2554	0.0000	.2554
K	W EI	34	52	8	44	0	138		.0088	.0135	.0021	.0114	0.0000	.0358
K	W EN	82	0	19	99	0	200		.0212	0.0000	.0049	.0256	0.0000	.0518
K	U NG	826	0	220	82	0	1128		.2140	0.0000	.0570	.0212	0.0000	.2922
H	U A	4	397	127	3999	0	4527		.0010	.1028	.0329	1.0360	0.0000	1.1728
H	U N	0	15	2124	94	0	2233		0.0000	.0039	.5503	.0244	0.0000	.5785
H	UH NG	19	388	0	0	0	388		0.0000	.1005	0.0000	0.0000	0.0000	.1005
H	A NG	0	241	0	14	0	274		.0049	.0624	0.0000	.0036	0.0000	.0710
H	UH NG	1184	2209	63	2267	1	5723		.3067	.5723	.0163	.5873	.0003	1.4826
H	W A	0	802	756	1079	0	2638		0.0000	.2078	.1959	.2795	0.0000	.6834
H	W O	0	156	0	200	0	356		0.0000	.0404	0.0000	.0518	0.0000	.0922
H	W AI	369	1002	183	3246	0	4800		.0956	.2596	.0474	.8409	0.0000	1.2435
H	W EI	81	53	38	27	0	199		.0210	.0137	.0098	.0070	0.0000	.0516
H	U N	54	486	2	1	0	543		.0140	.1259	.0005	.0003	0.0000	.1407
H	U NG	6129	47	1153	645	0	7974		1.5878	.0122	.2987	.1671	0.0000	2.0658
J	I A	1915	1150	1252	3645	0	7962		.4961	.2979	.3244	.9443	0.0000	2.0627
J	I EH	856	15	504	3076	0	4451		.2218	.0039	.1306	.7969	0.0000	1.1531
J	I AU	1757	368	0	1907	0	4032		.4552	.0953	0.0000	.4940	0.0000	1.0446
J	I N	2330	0	362	1113	0	3805		.6036	0.0000	.0938	.2883	0.0000	.9857
J	I NG	107	980	29	68	0	1184		.0277	.2539	.0075	.0176	0.0000	.3067
J	I EH	1198	0	0	180	0	1378		.3104	0.0000	0.0000	.0466	0.0000	.3570
J	Y N	0	0	11	0	0	11		0.0000	0.0000	.0028	0.0000	0.0000	.0028
J	Y NG	278	358	451	2698	0	3785		.0720	.0927	.1168	.6990	0.0000	.9806
Y	U U	146	557	75	38	0	816		.0378	.1443	.0194	.0098	0.0000	.2114
Q	I A	865	1501	466	281	0	3113		.2241	.3889	.1207	.0728	0.0000	.8065
Q	I EH	50	334	100	15	0	499		.0130	.0865	.0259	.0039	0.0000	.1293
Q	I AU	804	303	8	1	0	1116		.2083	.0785	.0021	.0003	0.0000	.2891
Q	I N	1271	784	540	186	0	2781		.3293	.2031	.1399	.0482	0.0000	.7205
Q	I NG	145	1405	14	617	0	2181		.0376	.3640	.0036	.1598	0.0000	.5650
Q	Y N	0	233	0	0	0	233		0.0000	.0604	0.0000	0.0000	0.0000	.0604
Q	Y U	2	73	0	0	0	75		.0005	.0189	0.0000	0.0000	0.0000	.0194
X	I A	1118	434	1128	4928	0	7608		.2896	.1124	.2922	1.2767	0.0000	1.9710
X	I EH	2056	509	1400	2693	0	6658		.5326	.1319	.3627	.6977	0.0000	1.7249
X	I AU	484	2	0	2455	0	5482		.1254	.0005	.6583	.6360	0.0000	1.4202
X	I N	2391	0	2541	451	0	2842		.6194	0.0000	0.0000	.1168	0.0000	.7363
X	I NG	1083	2446	84	859	0	4472		.2806	.6337	.0218	.2225	0.0000	1.1585
X	Y EH	220	3448	558	90	0	4316		.0570	.8933	.1446	.0233	0.0000	1.1181
X	Y N	30	169	0	516	0	715		.0078	.0438	0.0000	.1337	0.0000	.1852
X	Y U	245	285	0	0	0	530		.0635	.0738	0.0000	0.0000	0.0000	.1373
ZH	A N	45	0	293	1188	0	1526		.0117	0.0000	.0759	.3078	0.0000	.3953
ZH	UH N	1013	0	38	460	0	1511		.2624	0.0000	.0098	.1192	0.0000	.3914
ZH	A NG	772	0	1180	184	0	2136		.2000	0.0000	.3057	.0477	0.0000	.5534
ZH	UH NG	571	0	268	2261	0	3100		.1479	0.0000	.0694	.5857	0.0000	.8031
ZH	W A	785	0	310	311	0	1406		.2034	0.0000	.0803	.0806	0.0000	.3642
ZH	W O	238	107	0	.	0	345		.0617	.0277	0.0000	0.0000	0.0000	.0894
ZH	W AI	1	0	0	0	0	1		.0003	0.0000	0.0000	0.0000	0.0000	.0003
ZH	W EI	107	0	0	14	0	121		.0277	0.0000	0.0000	.0036	0.0000	.0313
ZH	U N	0	0	303	0	0	303		0.0000	0.0000	.0785	0.0000	0.0000	.0785
ZH	U NG	4406	0	1512	1239	0	7157		1.1414	0.0000	.3917	.3210	0.0000	1.8541

PHONEMES			FREQUENCY OF OCCURRENCE					SUM	PERCENTAGE OF FREQUENCY OF OCCURRENCE					SUM
			TONE 1	TONE 2	TONE 3	TONE 4	TONE 5		TONE 1	TONE 2	TONE 3	TONE 4	TONE 5	
CH	A	N	2	33	616	12	0	663	.0005	.0085	.1596	.0031	0.0000	.1718
CH	UH	N	5	644	28	0	0	677	.0013	.1668	.0073	0.0000	0.0000	.1754
CH	A	NG	129	2327	134	426	0	3016	.0334	.6028	.0347	.1104	0.0000	.7813
CH	UH	NG	372	3214	8	43	0	3637	.0964	.8326	.0021	.0111	0.0000	.9422
CH	W	O	7	0	0	5	0	12	.0018	0.0000	0.0000	.0013	0.0000	.0031
CH	W	EI	121	71	0	0	0	192	.0313	.0184	0.0000	0.0000	0.0000	.0497
CH	W	A	542	845	16	167	0	1570	.1404	.2189	.0041	.0433	0.0000	.4067
CH	U	N	317	43	4	0	0	364	.0821	.0111	.0010	0.0000	0.0000	.0943
CH	U	NG	342	462	5	0	0	809	.0886	.1197	.0013	0.0000	0.0000	.2096
SH	A	N	1378	0	134	243	0	1755	.3570	0.0000	.0347	.0630	0.0000	.4547
SH	UH	N	1104	361	179	123	0	1767	.2860	.0935	.0464	.0319	0.0000	.4578
SH	A	NG	549	0	71	4290	59	4969	.1422	0.0000	.0184	1.1114	.0153	1.2873
SH	UH	NG	3965	47	805	552	0	5369	1.0272	.0122	.2085	.1430	0.0000	1.3909
SH	W	A	276	0	42	13	0	331	.0715	0.0000	.0109	.0034	0.0000	.0858
SH	W	O	2727	0	2	26	0	2753	.7065	0.0000	.0005	.0067	0.0000	.7132
SH	W	AI	36	0	0	75	0	113	.0093	0.0000	0.0000	.0194	0.0000	.0293
SH	W	EI	0	4	1681	302	0	1987	0.0000	.0010	.4355	.0782	0.0000	.5148
SH	U	N	0	0	0	180	0	180	0.0000	0.0000	0.0000	.0466	0.0000	.0466
R	A	N	0	1323	142	0	0	1465	0.0000	.3427	.0368	0.0000	0.0000	.3795
R	UH	N	0	5694	87	942	0	6723	0.0000	1.4751	.0225	.2440	0.0000	1.7417
R	A	NG	0	1	90	247	0	338	0.0000	.0003	.0233	.0640	0.0000	.0876
R	UH	NG	44	176	0	0	0	220	.0114	.0456	0.0000	0.0000	0.0000	.0570
R	W	O	0	0	0	231	0	231	0.0000	0.0000	0.0000	.0598	0.0000	.0598
R	W	EI	0	0	8	91	0	99	0.0000	0.0000	.0021	.0236	0.0000	.0256
R	W	A	0	0	74	0	0	74	0.0000	0.0000	.0192	0.0000	0.0000	.0192
R	U	N	0	0	0	24	0	24	0.0000	0.0000	0.0000	.0062	0.0000	.0062
R	A	NG	0	680	0	0	0	680	0.0000	.1762	0.0000	0.0000	0.0000	.1762
Z	Z	N	1	23	0	98	0	122	.0003	.0060	0.0000	.0254	0.0000	.0316
Z	UH	NG	0	0	889	0	0	889	0.0000	0.0000	.2303	0.0000	0.0000	.2303
Z	A	NG	66	0	0	184	0	250	.0171	0.0000	0.0000	.0477	0.0000	.0648
Z	W	O	256	0	0	54	0	310	.0663	0.0000	0.0000	.0140	0.0000	.0803
Z	W	EI	1	241	274	3966	0	4482	.0003	.0624	.0710	1.0275	0.0000	1.1611
Z	UH	A	0	0	159	1397	0	1556	0.0000	0.0000	.0412	.3619	0.0000	.4031
Z	W	N	17	0	15	24	0	56	.0044	0.0000	.0039	.0062	0.0000	.0145
Z	A	N	100	0	0	3	0	103	.0259	0.0000	0.0000	.0008	0.0000	.0267
Z	U	NG	269	0	815	63	0	1147	.0697	0.0000	.2111	.0163	0.0000	.2971
Z	A	NG	549	231	47	19	0	846	.1422	.0598	.0122	.0049	0.0000	.2192
C	UH	N	1	0	0	0	0	1	.0003	0.0000	0.0000	0.0000	0.0000	.0003
C	A	NG	91	101	0	0	0	192	.0236	.0262	0.0000	0.0000	0.0000	.0497
C	UH	NG	0	365	0	0	0	365	0.0000	.0946	0.0000	0.0000	0.0000	.0946
C	W	O	20	0	0	243	0	263	.0052	0.0000	0.0000	.0630	0.0000	.0681
C	W	EI	22	0	0	84	0	106	.0057	0.0000	0.0000	.0218	0.0000	.0275
C	W	A	0	0	0	19	0	19	0.0000	0.0000	0.0000	.0049	0.0000	.0049
C	U	N	224	103	0	57	0	384	.0580	.0267	0.0000	.0148	0.0000	.0995
S	U	NG	109	1151	0	0	0	1260	.0282	.2982	0.0000	0.0000	0.0000	.3264
S	A	N	4007	0	31	96	0	4134	1.0381	0.0000	.0080	.0249	0.0000	1.0710
S	UH	N	121	0	0	0	0	121	.0313	0.0000	0.0000	0.0000	0.0000	.0313
S	A	NG	55	0	8	20	0	83	.0142	0.0000	.0021	.0052	0.0000	.0215
S	UH	NG	11	0	0	0	0	11	.0028	0.0000	0.0000	0.0000	0.0000	.0028
S	W	O	82	0	1663	0	0	1745	.0212	0.0000	.4308	0.0000	0.0000	.4521
S	W	EI	376	241	1	290	0	908	.0974	.0624	.0003	.0751	0.0000	.2352

PHONEMES	FREQUENCY OF OCCURRENCE						PERCENTAGE OF FREQUENCY OF OCCURRENCE					
	TONE 1	TONE 2	TONE 3	TONE 4	TONE 5	SUM	TONE 1	TONE 2	TONE 3	TONE 4	TONE 5	SUM
S W A	82	0	0	359	0	441	.0212	0.0000	0.0000	.0930	0.0000	.1142
S U N	127	0	83	0	0	210	.0329	0.0000	.0215	0.0000	0.0000	.0544
S U NG	197	0	13	511	0	721	.0510	0.0000	.0034	.1324	0.0000	.1868
IJ EH N	158	1395	692	392	0	2637	.0409	.3614	.1793	.1016	0.0000	.6832
IJ I N	1745	149	245	517	0	2656	.4521	.0386	.0635	.1339	0.0000	.6881
IJ A NG	277	1265	555	1726	0	3823	.0718	.3277	.1438	.4471	0.0000	.9904
IJ I NG	1240	462	341	380	0	2423	.3212	.1197	.0883	.0984	0.0000	.6277
W UH N	301	1220	44	1030	0	2595	.0780	.3161	.0114	.2668	0.0000	.6723
W UH NG	74	0	1	0	0	75	.0192	0.0000	.0003	0.0000	0.0000	.0194
YJ Y EH	520	3036	461	2993	0	7010	.1347	.7865	.1194	.7754	0.0000	1.8161
YJ Y N	12	324	27	628	0	991	.0031	.0839	.0070	.1627	0.0000	.2567
YJ Y U	31	0	440	2698	0	3169	.0080	0.0000	.1140	.6990	0.0000	.8210
SUM	104819	99439	55737	121621	4385	386001	27.1551	25.7613	14.4396	31.5079	1.1360	100.0000
AVERAGE	499.1	473.5	265.4	579.1	20.9	1838.100	.1293	.1227	.0688	.1500	.0054	.4762
STANDARD DEVIATION	1026.7	1000.5	514.8	1184.0	297.7	2744.526	.2660	.2592	.1334	.3067	.0771	.7110

TABLE 3.8 FREQUENCY AND PERCENT FREQUENCY DISTRIBUTION OF TETRAPHONES

PHONEMES				FREQUENCY OF OCCURRENCE						PERCENTAGE OF FREQUENCY OF OCCURRENCE					
				TONE 1	TONE 2	TONE 3	TONE 4	TONE 5	SUM	TONE 1	TONE 2	TONE 3	TONE 4	TONE 5	SUM
B	I	EH	N	1027	0	22	2016	0	3065	1.6851	0.0000	.0361	3.3078	0.0000	5.0290
P	I	EH	N	181	23	0	396	0	600	.2970	.0377	0.0000	.6497	0.0000	.9845
M	I	EH	N	0	267	277	1865	0	2409	0.0000	.4381	.4545	3.0600	0.0000	3.9526
D	I	EH	N	23	0	1092	1329	0	2444	.0377	0.0000	1.7917	2.1806	0.0000	4.0100
D	I	W	A	190	0	148	342	0	680	.3117	0.0000	.2428	.5611	0.0000	1.1157
T	I	EH	N	3303	460	5	0	0	3768	5.4195	.7548	.0082	0.0000	0.0000	6.1824
T	I	A	N	1	308	0	0	0	309	.0016	.5054	0.0000	0.0000	0.0000	.5070
N	I	EH	N	2	2835	19	288	0	3144	.0033	4.6516	.0312	.4725	0.0000	5.1586
N	I	A	NG	0	51	0	17	0	68	0.0000	.0837	0.0000	.0279	0.0000	.1116
N	I	W	A	0	0	93	0	0	93	0.0000	0.0000	.1526	0.0000	0.0000	.1526
L	I	EH	N	0	1120	185	516	0	1821	0.0000	1.8377	.3035	.8466	0.0000	2.9878
L	I	A	NG	0	671	1388	775	0	2834	0.0000	1.1010	2.2774	1.2716	0.0000	4.6499
L	I	W	A	0	12	36	178	0	226	0.0000	.0197	.0591	.2921	0.0000	.3708
L	Y	EH	N	0	1	0	0	0	1	0.0000	.0016	0.0000	0.0000	0.0000	.0016
G	W	A	N	1440	0	583	273	0	2296	2.3627	0.0000	.9566	.4479	0.0000	3.7672
G	W	A	NG	756	0	576	10	0	1342	1.2404	0.0000	.9451	.0164	0.0000	2.2019
K	W	A	N	49	0	81	0	0	130	.0804	0.0000	.1329	0.0000	0.0000	.2133
K	W	A	NG	6	33	0	240	0	279	.0098	.0541	0.0000	.3938	0.0000	.4578
H	W	A	N	391	241	39	214	0	885	.6415	.3954	.0640	.3511	0.0000	1.4521
H	W	A	NG	103	878	24	3	0	1008	.1690	1.4406	.0394	.0049	0.0000	1.6539
J	I	EH	N	1028	0	581	2659	0	4268	1.6867	0.0000	.9533	4.3628	0.0000	7.0028
J	I	A	NG	2021	0	804	231	0	3056	3.3160	0.0000	1.3192	.3790	0.0000	5.0142
J	Y	EH	N	105	0	29	68	0	202	.1723	0.0000	.0476	.1116	0.0000	.3314
J	Y	U	N	0	0	11	0	0	11	0.0000	0.0000	.0180	0.0000	0.0000	.0180
Q	I	EH	N	829	1478	73	34	0	2414	1.3602	2.4251	.1198	.0558	0.0000	3.9608
Q	I	A	NG	146	557	74	1	0	778	.2396	.9139	.1214	.0016	0.0000	1.2765
Q	Y	EH	N	65	1405	14	70	0	1554	.1067	2.3053	.0230	.1149	0.0000	2.5498
Q	Y	U	N	2	73	0	0	0	75	.0033	.1198	0.0000	0.0000	0.0000	.1231
X	I	EH	N	946	187	290	2417	0	3840	1.5522	.3068	.4758	3.9657	0.0000	6.3006
X	I	A	NG	1081	206	1128	2378	0	4793	1.7737	.3380	1.8508	3.9018	0.0000	7.8642
X	Y	EH	N	202	135	403	9	0	749	.3314	.2215	.6612	.0148	0.0000	1.2289
X	Y	U	N	245	285	0	0	0	530	.4020	.4676	0.0000	0.0000	0.0000	.8696
ZH	I	A	N	332	0	305	77	0	714	.5447	0.0000	.5004	.1263	0.0000	1.1715
ZH	I	A	NG	372	0	1	234	0	607	.6104	0.0000	.0016	.3839	0.0000	.9959
CH	I	A	N	417	734	9	24	0	1184	.6842	1.2043	.0148	.0394	0.0000	1.9427
CH	I	A	NG	125	111	7	143	0	386	.2051	.1821	.0115	.2346	0.0000	.6333
SH	I	A	N	3	0	0	13	0	16	.0049	0.0000	0.0000	.0213	0.0000	.0263
SH	W	A	N	171	0	26	0	0	197	.2806	0.0000	.0427	0.0000	0.0000	.3232
R	W	A	N	0	0	74	0	0	74	0.0000	0.0000	.1214	0.0000	0.0000	.1214
Z	W	A	N	17	0	15	24	0	56	.0279	0.0000	.0246	.0394	0.0000	.0919
C	W	A	N	0	0	0	19	0	19	0.0000	0.0000	0.0000	.0312	0.0000	.0312
S	W	A	N	82	0	0	359	0	441	.1345	0.0000	0.0000	.5890	0.0000	.7236
YJ	Y	EH	N	41	3036	461	874	0	4412	.0673	4.9814	.7564	1.4340	0.0000	7.2391
YJ	Y	U	NG	31	0	440	2698	0	3169	.0509	0.0000	.7219	4.4268	0.0000	5.1996
SUM				15733	15107	9313	20794	0	60947	25.8142	24.7871	15.2805	34.1182	0.0000	100.0000
AVERAGE				357.6	343.3	211.7	472.6	0.0	1385.159	.5867	.5633	.3473	.7754	0.0000	2.2727
STANDARD DEVIATION				634.7	677.3	336.8	794.9	0.0	1424.763	1.0414	1.1113	.5527	1.3042	0.0000	2.3377

Table 5.7 Rank Order of the 20 Most Frequent Phonemic Diphones and Triphones

Rank	Diphones			Triphones			
	Diphone		Frequency	% Frequency	Triphone			Frequency	% Frequency
1	A	NG	40416	3.58	I	EH	N	27773	7.20
2	A	N	40233	3.56	I	A	NG	11529	2.99
3	I	EH	37641	3.33	W	A	N	9684	2.51
4	EH	N	37328	3.30	G	W	O	9533	2.47
5	J	I	37098	3.28	J	I	A	7974	2.07
6	W	O	33523	2.97	J	I	EH	7962	2.06
7	X	I	32476	2.88	X	I	A	7608	1.97
8	D	UH	31653	2.80	ZH	U	NG	7157	1.85
9	U	NG	30126	2.67	YJ	Y	EH	7010	1.82
10	SH	I	28794	2.55	Y	EH	N	6918	1.79
11	IJ	I	28785	2.55	R	UH	N	6723	1.74
12	UH	N	27045	2.39	X	I	EH	6658	1.72
13	I	NG	24178	2.14	H	W	A	5723	1.48
14	UH	NG	20135	1.78	W	A	NG	5589	1.45
15	W	A	19865	1.76	X	I	AU	5482	1.42
16	W	EI	19425	1.72	SH	UH	NG	5369	1.39
17	I	A	19320	1.71	SH	A	NG	4969	1.29
18	L	I	17096	1.51	M	UH	N	4963	1.29
19	YJ	Y	16392	1.45	G	U	NG	4814	1.25
20	Q	I	15740	1.39	H	W	EI	4800	1.24
Total			557269	49.32				158238	41.00

Table 5.8 Rank Order of the 20 Most Frequent Phonemic Tetraphones

Rank	Tetraphone	Frequency	% Frequency
1	X I A NG	4793	7.86
2	YJ Y EH N	4412	7.24
3	J I EH N	4268	7.00
4	X I EH N	3840	6.30
5	T I EH N	3768	6.18
6	YJ Y U NG	3169	5.20
7	N I EH N	3144	5.16
8	B I EH N	3065	5.03
9	J I A NG	3056	5.01
10	L I A NG	2834	4.65
11	D I EH N	2444	4.01
12	Q I EH N	2414	3.96
13	M I EH N	2409	3.95
14	G W A N	2296	3.77
15	L I EH N	1821	2.99
16	Q Y EH N	1554	2.55
17	G W A NG	1342	2.20
18	CH W A N	1184	1.94
19	H W A NG	1008	1.65
20	H W A N	885	1.45
Total		53706	88.10

TABLE 5.9 FREQUENCY AND PERCENT FREQUENCY DISTRIBUTION OF SYLLABLES

PHONEMES			FREQUENCY OF OCCURRENCE						PERCENTAGE OF FREQUENCY OF OCCURRENCE					
			TONE 1	TONE 2	TONE 3	TONE 4	TONE 5	SUM	TONE 1	TONE 2	TONE 3	TONE 4	TONE 5	SUM
B	A		2216	47	1692	756	0	4711	.2939	.0062	.2244	.1003	0.0000	.6248
B	O		375	632	3	224	0	1234	.0497	.0838	.0004	.0297	0.0000	.1637
B	AI		0	662	979	257	0	1898	0.0000	.0878	.1299	.0341	0.0000	.2517
B	EI		203	0	1696	1429	0	3328	.0269	0.0000	.2250	.1895	0.0000	.4414
B	AU		417	26	719	1237	0	2399	.0553	.0034	.0954	.1641	0.0000	.3182
B	A	N	761	0	443	996	0	2200	.1009	0.0000	.0588	.1321	0.0000	.2918
B	UH	N	39	0	1803	37	0	1879	.0052	0.0000	.2391	.0049	0.0000	.2492
B	A	NG	283	0	89	186	0	558	.0375	0.0000	.0118	.0247	0.0000	.0740
B	UH	NG	22	1	0	15	0	38	.0029	.0001	0.0000	.0020	0.0000	.0050
B	I		35	61	1219	955	0	2270	.0046	.0081	.1617	.1267	0.0000	.3011
B	I	EH	0	644	0	1	0	645	0.0000	.0854	0.0000	.0001	0.0000	.0856
B	I	AU	168	0	912	2	0	1082	.0223	0.0000	.1210	.0003	0.0000	.1435
B	I	EH	1027	0	22	2016	0	3065	.1362	0.0000	.0029	.2674	0.0000	.4065
B	I	N	198	0	0	8	0	206	.0263	0.0000	0.0000	.0011	0.0000	.0273
B	I	NG	470	0	111	1385	0	1966	.0623	0.0000	.0147	.1837	0.0000	.2608
B	U		0	0	295	9389	0	9684	.0008	0.0000	.0391	1.2453	0.0000	1.2845
P	A		6	130	0	243	0	379	.0008	.0172	0.0000	.0322	0.0000	.0503
P	AI		108	115	19	309	0	551	.0143	.0153	.0025	.0410	0.0000	.0731
P	O		124	260	0	211	0	595	.0164	.0345	0.0000	.0280	0.0000	.0789
P	EI		10	134	0	184	0	328	.0013	.0178	0.0000	.0244	0.0000	.0435
P	AU		13	11	340	136	0	500	.0017	.0015	.0451	.0180	0.0000	.0663
P	OU		0	0	12	0	0	12	0.0000	0.0000	.0016	0.0000	0.0000	.0016
P	A	N	33	121	0	155	0	309	.0044	.0160	0.0000	.0206	0.0000	.0410
P	UH	N	48	83	0	8	0	139	.0064	.0110	0.0000	.0011	0.0000	.0184
P	A	NG	9	197	0	37	0	243	.0012	.0261	0.0000	.0049	0.0000	.0322
P	UH	NG	19	489	10	80	0	598	.0025	.0649	.0013	.0106	0.0000	.0793
P	I		157	420	23	63	0	663	.0208	.0557	.0031	.0084	0.0000	.0879
P	I	EH	6	0	0	0	0	6	.0008	0.0000	0.0000	0.0000	0.0000	.0008
P	I	AU	73	2	37	363	0	475	.0097	.0003	.0049	.0481	0.0000	.0630
P	I	EH	181	23	0	396	0	600	.0240	.0031	0.0000	.0525	0.0000	.0796
P	I	N	47	59	401	13	0	520	.0062	.0078	.0532	.0017	0.0000	.0690
P	I	NG	4	1176	0	0	0	1180	.0005	.1560	0.0000	0.0000	0.0000	.1565
P	U		75	103	247	45	0	470	.0099	.0137	.0328	.0060	0.0000	.0623
P	U	A	1043	198	711	86	326	2364	.1383	.0263	.0943	.0114	.0432	.3136
M	A		78	312	17	515	0	922	.0103	.0414	.0023	.0683	0.0000	.1223
M	O		1998	0	0	0	0	1998	.2650	0.0000	0.0000	0.0000	0.0000	.2650
M	UH		0	43	288	337	0	668	0.0000	.0057	.0382	.0447	0.0000	.0886
M	AI		0	1640	2482	343	0	4465	0.0000	.2175	.3292	.0455	0.0000	.5922
M	EI		0	298	0	210	0	598	.0119	.0395	0.0000	.0279	0.0000	.0793
M	AU		90	77	49	0	0	126	0.0000	.0102	.0065	0.0000	0.0000	.0167
M	OU		0	43	372	336	0	751	0.0000	.0057	.0493	.0446	0.0000	.0996
M	A	N	0	609	0	23	4325	4963	.0008	.0808	0.0000	.0031	.5737	.6583
M	UH	N	6	315	0	0	0	321	0.0000	.0418	.0008	0.0000	0.0000	.0426
M	A	NG	0	202	86	173	0	461	0.0000	.0268	.0114	.0229	0.0000	.0611
M	UH	NG	16	74	286	468	0	844	.0021	.0098	.0379	.0621	0.0000	.1119
M	I		35	0	0	140	0	175	.0046	0.0000	0.0000	.0186	0.0000	.0232
M	I	EH												

PHONEMES			FREQUENCY OF OCCURRENCE					SUM	PERCENTAGE OF FREQUENCY OF OCCURRENCE					SUM
			TONE 1	TONE 2	TONE 3	TONE 4	TONE 5		TONE 1	TONE 2	TONE 3	TONE 4	TONE 5	
M	I	AU	2	113	47	106	0	268	.0003	.0150	.0062	.0141	0.0000	.0355
M	I	EH	0	267	277	1865	0	2409	0.0000	.0354	.0367	.2474	0.0000	.3195
M	I	N	0	1958	91	0	0	2049	0.0000	.2597	.0121	0.0000	0.0000	.2718
M	I	NG	0	2509	0	387	0	2896	0.0000	.3328	0.0000	.0513	0.0000	.3841
M	U		0	10	659	1176	0	1845	0.0000	.0013	.0874	.1560	0.0000	.2447
F	A		1743	100	1566	238	0	3647	.2312	.0133	.2077	.0316	0.0000	.4837
F	O		0	93	0	0	0	93	0.0000	.0123	0.0000	0.0000	0.0000	.0123
F	EI		1294	0	227	690	0	2382	.1716	0.0000	.0301	.0915	0.0000	.3159
F	OU		0	0	103	0	0	103	0.0000	0.0000	.0137	0.0000	0.0000	.0137
F	A	N	137	330	428	732	0	1627	.0182	.0438	.0568	.0971	0.0000	.2158
F	UH	N	1472	35	121	607	0	2235	.1952	.0046	.0160	.0805	0.0000	.2964
F	A	NG	1886	789	236	580	0	3491	.2502	.1047	.0313	.0769	0.0000	.4630
F	UH	NG	1210	63	0	135	0	1408	.1605	.0084	0.0000	.0179	0.0000	.1868
F	U		428	1147	752	2073	0	4400	.0568	.1521	.0997	.2750	0.0000	.5836
D	A		79	878	656	4810	0	6423	.0105	.1165	.0870	.6380	0.0000	.8519
D	UH		0	1642	0	0	28437	30079	0.0000	.2178	0.0000	0.0000	3.7718	3.9896
D	AI		48	0	31	1570	0	1649	.0064	0.0000	.0041	.2082	0.0000	.2187
D	EI		0	0	90	0	0	90	0.0000	0.0000	.0119	0.0000	0.0000	.0119
D	AU		111	0	603	5571	0	6285	.0147	0.0000	.0800	.7389	0.0000	.8336
D	OU		2383	0	71	236	0	2690	.3161	0.0000	.0094	.0313	0.0000	.3568
D	A	N	483	0	42	1498	0	2023	.0641	0.0000	.0056	.1987	0.0000	.2683
D	A	NG	1037	0	173	78	0	1288	.1375	0.0000	.0229	.0103	0.0000	.1708
D	UH	NG	289	0	1234	51	0	1574	.0383	0.0000	.1637	.0068	0.0000	.2088
D	I		221	324	332	6371	0	7248	.0293	.0430	.0440	.8450	0.0000	.9613
D	I	EH	279	169	0	0	0	448	.0370	.0224	0.0000	0.0000	0.0000	.0594
D	I	AU	26	0	0	429	0	455	.0034	0.0000	0.0000	.0569	0.0000	.0603
D	I	IU	49	0	0	0	0	49	.0065	0.0000	0.0000	0.0000	0.0000	.0065
D	I	EH	23	0	1092	1329	0	2444	.0031	0.0000	.1448	.1763	0.0000	.3242
D	I	NG	146	0	125	1441	0	1712	.0194	0.0000	.0166	.1911	0.0000	.2271
D	U		394	725	47	1019	0	2185	.0523	.0962	.0062	.1352	0.0000	.2898
D	W	O	2159	142	121	36	0	2458	.2864	.0188	.0160	.0048	0.0000	.3260
D	W	EI	61	0	0	1880	0	1941	.0081	0.0000	0.0000	.2494	0.0000	.2574
D	U	A	190	0	148	342	0	680	.0252	0.0000	.0196	.0454	0.0000	.0902
D	U		95	0	5	219	0	319	.0126	0.0000	.0007	.0290	0.0000	.0423
D	U	NG	1711	0	60	1604	0	3375	.2269	0.0000	.0080	.2127	0.0000	.4476
D	U		6477	0	84	86	0	6647	.8591	0.0000	.0111	.0114	0.0000	.8816
T	UH		0	0	0	499	0	499	0.0000	0.0000	0.0000	.0662	0.0000	.0662
T	AI		15	1236	0	1272	0	2523	.0020	.1639	0.0000	.1687	0.0000	.3346
T	AU		27	340	433	79	34	913	.0036	.0451	.0574	.0105	.0045	.1211
T	OU		123	1186	0	86	0	1395	.0163	.1573	0.0000	.0114	0.0000	.1850
T	A	N	85	467	99	174	0	825	.0113	.0619	.0131	.0231	0.0000	.1094
T	A	NG	46	411	54	31	0	542	.0061	.0545	.0072	.0041	0.0000	.0719
T	I		0	102	0	0	0	102	0.0000	.0135	0.0000	0.0000	0.0000	.0135
T	I	EH	71	1252	923	208	0	2454	.0094	.1661	.1224	.0276	0.0000	.3255
T	I	AU	74	852	675	0	0	749	.0098	0.0000	.0895	0.0000	0.0000	.0993
T	I	EH	37	460	3	228	0	1120	.0049	.0000	.0004	.0302	0.0000	.1486
T	I	NG	3303	515	5	0	0	3768	.4381	.0610	.0007	0.0000	0.0000	.4998
T	U		825	1963	73	0	0	1413	.1094	.0683	.0097	0.0000	0.0000	.1874
T	U		8	0	440	0	0	2460	.0011	.2604	.0584	0.0000	0.0000	.3263
T	U		184	61	15	49	0	292	.0244	.0081	.0020	.0065	0.0000	.0387
T	W	EI	255	4	62	32	0	491	.0338	.0005	.0082	.0042	0.0000	.0651
T	W	A	1	308	0	170	0	309	.0001	.0409	0.0000	.0225	0.0000	.0410

PHONEMES	FREQUENCY OF OCCURRENCE					SUM	PERCENTAGE OF FREQUENCY OF OCCURRENCE					SUM
	TONE 1	TONE 2	TONE 3	TONE 4	TONE 5		TONE 1	TONE 2	TONE 3	TONE 4	TONE 5	
T U N	39	25	0	3	0	67	.0052	.0033	0.0000	.0004	0.0000	.0089
T U NG	802	2066	690	152	0	3710	.1064	.2740	.0915	.0202	0.0000	.4921
N N A	1	444	688	1849	27	3009	.0001	.0589	.0913	.2452	.0036	.3991
N N UH	0	0	0	29	599	628	0.0000	0.0000	0.0000	.0038	.0794	.0833
N N AI	0	0	187	78	0	265	0.0000	0.0000	.0248	.0103	0.0000	.0351
N N EI	0	0	2	702	0	704	0.0000	0.0000	.0003	.0931	0.0000	.0934
N N AU	0	15	156	98	0	269	0.0000	.0020	.0207	.0130	0.0000	.0357
N A N	0	1969	4	67	0	2040	0.0000	.2612	.0005	.0089	0.0000	.2706
N A UH	0	14	0	0	0	14	0.0000	.0019	0.0000	0.0000	0.0000	.0019
N UH N	0	1710	0	0	0	1710	0.0000	.2268	0.0000	0.0000	0.0000	.2268
N UH NG	0	409	2018	20	0	2447	0.0000	.0542	.2677	.0027	0.0000	.3246
N I EH	7	0	0	17	0	24	.0009	0.0000	0.0000	.0023	0.0000	.0032
N I AU	0	270	255	14	0	269	0.0000	.0358	.0338	.0019	0.0000	.0357
N I EH	0	2835	108	1	0	3144	0.0000	.3760	.0143	.0001	0.0000	.4170
N I N	2	120	19	288	0	120	.0003	.0159	.0025	.0382	0.0000	.0159
N I NG	0	51	0	0	0	68	0.0000	.0068	0.0000	0.0000	0.0000	.0090
N I A	0	234	0	17	0	238	0.0000	.0310	0.0000	.0023	0.0000	.0316
N I NG	0	69	208	4	0	332	0.0000	.0092	.0276	.0005	0.0000	.0440
N I U	0	70	0	55	0	139	0.0000	.0093	0.0000	.0073	0.0000	.0184
N O	0	0	93	69	0	93	0.0000	0.0000	.0123	.0092	0.0000	.0123
N W A	0	416	0	81	0	497	0.0000	.0552	0.0000	.0107	0.0000	.0659
N W NG	0	0	547	0	0	547	0.0000	0.0000	.0726	0.0000	0.0000	.0726
N U N	0	0	0	20	0	20	0.0000	0.0000	0.0000	.0027	0.0000	.0027
N Y A	0	0	26	94	0	778	0.0000	0.0000	.0034	.0125	0.0000	.1032
N Y EH	0	0	0	0	9	9	0.0000	0.0000	0.0000	0.0000	.0012	.0012
L O	658	0	0	0	7176	7626	.0873	0.0000	0.0000	0.0000	.9518	1.0115
L L UH	0	4392	0	450	0	4439	0.0000	.5825	0.0000	.0597	0.0000	.5888
L L AI	0	165	98	647	0	910	0.0000	.0219	.0130	.0858	0.0000	.1207
L L EI	21	232	1278	14	0	1545	.0028	.0308	.1695	.0019	0.0000	.2049
L L AU	0	107	12	77	2	198	0.0000	.0142	.0016	.0102	.0003	.0263
L L OU	0	434	136	77	0	647	0.0000	.0576	.0180	.0102	0.0000	.0858
L A N	0	151	43	88	0	282	0.0000	.0200	.0057	.0117	0.0000	.0374
L A NG	0	8	208	4	0	220	0.0000	.0011	.0276	.0005	0.0000	.0292
L UH N	13	578	4071	3796	16	8474	.0017	.0767	.5400	.5035	.0021	1.1240
L I A	0	0	20	0	0	20	0.0000	0.0000	.0027	0.0000	0.0000	.0027
L I EH	0	352	141	610	0	610	0.0000	.0467	.0187	.0809	0.0000	.0809
L I AU	0	943	51	457	0	950	0.0000	.1251	.0068	.0606	0.0000	.1260
L I EH	51	1120	185	1807	0	2852	.0068	.1486	.0245	.2397	0.0000	.3783
L I IU	0	1082	6	516	0	1821	0.0000	.1435	.0008	.0684	0.0000	.2415
L I N	0	671	1388	7	0	1095	0.0000	.0890	.1841	.0009	0.0000	.1452
L I NG	0	416	430	775	0	2834	0.0000	.0552	.0570	.1028	0.0000	.3759
L I U	0	149	211	446	0	1292	0.0000	.0198	.0280	.0592	0.0000	.1714
L U N	6	411	2	1689	0	2055	.0008	.0545	.0003	.2240	0.0000	.2726
L W O	6	12	36	351	0	770	.0008	.0016	.0048	.0466	0.0000	.1021
L W A	0	411	2	178	0	226	0.0000	.0545	.0003	.0236	0.0000	.0300
L U N	0	585	38	483	0	1068	0.0000	.0776	.0050	.0641	0.0000	.1417
L U NG	0	456	38	6	0	500	0.0000	.0605	.0050	.0008	0.0000	.0663
L Y EH	0	9	246	511	0	766	0.0000	.0012	.0326	.0678	0.0000	.1016
L Y EH	0	0	0	125	0	125	0.0000	0.0000	0.0000	.0166	0.0000	.0166
L Y N	0	1	0	0	0	1	0.0000	.0001	0.0000	0.0000	0.0000	.0001

PHONEMES			FREQUENCY OF OCCURRENCE					SUM	PERCENTAGE OF FREQUENCY OF OCCURRENCE					SUM
			TONE 1	TONE 2	TONE 3	TONE 4	TONE 5		TONE 1	TONE 2	TONE 3	TONE 4	TONE 5	
L	Y		0	1	0	0	0	1	0.0000	.0001	0.0000	.0001	0.0000	.0001
G	A	N	0	13	0	1	0	14	0.0000	.0017	0.0000	.0001	0.0000	.0019
G	UH		773	577	58	5008	0	6416	.1025	.0765	.0077	.6642	0.0000	.8510
G	AI		444	0	385	217	0	1046	.0589	0.0000	.0511	.0288	0.0000	.1387
G	EI		0	0	754	0	0	754	0.0000	0.0000	.1000	0.0000	0.0000	.1000
G	AU		1409	0	56	442	0	1907	.1869	0.0000	.0074	.0586	0.0000	.2529
G	OU		125	0	197	551	0	873	.0166	0.0000	.0261	.0731	0.0000	.1158
G	A	N	626	0	727	163	0	1516	.0830	0.0000	.0964	.0216	0.0000	.2011
G	UH	N	1016	0	0	0	0	1016	.1348	0.0000	0.0000	0.0000	0.0000	.1348
G	A	NG	414	0	349	19	0	782	.0549	0.0000	.0463	.0025	0.0000	.1037
G	UH	NG	139	0	5	486	0	630	.0184	0.0000	.0007	.0645	0.0000	.0836
G	U		163	0	845	610	0	1618	.0216	0.0000	.1121	.0809	0.0000	.2146
G	W	A	137	0	12	127	0	276	.0182	0.0000	.0016	.0168	0.0000	.0366
G	W	O	80	6707	955	1791	0	9533	.0106	.8896	.1267	.2376	0.0000	1.2644
G	W	AI	16	0	9	169	0	194	.0021	0.0000	.0012	.0224	0.0000	.0257
G	W	EI	440	0	108	325	0	873	.0584	0.0000	.0143	.0431	0.0000	.1158
G	W	A	1440	0	583	273	0	2296	.1910	0.0000	.0773	.0362	0.0000	.3045
G	U	N	0	0	59	19	0	78	0.0000	0.0000	.0078	.0025	0.0000	.0103
G	U	NG	756	0	576	10	0	1342	.1003	0.0000	.0764	.0013	0.0000	.1780
K	A		3804	0	24	986	0	4814	.5045	0.0000	.0032	.1308	0.0000	.6385
K	UH		10	0	102	65	0	177	.0013	0.0000	.0135	.0086	0.0000	.0235
K	AI		687	76	2469	2024	0	5256	.0911	.0101	.3275	.2685	0.0000	.6971
K	AU		1300	0	64	0	0	1364	.1724	0.0000	.0085	0.0000	0.0000	.1809
K	OU		0	0	392	130	0	522	0.0000	0.0000	.0520	.0172	0.0000	.0692
K	A	N	0	0	754	57	0	811	0.0000	0.0000	.1000	.0076	0.0000	.1076
K	UH	N	93	0	55	1976	0	2124	.0123	0.0000	.0073	.2621	0.0000	.2817
K	A	NG	0	2	0	0	0	174	0.0000	.0003	.0231	0.0000	0.0000	.0231
K	UH	NG	251	0	0	273	0	526	.0333	0.0000	0.0000	.0362	0.0000	.0698
K	U		33	0	0	0	0	33	.0044	0.0000	0.0000	0.0000	0.0000	.0044
K	W	A	136	0	278	117	0	531	.0180	0.0000	.0369	.0155	0.0000	.0704
K	W	O	14	0	3	24	0	41	.0019	0.0000	.0004	.0032	0.0000	.0054
K	W	AI	0	0	0	204	0	204	0.0000	0.0000	0.0000	.0271	0.0000	.0271
K	W	EI	0	0	0	986	0	986	0.0000	0.0000	0.0000	.1308	0.0000	.1308
K	W	A	34	52	8	44	0	138	.0045	.0069	.0011	.0058	0.0000	.0183
K	U	N	49	0	81	0	0	130	.0065	0.0000	.0107	0.0000	0.0000	.0172
K	U	NG	82	0	19	99	0	200	.0109	0.0000	.0025	.0131	0.0000	.0265
K	U	NG	6	33	220	240	0	279	.0008	.0044	.0292	.0318	0.0000	.0370
K	A		826	0	0	82	0	1128	.1096	0.0000	0.0000	.0109	0.0000	.1496
H	UH		329	1	0	0	0	330	.0436	.0001	0.0000	0.0000	0.0000	.0438
H	AI		170	2912	0	106	0	3188	.0225	.3862	0.0000	.0141	0.0000	.4228
H	EI		5	1613	1389	350	0	3357	.0007	.2139	.1842	.0464	0.0000	.4453
H	AU		383	0	0	0	0	383	.0508	0.0000	0.0000	0.0000	0.0000	.0508
H	OU		6	86	2262	719	0	3073	.0008	.0114	.3000	.0954	0.0000	.4076
H	A	N	0	63	18	3383	0	3464	0.0000	.0084	.0024	.4487	0.0000	.4595
H	UH	N	4	397	127	3999	0	4527	.0005	.0527	.0168	.5304	0.0000	.6004
H	A	NG	0	15	2124	94	0	2233	0.0000	.0020	.2817	.0125	0.0000	.2962
H	UH	NG	0	388	0	0	0	388	0.0000	.0515	0.0000	0.0000	0.0000	.0515
H	A	NG	19	241	0	14	0	274	.0025	.0320	0.0000	.0019	0.0000	.0363
H	UH	NG	430	703	96	501	0	1730	.0570	.0932	.0127	.0665	0.0000	.2295
H	W	A	690	1090	0	2050	0	3830	.0915	.1446	0.0000	.2719	0.0000	.5080
H	W	O	0	802	756	1079	1	2638	0.0000	.1064	.1003	.1431	.0001	.3499
H	W	AI	0	156	0	200	0	356	0.0000	.0207	0.0000	.0265	0.0000	.0472

PHONEMES			FREQUENCY OF OCCURRENCE					SUM	PERCENTAGE OF FREQUENCY OF OCCURRENCE					SUM
			TONE 1	TONE 2	TONE 3	TONE 4	TONE 5		TONE 1	TONE 2	TONE 3	TONE 4	TONE 5	
HW	EI	N	369	1002	183	3246	0	4800	.0489	.1329	.0243	.4305	0.0000	.6367
HW	A	N	391	241	39	214	0	885	.0519	.0320	.0052	.0284	0.0000	.1174
HW	U	N	81	53	38	27	0	199	.0107	.0070	.0050	.0036	0.0000	.0264
HW	A	NG	103	878	24	3	0	1008	.0137	.1165	.0032	.0004	0.0000	.1337
HU			54	486	2	1	0	543	.0072	.0645	.0003	.0001	0.0000	.0720
HJ	I	A	2280	2791	1615	2188	0	8874	.3024	.3702	.2142	.2902	0.0000	1.1770
HJ	I	EH	4108	47	349	414	0	4918	.5449	.0062	.0463	.0549	0.0000	.6523
HJ	I	AU	887	1150	671	986	0	3694	.1176	.1525	.0890	.1308	0.0000	.4900
HJ	I		856	15	504	3076	0	4451	.1135	.0020	.0668	.4080	0.0000	.5904
HJ	IU		43	0	1876	4203	0	6122	.0057	.0000	.2488	.5575	0.0000	.8120
HJ	I	EH	1028	0	581	2659	0	4268	.1364	.0000	.0771	.3527	0.0000	.5661
HJ	I	N	1757	368	0	1907	0	4032	.2330	.0488	.0000	.2529	0.0000	.5348
HJ	I	A	2021	0	804	231	0	3056	.2681	.0000	.1066	.0306	0.0000	.4053
HJ	I	NG	2330	0	362	1113	0	3805	.3090	.0000	.0480	.1476	0.0000	.5047
HJ	Y	EH	253	293	636	1166	0	2348	.0336	.0389	.0844	.1547	0.0000	.3114
HJ	Y	EH	2	980	0	0	0	982	.0003	.1300	.0000	.0000	0.0000	.1302
JJ	Y	N	105	0	29	68	0	202	.0139	.0000	.0038	.0090	0.0000	.0268
JJ	Y	N	1198	0	0	180	0	1378	.1589	.0000	.0000	.0239	0.0000	.1828
JJ	Y	U	0	0	11	0	0	11	.0000	.0000	.0015	.0000	0.0000	.0015
JQ	I		1632	2196	1722	1865	0	7415	.2165	.2913	.2284	.2474	0.0000	.9835
JQ	I		0	0	1	37	0	38	.0000	.0000	.0001	.0049	0.0000	.0050
JQ	I	A	36	23	393	247	0	699	.0048	.0031	.0521	.0328	0.0000	.0927
JQ	I	AU	50	334	100	15	0	499	.0066	.0443	.0133	.0020	0.0000	.0662
JQ	I	EH	267	1060	0	0	0	1327	.0354	.1406	.0000	.0000	0.0000	.1760
JQ	I	N	829	1478	73	34	0	2414	.1100	.1960	.0097	.0045	0.0000	.3202
JQ	I	NG	804	303	8	1	0	1116	.1066	.0402	.0011	.0001	0.0000	.1480
JQ	IU		146	557	74	1	0	778	.0194	.0739	.0098	.0001	0.0000	.1032
JX	I	EH	1271	784	540	186	0	2781	.1686	.1040	.0716	.0247	0.0000	.3689
JX	I	N	602	47	507	2498	0	3654	.0798	.0062	.0672	.3313	0.0000	.4847
JX	I	A	80	0	0	547	0	627	.0106	.0000	.0000	.0726	0.0000	.0832
JX	I	NG	65	1405	14	70	0	1554	.0086	.1864	.0019	.0093	0.0000	.2061
JX	IU		0	233	0	0	0	233	.0000	.0309	.0000	.0000	0.0000	.0309
JX	Y	U	2	73	0	0	0	75	.0003	.0097	.0000	.0000	0.0000	.0099
QX	A		2669	1236	623	886	0	5414	.3540	.1639	.0826	.1175	0.0000	.7181
QX	EH		37	228	0	2550	0	2815	.0049	.0302	.0000	.3382	0.0000	.3734
QX	AU		1110	322	1110	276	0	2818	.1472	.0427	.1472	.0366	0.0000	.3738
QX	EH	N	484	2	2541	2455	0	5482	.0642	.0003	.3370	.3256	0.0000	.7271
QX	N	A	383	0	12	200	0	595	.0508	.0000	.0016	.0265	0.0000	.0789
QX	A	NG	946	187	290	2417	0	3840	.1255	.0248	.0385	.3206	0.0000	.5093
QX	EH		2391	0	1128	451	0	2842	.3171	.0000	.1496	.0598	0.0000	.3770
QX	EH		1081	206	84	2378	0	4793	.1434	.0273	.0111	.3154	0.0000	.6357
QX	N	A	1083	2446	84	859	0	4472	.1436	.3244	.0111	.1139	0.0000	.5931
QX	N	NG	490	80	519	477	0	1566	.0650	.0106	.0688	.0633	0.0000	.2077
QX	EH		18	3313	155	81	0	3567	.0024	.4394	.0206	.0107	0.0000	.4731
QX	N		202	135	403	9	0	749	.0268	.0179	.0535	.0012	0.0000	.0993
QX	Y	U	30	169	0	516	0	715	.0040	.0224	.0000	.0684	0.0000	.0948
QX	Y	I	245	285	0	0	0	530	.0325	.0378	.0000	.0000	0.0000	.0703
QX	I		3309	1294	1575	2248	0	8426	.4389	.1716	.2089	.2982	0.0000	1.1176
ZH	A		7	42	3	121	0	173	.0009	.0056	.0004	.0160	0.0000	.0229
ZH	UH		35	106	452	4140	2153	6886	.0046	.0141	.0600	.5491	.2856	.9133
ZH	AI		37	11	4	28	0	80	.0049	.0015	.0005	.0037	0.0000	.0106
ZH	AU		198	96	276	582	0	1152	.0263	.0127	.0366	.0772	0.0000	.1528

PHONEMES	FREQUENCY OF OCCURRENCE					SUM	PERCENTAGE OF FREQUENCY OF OCCURRENCE					SUM
	TONE 1	TONE 2	TONE 3	TONE 4	TONE 5		TONE 1	TONE 2	TONE 3	TONE 4	TONE 5	
ZH OU	1488	52	27	71	0	1638	.1974	.0069	.0036	.0094	0.0000	.2173
ZH A	45	0	293	1188	0	1526	.0060	0.0000	.0389	.1576	0.0000	.2024
ZH N	1013	0	38	460	0	1511	.1344	0.0000	.0050	.0610	0.0000	.2004
ZH A NG	772	0	1180	184	0	2136	.1024	0.0000	.1565	.0244	0.0000	.2833
ZH UH NG	571	0	268	2261	0	3100	.0757	0.0000	.0355	.2999	0.0000	.4112
ZH U	450	472	1226	1710	0	3858	.0597	.0626	.1626	.2268	0.0000	.5117
ZH W A	81	0	4	0	0	85	.0107	0.0000	.0005	0.0000	0.0000	.0113
ZH W O	238	107	0	0	0	345	.0316	.0142	0.0000	0.0000	0.0000	.0458
ZH W AI	0	0	0	0	0	1	.0001	0.0000	0.0000	0.0000	0.0000	.0001
ZH W EI	107	0	0	14	0	121	.0142	0.0000	0.0000	.0019	0.0000	.0160
ZH W A N	332	0	305	77	0	714	.0440	0.0000	.0405	.0102	0.0000	.0947
ZH W A NG	0	0	303	0	0	303	0.0000	0.0000	.0402	0.0000	0.0000	.0402
ZH W U N	372	0	1	234	0	607	.0493	0.0000	.0001	.0310	0.0000	.0805
ZH W U NG	4406	0	1512	1239	0	7157	.5844	0.0000	.2005	.1643	0.0000	.9493
CH I	953	416	330	137	0	1836	.1264	.0552	.0438	.0182	0.0000	.2435
CH A	95	848	0	79	0	1022	.0126	.1125	0.0000	.0105	0.0000	.1356
CH UH	897	0	6	86	0	989	.1190	0.0000	.0008	.0114	0.0000	.1312
CH AI	75	106	0	0	0	181	.0099	.0141	0.0000	0.0000	0.0000	.0240
CH AU	124	328	67	0	0	519	.0164	.0435	.0089	0.0000	0.0000	.0688
CH OU	65	169	28	24	0	286	.0086	.0224	.0037	.0032	0.0000	.0379
CH A N	2	33	616	12	0	663	.0003	.0044	.0817	.0016	0.0000	.0879
CH UH N	5	644	28	0	0	677	.0007	.0854	.0037	0.0000	0.0000	.0898
CH A NG	129	2327	134	426	0	3016	.0171	.3086	.0178	.0565	0.0000	.4000
CH UH NG	372	3214	8	43	0	3637	.0493	.4263	.0011	.0057	0.0000	.4824
CH U	2279	507	395	625	0	3806	.3023	.0672	.0524	.0829	0.0000	.5048
CH W O	7	0	0	5	0	12	.0009	0.0000	0.0000	.0007	0.0000	.0016
CH W EI	121	71	0	0	0	192	.0160	.0094	0.0000	0.0000	0.0000	.0255
CH W A N	417	734	9	24	0	1184	.0553	.0974	.0012	.0032	0.0000	.1570
CH W U N	317	43	4	0	0	364	.0420	.0057	.0005	0.0000	0.0000	.0483
CH W A NG	125	111	7	143	0	386	.0166	.0147	.0009	.0190	0.0000	.0512
CH W U NG	342	462	5	0	0	809	.0454	.0613	.0007	0.0000	0.0000	.1073
SH I	2280	9438	1578	15497	1	28794	.3024	1.2518	.2093	2.0555	.0001	3.8191
SH A	577	0	17	12	0	606	.0765	0.0000	.0023	.0016	0.0000	.0804
SH UH	3	1485	28	1533	0	3049	.0004	.1970	.0037	.2033	0.0000	.4044
SH AI	1	0	0	54	0	55	.0001	0.0000	0.0000	.0072	0.0000	.0073
SH EI	0	242	0	0	0	242	0.0000	.0321	0.0000	0.0000	0.0000	.0321
SH AU	241	11	464	194	0	910	.0320	.0015	.0615	.0257	0.0000	.1207
SH OU	421	116	1237	711	0	2485	.0558	.0154	.1641	.0943	0.0000	.3296
SH A N	1378	0	134	243	0	1755	.1828	0.0000	.0178	.0322	0.0000	.2328
SH UH N	1104	361	179	123	0	1767	.1464	.0479	.0237	.0163	0.0000	.2344
SH A NG	549	0	71	4290	59	4969	.0728	0.0000	.0094	.5690	.0078	.6591
SH UH NG	3965	47	805	552	0	5369	.5259	.0062	.1068	.0732	0.0000	.7121
SH U	1250	273	491	1516	0	3530	.1658	.0362	.0651	.2011	0.0000	.4682
SH W A	102	0	16	0	0	118	.0135	0.0000	.0021	0.0000	0.0000	.0157
SH W O	2727	0	0	26	0	2753	.3617	0.0000	0.0000	.0034	0.0000	.3651
SH W AI	36	0	2	75	0	113	.0048	0.0000	.0003	.0099	0.0000	.0150
SH W EI	0	4	1681	302	0	1987	0.0000	.0005	.2230	.0401	0.0000	.2635
SH W A N	3	0	0	13	0	16	.0004	0.0000	0.0000	.0017	0.0000	.0021
SH W U N	0	0	0	180	0	180	0.0000	0.0000	0.0000	.0239	0.0000	.0239
SH W A NG	171	0	26	0	0	197	.0227	0.0000	.0034	0.0000	0.0000	.0261
R I	0	0	0	2049	0	2049	0.0000	0.0000	0.0000	.2718	0.0000	.2718
R UH	0	0	17	436	0	453	0.0000	0.0000	.0023	.0578	0.0000	.0601

PHONEMES			FREQUENCY OF OCCURRENCE					SUM	PERCENTAGE OF FREQUENCY OF OCCURRENCE					SUM
			TONE 1	TONE 2	TONE 3	TONE 4	TONE 5		TONE 1	TONE 2	TONE 3	TONE 4	TONE 5	
R	AU		0	25	27	98	0	150	0.0000	.0033	.0036	.0130	0.0000	.0199
R	OU		0	66	0	250	0	316	0.0000	.0088	0.0000	.0332	0.0000	.0419
R	A	N	0	1323	142	0	0	1465	0.0000	.1755	.0188	0.0000	0.0000	.1943
R	UH	N	0	5694	87	942	0	6723	0.0000	.7552	.0115	.1249	0.0000	.8917
R	A	NG	0	1	90	247	0	338	0.0000	.0001	.0119	.0328	0.0000	.0448
R	UH	NG	44	176	0	0	0	220	.0058	.0233	0.0000	0.0000	0.0000	.0292
R	U		0	1227	62	543	0	1832	0.0000	.1627	.0082	.0720	0.0000	.2430
R	W	O	0	0	0	231	0	231	0.0000	0.0000	0.0000	.0306	0.0000	.0306
R	W	EI	0	0	8	91	0	99	0.0000	0.0000	.0011	.0121	0.0000	.0131
R	W	A	0	0	74	0	0	74	0.0000	0.0000	.0098	0.0000	0.0000	.0098
R	U	N	0	0	0	24	0	24	0.0000	0.0000	0.0000	.0032	0.0000	.0032
R	U	NG	0	680	0	0	0	680	0.0000	.0902	0.0000	0.0000	0.0000	.0902
Z	I		288	0	579	2360	2128	5355	.0382	0.0000	.0768	.3130	.2823	.7103
Z	A		4	107	0	1	0	111	.0005	.0142	0.0000	.0001	0.0000	.0147
Z	UH		0	476	0	1	0	477	0.0000	.0631	0.0000	.0001	0.0000	.0633
Z	AI		135	0	118	7465	0	7718	.0179	0.0000	.0157	.9901	0.0000	1.0237
Z	EI		0	14	0	0	0	14	0.0000	.0019	0.0000	0.0000	0.0000	.0019
Z	AU		92	38	508	577	0	1215	.0122	.0050	.0674	.0765	0.0000	.1612
Z	OU		6	0	758	67	0	831	.0008	0.0000	.1005	.0089	0.0000	.1102
Z	A	N	1	23	0	98	0	122	.0001	.0031	0.0000	.0130	0.0000	.0162
Z	UH	N	0	0	889	0	0	889	0.0000	0.0000	.1179	0.0000	0.0000	.1179
Z	A	NG	66	0	0	184	0	250	.0088	0.0000	0.0000	.0244	0.0000	.0332
Z	UH	NG	256	0	0	54	0	310	.0340	0.0000	0.0000	.0072	0.0000	.0411
Z	U		48	410	816	0	0	1274	.0064	.0544	.1082	0.0000	0.0000	.1690
Z	W	O	1	241	274	3966	0	4482	.0001	.0320	.0363	.5260	0.0000	.5945
Z	W	EI	0	0	159	1397	0	1556	0.0000	0.0000	.0211	.1853	0.0000	.2064
Z	W	A	17	0	15	24	0	56	.0023	0.0000	.0020	.0032	0.0000	.0074
Z	W	N	100	0	0	3	0	103	.0133	0.0000	0.0000	.0004	0.0000	.0137
Z	U	N	269	0	815	63	0	1147	.0357	0.0000	.1081	.0084	0.0000	.1521
Z	U	NG	19	586	530	997	0	2132	.0025	.0777	.0703	.1322	0.0000	.2828
C	I		88	0	0	0	0	88	.0117	0.0000	0.0000	0.0000	0.0000	.0117
C	A		0	0	0	412	0	412	0.0000	0.0000	0.0000	.0546	0.0000	.0546
C	UH		30	1080	337	331	0	1778	.0040	.1432	.0447	.0439	0.0000	.2358
C	AI		127	75	294	0	0	496	.0168	.0099	.0390	0.0000	0.0000	.0658
C	AU		0	0	0	10	0	10	0.0000	0.0000	0.0000	.0013	0.0000	.0013
C	OU		549	231	47	19	0	846	.0728	.0306	.0062	.0025	0.0000	.1122
C	UH	N	1	0	0	0	0	1	.0001	0.0000	0.0000	0.0000	0.0000	.0001
C	A	NG	91	101	0	0	0	192	.0121	.0134	0.0000	0.0000	0.0000	.0255
C	UH	NG	0	365	0	0	0	365	0.0000	.0484	0.0000	0.0000	0.0000	.0484
C	U		64	0	0	103	0	167	.0085	0.0000	0.0000	.0137	0.0000	.0222
C	W	O	20	0	0	243	0	263	.0027	0.0000	0.0000	.0322	0.0000	.0349
C	W	EI	22	0	0	84	0	106	.0029	0.0000	0.0000	.0111	0.0000	.0141
C	W	A	0	0	0	19	0	19	0.0000	0.0000	0.0000	.0025	0.0000	.0025
C	U	N	224	103	0	57	0	384	.0297	.0137	0.0000	.0076	0.0000	.0509
C	U	NG	109	1151	0	0	0	1260	.0145	.1527	0.0000	0.0000	0.0000	.1671
S	I		1449	0	416	3410	0	5275	.1922	0.0000	.0552	.4523	0.0000	.6997
S	A		7	0	46	76	0	129	.0009	0.0000	.0061	.0101	0.0000	.0171
S	UH		0	0	0	544	0	544	0.0000	0.0000	0.0000	.0722	0.0000	.0722
S	AI		40	0	0	416	0	456	.0053	0.0000	0.0000	.0552	0.0000	.0605
S	AU		40	0	183	2	0	225	.0053	0.0000	.0243	.0013	0.0000	.0298
S	OU		37	0	29	10	0	76	.0049	0.0000	.0038	.0013	0.0000	.0101
S	A	N	4007	0	31	96	0	4134	.5315	0.0000	.0041	.0127	0.0000	.5483

PHONEMES	FREQUENCY OF OCCURRENCE					SUM	PERCENTAGE OF FREQUENCY OF OCCURRENCE					SUM
	TONE 1	TONE 2	TONE 3	TONE 4	TONE 5		TONE 1	TONE 2	TONE 3	TONE 4	TONE 5	
S UH N	121	0	0	0	0	121	.0160	0.0000	0.0000	0.0000	0.0000	.0160
S A NG	55	0	8	0	0	83	.0073	0.0000	.0011	.0027	0.0000	.0110
S UH NG	11	0	0	0	0	11	.0015	0.0000	0.0000	0.0000	0.0000	.0015
S U O	431	71	0	671	0	1173	.0572	.0094	0.0000	.0890	0.0000	.1556
S W EI	82	0	1663	0	0	1745	.0109	0.0000	.2206	0.0000	0.0000	.2315
S W A	376	241	1	290	0	908	.0499	.0320	.0001	.0385	0.0000	.1204
S U N	82	0	0	359	0	441	.0109	0.0000	0.0000	.0476	0.0000	.0585
S U NG	127	0	83	0	0	210	.0168	0.0000	.0110	0.0000	0.0000	.0279
S U	197	0	13	511	0	721	.0261	0.0000	.0017	.0678	0.0000	.0956
A	243	2	0	350	0	595	.0322	.0003	0.0000	.0464	0.0000	.0789
O	26	12	0	0	0	38	.0034	.0016	0.0000	0.0000	0.0000	.0050
UH	1	190	0	733	0	924	.0001	.0252	0.0000	.0972	0.0000	.1226
AI	129	1	57	638	0	825	.0171	.0001	.0076	.0846	0.0000	.1094
AU	15	17	15	178	0	225	.0020	.0023	.0020	.0236	0.0000	.0298
OU	173	0	28	0	0	201	.0229	0.0000	.0037	0.0000	0.0000	.0267
A N	728	0	0	721	0	1449	.0966	0.0000	0.0000	.0956	0.0000	.1922
A NG	59	0	0	0	2	61	.0078	0.0000	0.0000	.0003	0.0000	.0081
UH N	27	28	0	1	0	56	.0036	.0037	0.0000	.0001	0.0000	.0074
A NG	0	2555	677	4381	0	7613	0.0000	.3389	.0898	.5811	0.0000	1.0098
ER	15102	847	4746	3011	0	23706	2.0031	.1123	.6295	.3994	0.0000	3.1443
IJ I	535	235	91	500	0	1361	.0710	.0312	.0121	.0663	0.0000	.1805
IJ A	8	0	0	0	0	8	.0011	0.0000	0.0000	0.0000	0.0000	.0011
IJ O	13	57	2439	1770	0	4279	.0017	.0076	.3235	.2348	0.0000	.5676
IJ EH	0	11	0	0	0	11	0.0000	.0015	0.0000	0.0000	0.0000	.0015
IJ AI	237	265	56	3541	0	4099	.0314	.0351	.0074	.4697	0.0000	.5437
IJ AU	188	2207	7391	1605	0	11391	.0249	.2927	.9803	.2129	0.0000	1.5109
IJ OU	158	1395	692	392	0	2637	.0210	.1850	.0918	.0520	0.0000	.3498
IJ EH N	1745	149	245	517	0	2656	.2315	.0198	.0325	.0686	0.0000	.3523
IJ I N	277	1265	555	1726	0	3823	.0367	.1678	.0736	.2289	0.0000	.5071
IJ A NG	1240	462	341	380	0	2423	.1645	.0613	.0452	.0504	0.0000	.3214
IJ I NG	377	790	3878	1751	0	6796	.0500	.1048	.5144	.2322	0.0000	.9014
W U	111	30	87	14	0	242	.0147	.0040	.0115	.0019	0.0000	.0321
W A	90	0	7461	107	0	7658	.0119	0.0000	.9896	.0142	0.0000	1.0157
W O	21	0	0	1187	0	1208	.0028	0.0000	0.0000	.1574	0.0000	.1602
W AI	210	2215	487	3301	0	6213	.0279	.2938	.0646	.4378	0.0000	.8241
W EI	595	938	488	540	0	2561	.0789	.1244	.0647	.0716	0.0000	.3397
W A N	301	1220	44	1030	0	2595	.0399	.1618	.0058	.1366	0.0000	.3442
W UH N	25	740	445	560	0	1770	.0033	.0982	.0590	.0743	0.0000	.2348
W A NG	74	0	0	0	0	75	.0098	0.0000	0.0000	0.0000	0.0000	.0099
W UH NG	11	1963	1427	1821	0	5222	.0015	.2604	.1893	.2415	0.0000	.6926
YJ Y EH	479	0	0	2119	0	2598	.0635	0.0000	0.0000	.2811	0.0000	.3446
YJ Y EH N	41	3036	461	874	0	4412	.0054	.4027	.0611	.1159	0.0000	.5852
YJ Y N	12	324	27	628	0	991	.0016	.0430	.0036	.0833	0.0000	.1314
YJ Y U NG	31	0	440	2698	0	3169	.0041	0.0000	.0584	.3579	0.0000	.4203
SUM	161254	153783	133818	259793	45293	753941	21.3881	20.3972	17.7491	34.4580	6.0075	100.0000
AVERAGE	401.13	382.54	332.88	646.25	112.67	1875.475	.0532	.0507	.0442	.0857	.0149	.2488
STANDARD DEVIATION	1056.84	877.91	770.16	1353.23	1482.40	2991.371	.1402	.1164	.1022	.1795	.1966	.3968

Table 5.10 Syllabic Types and Phoneme Distribution

Syllable	1-Phoneme	2-Phoneme	3-Phoneme	4-Phoneme	Total
Type	7	159	192	44	402
Frequency	10421	418466	264107	60947	753941
% Frequency	1.38	55.50	35.03	8.08	
Phoneme Count	10421	836932	792321	243788	1883462
% Phoneme Count	0.55	44.44	42.07	12.94	

TABLE 5.11 FREQUENCY AND PERCENT FREQUENCY DISTRIBUTION OF 1-PHONEME SYLLABLES

PHONEMES	FREQUENCY OF OCCURRENCE						PERCENTAGE OF FREQUENCY OF OCCURRENCE					
	TONE 1	TONE 2	TONE 3	TONE 4	TONE 5	SUM	TONE 1	TONE 2	TONE 3	TONE 4	TONE 5	SUM
A	243	2	0	350	0	595	2.3318	.0192	0.0000	3.3586	0.0000	5.7096
O	26	12	0	0	0	38	.2495	.1152	0.0000	0.0000	0.0000	.3646
UH	1	190	0	733	0	924	.0096	1.8232	0.0000	7.0339	0.0000	8.8667
AI	129	1	57	638	0	825	1.2379	.0096	.5470	6.1223	0.0000	7.9167
AU	15	17	15	178	0	225	.1439	.1631	.1439	1.7081	0.0000	2.1591
OU	173	0	28	0	0	201	1.6601	0.0000	.2687	0.0000	0.0000	1.9288
ER	0	2555	677	4381	0	7613	0.0000	24.5178	6.4965	42.0401	0.0000	73.0544
SUM	587	2777	777	6280	0	10421	5.6329	26.6481	7.4561	60.2629	0.0000	100.0000
AVERAGE	83.9	396.7	111.0	897.1	0.0	1488.714	.8047	3.8069	1.0652	8.6090	0.0000	14.2857
STANDARD DEVIATION	90.5	883.4	231.9	1447.0	0.0	2519.205	.8682	8.4772	2.2250	13.8859	0.0000	24.1743

TABLE 5.12 FREQUENCY AND PERCENT FREQUENCY DISTRIBUTION OF 2-PHONEME SYLLABLES

PHONEMES	FREQUENCY OF OCCURRENCE						PERCENTAGE OF FREQUENCY OF OCCURRENCE					
	TONE 1	TONE 2	TONE 3	TONE 4	TONE 5	SUM	TONE 1	TONE 2	TONE 3	TONE 4	TONE 5	SUM
B A	2216	47	1692	756	0	4711	.5296	.0112	.4043	.1807	0.0000	1.1258
B O	375	632	3	224	0	1234	.0896	.1510	.0007	.0535	0.0000	.2949
B AI	0	662	979	257	0	1898	0.0000	.1582	.2339	.0614	0.0000	.4536
B EI	203	0	1696	1429	0	3328	.0485	0.0000	.4053	.3415	0.0000	.7953
B AU	417	26	719	1237	0	2399	.0996	.0062	.1718	.2956	0.0000	.5733
B I	35	61	1219	955	0	2270	.0084	.0146	.2913	.2282	0.0000	.5425
B U	0	0	295	9389	0	9684	0.0000	0.0000	.0705	2.2437	0.0000	2.3142
P A	6	130	0	243	0	379	.0014	.0311	0.0000	.0581	0.0000	.0906
P O	108	115	19	309	0	551	.0258	.0275	.0045	.0738	0.0000	.1317
P AI	124	260	0	211	0	595	.0296	.0621	0.0000	.0504	0.0000	.1422
P EI	10	134	0	184	0	328	.0024	.0320	0.0000	.0440	0.0000	.0784
P AU	13	11	340	136	0	500	.0031	.0026	.0812	.0325	0.0000	.1195
P OU	0	0	12	0	0	12	0.0000	0.0000	.0029	0.0000	0.0000	.0029
P I	157	420	23	63	0	663	.0375	.1004	.0055	.0151	0.0000	.1584
P U	75	103	247	45	0	470	.0179	.0246	.0590	.0108	0.0000	.1123
M A	1043	198	711	86	326	2364	.2492	.0473	.1699	.0206	.0779	.5649
M O	78	312	17	515	0	922	.0186	.0746	.0041	.1231	0.0000	.2203
M UH	1998	0	0	0	0	1998	.4775	0.0000	0.0000	0.0000	0.0000	.4775
M AI	0	43	288	337	0	668	0.0000	.0103	.0688	.0805	0.0000	.1596
M EI	0	1640	2482	343	0	4465	0.0000	.3919	.5931	.0820	0.0000	1.0670
M AU	90	298	0	210	0	598	.0215	.0712	0.0000	.0502	0.0000	.1429
M OU	0	77	49	0	0	126	0.0000	.0184	.0117	0.0000	0.0000	.0301
M I	16	74	286	468	0	844	.0038	.0177	.0683	.1118	0.0000	.2017
M U	0	10	659	1176	0	1845	0.0000	.0024	.1575	.2810	0.0000	.4409
F A	1743	100	1566	238	0	3647	.4165	.0239	.3742	.0569	0.0000	.8715
F O	0	93	0	0	0	93	0.0000	.0222	0.0000	0.0000	0.0000	.0222
F EI	1294	171	227	690	0	2382	.3092	.0409	.0542	.1649	0.0000	.5692
F OU	0	0	103	0	0	103	0.0000	0.0000	.0246	0.0000	0.0000	.0246
F U	428	1147	752	2073	0	4400	.1023	.2741	.1797	.4954	0.0000	1.0515
D A	79	878	656	4810	0	6423	.0189	.2098	.1568	1.1494	0.0000	1.5349
D UH	0	1642	0	0	28437	30079	0.0000	.3924	0.0000	0.0000	6.7955	7.1879
D AI	48	0	31	1570	0	1649	.0115	0.0000	.0074	.3752	0.0000	.3941
D EI	0	0	90	0	0	90	0.0000	0.0000	.0215	0.0000	0.0000	.0215
D AU	111	0	603	5571	0	6285	.0265	0.0000	.1441	1.3313	0.0000	1.5019
D OU	2383	0	71	236	0	2690	.5695	0.0000	.0170	.0564	0.0000	.6428
D I	221	324	332	6371	0	7248	.0528	.0774	.0793	1.5225	0.0000	1.7320
D IU	49	0	0	0	0	49	.0117	0.0000	0.0000	0.0000	0.0000	.0117
D U	394	725	47	1019	0	2185	.0942	.1733	.0112	.2435	0.0000	.5221
T A	6477	0	84	86	0	6647	1.5478	0.0000	.0201	.0206	0.0000	1.5884
T UH	0	0	0	499	0	499	0.0000	0.0000	0.0000	.1192	0.0000	.1192
T AI	15	1236	0	1272	0	2523	.0036	.2954	0.0000	.3040	0.0000	.6029
T AU	27	340	433	79	34	913	.0065	.0812	.1035	.0189	.0081	.2182
T OU	123	1186	0	86	0	1395	.0294	.2834	0.0000	.0206	0.0000	.3334
T I	71	1252	923	208	0	2454	.0170	.2992	.2206	.0497	0.0000	.5864
T U	8	1963	440	49	0	2460	.0019	.4691	.1051	.0117	0.0000	.5879

PHONEMES	FREQUENCY OF OCCURRENCE					SUM	PERCENTAGE OF FREQUENCY OF OCCURRENCE					SUM
	TONE 1	TONE 2	TONE 3	TONE 4	TONE 5		TONE 1	TONE 2	TONE 3	TONE 4	TONE 5	
N A	1	444	688	1849	27	3009	.0002	.1061	.1644	.4419	.0065	.7191
N UH	0	0	0	29	599	628	0.0000	0.0000	.0447	.0069	.1431	.1501
N AI	0	0	187	78	0	265	0.0000	0.0000	.0005	.0186	0.0000	.0633
N EI	0	0	2	702	0	704	0.0000	.0036	.0373	.1678	0.0000	.1682
N AU	0	15	156	98	0	269	0.0000	.0977	.0373	.0234	0.0000	.0643
N I	0	409	2018	20	0	2447	0.0000	.0977	.4822	.0048	0.0000	.5848
N IU	0	270	108	1	0	379	0.0000	.0645	.0258	.0002	0.0000	.0906
N U	0	69	208	55	0	332	0.0000	.0165	.1307	.0131	0.0000	.0793
N Y	0	0	547	0	0	547	0.0000	0.0000	.0497	0.0000	0.0000	.1307
L A	658	0	26	94	9	778	.1572	0.0000	.1307	.0225	.0022	.1859
L O	0	0	0	0	0	9	0.0000	0.0000	.0062	0.0000	0.0000	.0022
L UH	0	4392	0	450	7176	7626	0.0000	1.0495	0.0000	.1075	1.7148	1.8224
L AI	0	165	98	47	0	4439	0.0000	.0394	.0234	.0112	0.0000	1.0608
L EI	0	232	1278	647	0	910	0.0000	.0554	.3054	.1546	0.0000	.2175
L AU	21	107	12	14	0	1545	.0050	.0256	.0029	.0033	0.0000	.3692
L OU	0	0	0	77	2	198	0.0000	0.0000	0.0000	.0184	.0005	.0473
L IU	13	578	4071	3796	16	8474	.0031	.1381	.9728	.9071	.0038	2.0250
L IU	51	943	51	1807	0	2852	.0122	.2253	.0122	.4318	0.0000	.6815
L U	6	149	211	1689	0	2055	.0014	.0356	.0504	.4036	0.0000	.4911
L Y	0	9	246	511	0	766	0.0000	.0022	.0588	.1221	0.0000	.1830
G A	0	13	0	1	0	14	0.0000	.0031	0.0000	.0002	0.0000	.0033
G UH	773	577	58	5008	0	6416	.1847	.1379	.0139	1.1968	0.0000	1.5332
G AI	444	0	385	217	0	1046	.1061	0.0000	.0920	.0519	0.0000	.2500
G EI	0	0	754	0	0	754	0.0000	0.0000	.1802	0.0000	0.0000	.1802
G AU	1409	0	56	442	0	1907	.3367	0.0000	.0134	.1056	0.0000	.4557
G OU	125	0	197	551	0	873	.0299	0.0000	.0471	.1317	0.0000	.2086
G U	163	0	845	610	0	1618	.0390	0.0000	.2019	.1458	0.0000	.3867
K A	10	0	102	65	0	177	.0024	0.0000	.0244	.0155	0.0000	.0423
K UH	687	76	2469	2024	0	5256	.1642	.0182	.5900	.4837	0.0000	1.2560
K AI	1300	0	64	0	0	1364	.3107	0.0000	.0153	0.0000	0.0000	.3260
K AU	0	0	392	130	0	522	0.0000	0.0000	.0937	.0311	0.0000	.1247
K OU	0	0	754	57	0	811	0.0000	0.0000	.1802	.0136	0.0000	.1938
K U	136	0	278	117	0	531	.0325	0.0000	.0664	.0280	0.0000	.1269
K UH	329	1	0	0	0	330	.0786	.0002	0.0000	0.0000	0.0000	.0789
H A	170	2912	0	106	0	3188	.0406	.6959	0.0000	.0253	0.0000	.7618
H AI	5	1613	1389	350	0	3357	.0012	.3855	.3319	.0836	0.0000	.8022
H EI	383	0	0	0	0	383	.0915	0.0000	0.0000	0.0000	0.0000	.0915
H AU	6	86	2262	719	0	3073	.0014	.0206	.5405	.1718	0.0000	.7343
H OU	0	63	18	3383	0	3464	0.0000	.0151	.0043	.8084	0.0000	.8278
H U	430	703	96	501	0	1730	.1028	.1680	.0229	.1197	0.0000	.4134
J I	2280	2791	1615	2188	0	8874	.5448	.6670	.3859	.5229	0.0000	2.1206
J IU	43	0	1876	4203	0	6122	.0103	0.0000	.4483	1.0044	0.0000	1.4630
J Y	253	293	636	1166	0	2348	.0605	.0700	.1520	.2786	0.0000	.5611
Q I	1632	2196	1722	1865	0	7415	.3900	.5248	.4115	.4457	0.0000	1.7719
Q IU	267	1060	0	0	0	1327	.0638	.2533	0.0000	0.0000	0.0000	.3171
Q Y	602	47	507	2498	0	3654	.1439	.0112	.1212	.5969	0.0000	.8732
X I	2669	1236	623	886	0	5414	.6378	.2954	.1489	.2117	0.0000	1.2938
X IU	383	0	12	200	0	595	.0915	0.0000	.0029	.0478	0.0000	.1422
X Y	490	80	519	477	0	1566	.1171	.0191	.1240	.1140	0.0000	.3742
ZH A	3309	1294	1575	2248	0	8426	.7907	.3092	.3764	.5372	0.0000	2.0135
ZH A	7	42	3	121	0	173	.0017	.0100	.0007	.0289	0.0000	.0413

PHONEMES	FREQUENCY OF OCCURRENCE						PERCENTAGE OF FREQUENCY OF OCCURRENCE					
	TONE 1	TONE 2	TONE 3	TONE 4	TONE 5	SUM	TONE 1	TONE 2	TONE 3	TONE 4	TONE 5	SUM
ZH UH	35	106	452	4140	2153	6886	.0084	.0253	.1080	.9893	.5145	1.6455
ZH AI	37	11	4	28	0	80	.0088	.0026	.0010	.0067	0.0000	.0191
ZH AU	198	96	276	582	0	1152	.0473	.0229	.0660	.1391	0.0000	.2753
ZH OU	1488	52	27	71	0	1638	.3556	.0124	.0065	.0170	0.0000	.3914
ZH U	450	472	1226	1710	0	3858	.1075	.1128	.2930	.4086	0.0000	.9219
ZH I	953	416	330	137	0	1836	.2277	.0994	.0789	.0327	0.0000	.4387
CH A	95	848	0	79	0	1022	.0227	.2026	0.0000	.0189	0.0000	.2442
CH UH	897	0	6	86	0	989	.2144	0.0000	.0014	.0206	0.0000	.2363
CH AI	75	106	0	0	0	181	.0179	.0253	0.0000	0.0000	0.0000	.0433
CH AU	124	328	67	0	0	519	.0296	.0784	.0160	0.0000	0.0000	.1240
CH OU	65	169	28	24	0	286	.0155	.0404	.0067	.0057	0.0000	.0683
CH U	2279	507	395	625	0	3806	.5446	.1212	.0944	.1494	0.0000	.9095
CH I	2280	9438	1578	15497	1	28794	.5448	2.2554	.3771	3.7033	.0002	6.8808
SH A	577	0	17	12	0	606	.1379	0.0000	.0041	.0029	0.0000	.1448
SH UH	3	1485	28	1533	1	3049	.0007	.3549	.0067	.3663	.0002	.7286
SH AI	1	0	0	54	0	55	.0002	0.0000	0.0000	.0129	0.0000	.0131
SH EI	0	242	0	0	0	242	0.0000	.0578	0.0000	0.0000	0.0000	.0578
SH AU	241	11	464	194	0	910	.0576	.0026	.1109	.0464	0.0000	.2175
SH OU	421	116	1237	711	0	2485	.1006	.0277	.2956	.1699	0.0000	.5938
SH U	1250	273	491	1516	0	3530	.2987	.0652	.1173	.3623	0.0000	.8436
R I	0	0	0	2049	0	2049	0.0000	0.0000	0.0000	.4896	0.0000	.4896
R UH	0	0	17	436	0	453	0.0000	0.0000	.0041	.1042	0.0000	.1083
R AU	0	25	27	98	0	150	0.0000	.0060	.0065	.0234	0.0000	.0358
R OU	0	66	0	250	0	316	0.0000	.0158	0.0000	.0597	0.0000	.0755
R U	0	1227	62	543	0	1832	0.0000	.2932	.0148	.1298	0.0000	.4378
Z I	288	0	579	2360	2128	5355	.0688	0.0000	.1384	.5640	.5085	1.2797
Z A	4	107	0	0	0	111	.0010	.0256	0.0000	0.0000	0.0000	.0265
Z UH	135	476	0	1	0	477	.0323	.1137	0.0000	.0002	0.0000	.1140
Z AI	135	0	118	7465	0	7718	.0323	0.0000	.0282	1.7839	0.0000	1.8444
Z EI	0	14	0	0	0	14	0.0000	.0033	0.0000	0.0000	0.0000	.0033
Z AU	92	38	508	577	0	1215	.0220	.0091	.1214	.1379	0.0000	.2903
Z OU	6	0	758	67	0	831	.0014	0.0000	.1811	.0160	0.0000	.1986
Z U	48	410	816	0	0	1274	.0115	.0980	.1950	0.0000	0.0000	.3044
C I	19	586	530	997	0	2132	.0045	.1400	.1267	.2383	0.0000	.5095
C A	88	0	0	0	0	88	.0210	0.0000	0.0000	0.0000	0.0000	.0210
C UH	0	0	0	412	0	412	0.0000	0.0000	0.0000	.0985	0.0000	.0985
C AI	30	1080	337	331	0	1778	.0072	.2581	.0805	.0791	0.0000	.4249
C AU	127	75	294	0	0	496	.0303	.0179	.0703	0.0000	0.0000	.1185
C OU	0	0	0	10	0	10	0.0000	0.0000	0.0000	.0024	0.0000	.0024
C U	64	0	0	103	0	167	.0153	0.0000	0.0000	.0246	0.0000	.0399
S I	1449	0	416	3410	0	5275	.3463	0.0000	.0994	.8149	0.0000	1.2606
S A	7	0	46	76	0	129	.0017	0.0000	.0110	.0182	0.0000	.0308
S UH	0	0	0	544	0	544	0.0000	0.0000	0.0000	.1300	0.0000	.1300
S AI	40	0	0	416	0	456	.0096	0.0000	0.0000	.0994	0.0000	.1090
S AU	40	0	183	2	0	225	.0096	0.0000	.0437	.0005	0.0000	.0538
S OU	37	0	29	10	0	76	.0088	0.0000	.0069	.0024	0.0000	.0182
S U	431	71	0	671	0	1173	.1030	.0170	0.0000	.1603	0.0000	.2803
A N	728	0	0	721	0	1449	.1740	0.0000	0.0000	.1723	0.0000	.3463
UH N	59	0	0	2	0	61	.0141	0.0000	0.0000	.0005	0.0000	.0146
A NG	27	28	0	1	0	56	.0065	.0067	0.0000	.0002	0.0000	.0134
IJ I	15102	847	4746	3011	0	23706	3.6089	.2024	1.1341	.7195	0.0000	5.6650

PHONEMES		FREQUENCY OF OCCURRENCE						PERCENTAGE OF FREQUENCY OF OCCURRENCE					
		TONE 1	TONE 2	TONE 3	TONE 4	TONE 5	SUM	TONE 1	TONE 2	TONE 3	TONE 4	TONE 5	SUM
IJ	A	535	235	91	500	0	1361	.1278	.0562	.0217	.1195	0.0000	.3252
IJ	O	8	0	0	0	0	8	.0019	0.0000	0.0000	0.0000	0.0000	.0019
IJ	EH	13	57	2439	1770	0	4279	.0031	.0136	.5828	.4230	0.0000	1.0225
IJ	AI	0	11	0	0	0	11	0.0000	.0026	0.0000	0.0000	0.0000	.0026
IJ	AU	237	265	56	3541	0	4099	.0566	.0633	.0134	.8462	0.0000	.9795
IJ	OU	188	2207	7391	1605	0	11391	.0449	.5274	1.7662	.3835	0.0000	2.7221
IJ	U	377	790	3878	1751	0	6796	.0901	.1888	.9267	.4184	0.0000	1.6240
W	A	111	30	87	14	0	242	.0265	.0072	.0208	.0033	0.0000	.0578
W	O	90	0	7461	107	0	7658	.0215	0.0000	1.7829	.0256	0.0000	1.8300
W	AI	21	0	0	1187	0	1208	.0050	0.0000	0.0000	.2837	0.0000	.2887
W	EI	210	2215	487	3301	0	6213	.0502	.5293	.1164	.7888	0.0000	1.4847
YJ	Y	11	1963	1427	1821	0	5222	.0026	.4691	.3410	.4352	0.0000	1.2479
SUM		71581	66674	86617	152686	40908	418466	17.1056	15.9330	20.6987	36.4871	9.7757	100.0000
AVERAGE		450.2	419.3	544.8	960.3	257.3	2631.862	.1076	.1002	.1302	.2295	.0615	.6289
STANDARD DEVIATION		1400.9	976.4	1096.2	1868.1	2324.7	4216.167	.3348	.2333	.2620	.4464	.5555	1.0075

TABLE 5.13 FREQUENCY AND PERCENT FREQUENCY DISTRIBUTION OF 3-PHONEME SYLLABLES

PHONEMES			FREQUENCY OF OCCURRENCE						PERCENTAGE OF FREQUENCY OF OCCURRENCE					
			TONE 1	TONE 2	TONE 3	TONE 4	TONE 5	SUM	TONE 1	TONE 2	TONE 3	TONE 4	TONE 5	SUM
B	A	N	761	0	443	996	0	2200	.2881	0.0000	.1677	.3771	0.0000	.8330
B	UH	N	39	0	1803	37	0	1879	.0148	0.0000	.6827	.0140	0.0000	.7115
B	A	NG	283	0	89	186	0	558	.1072	0.0000	.0337	.0704	0.0000	.2113
B	UH	NG	22	1	0	15	0	38	.0083	.0004	0.0000	.0057	0.0000	.0144
B	I	EH	0	644	0	1	0	645	0.0000	.2438	0.0000	.0004	0.0000	.2442
B	I	AU	168	0	912	2	0	1082	.0636	0.0000	.3453	.0008	0.0000	.4097
B	I	N	198	0	0	8	0	206	.0750	0.0000	0.0000	.0030	0.0000	.0780
B	I	NG	470	0	111	1385	0	1966	.1780	0.0000	.0420	.5244	0.0000	.7444
P	A	N	33	121	0	155	0	309	.0125	.0458	0.0000	.0587	0.0000	.1170
P	UH	N	48	83	0	8	0	139	.0182	.0314	0.0000	.0030	0.0000	.0526
P	A	NG	9	197	0	37	0	243	.0034	.0746	0.0000	.0140	0.0000	.0920
P	UH	NG	19	489	10	80	0	598	.0072	.1852	.0038	.0303	0.0000	.2264
P	I	EH	6	0	0	0	0	6	.0023	0.0000	0.0000	0.0000	0.0000	.0023
P	I	AU	73	2	37	363	0	475	.0276	.0008	.0140	.1374	0.0000	.1799
P	I	N	47	59	401	13	0	520	.0178	.0223	.1518	.0049	0.0000	.1969
P	I	NG	4	1176	0	0	0	1180	.0015	.4453	0.0000	0.0000	0.0000	.4468
M	A	N	0	43	372	336	0	751	0.0000	.0163	.1409	.1272	0.0000	.2844
M	UH	N	6	609	0	23	4325	4963	.0023	.2306	0.0000	.0087	1.6376	1.8792
M	A	NG	0	315	6	0	0	321	0.0000	.1193	.0023	0.0000	0.0000	.1215
M	UH	NG	0	202	86	173	0	461	0.0000	.0765	.0326	.0655	0.0000	.1746
M	I	EH	35	0	0	140	0	175	.0133	0.0000	0.0000	.0530	0.0000	.0663
M	I	AU	2	113	47	106	0	268	.0008	.0428	.0178	.0401	0.0000	.1015
M	I	N	0	1958	91	0	0	2049	0.0000	.7414	.0345	0.0000	0.0000	.7758
M	I	NG	0	2509	0	387	0	2896	0.0000	.9500	0.0000	.1465	0.0000	1.0965
F	A	N	137	330	428	732	0	1627	.0519	.1249	.1621	.2772	0.0000	.6160
F	UH	N	1472	35	121	607	0	2235	.5573	.0133	.0458	.2298	0.0000	.8462
F	A	NG	1886	789	236	580	0	3491	.7141	.2987	.0894	.2196	0.0000	1.3218
F	UH	NG	1210	63	0	135	0	1408	.4581	.0239	0.0000	.0511	0.0000	.5331
D	A	N	483	0	42	1498	0	2023	.1829	0.0000	.0159	.5672	0.0000	.7660
D	A	NG	1037	0	173	78	0	1288	.3926	0.0000	.0655	.0295	0.0000	.4877
D	UH	EH	289	0	1234	51	0	1574	.1094	0.0000	.4672	.0193	0.0000	.5960
D	I	AU	279	169	0	0	0	448	.1056	.0640	0.0000	0.0000	0.0000	.1696
D	I	NG	26	0	0	429	0	455	.0098	0.0000	0.0000	.1624	0.0000	.1723
D	I	AU	146	0	125	1441	0	1712	.0553	0.0000	.0473	.5456	0.0000	.6482
D	U	NG	2159	142	121	36	0	2458	.8175	.0538	.0458	.0136	0.0000	.9307
D	W	EI	61	0	0	1880	0	1941	.0231	0.0000	0.0000	.7118	0.0000	.7349
D	U	N	95	0	5	219	0	319	.0360	0.0000	.0019	.0829	0.0000	.1208
D	U	NG	1711	0	60	1604	0	3375	.6478	0.0000	.0227	.6073	0.0000	1.2779
T	A	N	85	467	99	174	0	825	.0322	.1768	.0375	.0659	0.0000	.3124
T	A	NG	46	411	54	31	0	542	.0174	.1556	.0204	.0117	0.0000	.2052
T	UH	NG	0	102	0	0	0	102	0.0000	.0386	0.0000	0.0000	0.0000	.0386
T	I	EH	74	0	675	0	0	749	.0280	0.0000	.2556	0.0000	0.0000	.2836
T	I	AU	37	852	3	228	0	1120	.0140	.3226	.0011	.0863	0.0000	.4241
T	I	NG	825	515	73	0	0	1413	.3124	.1950	.0276	0.0000	0.0000	.5350
T	W	O	184	61	15	32	0	292	.0697	.0231	.0057	.0121	0.0000	.1106

PHONEMES	FREQUENCY OF OCCURRENCE					SUM	PERCENTAGE OF FREQUENCY OF OCCURRENCE					SUM
	TONE 1	TONE 2	TONE 3	TONE 4	TONE 5		TONE 1	TONE 2	TONE 3	TONE 4	TONE 5	
T W EI	255	4	62	170	0	491	.0966	.0015	.0235	.0644	0.0000	.1859
T U N	39	25	3	0	0	67	.0148	.0095	.0011	0.0000	0.0000	.0254
T U NG	802	2066	690	152	0	3710	.3037	.7823	.2613	.0576	0.0000	1.4047
N A N	0	1969	4	67	0	2040	0.0000	.7455	.0015	.0254	0.0000	.7724
N UH N	0	0	0	61	0	61	0.0000	0.0000	0.0000	.0231	0.0000	.0231
N A NG	0	14	0	0	0	14	0.0000	.0053	0.0000	0.0000	0.0000	.0053
N UH NG	0	1710	0	0	0	1710	0.0000	.6475	0.0000	0.0000	0.0000	.6475
N I EH	7	0	0	17	0	24	.0027	0.0000	0.0000	.0064	0.0000	.0091
N I AU	0	0	255	14	0	269	0.0000	0.0000	.0966	.0053	0.0000	.1019
N I N	0	120	0	0	0	120	0.0000	.0454	0.0000	0.0000	0.0000	.0454
N I NG	0	234	0	4	0	238	0.0000	.0886	0.0000	.0015	0.0000	.0901
N I O	0	70	0	69	0	139	0.0000	.0265	0.0000	.0261	0.0000	.0526
N W O NG	0	416	0	81	0	497	0.0000	.1575	0.0000	.0307	0.0000	.1882
N U EH	0	0	0	20	0	20	0.0000	0.0000	0.0000	.0076	0.0000	.0076
N Y A N	0	434	136	77	0	647	0.0000	.1643	.0515	.0292	0.0000	.2450
L A NG	0	151	43	88	0	282	0.0000	.0572	.0163	.0333	0.0000	.1068
L UH N	0	0	208	4	0	220	0.0000	0.0000	.0788	.0015	0.0000	.0833
L UH NG	0	0	8	0	0	20	0.0000	0.0000	.0030	0.0000	0.0000	.0076
L I A	0	0	0	20	0	20	0.0000	0.0000	0.0000	.0076	0.0000	.0076
L I EH	0	0	0	610	0	610	0.0000	0.0000	0.0000	.2310	0.0000	.2310
L I AU	0	352	141	457	0	950	0.0000	.1333	.0534	.1730	0.0000	.3597
L I N	0	1082	6	7	0	1095	0.0000	.4097	.0023	.0027	0.0000	.4146
L I NG	0	416	430	446	0	1292	0.0000	.1575	.1628	.1689	0.0000	.4892
L I O	0	411	2	351	0	770	0.0000	.1556	.0008	.1329	0.0000	.2915
L W O	6	585	0	483	0	1068	.0023	.2215	0.0000	.1829	0.0000	.4044
L U N	0	456	38	6	0	500	0.0000	.1727	.0144	.0023	0.0000	.1893
L U NG	0	0	0	125	0	125	0.0000	0.0000	0.0000	.0473	0.0000	.0473
L Y EH	0	1	0	0	0	1	0.0000	.0004	0.0000	0.0000	0.0000	.0004
L Y N	626	0	727	163	0	1516	.2370	0.0000	.2753	.0617	0.0000	.5740
G A N	1016	0	0	0	0	1016	.3847	0.0000	0.0000	0.0000	0.0000	.3847
G UH N	414	0	349	19	0	782	.1568	0.0000	.1321	.0072	0.0000	.2961
G A NG	139	0	5	486	0	630	.0526	0.0000	.0019	.1840	0.0000	.2385
G UH NG	137	0	12	127	0	276	.0519	0.0000	.0045	.0481	0.0000	.1045
G W A	80	6707	955	1791	0	9533	.0303	2.5395	.3616	.6781	0.0000	3.6095
G W AI	16	9	0	169	0	194	.0061	.0034	0.0000	.0640	0.0000	.0735
G W EI	440	0	108	325	0	873	.1666	0.0000	.0409	.1231	0.0000	.3305
G U N	0	0	59	19	0	78	0.0000	0.0000	.0223	.0072	0.0000	.0295
G U NG	3804	0	24	986	0	4814	1.4403	0.0000	.0091	.3733	0.0000	1.8227
K A N	93	0	55	1976	0	2124	.0352	0.0000	.0208	.7482	0.0000	.8042
K UH N	0	0	174	0	0	174	0.0000	0.0000	.0659	0.0000	0.0000	.0659
K A NG	251	2	0	273	0	526	.0950	.0008	0.0000	.1034	0.0000	.1992
K UH NG	33	0	0	0	0	33	.0125	0.0000	0.0000	0.0000	0.0000	.0125
K W A	14	0	3	24	0	41	.0053	0.0000	.0011	.0091	0.0000	.0155
K W O	0	0	0	204	0	204	0.0000	0.0000	0.0000	.0772	0.0000	.0772
K W AI	0	0	0	986	0	986	0.0000	0.0000	0.0000	.3733	0.0000	.3733
K W EI	34	52	8	44	0	138	.0129	.0197	.0030	.0167	0.0000	.0523
K U N	82	0	19	99	0	200	.0310	0.0000	.0072	.0375	0.0000	.0757
K U NG	826	0	220	82	0	1128	.3128	0.0000	.0833	.0310	0.0000	.4271
H A N	4	397	127	3999	0	4527	.0015	.1503	.0481	1.5142	0.0000	1.7141
H UH N	0	15	2124	94	0	2233	0.0000	.0057	.8042	.0356	0.0000	.8455
H A NG	0	388	0	0	0	388	0.0000	.1469	0.0000	0.0000	0.0000	.1469
H UH NG	19	241	0	14	0	274	.0072	.0913	0.0000	.0053	0.0000	.1037

PHONEMES			FREQUENCY OF OCCURRENCE						PERCENTAGE OF FREQUENCY OF OCCURRENCE					
			TONE 1	TONE 2	TONE 3	TONE 4	TONE 5	SUM	TONE 1	TONE 2	TONE 3	TONE 4	TONE 5	SUM
H	W	A	690	1090	0	2050	0	3830	.2613	.4127	0.0000	.7762	0.0000	1.4502
H	W	O	0	802	756	1079	1	2638	0.0000	.3037	.2862	.4085	.0004	.9988
H	W	AI	0	156	0	200	0	356	0	.0591	0.0000	.0757	0.0000	.1348
H	W	EI	369	1002	183	3246	0	4800	.1397	.3794	.0693	1.2290	0.0000	1.8174
H	U	N	81	53	38	27	0	199	.0307	.0201	.0144	.0102	0.0000	.0753
H	U	NG	54	486	2	1	0	543	.0204	.1840	.0008	.0004	0.0000	.2056
J	I	A	4108	47	349	414	0	4918	1.5554	.0178	.1321	.1568	0.0000	1.8621
J	I	EH	887	1150	671	986	0	3694	.3358	.4354	.2541	.3733	0.0000	1.3987
J	I	AU	856	15	504	3076	0	4451	.3241	.0057	.1908	1.1647	0.0000	1.6853
J	I	N	1757	368	0	1907	0	4032	.6653	.1393	0.0000	.7221	0.0000	1.5267
J	I	NG	2330	0	362	1113	0	3805	.8822	0.0000	.1371	.4214	0.0000	1.4407
J	Y	EH	2	980	0	0	0	982	.0008	.3711	0.0000	0.0000	0.0000	.3718
J	Y	N	1198	0	0	180	0	1378	.4536	0.0000	0.0000	.0682	0.0000	.5218
Q	I	A	0	0	1	37	0	38	0.0000	0.0000	.0004	.0140	0.0000	.0144
Q	I	EH	36	23	393	247	0	699	.0136	.0087	.1488	.0935	0.0000	.2647
Q	I	AU	50	334	100	15	0	499	.0189	.1265	.0379	.0057	0.0000	.1889
Q	I	N	804	303	8	1	0	1116	.3044	.1147	.0030	.0004	0.0000	.4226
Q	I	NG	1271	784	540	186	0	2781	.4812	.2968	.2045	.0704	0.0000	1.0530
Q	Y	EH	80	0	0	547	0	627	.0303	0.0000	0.0000	.2071	0.0000	.2374
X	Y	N	0	233	0	0	0	233	0	.0882	0.0000	0.0000	0.0000	.0882
X	I	A	37	228	1110	2550	0	2815	.0140	.0863	0.0000	.9655	0.0000	1.0659
X	I	EH	1110	322	2541	276	0	2818	.4203	.1219	.4203	.1045	0.0000	1.0670
X	I	AU	484	2	0	2455	0	5482	.1833	.0008	.9621	.9295	0.0000	2.0757
X	I	N	2391	0	0	451	0	2842	.9053	0.0000	0.0000	.1708	0.0000	1.0761
X	I	NG	1083	2446	84	859	0	4472	.4101	.9261	.0318	.3252	0.0000	1.6933
X	Y	EH	18	3313	155	81	0	3567	.0068	1.2544	.0587	.0307	0.0000	1.3506
X	Y	N	30	169	0	516	0	715	.0114	.0640	0.0000	.1954	0.0000	.2707
ZH	A	N	45	0	293	1188	0	1526	.0170	0.0000	.1109	.4498	0.0000	.5778
ZH	UH	N	1013	0	38	460	0	1511	.3836	0.0000	.0144	.1742	0.0000	.5721
ZH	A	NG	772	0	1180	184	0	2136	.2923	0.0000	.4468	.0697	0.0000	.8088
ZH	UH	NG	571	0	268	2261	0	3100	.2162	0.0000	.1015	.8561	0.0000	1.1738
ZH	W	A	81	0	0	4	0	85	.0307	0.0000	0.0000	.0015	0.0000	.0322
ZH	W	O	238	107	0	0	0	345	.0901	.0405	0.0000	0.0000	0.0000	.1306
ZH	W	AI	1	0	0	0	0	1	.0004	0.0000	0.0000	0.0000	0.0000	.0004
ZH	W	EI	107	0	0	14	0	121	.0405	0.0000	0.0000	.0053	0.0000	.0458
ZH	U	N	0	0	303	0	0	303	0.0000	0.0000	.1147	0.0000	0.0000	.1147
ZH	U	NG	4406	0	1512	1239	0	7157	1.6683	0.0000	.5725	.4691	0.0000	2.7099
CH	A	N	2	33	616	12	0	663	.0008	.0125	.2332	.0045	0.0000	.2510
CH	UH	N	5	644	28	0	0	677	.0019	.2438	.0106	0.0000	0.0000	.2563
CH	A	NG	129	2327	134	426	0	3016	.0488	.8811	.0507	.1613	0.0000	1.1420
CH	UH	NG	372	3214	8	43	0	3637	.1409	1.2169	.0030	.0163	0.0000	1.3771
CH	W	O	7	0	0	5	0	12	.0027	0.0000	0.0000	.0019	0.0000	.0045
CH	W	EI	121	71	0	0	0	192	.0458	.0269	0.0000	0.0000	0.0000	.0727
CH	U	N	317	43	4	0	0	364	.1200	.0163	.0015	0.0000	0.0000	.1378
CH	U	NG	342	462	5	0	0	809	.1295	.1749	.0019	0.0000	0.0000	.3063
SH	A	N	1378	0	134	243	0	1755	.5218	0.0000	.0507	.0920	0.0000	.6645
SH	UH	N	1104	361	179	123	0	1767	.4180	.1367	.0678	.0466	0.0000	.6690
SH	A	NG	549	0	71	4290	59	4969	.2079	0.0000	.0269	1.6243	.0223	1.8814
SH	UH	NG	3965	47	805	552	0	5369	1.5013	.0178	.3048	.2090	0.0000	2.0329
SH	W	A	102	0	16	0	0	118	.0386	0.0000	.0061	0.0000	0.0000	.0447
SH	W	O	2727	0	0	26	0	2753	1.0325	0.0000	0.0000	.0098	0.0000	1.0424

PHONEMES			FREQUENCY OF OCCURRENCE						PERCENTAGE OF FREQUENCY OF OCCURRENCE					
			TONE 1	TONE 2	TONE 3	TONE 4	TONE 5	SUM	TONE 1	TONE 2	TONE 3	TONE 4	TONE 5	SUM
SH	W	AI	36	0	2	75	0	113	.0136	0.0000	.0008	.0284	0.0000	.0428
SH	W	EI	0	4	1681	302	0	1987	0.0000	.0015	.6365	.1143	0.0000	.7523
SH	U	N	0	0	0	180	0	180	0.0000	0.0000	0.0000	.0682	0.0000	.0682
R	A	N	0	1323	142	0	0	1465	0.0000	.5009	.0538	0.0000	0.0000	.5547
R	A	NG	0	5694	87	942	0	6723	0.0000	2.1559	.0329	.3567	0.0000	2.5456
R	UH	NG	0	1	90	247	0	338	.0167	.0666	.0341	.0935	0.0000	.1280
R	UH	O	44	176	0	0	0	220	0.0000	0.0000	.0004	0.0000	0.0000	.0833
R	W	EI	0	0	0	231	0	231	0.0000	0.0000	.0030	.0875	0.0000	.0875
R	W	N	0	0	8	91	0	99	0.0000	0.0000	0.0000	.0345	0.0000	.0375
R	U	N	0	0	0	24	0	24	0.0000	0.0000	0.0000	.0091	0.0000	.0091
R	U	NG	0	680	0	0	0	680	0.0000	.2575	0.0000	0.0000	0.0000	.2575
R	A	N	1	23	0	98	0	122	.0004	.0087	0.0000	.0371	0.0000	.0462
Z	UH	NG	0	0	889	0	0	889	0.0000	0.0000	.3366	0.0000	0.0000	.3366
Z	A	N	66	0	0	184	0	250	.0250	0.0000	0.0000	.0697	0.0000	.0947
Z	UH	NG	256	0	0	54	0	310	.0969	0.0000	0.0000	.0204	0.0000	.1174
Z	W	EI	1	241	274	3966	0	4482	.0004	.0913	.1037	1.5017	0.0000	1.6970
Z	W	N	0	0	159	1397	0	1556	0.0000	0.0000	.0602	.5290	0.0000	.5892
Z	U	N	100	0	0	3	0	103	.0379	0.0000	0.0000	.0011	0.0000	.0390
Z	U	NG	269	0	815	63	0	1147	.1019	0.0000	.3086	.0239	0.0000	.4343
Z	A	N	549	231	47	19	0	846	.2079	.0875	.0178	.0072	0.0000	.3203
C	UH	N	1	0	0	0	0	1	.0004	0.0000	0.0000	0.0000	0.0000	.0004
C	UH	NG	91	101	0	0	0	192	.0345	.0382	0.0000	0.0000	0.0000	.0727
C	A	NG	0	365	0	0	0	365	0.0000	.1382	0.0000	0.0000	0.0000	.1382
C	W	O	20	0	0	243	0	263	.0076	0.0000	0.0000	.0920	0.0000	.0996
C	W	EI	22	0	0	84	0	106	.0083	0.0000	0.0000	.0318	0.0000	.0401
C	U	N	224	103	0	57	0	384	.0848	.0390	0.0000	.0216	0.0000	.1454
C	U	NG	109	1151	0	0	0	1260	.0413	.4358	0.0000	0.0000	0.0000	.4771
C	A	N	4007	0	31	96	0	4134	1.5172	0.0000	.0117	.0363	0.0000	1.5653
S	UH	N	121	0	0	0	0	121	.0458	0.0000	0.0000	0.0000	0.0000	.0458
S	A	NG	55	0	8	20	0	83	.0208	0.0000	.0030	.0076	0.0000	.0314
S	UH	NG	11	0	0	0	0	11	.0042	0.0000	0.0000	0.0000	0.0000	.0042
S	W	O	82	0	1663	0	0	1745	.0310	0.0000	.6297	0.0000	0.0000	.6607
S	W	EI	376	241	1	290	0	908	.1424	.0913	.0004	.1098	0.0000	.3438
S	U	N	127	0	83	0	0	210	.0481	0.0000	.0314	0.0000	0.0000	.0795
S	U	NG	197	0	13	511	0	721	.0746	0.0000	.0049	.1935	0.0000	.2730
IJ	EH	N	158	1395	692	392	0	2637	.0598	.5282	.2620	.1484	0.0000	.9985
IJ	I	N	1745	149	245	517	0	2656	.6607	.0564	.0928	.1958	0.0000	1.0057
IJ	A	NG	277	1265	555	1726	0	3823	.1049	.4790	.2101	.6535	0.0000	1.4475
IJ	I	NG	1240	462	341	380	0	2423	.4695	.1749	.1291	.1439	0.0000	.9174
W	A	N	595	938	488	540	0	2561	.2253	.3552	.1848	.2045	0.0000	.9697
W	UH	N	301	1220	44	1030	0	2595	.1140	.4619	.0167	.3900	0.0000	.9826
W	A	NG	25	740	445	560	0	1770	.0095	.2802	.1685	.2120	0.0000	.6702
W	UH	NG	74	0	1	0	0	75	.0280	0.0000	.0004	0.0000	0.0000	.0284
YJ	Y	EH	479	0	0	2119	0	2598	.1814	0.0000	0.0000	.8023	0.0000	.9837
YJ	Y	N	12	324	27	628	0	991	.0045	.1227	.0102	.2378	0.0000	.3752
SUM			73353	69225	37111	80033	4385	264107	27.7740	26.2110	14.0515	30.3032	1.6603	100.0000
AVERAGE			382.0	360.5	193.3	416.8	22.8	1375.557	.1447	.1365	.0732	.1578	.0086	.5208
STANDARD DEVIATION			783.7	829.8	396.1	761.3	311.3	1591.813	.2967	.3142	.1500	.2882	.1179	.6027

Table 5.14 See Table 5.6

I.D.	RANK	FREQ	P1	P2	P3	T
1	93	1457	B	A		1
2	388	437	B	A		1
3	540	296	B	A		1
4	2398	17	B	A		1
5	3427	4	B	A		1
6	3837	2	B	A		1
7	3838	2	B	A		1
8	4186	1	B	A		1
9	1833	37	B	A		1
10	2774	10	B	A		2
11	74	1692	B	A		3
12	275	607	B	A		4
13	1182	91	B	A		4
14	1739	42	B	A		4
15	2544	14	B	A		4
16	4187	1	B	A		4
17	4188	1	B	A		4
18	807	174	B	A		1
19	984	123	B	A		1
20	1577	51	B	A		1
21	2545	14	B	A		1
22	2923	8	B	A		1
23	3839	1	B	A		1
24	3839	1	B	A		1
25	883	148	B	O		2
26	1106	102	B	O		2
27	933	133	B	O		2
28	1566	52	B	O		2
29	933	3	B	O		2
30	1565	52	B	O		2
31	1904	34	B	O		2
32	1659	46	B	O		2
33	2361	18	B	O		2
34	2360	18	B	O		2
35	2643	11	B	O		3
36	3628	3	B	O		3
37	3840	1	B	O		3
38	3428	4	B	O		4
39	3840	1	B	O		4
40	3629	3	B	O		4
41	3842	2	B	O		4
42	3841	2	B	O		4
43	4189	1	B	O		4
44	3843	2	B	O		4
45	4190	1	B	O		2
46	683	217	B	O		4
47	3429	4	B	O		4
48	3630	3	B	O		2
49	251	662	B	AI		3
50	180	910	B	AI		3
51	1358	69	B	AI		3
52	1138	97	B	AI		4
53	851	160	B	AI		4
54	1050	110	B	EI		1
55	1050	2	B	EI		1
56	2247	19	B	EI		1
57	1717	43	B	EI		1
58	2326	19	B	EI		1
59	2247	4	B	EI		1
60	2924	8	B	EI		1
61	72	1696	B	EI		3
62	392	433	B	EI		4
63	218	754	B	EI		4
64	1443	61	B	EI		4
65	975	125	B	EI		4
66	2925	8	B	EI		4
67	1951	32	B	EI		4
68	3430	4	B	EI		4
69	3151	6	B	EI		1
70	3844	2	B	EI		1
71	3631	3	B	EI		1
72	4191	1	B	EI		1
73	554	285	B	AU		1
74	985	123	B	AU		1
75	3845	2	B	AU		1
76	3279	5	B	AU		1
77	3846	2	B	AU		2
78	2705	11	B	AU		2
79	2491	15	B	AU		2
80	411	403	B	AU		2
81	716	205	B	AU		2
82	1624	48	B	AU		2
83	1420	63	B	AU		3
84	1063	110	B	AU		3
85	184	891	B	AU		3
86	1162	94	B	AU		4
87	1086	106	B	AU		4
88	2644	12	B	AU		4
89	2327	19	B	AU		4
90	3847	2	B	AU		4
91	3632	3	B	AU		4
92	770	188	B	AN		4
93	372	453	B	AN		4
94	2109	26	B	AN		1
95	1359	69	B	AN		1
96	4192	1	B	AN		1
97	2157	24	B	AN		1
98	700		B	AN		3
99	697	212	B	AN		3
100	2851	9	B	AN		3
101	2775	10	B	AN		3
102	4193	1	B	AN		3
103	413	402	B	AN		4
104	332	495	B	AN		4
105	2289	20	B	AN		4
106	1431	62	B	AN		4
107	3633	3	B	AN		4
108	2594	13	B	AN		4
109	4194	1	B	AN		4
110	1803	39	B	UN		1
111	3634	3	B	UN		3
112	65	1800	B	UN		3
113	4195	1	B	UN		3
114	1853	36	B	EI		4
115	1432	62	B	ANG		4
116	726	202	B	ANG		4
117	2328	19	B	ANG		4
118	2191	23	B	ANG		4
119	1536	54	B	ANG		1
120	2645	12	B	ANG		1
121	2110	26	B	ANG		1
122	925	138	B	ANG		1
123	3635	3	B	ANG		1
124	2362	18	B	ANG		1
125	4196	1	B	ANG		1
126	3152	6	B	UNG		1
127	2450	16	B	UNG		2
128	4197	1	B	UNG		4
129	2492	15	B	UNG		1
130	1881	35	B	I		2
131	3848	2	B	I		1
132	1475	59	B	I		2
133	429	390	B	I		2
134	211	778	B	I		3
135	4198	1	B	I		3
136	1612	49	B	I		3
137	4199	1	B	I		3
138	708	208	B	I		4
139	483	344	B	I		4
140	1319	74	B	I		4
141	1183	91	B	I		4
142	1644	47	B	I		4
143	1537	54	B	I		4
144	2070	27	B	I		4
145	1905	34	B	I		4
146	2776	10	B	I		4
147	2493	15	B	I		4
148	3032	7	B	I		4
149	2926	8	B	I		4
150	3280	5	B	I		4

I.D.	RANK	FREQ	P1	P2	P3	T
151	3153	6	B	I		4
152	3432	4	B	I		4
153	3431	4	B	I		4
154	3637	3	B	I		4
155	3636	3	B	I		4
156	3850	2	B	I		4
157	3849	2	B	I		4
158	3852	2	B	I		4
159	3851	2	B	I		4
160	4201	1	B	I		4
161	4200	1	B	I		4
162	4202	1	B	I		4
163	259	644	B	I		2
164	4203	1	B	I	EH	1
165	3638	3	B	I	EH	1
166	832	165	B	I	AU	3
167	2451	16	B	I	AU	3
168	182	896	B	I	AU	4
169	3853	2	B	I	AU	1
170	472	355	B	I	AN	1
171	260	642	B	I	AN	1
172	4204	1	B	I	AN	1
173	2023	29	B	I	AN	3
174	3433	4	B	I	AN	1
175	2399	17	B	I	AN	3
176	4205	1	B	I	AN	3
177	264	635	B	I	AN	4
178	209	782	B	I	UN	4
179	1926	33	B	I	UN	4
180	316	526	B	I	UN	4
181	2852	9	B	I	UN	4
182	2158	24	B	I	UN	4
183	3033	7	B	I	UN	1
184	1374	67	B	I	UN	1
185	1139	97	B	I	UN	1
186	2248	7	B	I	UN	1
187	2248	14	B	I	UN	1
188	4206	1	B	I	UN	4
189	2646	12	B	I	UN	4
190	4207	1	B	I	UN	4
191	3034	7	B	I	UNG	4
192	459	368	B	I	UNG	1
193	1107	27	B	I	UNG	1
194	1107	75	B	I	UNG	1
195	1834	37	B	I	UNG	3
196	1783	40	B	I	UNG	3
197	3035	7	B	I	UNG	3
198	2249	21	B	I	UNG	3
199	3855	2	B	I	UNG	3
200	3854	2	B	I	UNG	3
201	3856	2	B	I	UNG	3
202	318	524	B	I	UNG	4
203	204	799	B	I	UNG	4
204	1995	30	B	I	UNG	4
205	1970	31	B	I	UNG	4
206	4208	1	B	I	UNG	4
207	1258	81	B	I	UNG	3
208	842	162	B	U		3
209	2706	11	B	U		3
210	1927	33	B	U		3
211	2927	8	B	U		3
212	91	1475	B	U		4
213	8	6634	B	U		4
214	417	400	B	U		4
215	297	558	B	U		4
216	986	123	B	U		4
217	958	130	B	U		4
218	2071	27	B	U		4
219	1764	41	B	U		4
220	4209	1	B	U		4
221	3857	2	B	U		4
222	3434	4	B	U		1
223	2707	11	B	A		1
224	1026	116	P	A		2
225	4210	1	P	A		2
226	3858	2	P	A		2
227	2494	15	P	A		2
228	653	228	P	A		4
229	1819	38	P	O		1
230	1344	70	P	O		1
231	2192	23	P	O		2
232	1176	92	P	O		2
233	2329	19	P	O		3
234	1364	68	P	O		4
235	654	228	P	O		4
236	3154	6	P	O		4
237	3036	7	P	O		1
238	979	124	P	AI		1
239	1538	54	P	AI		2
240	736	198	P	AI		2
241	3640	3	P	AI		2
242	3639	3	P	AI		2
243	4212	1	P	AI		4
244	4211	1	P	AI		4
245	4213	1	P	AI		1
246	701	210	P	AI		2
247	3859	2	P	EI		1
248	2928	8	P	EI		2
249	1928	33	P	EI		2
250	1345	70	P	EI		2
251	2929	8	P	EI		2
252	2219	22	P	EI		2
253	4214	1	P	EI		2
254	1375	67	P	EI		4
255	1097	104	P	EI		4
256	4215	1	P	EI		4
257	2647	12	P	EI		4
258	4216	1	P	AU		1
259	2648	12	P	AU		1
260	3860	2	P	AU		2
261	2853	9	P	AU		2
262	489	340	P	AU		3
263	1283	20	P	AU		4
264	1283	45	P	AU		4
265	1512	56	P	AU		4
266	1283	13	P	AU		4
267	3861	2	P	AU		4
268	2649	12	P	OU		3
269	3155	6	P	AN		1
270	2072	27	P	AN		1
271	3862	2	P	AN		2
272	1009	119	P	AN		2
273	1539	54	P	AN		4
274	1284	78	P	AN		4
275	2854	9	P	AN		4
276	2708	11	P	AN		4
277	3641	3	P	AN		4
278	1625	48	P	AN		1
279	1243	83	P	UN		2
280	2930	8	P	UN		4
281	3435	4	P	ANG		1
282	3281	5	P	ANG		1
283	2495	15	P	ANG		2
284	867	154	P	ANG		2
285	2777	10	P	ANG		2
286	2595	13	P	ANG		2
287	3282	5	P	ANG		2
288	1835	37	P	ANG		4
289	2709	11	P	UNG		1
290	3037	7	P	UNG		1
291	4217	1	P	UNG		1
292	1996	30	P	UNG		2
293	414	402	P	UNG		2
294	2452	16	P	UNG		2
295	2330	19	P	UNG		2
296	3038	7	P	UNG		2
297	2710	11	P	UNG		2
298	3864	2	P	UNG		2
299	3863	2	P	UNG		2
300	2778	10	P	UNG		3

I.D.	RANK	FREQ	P1	P2	P3	T
301	1266	80	P	UNG		4
302	1971	31	P	I		1
303	1306	76	P	I		1
304	2650	12	P	I		1
305	2331	19	P	I		1
306	3436	4	P	I		1
307	2931	8	P	I		1
308	3642	3	P	I		1
309	3437		P	I		1
310	1765	41	P	I		2
311	481	346	P	I		2
312	2711	11	P	I		2
313	2596	13	P	I		2
314	3644		P	I		2
315	3643	3	P	I		2
316	3865	1	P	I		2
317	3865	1	P	I		2
318	4218		P	I		2
319	2932	8	P	I		2
320	2779	10	P	I		2
321	3867	2	P	I		3
322	3866	2	P	I		3
323	4219	1	P	I		3
324	2250	21	P	I	EH	4
325	2159	24	P	I	EH	4
326	3039	7	P	I	AU	4
327	2780	10	P	I	AU	4
328	3868		P	I	AU	1
329	3438	4	P	I	AU	1
330	3868		P	I	AU	1
331	2651	12	P	I	AU	1
332	1444	61	P	I	AN	1
333	4222	1	P	I	AN	2
334	4221		P	I	AN	2
335	4223		P	I	AN	3
336	1854	36	P	I	AN	4
337	2193	23	P	I	AN	1
338	490	340	P	I	UN	1
339	1660	46	P	I	UN	1
340	987	123	P	I	UN	2
341	2652	12	P	I	UN	2
342	2194	23	P	I		4
343	2050	28	P	I		4
344	476	352	P	I		1
345	2453	16	P	I		2
346	1645	47	P	I		2
347	2933	8	P	I		2
348	1696	44	P	I		3
349	3040	7	P	I		3
350	415	401	P	I		

I.D.	RANK	FREQ	P1	P2	P3	T
351	2597	13	P	I	UN	4
352	3439	4	P	I	UNG	1
353	1445	61	P	I	UNG	2
354	165	964	P	I	UNG	2
355	1697	44	P	I	UNG	2
356	1661	46	P	I	UNG	2
357	2363	18	P	I	UNG	2
358	1997	30	P	I	UNG	2
359	3156	6	P	I	UNG	2
360	3041	7	P	I	UNG	2
361	2496	15	P	I		1
362	1513	56	P	I		1
363	3440	4	P	U		2
364	2332	19	P	U		2
365	1662	46	P	U		2
366	2855	9	P	U		2
367	2333	19	P	U		2
368	4224	1	P	U		2
369	3042	7	P	U		2
370	4226	1	P	U		2
371	4225	2	P	U		2
372	1540	54	P	U		3
373	824	168	P	U		3
374	2856	9	P	U		3
375	2546	14	P	U		3
376	3869	2	P	U		3
377	1998	24	P	U		4
378	1998	6	P	U		4
379	3441	4	P	U		4
380	3043	7	P	U		4
381	3442	4	M	A		1
382	148	1043	M	A		1
383	2454	16	M	A		1
384	817	170	M	A		1
385	3645	3	M	A		2
386	3283	5	M	A		2
387	4227	1	M	A		3
388	3646	3	M	A		4
389	1784	40	M	A		1
390	282	598	M	A		1
391	1855	36	M	A		2
392	1836	37	M	A		2
393	1220	86	M	A		3
394	508	321	M	A		3
395	3443	4	M	A		4
396	4228	1	M	O		5
397	1285	78	M	O		5
398	1184	91	M	O		1
399	1015	118	I	O		2
400	1882	35	M	O		2

I.D.	RANK	FREQ	P1	P2	P3	T
401	1718	43	M	O		2
402	3044	7	M	O		2
403	2653	12	M	O		2
404	3870	2	M	O		2
405	3647	3	M	O		2
406	4229	1	M	O		3
407	2400	17	M	O		4
408	1199	88	M	O		4
409	1163	94	M	O		4
410	1390	65	M	O		4
411	1294	77	M	O		4
412	1766	41	M	O		4
413	1626	48	M	O		4
414	1952	32	M	O		4
415	1906	34	M	O		4
416	2654	12	M	O		4
417	2547	14	M	O		4
418	3548	3	M	O		4
419	3444	4	M	O		4
420	4230	1	M	O		4
421	3871	2	M	O		4
422	55	1998	M	UH		1
423	4231	1	M	AI		2
424	1740	42	M	AI		2
425	550	288	M	AI		3
426	889	147	M	AI		4
427	843	162	M	AI		4
428	4232	1	M	AI		4
429	2073	27	M	AI		4
430	1058	111	M	EI		2
431	108	1332	M	EI		2
432	1837	37	M	EI		2
433	1487	58	M	EI		2
434	1953	32	M	EI		2
435	1856	36	M	EI		2
436	2781	10	M	EI		2
437	2655	12	M	EI		2
438	3649	3	M	EI		2
439	3045	7	M	EI		3
440	3872	2	M	EI		3
441	171	933	M	EI		3
442	80	1548	M	EI		4
443	4233	1	M	EI		4
444	3046	7	M	EI		4
445	501	326	M	EI		4
446	3873	2	M	EI		4
447	3650	3	M	EI		4
448	3875	2	M	EI		4
449	3874	1	M	EI		4
450	4234		M	EI		4

I.D.	RANK	FREQ	P1	P2	P3	T
451	1189	90	M	AU		1
452	2290	20	M	AU		2
453	573	274	M	AU		2
454	3445	4	M	AU		2
455	1578	51	M	AU		2
456	1514	56	M	AU		4
457	1907	34	M	AU		4
458	1767	41	M	AU		4
459	4235	1	M	AU		4
460	2074	27	M	AU		4
461	3876	2	M	OU		4
462	1327	73	M	OU		2
463	3877	2	M	OU		2
464	1613	49	M	OU		2
465	2364	18	M	AN		3
466	2291	20	M	AN		2
467	3284	5	M	AN		2
468	454	372	M	AN		2
469	1391	65	M	AN		3
470	659	226	M	AN		4
471	2934	8	M	AN		4
472	1999	30	M	AN		4
473	3651	3	M	AN		4
474	3446	6	M	AN		4
475	3157	1	M	UN		1
476	274	609	M	UN		2
477	4236	1	M	UN		4
478	2220	22	M	UN		4
479	16	4325	M	UN		5
480	2000	30	M	ANG		2
481	620	244	M	ANG		2
482	2656	12	M	ANG		2
483	2251	21	M	ANG		2
484	2935	8	M	ANG		2
485	3158	6	M	ANG		3
486	1596	50	M	UNG		2
487	937	135	M	UNG		2
488	3448	4	M	UNG		2
489	3447	4	M	UNG		2
490	3878	2	M	UNG		2
491	3652	3	M	UNG		2
492	3880	2	M	UNG		2
493	3879	2	M	UNG		3
494	3285	5	M	UNG		3
495	1295	77	M	UNG		3
496	3449	4	M	UNG		4
497	1248	82	M	UNG		4
498	1185	91	M	I		1
499	3881	2	M	I		1
500	2548	14	M	I		1

I.D.	RANK	FREQ	P1	P2	P3	T
501	2598	13	M	I		2
502	1627	48	M	I		2
503	3286	5	M	I		2
504	3159	6	M	I		2
505	3882	2	M	I		2
506	3653	3	M	I		2
507	559	281	M	I		3
508	4238	1	M	I		3
509	4237	1	M	I		3
510	1080	28	M	I		4
511	660	226	M	I		4
512	1081	107	M	I		4
513	1080	79	M	I		4
514	3450	4	M	I		4
515	2221	22	M	I	EH	2
516	3883	2	M	I	EH	2
517	1883	35	M	I	EH	2
518	2936	8	M	I	AU	3
519	947	132	M	I	AU	2
520	3884	2	M	I	AU	2
521	2111	26	M	I	AU	2
522	1249	82	M	I	AU	3
523	3287	5	M	I	AU	2
524	2937	8	M	I	AU	4
525	1838	37	M	I	AU	4
526	3885	2	M	I	AU	4
527	1768	41	M	I	AU	1
528	1392	65	M	I	AN	2
529	1785	40	M	I	AN	4
530	737	198	M	I	AN	5
531	2024	10	M	I	AN	2
532	2024	19	M	I	AN	2
533	1541	54	M	I	AN	2
534	781	184	M	I	AN	2
535	3654	3	M	I	AN	2
536	1884	35	M	I	AN	3
537	4239	1	M	I	AN	2
538	1393	45	M	I	AN	2
539	66	1800	M	I	AN	2
540	1393	200	M	I	AN	4
541	2857	9	M	I	UN	4
542	59	1949	M	I	UN	4
543	1972	31	M	I	UN	4
544	1820	38	M	I	UN	2
545	3047	7	M	I	UN	2
546	2938	8	M	I	UN	3
547	4240	1	M	I	UN	3
548	3451	4	M	I	UN	3
549	4242	1	M	I	UN	3
550	4241	1	M	I	UN	3

I.D.	RANK	FREQ	P1	P2	P3	T
551	141	1082	M	I	UNG	2
552	101	1389	M	I	UNG	2
553	2549	14	M	I	UNG	2
554	2497	15	M	I	UNG	2
555	3655	3	M	I	UNG	2
556	3160	6	M	I	UNG	2
557	431	387	M	I	UNG	4
558	2782	10	M	I		2
559	1528	55	M	U		3
560	287	576	M	U		3
561	2783	10	M	U		3
562	2657	12	M	U		3
563	3161	6	M	U		3
564	383	443	M	U		4
565	348	481	M	U		4
566	1365	68	M	U		4
567	1229	85	M	U		4
568	2112	26	M	U		4
569	1929	33	M	U		4
570	2784	10	M	U		4
571	2498	15	M	U		4
572	3288	5	M	U		4
573	3048	7	M	U		4
574	4243	1	M	U		4
575	3886	2	M	U		1
576	1646	47	M	U		2
577	73	1696	M	A		2
578	2365	18	M	A		2
579	1515	56	M	A		3
580	2939	8	M	A		4
581	2550	14	M	A		4
582	3452	4	M	A		4
583	1446	61	F	A		2
584	88	1505	F	A		1
585	3887	2	F	A		1
586	640	236	F	O		2
587	1169	93	F	EI		1
588	355	474	F	EI		1
589	230	735	F	EI		1
590	2785	10	F	EI		1
591	1408	64	F	EI		1
592	2858	9	F	EI		2
593	4244	1	F	EI		3
594	818	170	F	EI		3
595	3453	4	F	EI		4
596	673	221	F	EI		4
597	3889	2	F	EI		4
598	635	237	F	EI		4
599	464	361	F	EI		4
600			F	EI		4

I.D.	RANK	FREQ	P1	P2	P3	T
601	2551	14	F	EI		4
602	1296	77	F	EI		4
603	4245	1	F	EI		4
604	1101	103	F	OU		3
605	1542	54	F	AN		1
606	1297	77	F	AN		1
607	4246	1	F	AN		1
608	3454	4	F	AN		1
609	4247	1	F	AN		1
610	1134	98	F	AN		2
611	1082	107	F	AN		2
612	1857	36	F	AN		2
613	1460	60	F	AN		2
614	2859	9	F	AN		2
615	2712	11	F	AN		2
616	3656	3	F	AN		2
617	3455	4	F	AN		2
618	3890	2	F	AN		2
619	1433	62	F	AN		3
620	460	366	F	AN		3
621	686	216	F	AN		3
622	418	396	F	AN		4
623	2051	28	F	AN		4
624	1741	42	F	AN		4
625	2499	15	F	AN		4
626	2292	20	F	AN		4
627	3289	5	F	AN		4
628	2786	10	F	AN		4
629	1108	102	F	AN		4
630	112	1303	F	UN		1
631	2940	8	F	UN		1
632	1628	48	F	UN		1
633	3657	3	F	UN		1
634	3049	7	F	UN		1
635	4248	1	F	UN		2
636	2713	11	F	UN		2
637	2500	15	F	UN		3
638	2860	9	F	UN		4
639	999	121	F	UN		4
640	693	213	F	UN		4
641	661	226	F	UN		4
642	1629	48	F	UN		4
643	1244	83	F	UN		4
644	3050	7	F	UN		4
645	2001	30	F	UN		1
646	2025	29	F	ANG		1
647	62	1854	F	ANG		1
648	3658	3	F	ANG		1
649	560	281	F	ANG		2
650	375	450	F	ANG		2

I.D.	RANK	FREQ	P1	P2	P3	T
651	2401	17	F	ANG		2
652	1858	36	F	ANG		2
653	3290	5	F	ANG		2
654	1614	49	F	ANG		3
655	893	146	F	ANG		3
656	2455	16	F	ANG		3
657	2293	20	F	ANG		3
658	4249	1	F	ANG		3
659	3456	4	F	ANG		3
660	285	580	F	ANG		4
661	717	205	F	ANG		1
662	268	623	F	UNG		1
663	953	129	F	UNG		1
664	945	133	F	UNG		1
665	1597	3	F	UNG		1
666	953	2	F	UNG		1
667	1930	33	F	UNG		1
668	1597	47	F	UNG		1
669	2861	9	F	UNG		1
670	2252	21	F	UNG		1
671	4250	1	F	UNG		1
672	3457	4	F	UNG		1
673	2222	22	F	UNG		1
674	1954	32	F	UNG		2
675	2862	9	F	UNG		2
676	1499	57	F	UNG		4
677	1461	60	F	UNG		4
678	3458	4	F	UNG		4
679	2552	14	F	UNG		4
680	1567	52	F	U		1
681	502	326	F	U		1
682	2863	9	F	U		1
683	3459	4	F	U		1
684	2002	30	F	U		1
685	3162	6	F	U		1
686	4251	1	F	U		1
687	529	304	F	U		2
688	366	459	F	U		2
689	1476	59	F	U		3
690	1067	109	F	U		4
691	1885	35	F	U		4
692	1543	54	F	U		4
693	2130	25	F	U		4
694	1908	34	F	U		4
695	2714	11	F	U		1
696	2501	15	F	U		1
697	3163	6	F	U		1
698	2787	10	F	U		2
699	3291	5	F	U		2
700	3164	6	F	U		2

I.D.	RANK	FREQ	P1	P2	P3	T
701	3659	3	F	U		2
702	3460	4	F	U		2
703	4252	1	F	U		2
704	3660	3	F	U		2
705	4254	1	F	U		2
706	4253	1	F	U		2
707	4256	1	F	U		2
708	4255	1	F	U		2
709	1190	90	F	U		3
710	323	514	F	U		3
711	2052	28	F	U		3
712	1462	60	F	U		3
713	2366	18	F	U		3
714	2294	20	F	U		3
715	3051	7	F	U		3
716	2658	12	F	U		3
717	4257	1	F	U		3
718	3891	2	F	U		3
719	591	262	F	U		3
720	256	652	F	U		4
721	773	187	F	U		4
722	595	260	F	U		4
723	948	132	F	U		4
724	844	162	F	U		4
725	1200	88	F	U		4
726	1164	94	F	U		4
727	1463	60	F	U		4
728	1421	63	F	U		4
729	1973	31	F	U		4
730	1821	38	F	U		4
731	2715	11	F	U		4
732	2659	12	F	U		4
733	2865	9	F	U		4
734	2864	9	F	U		4
735	4258	1	F	U		4
736	3892	2	F	U		1
737	1931	33	F	D		1
738	1679	45	F	D		1
739	4259	1	D	A		1
740	516	315	D	A		2
741	296	560	D	A		2
742	4260	1	D	A		2
743	3893	2	D	A		2
744	253	656	D	A		3
745	12	4810	D	A		2
746	146	1064	D	A		2
747	286	578	D	UH		5
748	187	873	D	UH		5
749	1	26738	D	UH		5
750	198	826	D	UH		5

I.D.	RANK	FREQ	P1	P2	P3	T
751	2941	8	D	AI		1
752	1786	40	D	AI		1
753	3461	4	D	AI		3
754	2075	27	D	AI		3
755	301	552	D	AI		4
756	262	637	D	AI		4
757	1127	99	D	AI		4
758	927	137	D	AI		4
759	1478	59	D	AI		4
760	1477	59	D	AI		4
761	2942	8	D	AI		4
762	2660	12	D	AI		4
763	4261	1	D	AI		4
764	3292	5	D	AI		4
765	4262	1	D	EI		3
766	1191	90	D	AU		1
767	3661	3	D	AU		1
768	1072	108	D	AU		3
769	964	129	D	AU		3
770	380	447	D	AU		3
771	3052	7	D	AU		3
772	2402	17	D	AU		3
773	3662	3	D	AU		3
774	155	1015	D	AU		4
775	21	3883	D	AU		4
776	980	124	D	AU		4
777	405	414	D	AU		4
778	2502	15	D	AU		4
779	1149	96	D	AU		4
780	2788	10	D	AU		4
781	2553	14	D	OU		1
782	3663	3	D	OU		1
783	42	2380	D	OU		3
784	2160	24	D	OU		3
785	1719	43	D	OU		3
786	3462	4	D	OU		3
787	1140	56	D	OU		4
788	1087	106	D	OU		4
789	4264	1	D	OU		4
790	1140	40	D	OU		4
791	2866	9	D	OU		4
792	2554	14	D	OU		4
793	3664	3	D	OU		4
794	3165	6	D	OU		4
795	1140	56	D	OU		4
796	1038	114	D	AN		1
797	616	246	D	AN		1
798	1059	9	D	AN		1
799	1059	102	D	AN		1
800	2789	2	D	AN		1
801	2789	2	D	AN		1
802	4265	1	D	AN		1
803	4264	1	D	AN		3
804	1787	4	D	AN		3
805	1787	36	D	AN		3
806	3894	2	D	AN		4
807	713	207	D	AN		4
808	175	928	D	AN		4
809	1194	89	D	AN		4
810	875	151	D	AN		4
811	1859	36	D	AN		4
812	1769	41	D	AN		4
813	2867	9	D	AN		4
814	2003	30	D	AN		4
815	3895	2	D	AN		4
816	3463	4	D	AN		4
817	4266	1	D	AN		4
818	2076	27	D	ANG		1
819	157	1006	D	ANG		1
820	3464	4	D	ANG		1
821	2113	26	D	ANG		3
822	903	143	D	ANG		3
823	4267	1	D	ANG		3
824	3665	3	D	ANG		4
825	2004	30	D	ANG		4
826	1839	37	D	ANG		4
827	3896	2	D	ANG		4
828	3053	7	D	ANG		4
829	3897	2	D	ANG		4
830	677	219	D	UNG		1
831	677	69	D	UNG		1
832	1360	1234	D	UNG		3
833	118	4	D	UNG		3
834	2555	16	D	UNG		4
835	2456	5	D	UNG		4
836	3293	5	D	UNG		4
837	3054	3	D	UNG		4
838	3666	5	D	UNG		4
839	3294	1	D	UNG		4
840	4268	44	D	UNG		4
841	1698	176	D	I		1
842	799	103	D	I		1
843	4269	141	D	I		1
844	988	97	D	I		2
845	912	129	D	I		2
846	2253	20	D	I		2
847	988	21	D	I		2
848	2790	10	D	I		2
849	2254	2	D	I		2
850	3898	2	D	I		2
851	3295	5	D	I		2
852	4270	1	D	I		2
853	890	147	D	I		3
854	820	169	D	I		3
855	3166	6	D	I		3
856	2791	10	D	I		3
857	39	2517	D	I		4
858	33	2838	D	I		4
859	477	352	D	I		4
860	340	489	D	I		4
861	1932	33	D	I		4
862	1044	113	D	I		4
863	3055	7	D	I		4
864	2367	18	D	I		4
865	3465	4	D	I		4
866	566	279	D	I		1
867	1720	43	D	I	EH	2
868	1267	80	D	I	EH	2
869	3056	7	D	I	EH	2
870	2053	28	D	I	EH	2
871	3467	3	D	I	EH	2
872	3466	4	D	I	EH	2
873	4271	1	D	I	EH	2
874	3467	1	D	I	EH	2
875	4273	1	D	I	EH	2
876	4272	1	D	I	AU	1
877	3057	7	D	I	AU	1
878	2556	14	D	I	AU	4
879	3900	2	D	I	AU	4
880	3899	2	D	I	AU	4
881	4274	1	D	I	AU	4
882	854	157	D	I	AU	4
883	646	234	D	I	AU	4
884	2716	4	D	I	AU	4
885	2077	27	D	I	AU	4
886	2716	7	D	I	OU	1
887	1615	49	D	I	AN	1
888	3296	5	D	I	AN	1
889	2403	17	D	I	AN	1
890	4275	1	D	I	AN	3
891	160	4	D	I	AN	3
892	3297	991	D	I	AN	3
893	1177	5	D	I	AN	3
894	1141	92	D	I	AN	4
895	129	97	D	I	AN	4
896	1131	1131	D	I	AN	4
897	2334	19	D	I	AN	4
898	1770	41	D	I	AN	4
899	2792	10	D	I	AN	4
900	2404	17	D	I	AN	4

I.D.	RANK	FREQ	P1	P2	P3	T
901	3901	2	D	I	AN	4
902	2868	9	D	I	AN	4
903	4276	1	D	I	AN	4
904	3902		D	I	AN	4
905	1616	49	D	I	UNG	1
906	1380	66	D	I	UNG	1
907	4277		D	I	UNG	1
908	2005	30	D	I	UNG	3
909	3903	2	D	I	UNG	3
910	989	123	D	I	UNG	3
911	694	213	D	I	UNG	4
912	121	1205	D	I	UNG	4
913	3468		D	I	UNG	4
914	2335	19	D	I	UNG	4
915	1376	67	D	I	UNG	4
916	510	320	D	U	UNG	4
917	3058	7	D	U		1
918	847	161	D	U		1
919	391	434	D	U		1
920	959	130	D	U		2
921	2943		D	U		2
922	2026	29	D	U		2
923	3167	6	D	U		3
924	2943	4	D	U		3
925	3469		D	U		3
926	1068	109	D	U		4
927	212	775	D	U		4
928	1516	56	D	U		4
929	1422	63	D	U		4
930	2557		D	U		4
931	2557	10	D	U		4
932	3904	2	D	U		4
933	49	2159	D	U	O	1
934	1423		D	U	O	2
935	1286	78	D	U	O	2
936	4278	1	D	U	O	2
937	1488	58	D	U	O	3
938	1424	63	D	U	O	4
939	2717	11	D	U	O	4
940	2661	12	D	U	O	4
941	3905		D	U	O	4
942	2944	8	D	U	O	4
943	4279	1	D	U	O	4
944	3906	2	D	U	EI	1
945	1447	61	D	U	EI	4
946	427	392	D	U	EI	4
947	90	1483	D	U	EI	4
948	3298	5	D	U	AN	1
949	764	190	D	U	AN	3
950	884	148	D	U	AN	3

I.D.	RANK	FREQ	P1	P2	P3	T
951	967	127	D	U	AN	4
952	871	152	D	U	AN	4
953	1804	7	D	U	AN	4
954	1804	32	D	U	AN	4
955	2161	24	D	U	AN	4
956	2405	17	D	U	AN	1
957	1287	78	D	U	AN	1
958	3299		D	U	UN	1
959	2223	22	D	U	UN	3
960	782	184	D	U	UN	4
961	3667	3	D	U	UN	4
962	3168	6	D	U	UN	4
963	4280	1	D	U	UN	4
964	3907	2	D	U	UN	4
965	4281		D	U	UN	4
966	885	148	D	U	UN	1
967	84	1535	D	U	UNG	1
968	3908		D	U	UNG	1
969	2131	25	D	U	UNG	2
970	4282	1	D	U	UNG	2
971	2558	14	D	U	UNG	2
972	1663	46	D	U	UNG	3
973	1051	112	D	U	UNG	3
974	94	1455	D	U	UNG	3
975	2945	8	D	U	UNG	4
976	2132	25	D	U	UNG	4
977	3470	4	D	U	UNG	4
978	10	792	D	U	UNG	4
979	4505		T	A		1
980	205	799	T	A		1
981	10	368	T	A		1
982	2599	13	T	A		1
983	1238	84	T	A		2
984	3300	5	T	A		2
985	1298	77	T	A		3
986	4283	1	T	A		4
987	3909	2	T	A		4
988	4284		T	UH		4
989	328	499	T	AI		1
990	2503	15	T	AI		2
991	636	237	T	AI		2
992	177	923	T	AI		2
993	1517	47	T	AI		2
994	4285	9	T	AI		4
995	2336	131	T	AI		4
996	954	1005	T	AI		4
997	158	7	T	AI		4
998	3059	129	T	AI		1
999						
1000	965					

I.D.	RANK	FREQ	P1	P2	P3	T
1001	3169	6	T	AU		1
1002	2600	13	T	AU		1
1003	3668	3	T	AU		1
1004	3301	5	T	AU		2
1005	1142	97	T	AU		2
1006	1064	110	T	AU		2
1007	1630	48	T	AU		2
1008	1334	72	T	AU		2
1009	3302	5	T	AU		2
1010	3060	7	T	AU		2
1011	4286	1	T	AU		3
1012	393	433	T	AU		3
1013	1276	79	T	AU		4
1014	1909	34	T	AU		5
1015	990	123	T	OU		1
1016	714	206	T	OU		2
1017	164	980	T	OU		2
1018	1221	86	T	OU		4
1019	2195	23	T	AN		1
1020	1805	39	T	AN		1
1021	4287	1	T	AN		1
1022	2224	22	T	AN		1
1023	1201	88	T	AN		2
1024	581	271	T	AN		2
1025	2078	27	T	AN		2
1026	1742	42	T	AN		2
1027	2793	10	T	AN		2
1028	2504	15	T	AN		2
1029	3471	3	T	AN		2
1030	2869	9	T	AN		2
1031	4288	1	T	AN		3
1032	3471	1	T	AN		3
1033	2505	15	T	AN		3
1034	1250	82	T	AN		4
1035	3910	2	T	AN		4
1036	1518	56	T	AN		4
1037	1886	35	T	AN		4
1038	2054	7	T	AN		4
1039	1529	55	T	AN		4
1040	2054	21	T	AN		4
1041	4289	1	T	AN		1
1042	1680	45	T	AN		2
1043	1098	104	T	ANG		2
1044	855	157	T	ANG		2
1045	1771	41	T	ANG		2
1046	1157	95	T	ANG		2
1047	3304	5	T	ANG		2
1048	3303	5	T	ANG		2
1049	3912	2	T	ANG		2
1050	3911	2	T	ANG		2

I.D.	RANK	FREQ	P1	P2	P3	T
1051	2662	12	T	ANG		3
1052	1788	40	T	ANG		3
1053	4291	1	T	ANG		3
1054	4290	1	T	ANG		3
1055	2794	10	T	ANG		4
1056	2255	21	T	ANG		4
1057	2162	24	T	ANG		4
1058	1361	69	T	UNG		2
1059	3669	3	T	UNG		2
1060	3305	5	T	UNG		2
1061	4292	1	T	UNG		2
1062	2295	20	T	I		1
1063	1598	50	T	I		1
1064	4293	1	T	I		1
1065	409	409	T	I		2
1066	229	738	T	I		2
1067	1464	56	T	I		2
1068	1464	17	T	I		2
1069	2406	27	T	I		2
1070	2079		T	I		2
1071	4294	1	T	I		2
1072	178	921	T	I		3
1073	178	921	T	I		3
1074	2946	8	T	I		4
1075	815	172	T	I		4
1076	2948	8	T	I		4
1077	2947	8	T	I		4
1078	3472	4	T	I		4
1079	3306	5	T	I		4
1080	4295	1	T	I		4
1081	3913	2	T	I		4
1082	2870	9	T	I	EH	1
1083	1394	65	T	I	EH	1
1084	250	3	T	I	EH	3
1085	250	666	T	I	EH	3
1086	3170	6	T	I	EH	3
1087	4296	1	T	I	AU	1
1088	1860	36	T	I	AU	2
1089	1121	100	T	I	AU	2
1090	231	734	T	I	AU	2
1091	2368	18	T	I	AU	2
1092	4297	1	T	I	AU	3
1093	3914	2	T	I	AU	4
1094	3171	6	T	I	AN	4
1095	670	222	T	I	AN	1
1096	2196	23	T	I	AN	2
1097	28	3280	T	I	AN	2
1098	1320	74	T	I	AN	3
1099	535	300	T	I	AN	3
1100	2133	25	T	I	AN	4
1101	1530	55	T	I	AN	2
1102	3671	3	T	I	AN	2
1103	3670	3	T	I	AN	2
1104	4298	1	T	I	AN	3
1105	3473	4	T	I	AN	3
1106	750	194	T	I	UNG	1
1107	267	625	T	I	UNG	1
1108	3172	6	T	I	UNG	2
1109	687	216	T	I	UNG	2
1110	649	231	T	I	UNG	2
1111	2407	17	T	I	UNG	2
1112	1664	46	T	I	UNG	2
1113	3307	5	T	I	UNG	2
1114	2369	18	T	I	UNG	3
1115	1555	53	T	I	UNG	3
1116	4300	1	T	I	UNG	3
1117	4299	1	T	I	UNG	3
1118	2949	8	T	I	UNG	2
1119	706	209	T	U		2
1120	85	1518	T	U		2
1121	1822	38	T	U		2
1122	968	127	T	U		2
1123	2197	23	T	U		2
1124	2080	27	T	U		2
1125	3915	2	T	U		2
1126	2337	19	T	U		3
1127	1681	45	T	U		3
1128	422	395	T	U		3
1129	2408	17	T	U		3
1130	1974	31	T	U		4
1131	4301	1	T	U		4
1132	1699	44	T	U		4
1133	1251	82	T	U		4
1134	2163	24	T	U		4
1135	1910	34	T	U		1
1136	2409	17	T	U		1
1137	1911	34	T	U		1
1138	3916	2	T	U	O	3
1139	3173	6	T	U	O	1
1140	3917	2	T	U	O	2
1141	3474	4	T	U	O	2
1142	2718	11	T	U	O	2
1143	2663	12	T	U	O	3
1144	2296	20	T	U	O	4
1145	601	255	T	U	O	4
1146	3475	4	T	U	EI	1
1147	1434	62	T	U	EI	3
1148	819	170	T	U	EI	4
1149	4302	1	T	U	EN	4
1150	524	308	T	U	AN	2
1151	1806	39	T	U	UN	1
1152	3672	3	T	U	UN	2
1153	2338	19	T	U	UN	2
1154	4304	1	T	U	UN	2
1155	4303	1	T	U	UN	2
1156	4305	1	T	U	UN	2
1157	3673	3	T	U	UN	4
1158	202	802	T	U	UNG	1
1159	389	436	T	U	UNG	2
1160	92	1475	T	U	UNG	2
1161	2027	29	T	U	UNG	2
1162	1102	103	T	U	UNG	2
1163	3476	4	T	U	UNG	2
1164	2506	15	T	U	UNG	2
1165	4306	1	T	U	UNG	2
1166	3918	2	T	U	UNG	3
1167	4307	1	T	U	UNG	3
1168	1346	70	T	U	UNG	3
1169	283	591	T	U	UNG	3
1170	2028	29	T	U	UNG	4
1171	4308	1	T	U	UNG	4
1172	880	150	T	U	UNG	4
1173	4309	1	T	U	UNG	4
1174	4310	1	T	A		1
1175	382	444	T	A		2
1176	244	150	N	A		3
1177	244	538	N	A		3
1178	955	131	N	A		4
1179	71	1698	N	A		4
1180	3919	2	N	A		4
1181	2410	17	N	A		4
1182	4311	1	N	A		4
1183	2081	27	N	A		5
1184	2029	29	N	UH		4
1185	281	599	N	UH		5
1186	921	92	N	AI		3
1187	921	47	N	AI		3
1188	4312	1	N	AI		3
1189	1647	47	N	AI		3
1190	2256	21	N	AI		4
1191	1500	57	N	AI		3
1192	3920	2	N	EI		4
1193	241	702	N	EI		3
1194	3477	4	N	AU		2
1195	2795	10	N	AU		2
1196	4313	1	N	AU		3
1197	2601	13	N	AU		3
1198	908	142	N	AU		3
1199	4314	1	N	AU		3
1200	4315	1	N	AU		4

I.D.	RANK	FREQ	P1	P2	P3	T
1201	1143	97	N	AU		4
1202	570	277	N	AN		2
1203	81	1545	N	AN		2
1204	3174	6	N	AN		2
1205	938	135	N	AN		2
1206	4316	1	N	AN		2
1207	3308	5	N	AN		2
1208	3478	4	N	AN		3
1209	1377	67	N	AN		4
1210	1448	61	N	UN		4
1211	2559	14	N	ANG		2
1212	70	1710	N	UNG		2
1213	1027	116	N	I		2
1214	602	255	N	I		2
1215	2507	15	N	I		2
1216	2411	17	N	I		2
1217	4317	1	N	I		2
1218	3479	4	N	I		2
1219	3062	7	N	I		2
1220	4318	1	N	I		2
1221	57	1945	N	I		3
1222	1840	37	N	I		3
1223	3175	6	N	I		4
1224	3061	7	N	I	EH	4
1225	3674	4	N	I	EH	4
1226	3480	4	N	I	EH	4
1227	3062	7	N	I	EH	4
1228	3481	4	N	I	EH	4
1229	3063	7	N	I	AU	4
1230	3922	2	N	I	AU	4
1231	3921	9	N	I	OU	3
1232	3923	2	N	I	OU	2
1233	603	255	N	I	OU	3
1234	2560	14	N	I	AN	3
1235	587	270	N	I	AN	4
1236	2257	21	N	I	AN	3
1237	1252	82	N	I	AN	2
1238	3309	5	N	I	AN	2
1239	4319	1	N	I	AN	2
1240	3924	2	N	I	AN	3
1241	1682	43	N	I	AN	2
1242	35	2790	N	I	AN	3
1243	1682	43	N	I	AN	3
1244	2796	7	N	I	AN	3
1245	2796	7	N	I	AN	3
1246	3925	2	N	I	AN	3
1247	3176	6	N	I	AN	3
1248	4320	1	N	I	AN	4
1249	578	17	N	I	AN	3
1250	578	255	N	I	AN	4

I.D.	RANK	FREQ	P1	P2	P3	T
1251	2457	16	N	I	AN	4
1252	1001	120	N	I	UN	2
1253	1579	51	N	I	ANG	4
1254	2412	17	N	I	UNG	2
1255	774	185	N	I	UNG	2
1256	774	185	N	I	UNG	2
1257	3482	4	N	I	UNG	2
1258	1823	38	N	I	UNG	2
1259	3926	2	N	I	UNG	3
1260	3675	3	N	I	UNG	4
1261	4321	1	N	I	UNG	4
1262	3483	4	N	I	UNG	2
1263	1362	69	N	U		2
1264	709	208	N	U		2
1265	1531	55	N	U		2
1266	2719	11	N	U		3
1267	1479	59	N	U		4
1268	3177	6	N	U		2
1269	1501	57	N	U		4
1270	3178	6	N	U		4
1271	1170	93	N	U		4
1272	1824	38	N	U		3
1273	451	373	N	U	AN	2
1274	4322	1	N	U	UNG	2
1275	3676	3	N	U	UNG	2
1276	4323	1	N	U	UNG	2
1277	1259	81	N	U	UNG	4
1278	302	547	N	U	UNG	4
1279	2871	9	N	Y		4
1280	2720	11	N	Y		4
1281	621	244	N	L		1
1282	406	414	L	A		3
1283	2114	26	L	A		4
1284	1861	30	L	A		4
1285	1861	37	L	A		4
1286	2602	13	L	A		4
1287	1861	6	L	A		4
1288	3485	4	L	A		4
1289	3484	4	L	O		5
1290	2872	9	L	UH		4
1291	1381	66	L	UH		4
1292	465	361	L	UH		4
1293	3064	7	L	UH		4
1294	2458	16	L	AI		5
1295	5	7176	L	AI		4
1296	1887	35	L	AI		2
1297	15	4357	L	AI		4
1298	3486	4	L	AI		4
1299	1772	41	L	AI		4
1300	3927	2	L	AI		4

I.D.	RANK	FREQ	P1	P2	P3	T
1301	2664	12	L	EI		2
1302	891	147	L	EI		2
1303	4324	1	L	EI		2
1304	3677	3	L	EI		2
1305	4326	1	L	EI		2
1306	4325	1	L	EI		2
1307	2721	11	L	EI		3
1308	1328	73	L	EI		3
1309	3678	8	L	EI		3
1310	2950	8	L	EI		3
1311	4327	1	L	EI		3
1312	3928	2	L	EI		4
1313	1435	62	L	EI		4
1314	298	557	L	EI		4
1315	2055	28	L	EI		1
1316	2258	21	L	AU		4
1317	1912	34	L	AU		4
1318	775	186	L	AU		2
1319	3929	2	L	AU		2
1320	2797	10	L	AU		2
1321	2561	14	L	AU		3
1322	117	1263	L	AU		3
1323	4328	1	L	AU		2
1324	3310	5	L	AU		2
1325	2951	8	L	AU		2
1326	4329	1	L	AU		2
1327	1099	103	L	OU		2
1328	1099	103	L	OU		2
1329	4331	1	L	OU		2
1330	4330	1	L	OU		2
1331	4332	1	L	OU		3
1332	4333	1	L	OU		3
1333	2722	11	L	OU		4
1334	2259	21	L	OU		4
1335	1862	36	L	OU		4
1336	2297	20	L	OU		4
1337	3930	2	L	OU		5
1338	1544	54	L	AN		4
1339	552	286	L	AN		2
1340	2339	19	L	AN		2
1341	1631	48	L	AN		2
1342	3179	6	L	AN		2
1343	2723	11	L	AN		2
1344	3679	3	L	AN		2
1345	3487	4	L	AN		2
1346	4334	1	L	AN		2
1347	3931	2	L	AN		2
1348	1888	35	L	AN		2
1349	1195	89	L	AN		3
1350	3488	4	L	AN		3

I.D.	RANK	FREQ	P1	P2	P3	T
1351	2952	8	L	AN		3
1352	2665	12	L	AN		4
1353	1465	60	L	AN		4
1354	3311	5	L	AN		4
1355	1863	36	L	ANG		2
1356	1347	70	L	ANG		2
1357	3065	7	L	ANG		2
1358	2134	25	L	ANG		2
1359	3489	4	L	ANG		2
1360	3312	5	L	ANG		2
1361	4335	1	L	ANG		2
1362	3680	3	L	ANG		3
1363	1721	43	L	ANG		4
1364	1202	88	L	UNG		2
1365	3932	2	L	UNG		2
1366	3180	6	L	UNG		3
1367	710	208	L	UNG		4
1368	3490	4	L	I		1
1369	2603	13	L	I		2
1370	1150	96	L	I		2
1371	538	297	L	I		2
1372	2056	28	L	I		2
1373	1310	75	L	I		2
1374	2508	15	L	I		2
1375	2082	27	L	I		2
1376	2509	1	L	I		2
1377	3066	14	L	I		2
1378	3066	3	L	I		2
1379	3182	4	L	I		2
1380	3181	6	L	I		2
1381	4336	1	L	I		2
1382	2562	1	L	I		2
1383	3491	6	L	I		2
1384	4337	1	L	I		3
1385	44	349	L	I		3
1386	44	1981	L	I		3
1387	419	396	L	I		3
1388	207	787	L	I		3
1389	605	253	L	I		3
1390	575	273	L	I		3
1391	2953	8	L	I		3
1392	2562	14	L	I		3
1393	3492	4	L	I		4
1394	3183	6	L	I		4
1395	152	1021	L	I		4
1396	143	1074	L	I		4
1397	536	298	L	I		4
1398	222	753	L	I		4
1399	934	136	L	I		4
1400	751	194	L	I		4

I.D.	RANK	FREQ	P1	P2	P3	T
1401	1556	53	L	I		4
1402	1480	59	L	I		4
1403	1789	40	L	I		4
1404	1743	42	L	I		4
1405	2135	25	L	I		4
1406	2083	27	L	I		4
1407	2873	9	L	I		4
1408	2413	17	L	I		4
1409	3314	5	L	I		4
1410	3313	5	L	I		4
1411	3316	5	L	I		4
1412	3315	5	L	I		4
1413	3494	4	L	I		4
1414	3493	4	L	I		4
1415	3681	3	L	I		4
1416	3495	4	L	I		4
1417	3934	2	L	I		4
1418	3933	2	L	I		4
1419	3936	2	L	I		4
1420	3935	2	L	I		4
1421	4338	1	L	I		4
1422	3937	2	L	I	A	4
1423	4340	1	L	I	EH	4
1424	4339	1	L	I	EH	4
1425	2459	16	L	I	EH	5
1426	2298	20	L	I	EH	3
1427	913	141	L	I	EH	4
1428	500	328	L	I	EH	4
1429	1545	54	L	I	AU	4
1430	1329	73	L	I	AU	4
1431	4341	1	L	I	AU	4
1432	2604	13	L	I	AU	2
1433	1002	120	L	I	AU	2
1434	856	157	L	I	AU	2
1435	2798	10	L	I	AU	2
1436	1632	48	L	I	AU	2
1437	3496	4	L	I	AU	2
1438	2954	8	L	I	AU	3
1439	4342	1	L	I	AU	3
1440	3682	3	L	I	AU	3
1441	4343	1	L	I	AU	3
1442	2260	21	L	I	AU	4
1443	1003	120	L	I	AU	4
1444	2414	17	L	I	AU	4
1445	387	440	L	I	AU	4
1446	1580	51	L	I	OU	1
1447	680	218	L	I	OU	2
1448	353	478	L	I	OU	2
1449	2030	29	L	I	OU	2
1450	800	176	L	I	OU	2

I.D.	RANK	FREQ	P1	P2	P3	T
1451	2724	11	L	I	OU	2
1452	2136	25	L	I	OU	2
1453	4344	1	L	I	OU	2
1454	3317	5	L	I	OU	3
1455	1581	51	L	I	OU	4
1456	3184	6	L	I	OU	4
1457	64	1801	L	I	OU	4
1458	379	448	L	I	AN	2
1459	343	487	L	I	AN	2
1460	1519	56	L	I	AN	2
1461	1489	58	L	I	AN	2
1462	3067	7	L	I	AN	2
1463	1557	53	L	I	AN	2
1464	3498	4	L	I	AN	2
1465	3497	4	L	I	AN	2
1466	4345	1	L	I	AN	2
1467	3938	2	L	I	AN	3
1468	778	185	L	I	AN	4
1469	1633	48	L	I	AN	4
1470	424	393	L	I	AN	4
1471	2164	24	L	I	AN	4
1472	1913	34	L	I	AN	4
1473	3185	6	L	I	AN	4
1474	3068	7	L	I	AN	4
1475	3499	4	L	I	AN	4
1476	857	157	L	I	UN	2
1477	228	740	L	I	UN	2
1478	2510	15	L	I	UN	2
1479	1016	118	L	I	UN	2
1480	2563	14	L	I	UN	2
1481	3069	7	L	I	UN	2
1482	2799	10	L	I	UN	2
1483	3939	2	L	I	UN	2
1484	3500	4	L	I	UN	2
1485	4346	1	L	I	UN	2
1486	3940	2	L	I	UN	3
1487	3683	3	L	I	UN	3
1488	4347	1	L	I	UN	3
1489	3941	2	L	I	UN	4
1490	3501	4	L	I	UN	4
1491	4348	1	L	I	UN	4
1492	1109	102	L	I	ANG	2
1493	537	298	L	I	ANG	2
1494	1178	92	L	I	ANG	2
1495	1171	93	L	I	ANG	2
1496	2165	24	L	I	ANG	2
1497	1436	62	L	I	ANG	2
1498	3186	6	L	I	ANG	3
1499	103	1381	L	I	ANG	3

I.D.	RANK	FREQ	P1	P2	P3	T
1501	4349	1	L	I	ANG	3
1502	553	286	L	I	ANG	4
1503	423	395	L	I	ANG	4
1504	2415	17	L	I	ANG	4
1505	1299	77	L	I	ANG	4
1506	1260	81	L	I	ANG	2
1507	1092	105	L	I	UNG	2
1508	1520	56	L	I	UNG	2
1509	1261	81	L	I	UNG	2
1510	2166	24	L	I	UNG	2
1511	1955	32	L	I	UNG	2
1512	2874	9	L	I	UNG	2
1513	2666	12	L	I	UNG	2
1514	3502	4	L	I	UNG	2
1515	3187	6	L	I	UNG	2
1516	3943	2	L	I	UNG	2
1517	3942	2	L	I	UNG	2
1518	4351	1	L	I	UNG	2
1519	4350	1	L	I	UNG	2
1520	1409	64	L	I	UNG	3
1521	461	366	L	I	UNG	4
1522	691	215	L	I	UNG	4
1523	650	231	L	I	UNG	1
1524	3188	6	L	U		2
1525	1700	44	L	U		2
1526	1599	50	L	U		2
1527	2800	10	L	U		2
1528	2137	25	L	U		2
1529	3318	10	L	U		2
1530	2801	3	L	U		2
1531	3944	2	L	U		2
1532	3684	16	L	U		3
1533	2460	194	L	U		3
1534	752	390	L	U		4
1535	4354	1	L	U		4
1536	430	1033	L	U		4
1537	149	65	L	U		1
1538	1395	110	L	U		2
1539	1065	14	L	U		2
1540	2565	51	L	U		3
1541	1582	9	L	U		4
1542	2875	11	L	U		4
1543	2725	2	L	U		4
1544	3945	3	L	U		4
1545	3685	1	L	U	O	4
1546	4355	194	L	U	O	1
1547	3189	6	L	U	O	2
1548	1665	46	L	U	O	2
1549	511	319	L	U	O	2
1550	2416	17	L	U		2
1551	2299	20	L	U	O	2
1552	3946	2	L	U	O	2
1553	3319	5	L	U	O	2
1554	4353	1	L	U	O	2
1555	4352	1	L	U	O	2
1556	3947	2	L	U	O	3
1557	1311	75	L	U	O	4
1558	681	218	L	U	O	4
1559	2300	20	L	U	O	4
1560	2031	29	L	U	O	4
1561	3948	2	L	U	O	4
1562	3070	7	L	U	O	4
1563	3686	3	L	U	AN	2
1564	3503	4	L	U	AN	2
1565	3949	2	L	U	AN	2
1566	3687	3	L	U	AN	2
1567	1864	36	L	U	AN	3
1568	794	178	L	U	AN	4
1569	734	199	L	U	UN	2
1570	506	322	L	U	UN	2
1571	2167	24	L	U	UN	2
1572	2084	27	L	U	UN	2
1573	3505	4	L	U	UN	2
1574	3504	4	L	U	UN	2
1575	3950	2	L	U	UN	2
1576	3688	3	L	U	UN	3
1577	347	483	L	U	UN	4
1578	1028	116	L	U	UNG	2
1579	582	271	L	U	UNG	2
1580	3071	7	L	U	UNG	2
1581	1683	45	L	U	UNG	2
1582	3320	5	L	U	UNG	2
1583	4356	1	L	U	UNG	2
1584	3072	7	L	U	UNG	2
1585	3506	4	L	U	UNG	3
1586	3190	6	L	U	UNG	3
1587	2032	29	L	Y		4
1588	3689	3	L	Y		4
1589	3191	6	L	Y		4
1590	4357	1	L	Y		4
1591	3073	7	L	Y		1
1592	4358	1	L	Y		2
1593	1348	70	L	Y		3
1594	1034	115	L	Y		3
1595	2417	17	L	Y		3
1596	2301	20	L	Y		3
1597	3075	7	L	Y		3
1598	3074	7	L	Y		3
1599	3507	4	L	Y		3
1600	3192	6	L	Y		3
1601	801	176	L	Y		4
1602	667	223	L	Y		4
1603	1842	37	L	Y		4
1604	1722	43	L	Y		4
1605	2605	13	L	Y		4
1606	2340	19	L	Y		4
1607	1039	8	L	Y		4
1608	1039	106	L	Y		4
1609	2726	11	L	Y		4
1610	4359	1	L	Y	EH	4
1611	4360	1	L	Y	EH	2
1612	3690	3	L	Y	EH	2
1613	2802	10	L	Y	AN	2
1614	4361	1	G	A	UN	4
1615	542	293	G	A		1
1616	433	386	G	A		1
1617	2138	25	G	UH		1
1618	1617	49	G	UH		1
1619	3076	7	G	UH		1
1620	2955	8	G	UH		1
1621	4362	1	G	UH		1
1622	3508	4	G	UH		1
1623	740	197	G	UH		2
1624	678	220	G	UH		2
1625	1889	35	G	UH		2
1626	1268	80	G	UH		2
1627	2461	16	G	UH		2
1628	2115	26	G	UH		2
1629	4363	1	G	UH		2
1630	3951	2	G	UH		2
1631	3193	6	G	UH		3
1632	1568	52	G	UH		3
1633	22	3766	G	UH		4
1634	22	4	G	UH		4
1635	3509	1228	G	UH		4
1636	119	2	G	AI		1
1637	3952	442	G	AI		3
1638	384	385	G	AI		4
1639	436	79	G	AI		4
1640	1277	108	G	AI		4
1641	1073	6	G	AI		4
1642	3194	20	G	AI		4
1643	2302	754	G	AI		4
1644	3510	17	G	EI		3
1645	219	1377	G	AU		1
1646	2418	5	G	AU		1
1647	104	9	G	AU		1
1648	3321	1	G	AU		1
1649	2876		G	AU		1
1650	4364		G	AU		1

I.D.	RANK	FREQ	P1	P2	P3	T
1651	2667	12	G	AU		3
1652	1723	43	G	AU		3
1653	4365	1	G	AU		3
1654	4366	1	G	AU		4
1655	386	441	G	AU		4
1656	1975	21	G	OU		1
1657	1330	73	G	OU		3
1658	2261	14	G	OU		1
1659	1975	10	G	OU		1
1660	2261	7	G	OU		1
1661	3322	5	G	OU		3
1662	760	192	G	OU		4
1663	520	179	G	OU		4
1664	520	131	G	OU		4
1665	1269	80	G	OU		4
1666	876	151	G	OU		4
1667	3691	3	G	OU		1
1668	3077	7	G	OU		1
1669	761	192	G	AN		1
1670	600	256	G	AN		1
1671	1307	76	G	AN		1
1672	1253	19	G	AN		1
1673	2341	19	G	AN		1
1674	1701	44	G	AN		1
1675	4367	17	G	AN		3
1676	2419	1	G	AN		3
1677	4368	1	G	AN		3
1678	731	200	G	AN		3
1679	551	287	G	AN		3
1680	1253	63	G	AN		3
1681	816	172	G	AN		4
1682	4370	1	G	AN		4
1683	3511	4	G	AN		4
1684	971	5	G	AN		1
1685	971	121	G	AN		1
1686	3953	2	G	AN		1
1687	1890	35	G	UN		1
1688	519	312	G	UN		1
1689	240	704	G	ANG		1
1690	1017	118	G	ANG		1
1691	771	188	G	ANG		1
1692	1744	42	G	ANG		1
1693	1724	43	G	ANG		1
1694	3692	3	G	ANG		3
1695	2303	20	G	ANG		3
1696	2803	10	G	ANG		3
1697	491	339	G	ANG		4
1698	2342	19	G	ANG		4
1699	1466	60	G	UNG		1
1700						
1701	1336	71	G	UNG		1
1702	3693	2	G	UNG		1
1703	3512	4	G	UNG		1
1704	4371	1	G	UNG		1
1705	3954	2	G	UNG		3
1706	3694	16	G	UNG		3
1707	3195	6	G	UNG		4
1708	349	480	G	U		4
1709	2033	29	G	U		1
1710	1366	68	G	U		1
1711	2511	15	G	U		1
1712	2085	27	G	U		1
1713	2956	8	G	U		1
1714	2727	11	G	U		1
1715	3956	2	G	U		1
1716	3955	2	G	U		1
1717	4372	1	G	U		1
1718	901	144	G	U		3
1719	407	411	G	U		3
1720	1367	68	G	U		3
1721	1122	100	G	U		3
1722	1569	52	G	U		3
1723	1437	62	G	U		3
1724	4373	1	G	U		3
1725	3196	6	G	U		3
1726	4374	1	G	U		3
1727	1074	108	G	U		4
1728	437	384	G	U		4
1729	2728	6	G	U	A	4
1730	1093	105	G	U	A	4
1731	4375	1	G	U	A	4
1732	2728	5	G	U	A	4
1733	4376	1	G	U	A	4
1734	2086	27	G	U	A	4
1735	1179	92	G	U	A	4
1736	3323	5	G	U	A	1
1737	2957	8	G	U	A	1
1738	3957	2	G	U	A	1
1739	3695	3	G	U	A	1
1740	2668	12	G	U	O	3
1741	981	122	G	U	O	4
1742	4377	1	G	U	O	4
1743	3958	2	G	U	O	4
1744	1891	35	G	U	O	4
1745	1745	42	G	U	O	4
1746	4378	1	G	U	O	1
1747	3959	2	G	U	O	1
1748		6707	G	U	O	2
1749	2512	15	G	U	O	3
1750						
1751	174	929	G	U	O	3
1752	4379	1	G	U	O	3
1753	2804	10	G	U	O	3
1754	67	1791	G	U	O	4
1755	2462	16	G	U	AI	1
1756	4380	1	G	U	AI	3
1757	2958	8	G	U	AI	3
1758	821	169	G	U	AI	4
1759	976	125	G	U	AI	1
1760	579	272	G	U	EI	1
1761	2959	8	G	U	EI	1
1762	2087	27	G	U	EI	1
1763	3696	3	G	U	EI	1
1764	3513	4	G	U	EI	1
1765	4381	1	G	U	EI	1
1766	1914	34	G	U	EI	3
1767	1449	61	G	U	EI	3
1768	3324	5	G	U	EI	3
1769	3078	7	G	U	EI	3
1770	4382	1	G	U	EI	4
1771	1075	108	G	U	EI	4
1772	804	175	G	U	EI	4
1773	2566	14	G	U	EI	4
1774	2343	19	G	U	EI	4
1775	4383	1	G	U	EI	4
1776	3197	6	G	U	EI	4
1777	4385	1	G	U	EI	4
1778	4384	1	G	U	AN	1
1779	247	647	G	U	AN	1
1780	556	284	G	U	AN	1
1781	359	466	G	U	AN	1
1782	3325	5	G	U	AN	1
1783	3079	7	G	U	AN	1
1784	3514	4	G	U	AN	1
1785	702	183	G	U	AN	3
1786	452	373	G	U	AN	3
1787	702	27	G	U	AN	3
1788	1666	46	G	U	AN	4
1789	1004	120	G	U	AN	4
1790	1956	32	G	U	AN	4
1791	1790	40	G	U	AN	4
1792	3697	3	G	U	AN	4
1793	1976	31	G	U	AN	4
1794	4386	6	G	U	AN	1
1795	3198	51	G	U	UN	1
1796	1583		G	U	UN	3
1797	3960	2	G	U	UN	3
1798	2344	19	G	U	UN	4
1799	2877	9	G	U	ANG	1

I.D.	RANK	FREQ	P1	P2	P3	T
1801	224	747	G	U	ANG	1
1802	288	576	G	U	ANG	3
1803	2805	10	G	U	ANG	4
1804	125	1165	G	U	UNG	1
1805	83	1537	G	U	UNG	1
1806	695	213	G	U	UNG	1
1807	335	494	G	U	UNG	1
1808	1094	105	G	U	UNG	1
1809	825	168	G	U	UNG	1
1810	1892	35	G	U	UNG	1
1811	1684	45	G	U	UNG	1
1812	2806	10	G	U	UNG	1
1813	2198	23	G	U	UNG	1
1814	3961	2	G	U	UNG	1
1815	3080	7	G	U	UNG	3
1816	3326	5	G	U	UNG	3
1817	2513	15	G	U	UNG	3
1818	3515	4	G	U	UNG	4
1819	1450	61	G	U	UNG	4
1820	186	880	G	U	UNG	4
1821	1685	45	K	A		4
1822	2807	10	K	A		3
1823	1110	102	K	A		1
1824	1396	65	K	UH		1
1825	1502	57	K	UH		1
1826	341	488	K	UH		1
1827	1667	46	K	UH		1
1828	1451	61	K	UH		1
1829	3199	6	K	UH		2
1830	2420	17	K	UH		2
1831	3517	4	K	UH		3
1832	3516	4	K	UH		3
1833	4387	1	K	UH		4
1834	3962	2	K	UH		4
1835	4388	1	K	UH		1
1836	1398	13	K	UH		1
1837	1398	52	K	UH		2
1838	2729	11	K	UH		2
1839	1746	42	K	UH		3
1840	41	2426	K	UH		3
1841	4389	1	K	UH		4
1842	458	369	K	UH		4
1843	111	1310	K	UH		4
1844	922	139	K	AI		1
1845	738	198	K	AI		1
1846	3963	2	K	AI		4
1847	3200	6	K	AI		4
1848	3698	3	K	AI		4
1849	114	1297	K	AI		1
1850	2567	14	K	AI		3

I.D.	RANK	FREQ	P1	P2	P3	T
1851	1791	40	K	AI		3
1852	4390	1	K	AI		3
1853	2878	9	K	AI		3
1854	438	376	K	AU		3
1855	1537	7	K	AU		3
1856	2879	9	K	AU		3
1857	960	130	K	AU		4
1858	220	754	K	OU		3
1859	2225	22	K	OU		4
1860	1893	35	K	OU		4
1861	2421	17	K	AN		1
1862	1546	54	K	AN		1
1863	3201	6	K	AN		1
1864	2669	12	K	AN		1
1865	3518	4	K	AN		1
1866	2422	17	K	AN		1
1867	2006	30	K	AN		3
1868	3699	3	K	AN		3
1869	3327	5	K	AN		3
1870	3519	4	K	AN		4
1871	58	1972	K	AN		4
1872	1807	39	K	UN		3
1873	1040	114	K	UN		3
1874	3700	3	K	UN		3
1875	2370	18	K	UN		1
1876	3081	7	K	ANG		1
1877	631	239	K	ANG		1
1878	3328	5	K	ANG		1
1879	3964	2	K	ANG		2
1880	3520	4	K	ANG		2
1881	588	268	K	ANG		3
1882	4391	1	K	ANG		4
1883	1933	33	K	ANG		4
1884	2139	25	K	UNG		4
1885	1069	109	K	U		1
1886	4393	1	K	U		1
1887	4392	1	K	U		1
1888	567	278	K	U		1
1889	2568	14	K	U		1
1890	1186	91	K	U		3
1891	2670	12	K	U		4
1892	3965	2	K	U		4
1893	2671	12	K	U	A	4
1894	3701	3	K	U	A	4
1895	2168	24	K	U	A	1
1896	1397	65	K	U	A	3
1897	1076	108	K	U	O	4
1898	2088	26	K	U	O	4
1899	2088	1	K	U	O	4
1900	3521	4	K	U	O	4

I.D.	RANK	FREQ	P1	P2	P3	T
1901	684	217	K	U	AI	4
1902	232	734	K	U	AI	4
1903	2880	9	K	U	AI	4
1904	2423	17	K	U	AI	4
1905	4394	1	K	U	AI	4
1906	2960	8	K	U	AI	4
1907	3702	3	K	U	AI	1
1908	2034	29	K	U	EI	1
1909	3966	2	K	U	EI	1
1910	2808	10	K	U	EI	2
1911	2057	28	K	U	EI	2
1912	3522	4	K	U	EI	2
1913	3202	6	K	U	EI	2
1914	3968	2	K	U	EI	2
1915	3967	2	K	U	EI	3
1916	2961	8	K	U	EI	3
1917	2371	18	K	U	EI	4
1918	2226	22	K	U	EI	4
1919	4395	1	K	U	EI	4
1920	3969	2	K	U	EI	4
1921	4396	1	K	U	EI	4
1922	1618	49	K	U	AN	1
1923	1262	81	K	U	AN	3
1924	2304	20	K	U	AN	3
1925	1600	50	K	U	UN	1
1926	3329	5	K	U	UN	1
1927	3082	7	K	U	UN	1
1928	2372	18	K	U	UN	1
1929	2372	6	K	U	UN	3
1930	4397	1	K	U	UN	3
1931	1128	99	K	U	UN	4
1932	4398	1	K	U	ANG	1
1933	3330	5	K	U	ANG	1
1934	4399	1	K	U	ANG	2
1935	1957	32	K	U	ANG	2
1936	1209	49	K	U	ANG	4
1937	928	137	K	U	ANG	4
1938	3331	5	K	U	ANG	4
1939	1209	38	K	U	ANG	4
1940	3523	4	K	U	ANG	4
1941	3332	5	K	U	UNG	1
1942	3970	2	K	U	UNG	1
1943	3971	2	K	U	UNG	3
1944	199	824	K	U	UNG	3
1945	1070	109	K	U	UNG	3
1946	1060	111	K	U	UNG	4
1947	1977	31	H	A	UNG	1
1948	1584	51	H	A	UNG	3
1949	499	329	H	A	UNG	2
1950	4400	1	H	A	UNG	2

I.D.	RANK	FREQ	P1	P2	P3	T
1951	2007	30	H	UH		1
1952	919	140	H	UH		1
1953	172	931	H	UH		2
1954	159	1004	H	UH		2
1955	609	252	H	UH		2
1956	395	424	H	UH		2
1957	1151	96	H	UH		2
1958	956	131	H	UH		2
1959	2809	10	H	UH		2
1960	1686	45	H	UH		2
1961	3703	3	H	UH		2
1962	3203	6	H	UH		2
1963	3705	3	H	UH		2
1964	3704	3	H	UH		2
1965	4401	1	H	UH		2
1966	3972	2	H	UH		2
1967	4402	1	H	UH		2
1968	1934	33	H	UH		2
1969	1668	46	H	UH		2
1970	2963	8	H	UH		4
1971	2962	8	H	UH		4
1972	3973	2	H	UH		4
1973	3083	7	H	UH		4
1974	3974	2	H	UH		4
1975	3975	2	H	AI		4
1976	3706	3	H	AI		1
1977	367	457	H	AI		2
1978	127	1154	H	AI		2
1979	3976	2	H	AI		2
1980	102	1389	H	AI		3
1981	3333	5	H	AI		4
1982	484	342	H	AI		4
1983	4403	1	H	AI		4
1984	3977	2	H	EI		1
1985	3707	3	H	EI		1
1986	443	380	H	AU		2
1987	3204	6	H	AU		2
1988	1865	36	H	AU		2
1989	1773	41	H	AU		2
1990	3709	3	H	AU		2
1991	3708	3	H	AU		2
1992	4405	1	H	AU		2
1993	4404	1	H	AU		3
1994	4406	1	H	AU		4
1995	45	2262	H	AU		4
1996	270	618	H	AU		4
1997	270	618	H	AU		4
1998	2058	28	H	AU		4
1999	1547	54	H	AU		4
2000	3710	3	H	AU		4
2001	2730	11	H	AU		4
2002	4407	1	H	AU		4
2003	3711	3	H	AU		4
2004	2169	24	H	OU		2
2005	2089	27	H	OU		2
2006	2672	12	H	OU		2
2007	2373	18	H	OU		3
2008	140	1090	H	OU		4
2009	48	2160	H	OU		4
2010	1490	58	H	OU		4
2011	1312	75	H	OU		4
2012	4408	1	H	OU		1
2013	3978	2	H	AN		1
2014	4409	1	H	AN		1
2015	1018	118	H	AN		2
2016	991	123	H	AN		2
2017	2305	20	H	AN		2
2018	1035	115	H	AN		2
2019	3979	2	H	AN		2
2020	2463	16	H	AN		2
2021	4410	1	H	AN		2
2022	3980	2	H	AN		2
2023	2464	16	H	AN		2
2024	1061	111	H	AN		3
2025	492	338	H	AN		3
2026	23	3519	H	AN		4
2027	2262	21	H	AN		4
2028	1300	77	H	AN		4
2029	2424	16	H	AN		4
2030	3334	5	H	AN		4
2031	2569	14	H	AN		4
2032	3982	2	H	AN		4
2033	3981	2	H	AN		4
2034	4411	1	H	AN		4
2035	3983	2	H	AN		4
2036	4412	1	H	AN		4
2037	2514	15	H	UN		2
2038	1687	45	H	UN		2
2039	53	2079	H	UN		3
2040	1165	94	H	UN		3
2041	1123	100	H	UN		4
2042	671	222	H	ANG		2
2043	3205	6	H	ANG		2
2044	1467	60	H	ANG		2
2045	2345	19	H	ANG		1
2046	1425	63	H	UNG		2
2047	1172	93	H	UNG		2
2048	1915	34	H	UNG		2
2049	1585	51	H	UNG		2
2050						
2051	2570	14	H	UNG		4
2052	833	165	H	U		1
2053	829	167	H	U		1
2054	4413	1	H	U		1
2055	1144	97	H	U		1
2056	966	128	H	U		2
2057	445	376	H	U		2
2058	1648	47	H	U		2
2059	1586	51	H	U		2
2060	1958	32	H	U		2
2061	1935	33	H	U		2
2062	2673	12	H	U		2
2063	2515	15	H	U		2
2064	4414	1	H	U		2
2065	3206	6	H	U		2
2066	4416	1	H	U		2
2067	4415	1	H	U		2
2068	3335	5	H	U		2
2069	1210	87	H	U		3
2070	3524	4	H	U		3
2071	858	156	H	U		4
2072	722	203	H	U		4
2073	2090	27	H	U		4
2074	1045	113	H	U		4
2075	4418	1	H	U	A	4
2076	4417	1	H	U	A	4
2077	2465	15	H	U	A	1
2078	246	675	H	U	A	1
2079	1046	113	H	U	A	2
2080	166	952	H	U	A	2
2081	2465	1	H	U	A	2
2082	2263	21	H	U	A	2
2083	4419	2	H	U	A	2
2084	3984	2	H	U	A	4
2085	278	602	H	U	A	4
2086	254	655	H	U	A	4
2087	320	2	H	U	A	4
2088	320	518	H	U	A	4
2089	1349	70	H	U	A	2
2090	723	203	H	U	O	3
2091	203	802	H	U	O	3
2092	2170	24	H	U	O	4
2093	235	724	H	U	O	3
2094	2964	8	H	U	O	4
2095	1111	102	H	U	O	4
2096	208	784	H	U	O	4
2097	1669	46	H	U	O	4
2098	1331	73	H	U	O	4
2099	2171	24	H	U	O	4
2100	1916	34	H	U	O	4

I.D.	RANK	FREQ	P1	P2	P3	T
2101	3336	5	H	U	O	4
2102	3084	7	H	U	O	4
2103	3986	2	H	U	O	4
2104	3985	2	H	U	O	4
2105	4420	1	H	U	O	5
2106	1521	56	H	U	AI	2
2107	1187	91	H	U	AI	2
2108	3712	3	H	U	AI	2
2109	3525	4	H	U	AI	2
2110	3987	2	H	U	AI	2
2111	732	200	H	U	AI	4
2112	1222	86	H	U	EI	1
2113	1010	119	H	U	EI	1
2114	1522	56	H	U	EI	1
2115	1452	61	H	U	EI	1
2116	3988	2	H	U	EI	1
2117	1702	44	H	U	EI	1
2118	4421	1	H	U	EI	1
2119	2374	18	H	U	EI	2
2120	163	984	H	U	EI	2
2121	1808	39	H	U	EI	3
2122	1083	107	H	U	EI	3
2123	3085	7	H	U	EI	3
2124	2008	30	H	U	EI	3
2125	31	3041	H	U	EI	4
2126	31	3041	H	U	EI	4
2127	1438	62	H	U	EI	4
2128	1382	66	H	U	EI	4
2129	2516	15	H	U	EI	4
2130	1959	32	H	U	EI	4
2131	3207	6	H	U	EI	4
2132	2810	10	H	U	EI	4
2133	3713	3	H	U	EI	4
2134	3337	5	H	U	EI	4
2135	3990	2	H	U	EI	4
2136	3989	2	H	U	EI	4
2137	4422	1	H	U	AN	1
2138	428	391	H	U	AN	2
2139	1383	66	H	U	AN	2
2140	845	162	H	U	AN	2
2141	3991	2	H	U	AN	2
2142	2731	11	H	U	AN	3
2143	4423	1	H	U	AN	3
2144	1825	38	H	U	AN	4
2145	1703	44	H	U	AN	4
2146	1011	119	H	U	AN	4
2147	2425	17	H	U	AN	4
2148	2306	20	H	U	AN	4
2149	4424	1	H	U	AN	4
2150	2811	10	H	U	AN	4
2151	4426	1	H	U	AN	4
2152	4425	1	H	U	AN	4
2153	4427	1	H	U	AN	4
2154	1826	38	H	U	UN	1
2155	1747	42	H	U	UN	1
2156	4428	1	H	U	UN	1
2157	2375	18	H	U	UN	1
2158	2199	23	H	U	UN	2
2159	3714	3	H	U	UN	2
2160	2965	8	H	U	UN	2
2161	4429	1	H	U	UN	2
2162	1827	38	H	U	UN	3
2163	2091	27	H	U	UN	3
2164	1670	46	H	U	UN	4
2165	1503	57	H	U	ANG	1
2166	929	137	H	U	ANG	1
2167	258	650	H	U	ANG	1
2168	2517	15	H	U	ANG	1
2169	1725	43	H	U	ANG	1
2170	3338	5	H	U	ANG	1
2171	2674	12	H	U	ANG	2
2172	3526	4	H	U	ANG	2
2173	3339	5	H	U	ANG	2
2174	3430	1	H	U	ANG	2
2175	3715	3	H	U	ANG	2
2176	4431	1	H	U	ANG	2
2177	4432	1	H	U	ANG	2
2178	4433	1	H	U	ANG	2
2179	3527	4	H	U	ANG	2
2180	2518	15	H	U	ANG	3
2181	3992	2	H	U	ANG	3
2182	3716	3	H	U	ANG	3
2183	3717	3	H	U	ANG	4
2184	2881	9	H	U	ANG	4
2185	1866	36	H	U	ANG	4
2186	2882	9	H	U	UNG	1
2187	1129	99	H	U	UNG	1
2188	604	255	H	U	UNG	2
2189	2264	21	H	U	UNG	2
2190	1270	80	H	U	UNG	2
2191	2883	9	H	U	UNG	2
2192	2307	20	H	U	UNG	2
2193	4435	1	H	U	UNG	3
2194	4434	1	H	U	UNG	3
2195	3993	2	H	U	UNG	3
2196	4436	1	H	U	UNG	4
2197	497	330	J	H		1
2198	153	1021	J	H		1
2199	641	70	J	H		1
2200	641	165	J	H		1
2201	961	130	J	H		1
2202	837	164	J	H		1
2203	1223	86	J	H		1
2204	1124	100	J	H		1
2205	1224	34	J	H		1
2206	1224	51	J	H		1
2207	1704	44	J	H		1
2208	1224	1	J	H		1
2209	2266	18	J	H		1
2210	2265	21	J	H		1
2211	2266	12	J	H		1
2212	2675	1	J	H		1
2213	3340	5	J	H		1
2214	2676	12	J	H		1
2215	3718	3	J	H		1
2216	3528	4	J	H		1
2217	4437	1	J	H		2
2218	3994	2	J	H		2
2219	4439	1	J	H		2
2220	4438	1	J	H		2
2221	4440	1	J	H		2
2222	317	525	J	H		2
2223	291	573	J	H		2
2224	485	342	J	H		2
2225	342	488	J	H		2
2226	830	167	J	H		2
2227	812	173	J	H		2
2228	1005	120	J	H		2
2229	886	148	J	H		2
2230	1619	49	J	H		2
2231	1112	102	J	H		2
2232	2227	22	J	H		2
2233	1978	31	J	H		2
2234	2884	9	J	H		2
2235	2677	12	J	H		2
2236	3086	7	J	H		2
2237	2966	8	J	H		2
2238	3720	3	J	H		2
2239	3719	3	J	H		2
2240	3996	2	J	H		2
2241	3995	2	J	H		2
2242	4441	1	J	H		2
2243	3997	2	J	H		2
2244	4443	1	J	H		3
2245	4442	1	J	H		3
2246	307	543	J	H		3
2247	191	854	J	H		3
2248	1705	44	J	H		3
2249	1271	80	J	H		3
2250	1843	37	J	H		3

I.D.	RANK	FREQ	P1	P2	P3	T
2251	1706	44	J	I		3
2252	3998	2	J	I		3
2253	2812	10	J	I		3
2254	4444	1	J	I		3
2255	517	315	J	I		4
2256	410	408	J	I		4
2257	682	218	J	I		4
2258	571	277	J	I		4
2259	793	179	J	I		4
2260	692	214	J	I		4
2261	1084	107	J	I		4
2262	839	163	J	I		4
2263	1196	89	J	I		4
2264	1180	92	J	I		4
2265	1671	4	J	I		4
2266	1671	42	J	I		4
2267	2308	20	J	I		4
2268	1936	33	J	I		4
2269	3208	6	J	I		4
2270	3087	7	J	I		4
2271	3529	4	J	I		4
2272	3341	5	J	I		4
2273	4446	1	J	I		4
2274	4445	1	J	I		4
2275	4448	1	J	I		4
2276	4447	1	J	I		4
2277	124	1173	J	I	A	1
2278	36	2759	J	I	A	1
2279	1523	56	J	I	A	1
2280	1211	87	J	I	A	1
2281	3342	5	J	I	A	1
2282	2200	23	J	I	A	1
2283	4450	1	J	I	A	1
2284	3530	4	J	I	A	1
2285	3343	5	J	I	A	2
2286	1894	35	J	I	A	2
2287	3999	2	J	I	A	2
2288	3721	3	J	I	A	2
2289	4452	1	J	I	A	2
2290	4451	1	J	I	A	2
2291	896	145	J	I	A	3
2292	783	184	J	I	A	3
2293	3344	5	J	I	A	3
2294	2967	8	J	I	A	3
2295	4000	2	J	I	A	3
2296	3345	5	J	I	A	3
2297	3532	4	J	I	A	4
2298	1103	103	J	I	A	4
2299	805	175	J	I	A	4
2300	1937	33	J	I	A	4
2301	1130	99	J	I	A	4
2302	4453	1	J	I	A	4
2303	3722	3	J	I	A	4
2304	294	563	J	I	EH	1
2305	1601	50	J	I	EH	1
2306	1378	67	J	I	EH	1
2307	2426	17	J	I	EH	1
2308	1895	35	J	I	EH	1
2309	404	415	J	I	EH	2
2310	352	479	J	I	EH	2
2311	1558	53	J	I	EH	2
2312	982	124	J	I	EH	2
2313	2267	21	J	I	EH	2
2314	2035	29	J	I	EH	2
2315	3209	6	J	I	EH	2
2316	2968	8	J	I	EH	2
2317	3723	3	J	I	EH	2
2318	3531	4	J	I	EH	2
2319	4001	2	J	I	EH	2
2320	3724	3	J	I	EH	2
2321	4455	1	J	I	EH	2
2322	4454	1	J	I	EH	2
2323	4456	1	J	I	EH	2
2324	679	219	J	I	EH	3
2325	546	291	J	I	EH	3
2326	848	161	J	I	EH	3
2327	1188	91	J	I	EH	3
2328	265	635	J	I	EH	4
2329	1332	73	J	I	EH	4
2330	1308	76	J	I	EH	4
2331	1868	36	J	I	EH	4
2332	1867	36	J	I	EH	4
2333	2606	13	J	I	EH	4
2334	727	202	J	I	EH	4
2335	2228	22	J	I	EH	4
2336	4457	1	J	I	EH	4
2337	3725	3	J	I	EH	4
2338	1166	94	J	I	AU	1
2339	358	468	J	I	AU	1
2340	1828	38	J	I	AU	1
2341	1225	86	J	I	AU	1
2342	2059	28	J	I	AU	1
2343	1938	33	J	I	AU	1
2344	2140	25	J	I	AU	1
2345	2092	27	J	I	AU	1
2346	2268	21	J	I	AU	1
2347	2229	22	J	I	AU	1
2348	3532	4	J	I	AU	1
2349	3210	6	J	I	AU	1
2350	4458	1	J	I	AU	1
2351	3726	3	J	I	AU	1
2352	2519	15	J	I	AU	2
2353	729	160	J	I	AU	3
2354	637	237	J	I	AU	3
2355	1896	35	J	I	AU	3
2356	729	41	J	I	AU	3
2357	3346	5	J	I	AU	3
2358	3211	6	J	I	AU	3
2359	3534	4	J	I	AU	3
2360	3533	4	J	I	AU	3
2361	3536	3	J	I	AU	3
2362	3535	4	J	I	AU	3
2363	4002	2	J	I	AU	3
2364	3536	1	J	I	AU	3
2365	4460	1	J	I	AU	4
2366	4459	1	J	I	AU	4
2367	168	938	J	I	AU	4
2368	68	1722	J	I	AU	4
2369	1350	70	J	I	AU	4
2370	509	321	J	I	AU	4
2371	2733	11	J	I	AU	4
2372	2732	11	J	I	AU	4
2373	3727	3	J	I	AU	4
2374	4461	1	J	I	AU	1
2375	1748	42	J	I	OU	3
2376	522	309	J	I	OU	3
2377	105	1369	J	I	OU	3
2378	3728	3	J	I	OU	3
2379	753	194	J	I	OU	4
2380	4462	1	J	I	OU	4
2381	434	386	J	I	OU	4
2382	25	3385	J	I	OU	4
2383	813	173	J	I	OU	4
2384	727	202	J	I	OU	4
2385	2885	9	J	I	OU	4
2386	1726	43	J	I	OU	4
2387	4463	1	J	I	OU	4
2388	3729	3	J	I	OU	1
2389	4464	1	J	I	OU	1
2390	1041	114	J	I	OU	1
2391	245	677	J	I	AN	1
2392	1688	45	J	I	AN	1
2393	1313	75	J	I	AN	1
2394	1917	34	J	I	AN	1
2395	1749	42	J	I	AN	1
2396	2969	8	J	I	AN	1
2397	2269	21	J	I	AN	1
2398	4003	2	J	I	AN	1
2399	3347	5	J	I	AN	1
2400	4465	1	J	I	AN	1

I.D.	RANK	FREQ	P1	P2	P3	T	I.D.	RANK	FREQ	P1	P2	P3	T	I.D.	RANK	FREQ	P1	P2	P3	T
2401	4004	2	J	I	AN	1	2451	3731	3	J	I	UN	2	2501	853	158	J	I	UNG	4
2402	4467	1	J	I	AN	1	2452	2971	8	J	I	UN	2	2502	1031	116	J	I	UNG	4
2403	4466	1	J	I	AN	1	2453	344	487	J	I	UN	4	2503	909	142	J	I	UNG	4
2404	765	12	J	I	AN	3	2454	144	1073	J	I	UN	4	2504	1672	46	J	I	UNG	4
2405	765	178	J	I	AN	3	2455	1113	102	J	I	UN	4	2505	1272	80	J	I	UNG	4
2406	1071	109	J	I	AN	3	2456	914	141	J	I	UN	4	2506	2522	15	J	I	UNG	4
2407	1029	116	J	I	AN	3	2457	1727	43	J	I	UN	4	2507	2309	20	J	I	UNG	4
2408	2201	23	J	I	AN	3	2458	1524	56	J	I	UN	4	2508	4474	1	J	I	UNG	4
2409	1263	81	J	I	AN	3	2459	4009	2	J	I	UN	4	2509	3733	3	J	I	UNG	4
2410	2346	15	J	I	AN	3	2460	4469	1	J	I	UN	4	2510	2204	23	J	Y	UNG	1
2411	2520	19	J	I	AN	3	2461	213	769	J	I	UN	4	2511	674	221	J	Y		1
2412	2521	2	J	I	AN	3	2462	131	1114	J	I	ANG	4	2512	3734	3	J	Y		1
2413	2521	13	J	I	AN	3	2463	2736	11	J	I	ANG	1	2513	3539	4	J	Y		1
2414	3730	3	J	I	AN	3	2464	1030	116	J	I	ANG	1	2514	4013	2	J	Y		1
2415	2813	10	J	I	AN	3	2465	4010	2	J	I	ANG	1	2515	2141	25	J	Y		2
2416	273	613	J	I	AN	4	2466	3214	6	J	I	ANG	1	2516	672	222	J	Y		2
2417	206	796	J	I	AN	4	2467	4470	1	J	I	ANG	1	2517	2310	20	J	Y		2
2418	652	229	J	I	AN	4	2468	4011	2	J	I	ANG	1	2518	2173	24	J	Y		2
2419	521	310	J	I	AN	4	2469	718	205	J	I	ANG	3	2519	4476	1	J	Y		2
2420	779	185	J	I	AN	4	2470	356	471	J	I	ANG	3	2520	4475	1	J	Y		2
2421	657	227	J	I	AN	4	2471	2737	11	J	I	ANG	3	2521	2607	13	J	Y		2
2422	1707	44	J	I	AN	4	2472	1025	117	J	I	ANG	4	2522	276	607	J	Y		3
2423	1145	97	J	I	AN	4	2473	1288	78	J	I	ANG	4	2523	3735	3	J	Y		3
2424	1809	1	J	I	AN	4	2474	1212	87	J	I	ANG	4	2524	2814	10	J	Y		3
2425	1809	38	J	I	AN	4	2475	2886	9	J	I	ANG	4	2525	4477	1	J	Y		3
2426	2376	18	J	I	AN	4	2476	1504	57	J	I	ANG	4	2526	4014	2	J	Y		3
2427	1844	37	J	I	AN	4	2477	527	306	J	I	ANG	4	2527	523	308	J	Y		3
2428	2734	11	J	I	AN	4	2478	110	1312	J	I	ANG	4	2528	523	166	J	Y		4
2429	2466	16	J	I	AN	4	2479	802	176	J	I	UNG	1	2529	831	271	J	Y		4
2430	3213	6	J	I	AN	4	2480	533	302	J	I	UNG	1	2530	583	87	J	Y		4
2431	3212	6	J	I	AN	4	2481	1548	54	J	I	UNG	1	2531	1213	89	J	Y		4
2432	3349	5	J	I	AN	4	2482	1152	96	J	I	UNG	1	2532	1197	47	J	Y		4
2433	3348	5	J	I	AN	4	2483	2678	12	J	I	UNG	1	2533	1649	86	J	Y		4
2434	3538	4	J	I	AN	4	2484	1634	48	J	I	UNG	1	2534	1226	34	J	Y		4
2435	3537	4	J	I	AN	4	2485	3088	7	J	I	UNG	1	2535	1918	41	J	Y		4
2436	4006	2	J	I	AN	4	2486	2887	9	J	I	UNG	1	2536	1774	8	J	Y		4
2437	4468	1	J	I	AN	4	2487	4471	6	J	I	UNG	1	2537	2972	15	J	Y		4
2438	4005	2	J	I	AN	4	2488	3215	6	J	I	UNG	3	2538	2523	7	J	Y		4
2439	4007	2	J	I	UN	1	2489	4472	1	J	I	UNG	3	2539	4015	2	J	Y		4
2440	271	619	J	I	UN	1	2490	1088	106	J	I	UNG	3	2540	3089	7	J	Y		4
2441	176	926	J	I	UN	1	2491	808	174	J	I	UNG	3	2541	4478	1	J	Y		4
2442	1587	51	J	I	UN	1	2492	2571	14	J	I	UNG	3	2542	4016	2	J	Y		4
2443	1019	118	J	I	UN	1	2493	1439	62	J	I	UNG	3	2543	4479	1	J	Y		4
2444	2735	11	J	I	UN	1	2494	4012	2	J	I	UNG	3	2544	4017	2	J	Y		4
2445	2172	24	J	I	UN	1	2495	3732	3	J	I	UNG	3	2545	512	319	J	Y		1
2446	2970	8	J	I	UN	2	2496	4473	1	J	I	UNG	3	2546	363	461	J	Y	EH	2
2447	1146	97	J	I	UN	2	2497	785	183	J	I	UNG	4	2547	2524	15	J	Y	EH	2
2448	822	169	J	I	UN	2	2498	756	193	J	I	UNG	4	2548	940	134	J	Y	EH	2
2449	2009	30	J	I	UN	2	2499	756	156	J	I	UNG	4	2549	2739	11	J	Y	EH	2
2450	1453	61	J	I	UN	2	2500	859	156	J	I	UNG	4	2550	2738	11	J	Y	EH	2

I.D.	RANK	FREQ	P1	P2	P3	T	I.D.	RANK	FREQ	P1	P2	P3	T	I.D.	RANK	FREQ	P1	P2	P3	T
2551	3351	5	J	Y	EH	2	2601	668	223	Q	I		2	2651	1052	112	Q	I	AU	2
2552	3350	5	J	Y	EH	2	2602	1410	64	Q	I		2	2652	1006	120	Q	I	AU	2
2553	3736	3	J	Y	EH	2	2603	868	153	Q	I		2	2653	1897	35	Q	I	AU	2
2554	3352	5	J	Y	EH	2	2604	2467	16	Q	I		2	2654	1673	46	Q	I	AU	2
2555	4019	2	J	Y	EH	2	2605	1979	31	Q	I		2	2655	2973	8	Q	I	AU	2
2556	4018	2	J	Y	EH	2	2606	2741	11	Q	I		2	2656	2889	9	Q	I	AU	2
2557	4021	2	J	Y	EH	2	2607	2609	13	Q	I		2	2657	3547	4	Q	I	AU	2
2558	4020	2	J	Y	EH	2	2608	3093	7	Q	I		2	2658	1751	42	Q	I	AU	3
2559	4481	1	J	Y	EH	2	2609	2888	9	Q	I		2	2659	1491	58	Q	I	AU	3
2560	4480	1	J	Y	EH	2	2610	3216	6	Q	I		2	2660	3548	4	Q	I	AU	4
2561	4482	1	J	Y	AN	2	2611	3094	7	Q	I		2	2661	3220	6	Q	I	AU	4
2562	1960	32	J	Y	AN	1	2612	4026	2	Q	I		2	2662	4035	2	Q	I	AU	4
2563	1602	50	J	Y	AN	1	2613	3355	5	Q	I		2	2663	4034	2	Q	I	AU	4
2564	4022	2	J	Y	AN	1	2614	4028	2	Q	I		2	2664	4490	1	Q	I	AU	4
2565	2270	21	J	Y	AN	1	2615	4027	2	Q	I		2	2665	1368	68	Q	I	AU	1
2566	2036	29	J	Y	AN	1	2616	4030	2	Q	I		2	2666	826	168	Q	I	OU	1
2567	2203	23	J	Y	AN	3	2617	4029	2	Q	I		2	2667	3358	5	Q	I	OU	1
2568	2116	26	J	Y	AN	4	2618	4485	1	Q	I		2	2668	2117	26	Q	I	OU	1
2569	3091	7	J	Y	AN	4	2619	4031	2	Q	I		2	2669	494	336	Q	I	OU	2
2570	3090	7	J	Y	AN	4	2620	977	45	Q	I		3	2670	237	713	Q	I	OU	2
2571	4483	1	J	Y	AN	4	2621	78	1584	Q	I		3	2671	3739	3	Q	I	OU	2
2572	3540	4	J	Y	AN	4	2622	3217	6	Q	I		3	2672	2974	8	Q	I	OU	2
2573	1245	83	J	Y	UN	1	2623	977	80	Q	I		3	2673	872	152	Q	I	AN	1
2574	150	1031	J	Y	UN	1	2624	4486	1	Q	I		3	2674	365	460	Q	I	AN	1
2575	3353	5	J	Y	UN	1	2625	3218	6	Q	I		3	2675	1505	57	Q	I	AN	1
2576	1289	78	J	Y	UN	1	2626	394	433	Q	I	A	4	2676	1468	60	Q	I	AN	1
2577	4484	1	J	Y	UN	1	2627	132	1113	Q	I	EH	4	2677	2271	21	Q	I	AN	1
2578	2311	20	J	Y	UN	4	2628	1709	44	Q	I	EH	4	2678	1810	39	Q	I	AN	1
2579	962	130	J	Y	UN	4	2629	675	221	Q	I	EH	4	2679	2743	11	Q	I	AN	1
2580	3354	5	J	Y	UN	4	2630	2525	15	Q	I	EH	4	2680	2679	12	Q	I	AN	1
2581	2608	13	J	Y	UN	4	2631	2312	20	Q	I	EH	4	2681	3359	5	Q	I	AN	1
2582	3542	4	J	Y	UN	4	2632	3357	5	Q	I	EH	4	2682	2975	8	Q	I	AN	1
2583	3541	4	J	Y	UN	4	2633	3356	5	Q	I	EH	4	2683	4491	1	Q	I	AN	1
2584	4024	2	J	Y	UN	4	2634	3738	3	Q	I	EH	4	2684	4036	2	Q	I	AN	1
2585	4023	2	J	Y	UN	4	2635	3546	4	Q	I	EH	4	2685	4492	1	Q	I	AN	2
2586	3544	4	J	Y	UN	3	2636	4032	2	Q	I	EH	3	2686	525	307	Q	I	AN	2
2587	3543	4	J	Y	UN	3	2637	4487	1	Q	I	EH	4	2687	145	1065	Q	I	AN	2
2588	3737	3	J	Y	UNG	1	2638	1845	37	Q	I	EH	1	2688	2037	29	Q	I	AN	2
2589	1351	70	Q	I	UNG	1	2639	1869	36	Q	I	EH	2	2689	2744	11	Q	I	AN	2
2590	100	1398	Q	I	UNG	1	2640	3219	6	Q	I	EH	3	2690	1650	47	Q	I	AN	2
2591	1708	44	Q	I		1	2641	2427	17	Q	I	EH	4	2691	2526	15	Q	I	AN	3
2592	1549	54	Q	I		1	2642	425	393	Q	I	EH	4	2692	3549	4	Q	I	AN	3
2593	2740	11	Q	I		1	2643	2742	11	Q	I	EH	4	2693	2094	27	Q	I	AN	3
2594	1750	42	Q	I		1	2644	642	235	Q	I	EH	1	2694	1792	40	Q	I	AN	4
2595	3545	4	Q	I		1	2645	4488	1	Q	I	EH	1	2695	3221	6	Q	I	AN	4
2596	3092	7	Q	I		1	2646	2313	20	Q	I	AU	1	2696	2572	14	Q	I	AN	4
2597	4025	2	Q	I		1	2647	2093	27	Q	I	AU	2	2697	2468	16	Q	I	AN	4
2598	243	693	Q	I		2	2648	4489	1	Q	I	AU	2	2698	3550	4	Q	I	AN	4
2599	225	744	Q	I		2	2649	4033	2	Q	I	AU	2	2699	941	134	Q	I	UN	1
2600	730	201	Q	I		2	2650					AU		2700	261	638	Q	I	UN	1

I.D.	RANK	FREQ	P1	P2	P3	T
2701	4037	2	Q	I	UN	1
2702	2010	30	Q	I	UN	1
2703	1290	78	Q	I	UN	2
2704	1053	112	Q	I	UN	2
2705	1939	33	Q	I	UN	2
2706	1321	74	Q	I	UN	2
2707	4493	3	Q	I	UN	2
2708	3360	5	Q	I	UN	2
2709	2976	8	Q	I	UN	3
2710	4494	2	Q	I	UN	4
2711	1077	106	Q	I	ANG	1
2712	1077	106	Q	I	ANG	1
2713	3222	4	Q	I	ANG	1
2714	1961	32	Q	I	ANG	1
2715	3222	2	Q	I	ANG	1
2716	354	13	Q	I	ANG	2
2717	1333	465	Q	I	ANG	2
2718	1333	70	Q	I	ANG	2
2719	1333	5	Q	I	ANG	2
2720	4495	1	Q	I	ANG	2
2721	3361	5	Q	I	ANG	3
2722	2977	8	Q	I	ANG	3
2723	1384	66	Q	I	ANG	4
2724	4496	1	Q	I	ANG	1
2725	488	341	Q	I	UNG	1
2726	289	575	Q	I	UNG	1
2727	1651	47	Q	I	UNG	1
2728	592	261	Q	I	UNG	1
2729	2573	14	Q	I	UNG	1
2730	2095	27	Q	I	UNG	1
2731	4497	1	Q	I	UNG	1
2732	3362	5	Q	I	UNG	2
2733	1870	36	Q	I	UNG	2
2734	233	731	Q	I	UNG	2
2735	2428	17	Q	I	UNG	2
2736	3551	4	Q	I	UNG	2
2737	310	536	Q	I	UNG	3
2738	776	186	Q	I	UNG	3
2739	1440	62	Q	I	UNG	4
2740	385	442	Q	Y	UNG	1
2741	1980	31	Q	Y	UNG	1
2742	1919	34	Q	Y	UNG	1
2743	2680	12	Q	Y	UNG	1
2744	2610	13	Q	Y	UNG	1
2745	2978	8	Q	Y	UNG	1
2746	2681	12	Q	Y	UNG	2
2747	1981	31	Q	Y	UNG	2
2748	4498	3	Q	Y	UNG	2
2749	3740	3	Q	Y	UNG	2
2750	849	161	Q	Y		3
2751	486	342	Q	Y		3
2752	3552	4	Q	Y		3
2753	904	143	Q	Y		4
2754	43	2349	Q	Y		4
2755	4038	4	Q	Y		4
2756	3553	4	Q	Y		4
2757	1273	80	Q	Y		4
2758	462	258	Q	Y	EH	1
2759	462	108	Q	Y	EH	4
2760	1871	36	Q	Y	EH	4
2761	949	132	Q	Y	EH	4
2762	3364	5	Q	Y	EH	4
2763	3363	5	Q	Y	EH	4
2764	3741	3	Q	Y	EH	4
2765	1399	65	Q	Y	EH	1
2766	473	355	Q	Y	AN	2
2767	170	935	Q	Y	AN	2
2768	1940	33	Q	Y	AN	2
2769	1337	71	Q	Y	AN	2
2770	2745	11	Q	Y	AN	2
2771	2574	14	Q	Y	AN	2
2772	2527	15	Q	Y	AN	3
2773	1532	55	Q	Y	AN	4
2774	651	14	Q	Y	UN	1
2775	651	216	Q	Y	UN	2
2776	3742	3	Q	Y	UN	2
2777	4500	1	Q	Y	UN	2
2778	4499	2	Q	I	UNG	1
2779	2230	19	Q	I	UNG	1
2780	1588	51	Q	I	UNG	1
2781	2230	3	Q	I	UNG	1
2782	561	281	X	I	UNG	2
2783	61	1881	X	I	UNG	2
2784	1230	85	X	I	UNG	3
2785	786	182	X	I	UNG	4
2786	1728	43	X	I		1
2787	1603	50	X	I		1
2788	2231	21	X	I		1
2789	2231	21	X	I		1
2790	2273	21	X	I		1
2791	2272	21	X	I		1
2792	2611	13	X	I		1
2793	2528	15	X	I		1
2794	2815	10	X	I		1
2795	2746	11	X	I		1
2796	3223	6	X	I		1
2797	3095	7	X	I		2
2798	3554	4	X	I		2
2799	3365	5	X	I		2
2800	3744	3	X	I		3
2801	3743	3	X	I		1
2802	4040	2	X	I		1
2803	4039	2	X	I		1
2804	4502	1	X	I		1
2805	4501	1	X	I		1
2806	622	244	X	I		2
2807	263	637	X	I		2
2808	1227	86	X	I		2
2809	850	161	X	I		2
2810	1793	40	X	I		2
2811	1620	49	X	I		2
2812	3366	5	X	I		2
2813	2747	11	X	I		2
2814	4503	2	X	I		2
2815	4041	2	X	I		3
2816	633	238	X	I		3
2817	440	382	X	I		3
2818	4504	2	X	I		4
2819	4042	2	X	I		4
2820	647	233	X	I		4
2821	584	271	X	I		4
2822	877	151	X	I		4
2823	834	165	X	I		4
2824	2274	21	X	I	A	4
2825	2204	23	X	I	A	4
2826	4043	2	X	I	A	4
2827	2377	18	X	I	A	4
2828	4044	2	X	I	A	4
2829	2748	11	X	I	A	1
2830	2118	26	X	I	A	1
2831	1411	64	X	I	A	2
2832	1246	83	X	I	A	2
2833	2174	3	X	I	A	2
2834	2038	29	X	I	A	2
2835	3096	7	X	I	A	2
2836	2174	21	X	I	A	2
2837	3225	6	X	I	A	2
2838	3224	6	X	I	A	2
2839	4045	2	X	I	A	2
2840	3367	5	X	I	A	2
2841	4506	1	X	I	A	4
2842	4505	1	X	I	A	4
2843	589	266	X	I	A	4
2844	50	2155	X	I	A	4
2845	1570	50	X	I	A	4
2846	1278	49	X	I	A	4
2847	1570	77	X	I	A	1
2848	2749	11	X	I	EH	1
2849	139	1091	X	I	EH	1
2850	2979	8	X	I	EH	1

I.D.	RANK	FREQ	P1	P2	P3	T
2851	1335	72	X	I	EH	2
2852	823	169	X	I	EH	2
2853	2142	25	X	I	EH	2
2854	1794	40	X	I	EH	2
2855	3368	5	X	I	EH	2
2856	3097	7	X	I	EH	2
2857	4507	1	X	I	EH	2
2858	4046	2	X	I	EH	2
2859	4508	1	X	I	EH	2
2860	1032	116	X	I	EH	3
2861	161	994	X	I	EH	3
2862	1872	36	X	I	EH	4
2863	902	144	X	I	EH	4
2864	1962	20	X	I	EH	4
2865	1962	12	X	I	EH	4
2866	2575	14	X	I	EH	4
2867	2175	24	X	I	EH	4
2868	2980	8	X	I	EH	4
2869	2816	10	X	I	EH	4
2870	4509	1	X	I	EH	4
2871	3098	7	X	I	AU	1
2872	1795	40	X	I	AU	1
2873	475	353	X	I	AU	1
2874	2347	19	X	I	AU	1
2875	1963	32	X	I	AU	1
2876	3099	7	X	I	AU	1
2877	2469	16	X	I	AU	1
2878	3745	3	X	I	AU	1
2879	3226	6	X	I	AU	1
2880	4048	2	X	I	AU	1
2881	4047	2	X	I	AU	1
2882	4510	1	X	I	AU	1
2883	4049	2	X	I	AU	1
2884	4511	1	X	I	AU	2
2885	4050	2	X	I	AU	3
2886	1400	65	X	I	AU	4
2887	40	2476	X	I	AU	4
2888	455	372	X	I	AU	4
2889	63	1842	X	I	AU	4
2890	1352	70	X	I	AU	4
2891	935	136	X	I	AU	4
2892	3100	7	X	I	AU	4
2893	2176	24	X	I	AU	4
2894	4512	1	X	I	AU	4
2895	3746	3	X	I	AU	4
2896	894	146	X	I	OU	1
2897	688	216	X	I	OU	1
2898	4513	1	X	I	OU	1
2899	2314	20	X	I	OU	1
2900	2682	12	X	I	OU	3
2901	1710	44	X	I	OU	4
2902	1020	118	X	I	OU	4
2903	2315	4	X	I	OU	4
2904	2315	16	X	I	OU	4
2905	3555	4	X	I	OU	4
2906	2981	8	X	I	OU	4
2907	4051	2	X	I	OU	4
2908	3556	4	X	I	OU	4
2909	1173	93	X	I	AN	1
2910	234	731	X	I	AN	1
2911	1941	33	X	I	AN	1
2912	1363	69	X	I	AN	1
2913	3101	7	X	I	AN	1
2914	2612	13	X	I	AN	2
2915	1942	33	X	I	AN	2
2916	1571	52	X	I	AN	2
2917	2275	21	X	I	AN	2
2918	2177	24	X	I	AN	2
2919	2613	12	X	I	AN	2
2920	2529	15	X	I	AN	2
2921	2817	10	X	I	AN	2
2922	2613	1	X	I	AN	2
2923	3227	6	X	I	AN	2
2924	2982	8	X	I	AN	3
2925	4514	1	X	I	AN	3
2926	3557	4	X	I	AN	3
2927	972	126	X	I	AN	3
2928	957	131	X	I	AN	3
2929	4052	2	X	I	AN	4
2930	2011	30	X	I	AN	4
2931	4515	1	X	I	AN	4
2932	308	538	X	I	AN	4
2933	167	940	X	I	AN	4
2934	368	34	X	I	AN	4
2935	368	423	X	I	AN	4
2936	910	142	X	I	AN	4
2937	881	150	X	I	AN	4
2938	1354	67	X	I	AN	4
2939	1353	70	X	I	AN	4
2940	2205	23	X	I	AN	4
2941	1354	3	X	I	AN	4
2942	3102	7	X	I	AN	4
2943	2429	17	X	I	AN	4
2944	4516	1	X	I	AN	4
2945	4053	2	X	I	AN	4
2946	142	1075	X	I	UN	1
2947	134	1111	X	I	UN	1
2948	1481	57	X	I	UN	1
2949	992	123	X	I	UN	1
2950	2890	9	X	I	UN	1
2951	1481	2	X	I	UN	1
2952	3369	5	X	I	UN	1
2953	3228	6	X	I	UN	1
2954	4517	1	X	I	UN	1
2955	4054	2	X	I	UN	1
2956	4055	2	X	I	UN	4
2957	378	449	X	I	UN	1
2958	576	273	X	I	ANG	1
2959	327	504	X	I	ANG	1
2960	1572	52	X	I	ANG	1
2961	745	196	X	I	ANG	1
2962	2818	10	X	I	ANG	1
2963	1752	42	X	I	ANG	1
2964	3558	4	X	I	ANG	1
2965	1506	57	X	I	ANG	2
2966	1322	74	X	I	ANG	2
2967	2232	22	X	I	ANG	2
2968	1559	53	X	I	ANG	2
2969	696	194	X	I	ANG	2
2970	192	853	X	I	ANG	2
2971	1441	62	X	I	ANG	3
2972	696	19	X	I	ANG	3
2973	223	753	X	I	ANG	3
2974	189	861	X	I	ANG	4
2975	599	257	X	I	ANG	4
2976	507	322	X	I	ANG	4
2977	1674	46	X	I	ANG	4
2978	1174	93	X	I	ANG	4
2979	2983	8	X	I	ANG	4
2980	1846	37	X	I	ANG	4
2981	4518	1	X	I	ANG	4
2982	505	318	X	I	ANG	4
2983	226	744	X	I	UNG	1
2984	2984	8	X	I	UNG	1
2985	505	5	X	I	UNG	1
2986	3560	4	X	I	UNG	1
2987	3559	4	X	I	UNG	1
2988	252	660	X	I	UNG	2
2989	76	1674	X	I	UNG	2
2990	2178	24	X	I	UNG	2
2991	1214	87	X	I	UNG	2
2992	4519	1	X	I	UNG	3
2993	3103	7	X	I	UNG	3
2994	1301	77	X	I	UNG	3
2995	555	285	X	I	UNG	4
2996	482	346	X	I	UNG	4
2997	1279	79	X	I	UNG	4
2998	939	135	X	I	UNG	4
2999	3561	4	X	I	UNG	4
3000	3370	5	X	I	UNG	4

I.D.	RANK	FREQ	P1	P2	P3	T
3001	4056	2	X	I		4
3002	3747	3	X	Y	UNG	4
3003	733	200	X	I	UNG	1
3004	626	242	X	Y		1
3005	2985	8	X	Y		1
3006	1920	34	X	Y		1
3007	3749	3	X	Y		1
3008	3748	3	X	Y		1
3009	1274	80	X	Y		1
3010	3750	3	X	Y		2
3011	322	515	X	Y		3
3012	4520	1	X	Y		3
3013	1158	95	X	Y		3
3014	669	223	X	Y		4
3015	1898	35	X	Y		4
3016	1550	54	X	Y		4
3017	2179	24	X	Y		4
3018	2119	26	X	Y		4
3019	3371	5	X	Y		4
3020	3104	7	X	Y		4
3021	4058	2	X	Y		4
3022	4057	2	X	Y		4
3023	4521	1	X	Y		4
3024	4059	2	X	Y		4
3025	4522	1	X	Y		4
3026	3751	3	X	Y		4
3027	2530	15	X	Y		1
3028	26	3313	X	Y		2
3029	863	155	X	Y		3
3030	2012	30	X	Y		4
3031	1604	50	X	Y		4
3032	4523	1	X	Y		1
3033	3372	5	X	Y		1
3034	766	190	X	Y		1
3035	4524	1	X	Y		1
3036	3373	5	X	Y		2
3037	4525	1	X	Y		2
3038	1873	36	X	Y		2
3039	1291	78	X	Y		2
3040	3752	3	X	Y		2
3041	2378	18	X	Y		3
3042	412	403	X	Y		4
3043	4060	2	X	Y		4
3044	3562	4	X	Y		4
3045	4526	1	X	Y		4
3046	4061	2	X	Y		4
3047	2430	7	X	Y		1
3048	2430	10	X	Y		1
3049	4062	2	X	Y		2
3050	2819	10	X	Y		2

I.D.	RANK	FREQ	P1	P2	P3	T
3051	4527	1	X	Y	UN	1
3052	1847	37	X	Y	UN	2
3053	1652	47	X	Y	UN	2
3054	2097	27	X	Y	UN	2
3055	2096	27	X	Y	UN	2
3056	2986	8	X	Y	UN	2
3057	2614	13	X	Y	UN	2
3058	4063	2	X	Y	UN	2
3059	3105	7	X	Y	UN	2
3060	4528	1	X	Y	UN	4
3061	864	155	X	Y	UN	4
3062	539	297	X	Y	UN	4
3063	2470	16	X	Y	UN	3
3064	2206	23	X	Y	UN	3
3065	2820	10	X	Y	UN	4
3066	2576	14	X	Y	UN	4
3067	4529	1	X	Y	UN	4
3068	1605	50	X	Y	UNG	1
3069	1159	95	X	Y	UNG	1
3070	1753	42	X	Y	UNG	1
3071	1729	43	X	Y	UNG	1
3072	3374	5	X	Y	UNG	1
3073	2821	10	X	Y	UNG	2
3074	1302	77	X	Y	UNG	2
3075	711	208	X	Y		1
3076	269	622	ZH			1
3077	106	1346	ZH			1
3078	471	357	ZH			1
3079	402	416	ZH			2
3080	923	139	ZH			3
3081	835	165	ZH			4
3082	1385	66	ZH			4
3083	1203	88	ZH			1
3084	2060	28	ZH			1
3085	1964	32	ZH			1
3086	2615	13	ZH			1
3087	2061	28	ZH			1
3088	3753	3	ZH			2
3089	3563	4	ZH			2
3090	4064	2	ZH			2
3091	585	271	ZH			2
3092	416	401	ZH			3
3093	887	148	ZH			4
3094	724	203	ZH			4
3095	1314	75	ZH			4
3096	1116	101	ZH			4
3097	2316	20	ZH			1
3098	1454	61	ZH			1
3099	4065	2	ZH			2
3100	2750	11	ZH			2

I.D.	RANK	FREQ	P1	P2	P3	T
3101	4530	1	ZH			2
3102	373	452	ZH			3
3103	277	605	ZH			3
3104	707	209	ZH			3
3105	648	232	ZH			3
3106	2379	18	ZH			3
3107	1775	41	ZH			3
3108	4531	1	ZH			3
3109	2431	17	ZH			3
3110	442	381	ZH			4
3111	361	463	ZH			4
3112	526	307	ZH			4
3113	495	332	ZH			4
3114	741	197	ZH			4
3115	728	202	ZH			4
3116	1355	70	ZH			4
3117	838	164	ZH			4
3118	2143	25	ZH			4
3119	1848	37	ZH			4
3120	2432	17	ZH			4
3121	2380	18	ZH			4
3122	3106	7	ZH			4
3123	2751	11	ZH	A		4
3124	3564	4	ZH	A		4
3125	3375	5	ZH	A		4
3126	4066	2	ZH	A		4
3127	3565	4	ZH	A		4
3128	4533	1	ZH	A		4
3129	4532	1	ZH	A		4
3130	4534	1	ZH	A		1
3131	3229	6	ZH	A		1
3132	2531	15	ZH	A		2
3133	2471	16	ZH	A		2
3134	3754	3	ZH	A		2
3135	3376	5	ZH	A		2
3136	3755	3	ZH	A		2
3137	3756	3	ZH	A		3
3138	2577	14	ZH	A		4
3139	1239	84	ZH	A		4
3140	3230	6	ZH	A		4
3141	3107	7	ZH	A		4
3142	3377	5	ZH	A		4
3143	3378	5	ZH	A		4
3144	1899	35	ZH	UH		1
3145	2039	29	ZH	UH		2
3146	1469	60	ZH	UH		2
3147	4535	1	ZH	UH		2
3148	2616	13	ZH	UH		2
3149	4537	1	ZH	UH		2
3150	4536	1	ZH	UH		2

I.D.	RANK	FREQ	P1	P2	P3	T
3151	4538	1	ZH	UH		2
3152	4067	2	ZH	UH		3
3153	376	450	ZH	UH		3
3154	1204	88	ZH	UH		4
3155	19	3967	ZH	UH		4
3156	1231	85	ZH	UH		4
3157	51	1573	ZH	UH		5
3158	51	577	ZH	UH		5
3159	3757	3	ZH	UH		5
3160	3566	4	ZH	AI		1
3161	1943	33	ZH	AI		1
3162	4539	1	ZH	AI		2
3163	2822	10	ZH	AI		2
3164	3567	4	ZH	AI		3
3165	2617	13	ZH	AI		4
3166	2532	15	ZH	AI		4
3167	1849	37	ZH	AU		1
3168	950	132	ZH	AU		1
3169	2823	2	ZH	AU		1
3170	2472	16	ZH	AU		1
3171	3758	3	ZH	AU		1
3172	2823	8	ZH	AU		1
3173	1153	69	ZH	AU		2
3174	1153	27	ZH	AU		3
3175	2473	16	ZH	AU		3
3176	606	253	ZH	AU		3
3177	3108	7	ZH	AU		4
3178	1338	71	ZH	AU		4
3179	408	410	ZH	AU		4
3180	1982	31	ZH	AU		4
3181	1730	43	ZH	AU		4
3182	2824	10	ZH	AU		4
3183	2752	11	ZH	AU		4
3184	3231	6	ZH	AU		4
3185	398	420	ZH	OU		1
3186	337	491	ZH	OU		1
3187	865	155	ZH	OU		1
3188	420	396	ZH	OU		2
3189	2987	8	ZH	OU		3
3190	2381	18	ZH	OU		3
3191	1573	52	ZH	OU		4
3192	3568	4	ZH	OU		4
3193	2207	23	ZH	OU		4
3194	2683	12	ZH	OU		4
3195	1983	31	ZH	OU		4
3196	2825	10	ZH	OU		4
3197	2753	11	ZH	OU		4
3198	3232	4	ZH	OU		4
3199	3232	2	ZH	OU		4
3200	4540	1	ZH	OU		4
3201	2891	9	ZH	AN		1
3202	2533	15	ZH	AN		1
3203	3569	4	ZH	AN		1
3204	2988	8	ZH	AN		1
3205	3571	4	ZH	AN		1
3206	3570	4	ZH	AN		1
3207	4541	1	ZH	AN		1
3208	3109	7	ZH	AN		1
3209	577	273	ZH	AN		3
3210	3759	3	ZH	AN		3
3211	3379	5	ZH	AN		3
3212	4068	2	ZH	AN		3
3213	3760	3	ZH	AN		3
3214	586	271	ZH	AN		4
3215	280	601	ZH	AN		4
3216	1215	87	ZH	AN		4
3217	930	137	ZH	AN		4
3218	3110	7	ZH	AN		4
3219	1247	83	ZH	AN		4
3220	4543	1	ZH	AN		1
3221	4542	1	ZH	AN		1
3222	915	141	ZH	UN		1
3223	238	709	ZH	UN		1
3224	1796	40	ZH	UN		2
3225	1292	78	ZH	UN		3
3226	2826	10	ZH	UN		3
3227	2233	22	ZH	UN		4
3228	3761	3	ZH	UN		4
3229	3233	6	ZH	UN		1
3230	4544	1	ZH	UN		1
3231	4069	2	ZH	UN		1
3232	4545	1	ZH	UN		1
3233	2754	11	ZH	UN		1
3234	2234	22	ZH	UN		1
3235	3380	5	ZH	UN		1
3236	996	122	ZH	UN		3
3237	869	153	ZH	UN		3
3238	1426	63	ZH	UN		4
3239	1021	118	ZH	UN		4
3240	4546	1	ZH	UN		4
3241	3762	3	ZH	UN		4
3242	784	184	ZH	ANG		1
3243	311	536	ZH	ANG		1
3244	2827	10	ZH	ANG		1
3245	2098	27	ZH	ANG		1
3246	4070	2	ZH	ANG		1
3247	2989	8	ZH	ANG		1
3248	4547	1	ZH	ANG		1
3249	1280	79	ZH	ANG		3
3250	135	1097	ZH	ANG		3
3251	4548	1	ZH	ANG		3
3252	3763	3	ZH	ANG		3
3253	1850	37	ZH	ANG		4
3254	1689	45	ZH	ANG		4
3255	2099	27	ZH	ANG		4
3256	1874	36	ZH	ANG		4
3257	2828	10	ZH	ANG		4
3258	2382	18	ZH	ANG		4
3259	3572	4	ZH	ANG		4
3260	3235	6	ZH	ANG		4
3261	4549	1	ZH	ANG		4
3262	1114	102	ZH	UNG		1
3263	613	249	ZH	UNG		1
3264	1427	63	ZH	UNG		1
3265	1192	90	ZH	UNG		1
3266	2684	12	ZH	UNG		1
3267	1944	33	ZH	UNG		1
3268	3236	6	ZH	UNG		1
3269	2829	10	ZH	UNG		1
3270	3765	3	ZH	UNG		1
3271	3764	3	ZH	UNG		1
3272	3111	7	ZH	UNG		3
3273	593	261	ZH	UNG		4
3274	193	845	ZH	UNG		4
3275	162	993	ZH	UNG		4
3276	712	3	ZH	UNG		4
3277	712	205	ZH	UNG		4
3278	2317	20	ZH	UNG		4
3279	748	195	ZH	U		1
3280	926	46	ZH	U		1
3281	926	92	ZH	U		1
3282	1100	104	ZH	U		1
3283	1047	113	ZH	U		1
3284	2208	23	ZH	U		1
3285	1551	54	ZH	U		1
3286	4550	1	ZH	U		1
3287	2578	14	ZH	U		1
3288	4552	1	ZH	U		1
3289	4551	1	ZH	U		1
3290	4553	1	ZH	U		1
3291	1022	118	ZH	U		2
3292	634	238	ZH	U		2
3293	1254	82	ZH	U		2
3294	2100	27	ZH	U		2
3295	4070	4	ZH	U		2
3296	3573	4	ZH	U		2
3297	4554	1	ZH	U		2
3298	1281	79	ZH	U		3
3299	130	1121	ZH	U		3
3300	3381	5	ZH	U		3

I.D.	RANK	FREQ	P1	P2	P3	T
3301	2318	20	ZH	U		3
3302	4555	1	ZH	U		3
3303	447	375	ZH	U		4
3304	333	495	ZH	U		4
3305	638	237	ZH	U		4
3306	493	337	ZH	U		4
3307	1228	86	ZH	U		4
3308	1117	101	ZH	U	A	4
3309	2235	22	ZH	U	A	4
3310	1965	32	ZH	U	A	4
3311	2990	8	ZH	U	O	4
3312	2892	9	ZH	U	O	4
3313	4556	1	ZH	U	O	4
3314	3112	7	ZH	U	O	4
3315	4557	1	ZH	U	O	1
3316	1275	80	ZH	U	O	1
3317	3574	4	ZH	U	O	3
3318	1198	89	ZH	U	O	1
3319	911	142	ZH	U	O	1
3320	3113	7	ZH	U	O	1
3321	2579	14	ZH	U	O	2
3322	1731	43	ZH	U	O	2
3323	2893	9	ZH	U	O	2
3324	2830	10	ZH	U	O	2
3325	2992	8	ZH	U	O	2
3326	2991	8	ZH	U	O	2
3327	3575	4	ZH	U	O	2
3328	3237	6	ZH	U	O	2
3329	4072	2	ZH	U	AI	1
3330	4071	2	ZH	U	EI	1
3331	4558	1	ZH	U	EI	1
3332	4559	1	ZH	U	EI	1
3333	3382	5	ZH	U	AN	4
3334	1135	98	ZH	U	AN	4
3335	3576	4	ZH	U	AN	1
3336	3238	6	ZH	U	AN	1
3337	2993	8	ZH	U	AN	1
3338	1811	29	ZH	U	AN	3
3339	547	291	ZH	U	AN	3
3340	4073	2	ZH	U	AN	4
3341	1811	10	ZH	U	AN	4
3342	4074	2	ZH	U	AN	4
3343	531	303	ZH	U	AN	4
3344	2209	23	ZH	U	AN	4
3345	2144	25	ZH	U	AN	4
3346	3239	6	ZH	U	AN	4
3347	2348	19	ZH	U	AN	4
3348	3577	4	ZH	U	UN	3
3349	1470	60	ZH	U	UN	3
3350	623	243	ZH	U	UN	3
3351	1315	75	ZH	U	ANG	1
3352	545	292	ZH	U	ANG	1
3353	3766	2	ZH	U	ANG	1
3354	3766	1	ZH	U	ANG	1
3355	4075	2	ZH	U	ANG	1
3356	4560	1	ZH	U	ANG	3
3357	1507	57	ZH	U	ANG	4
3358	873	152	ZH	U	ANG	4
3359	2145	25	ZH	U	ANG	4
3360	662	226	ZH	U	ANG	1
3361	20	3905	ZH	U	UNG	1
3362	1054	112	ZH	U	UNG	1
3363	874	152	ZH	U	UNG	1
3364	3767	2	ZH	U	UNG	1
3365	3114	7	ZH	U	UNG	1
3366	4561	1	ZH	U	UNG	3
3367	2894	9	ZH	U	UNG	3
3368	89	1500	ZH	U	UNG	3
3369	4562	1	ZH	U	UNG	3
3370	4076	2	ZH	U	UNG	3
3371	757	193	ZH	U	UNG	3
3372	214	760	ZH	U	UNG	4
3373	1442	62	ZH	U	UNG	4
3374	763	191	ZH	U	UNG	4
3375	1945	33	ZH	U	UNG	4
3376	2618	13	ZH	U	UNG	4
3377	169	938	ZH	U	UNG	4
3378	4077	2	CH	U		1
3379	1181	92	CH	U		1
3380	590	265	CH	U		2
3381	2619	13	CH	U		2
3382	1875	36	CH	U		2
3383	4078	2	CH	U		2
3384	2994	8	CH	U		2
3385	1232	85	CH	U		2
3386	725	203	CH	U		2
3387	2236	2	CH	U		1
3388	2236	20	CH	U		1
3389	4079	2	CH	U		1
3390	2433	17	CH	U		3
3391	4563	1	CH	U		3
3392	1675	46	CH	U		3
3393	1455	61	CH	U		3
3394	2995	8	CH	U		4
3395	2349	19	CH	U		4
3396	4565	1	CH	U		4
3397	4564	1	CH	U		4
3398	4566	1	CH	U	A	4
3399	2434	17	CH	A		3
3400	1401	65	CH	A		1
3401	3383	5	CH	A		1
3402	2996	8	CH	A		1
3403	643	235	CH	A		2
3404	448	375	CH	A		2
3405	3768	3	CH	A		2
3406	644	235	CH	A		4
3407	3384	5	CH	A		4
3408	1369	68	CH	A		4
3409	4080	2	CH	A		4
3410	3769	3	CH	A		4
3411	4567	1	CH	A		1
3412	181	897	CH	UH		3
3413	3240	6	CH	UH		4
3414	2276	21	CH	UH		4
3415	1635	48	CH	UH		4
3416	4081	2	CH	UH		4
3417	2580	14	CH	UH		4
3418	4568	1	CH	UH		1
3419	2146	25	CH	AI		1
3420	1606	50	CH	AI		7
3421	1089	106	CH	AI		2
3422	2120	26	CH	AU		1
3423	1233	85	CH	AU		1
3424	2620	13	CH	AU		1
3425	1607	50	CH	AU		2
3426	628	241	CH	AU		2
3427	3385	5	CH	AU		2
3428	1966	32	CH	AU		3
3429	2101	27	CH	AU		3
3430	1797	40	CH	OU		3
3431	1402	65	CH	OU		1
3432	1776	41	CH	OU		2
3433	1754	42	CH	OU		2
3434	1984	31	CH	OU		2
3435	1921	34	CH	OU		2
3436	2831	10	CH	OU		2
3437	2755	11	CH	OU		3
3438	3241	6	CH	OU		3
3439	2237	22	CH	OU		4
3440	2180	24	CH	OU		2
3441	4082	2	CH	AN		2
3442	2756	11	CH	AN		2
3443	2474	16	CH	AN		2
3444	4084	2	CH	AN		2
3445	4083	2	CH	AN		2
3446	4570	1	CH	AN		2
3447	4569	1	CH	AN		2
3448	2997	8	CH	AN		3
3449	279	602	CH	AN		3
3450	4085	2	CH	AN		3

I.D.	RANK	FREQ	P1	P2	P3	T
3451	3770	3	CH	AN		3
3452	4571	1	CH	AN		3
3453	3386	5	CH	AN		4
3454	3115	7	CH	AN		4
3455	3387	5	CH	UN		1
3456	878	151	CH	UN		2
3457	530	304	CH	UN		2
3458	1323	47	CH	UN		2
3459	1323	27	CH	UN		2
3460	2013	30	CH	UN		2
3461	1412	64	CH	UN		2
3462	3578	4	CH	UN		2
3463	2581	14	CH	UN		2
3464	3771	3	CH	UN		2
3465	3242	6	CH	UN		3
3466	2238	22	CH	UN		3
3467	3579	4	CH	ANG		1
3468	997	122	CH	ANG		1
3469	4572	1	CH	ANG		1
3470	4086	2	CH	ANG		2
3471	227	744	CH	ANG		2
3472	136	1097	CH	ANG		2
3473	1471	60	CH	ANG		2
3474	450	374	CH	ANG		2
3475	2384	18	CH	ANG		2
3476	2383	18	CH	ANG		2
3477	2475	16	CH	ANG		3
3478	3116	7	CH	ANG		3
3479	969	127	CH	ANG		4
3480	1690	45	CH	ANG		4
3481	469	358	CH	ANG		4
3482	4573	1	CH	ANG		1
3483	2239	22	CH	UNG		1
3484	2832	7	CH	UNG		1
3485	470	358	CH	UNG		2
3486	4087	2	CH	UNG		2
3487	2832	7	CH	UNG		2
3488	4088	2	CH	UNG		2
3489	467	359	CH	UNG		2
3490	56	1988	CH	UNG		2
3491	580	272	CH	UNG		2
3492	543	293	CH	UNG		2
3493	1413	64	CH	UNG		2
3494	897	145	CH	UNG		2
3495	2210	23	CH	UNG		2
3496	1985	31	CH	UNG		2
3497	2757	11	CH	UNG		2
3498	2277	21	CH	UNG		2
3499	4574	1	CH	UNG		2
3500	3388	5	CH	UNG		2
3501	4575	1	CH	UNG		2
3502	4576	1	CH	UNG		3
3503	3117	7	CH	UNG		3
3504	4577	1	CH	UNG		4
3505	1755	42	CH	U		4
3506	496	331	CH	U		1
3507	60	1944	CH	U		1
3508	3580	4	CH	U		1
3509	1508	57	CH	U		2
3510	444	380	CH	U		2
3511	2833	10	CH	U		2
3512	1732	43	CH	U		2
3513	3118	7	CH	U		2
3514	2998	8	CH	U		2
3515	4089	2	CH	U		2
3516	1205	88	CH	U		3
3517	562	281	CH	U		3
3518	4090	2	CH	U		3
3519	2181	24	CH	U		3
3520	1356	70	CH	U		3
3521	334	495	CH	U		4
3522	4091	2	CH	U		4
3523	1509	57	CH	U		4
3524	4578	1	CH	U		4
3525	3119	7	CH	U		4
3526	4092	2	CH	U	O	4
3527	3772	3	CH	U	O	4
3528	4579	1	CH	U	O	4
3529	1007	120	CH	U	EI	1
3530	2182	24	CH	U	EI	1
3531	2014	30	CH	U	EI	2
3532	3120	7	CH	U	EI	2
3533	2895	9	CH	U	EI	2
3534	4580	1	CH	U	EI	2
3535	719	205	CH	U	AN	1
3536	698	212	CH	U	AN	1
3537	563	280	CH	U	AN	1
3538	371	454	CH	U	AN	2
3539	2896	9	CH	U	AN	2
3540	4581	1	CH	U	AN	4
3541	2211	23	CH	U	UN	4
3542	513	317	CH	U	UN	1
3543	3243	5	CH	U	UN	2
3544	2040	29	CH	U	UN	2
3545	3773	3	CH	U	UN	2
3546	3243	1	CH	U	UN	2
3547	3243	2	CH	U	UN	2
3548	4093	3	CH	U	UN	3
3549	3581	4	CH	U	UN	2
3550	2147	25	CH	U	ANG	1
3551	1136	98	CH	U	ANG	1
3552	4094	2	CH	U	ANG	2
3553	1095	48	CH	U	ANG	2
3554	1095	57	CH	U	ANG	2
3555	3244	6	CH	U	ANG	3
3556	3121	7	CH	U	ANG	4
3557	4095	2	CH	U	ANG	4
3558	916	141	CH	U	ANG	4
3559	1160	95	CH	U	UNG	1
3560	739	198	CH	U	UNG	1
3561	1636	26	CH	U	UNG	1
3562	1636	22	CH	U	UNG	1
3563	4582	1	CH	U	UNG	2
3564	665	4	CH	U	UNG	2
3565	665	220	CH	U	UNG	2
3566	1756	42	CH	U	UNG	2
3567	746	196	CH	U	UNG	2
3568	3389	5	CH	U	UNG	3
3569	266	626	CH	U	UNG	1
3570	116	1277	CH			1
3571	1316	31	SH			1
3572	772	188	SH			1
3573	1533	55	SH			1
3574	1316	44	SH			1
3575	2385	18	SH			1
3576	1876	36	SH			1
3577	3390	5	SH			2
3578	29	3148	SH			2
3579	13	4482	SH			2
3580	250	480	SH			2
3581	215	760	SH			2
3582	1589	51	SH			2
3583	369	457	SH			2
3584	2897	9	SH			2
3585	1590	51	SH			2
3586	503	326	SH			3
3587	154	1016	SH			3
3588	1711	44	SH			3
3589	795	178	SH			3
3590	4583	1	SH			3
3591	2621	13	SH			4
3592	77	1617	SH			4
3593	3	8916	SH			4
3594	236	720	SH			4
3595	87	1509	SH			4
3596	362	462	SH			4
3597	236	1	SH			4
3598	528	305	SH			4
3599	504	326	SH			4
3600	557	284	SH			4

I.D.	RANK	FREQ	P1	P2	P3	T
3601	549	290	SH			4
3602	720	205	SH			4
3603	632	239	SH			4
3604	762	192	SH			4
3605	735	199	SH			4
3606	1482	5	SH			4
3607	1403	59	SH			4
3608	2121	65	SH			4
3609	1900	26	SH			4
3610	2582	35	SH			4
3611	2183	14	SH			4
3612	4096	24	SH			4
3613	3775	2	SH			4
3614	4584	3	SH			4
3615	4097	1	SH	A		4
3616	4585	2	SH	A		4
3617	4586	1	SH	A		5
3618	689	216	SH	A		1
3619	614	248	SH	A		1
3620	1777	41	SH	A		1
3621	1472	60	SH	A		1
3622	2685	12	SH	A		3
3623	2435	17	SH	A		4
3624	2898	9	SH	UH		4
3625	1278	2	SH	UH		4
3626	4587	1	SH	UH		4
3627	3776	3	SH	UH		1
3628	96	1249	SH	UH		2
3629	96	177	SH	UH		2
3630	2240	22	SH	UH		2
3631	1877	36	SH	UH		2
3632	4588	1	SH	UH		3
3633	2062	9	SH	UH		4
3634	374	452	SH	UH		4
3635	305	544	SH	UH		4
3636	1370	68	SH	UH		4
3637	446	376	SH	UH		4
3638	1757	42	SH	UH		4
3639	1691	45	SH	AI		4
3640	3245	6	SH	AI		1
3641	4589	1	SH	AI		1
3642	1552	35	SH	AI		4
3643	627	19	SH	EI		4
3644	1591	242	SH	AU		2
3645	788	51	SH	AU		1
3646	3245	181	SH	AU		1
3647	2899	9	SH	AU		2
3648	3582	3	SH	AU		2
3649	3122	7	SH	AU		2
3650						
3651	3582	1	SH	AU		2
3652	360	464	SH	AU		3
3653	1492	58	SH	AU		4
3654	993	123	SH	AU		4
3655	3391	15	SH	AU		4
3656	2999	8	SH	AU		4
3657	397	421	SH	OU		1
3658	1033	116	SH	OU		2
3659	618	245	SH	OU		3
3660	190	855	SH	OU		3
3661	931	137	SH	OU		3
3662	1510	57	SH	OU		4
3663	351	480	SH	OU		4
3664	221	754	SH	OU		4
3665	1637	48	SH	OU		4
3666	1553	54	SH	OU		4
3667	2063	28	SH	OU		4
3668	1758	42	SH	OU		4
3669	4098	2	SH	AN		4
3670	2534	15	SH	AN		1
3671	107	1335	SH	AN		1
3672	3246	6	SH	AN		1
3673	2900	9	SH	AN		1
3674	3777	3	SH	AN		1
3675	3583	4	SH	AN		3
3676	4100	2	SH	AN		4
3677	4099	1	SH	AN		4
3678	4591	1	SH	AN		1
3679	4590	58	SH	AN		2
3680	1493	76	SH	AN		2
3681	1309	32	SH	AN		2
3682	1967	840	SH	AN		2
3683	3123	163	SH	AN		3
3684	2184	7	SH	AN		4
3685	3247	24	SH	AN		4
3686	3124	6	SH	AN		4
3687	4592	7	SH	AN		4
3688	4101	1	SH	UN		4
3689	4593	2	SH	UN		4
3690	639	237	SH	UN		4
3691	249	670	SH	UN		1
3692	1414	64	SH	UN		1
3693	1062	111	SH	UN		1
3694	3584	4	SH	UN		1
3695	2476	16	SH	UN		1
3696	4102	2	SH	UN		2
3697	1560	361	SH	UN		3
3698	466	53	SH	UN		3
3699	1415	64	SH	UN		3
3700	2122	26	SH	UN		3
3701	1878	36	SH	UN		3
3702	2386	18	SH	UN		4
3703	1303	77	SH	UN		4
3704	2622	13	SH	UN		4
3705	2535	15	SH	UN		4
3706	754	194	SH	ANG		1
3707	474	355	SH	ANG		1
3708	3000	8	SH	ANG		3
3709	1456	61	SH	ANG		3
3710	4103	2	SH	ANG		4
3711	1324	74	SH	ANG		4
3712	17	4216	SH	ANG		4
3713	1483	59	SH	UNG		5
3714	221	754	SH	UNG		1
3715	32	2938	SH	UNG		1
3716	1901	35	SH	UNG		1
3717	715	206	SH	UNG		1
3718	3585	4	SH	UNG		1
3719	2241	22	SH	UNG		1
3720	4105	2	SH	UNG		1
3721	4104	2	SH	UNG		2
3722	1653	47	SH	UNG		3
3723	4106	1	SH	UNG		3
3724	201	805	SH	UNG		4
3725	895	146	SH	UNG		4
3726	597	259	SH	UNG		4
3727	1638	43	SH	UNG		4
3728	1154	96	SH	UNG		4
3729	3778	3	SH	UNG		4
3730	1638	5	SH	UNG		4
3731	1125	100	SH	U		1
3732	179	913	SH	U		1
3733	1654	46	SH	U		1
3734	1371	68	SH	U		1
3735	1759	42	SH	U		1
3736	1654	1	SH	U		1
3737	2242	22	SH	U		1
3738	1812	39	SH	U		1
3739	4594	1	SH	U		1
3740	2436	17	SH	U		1
3741	4595	1	SH	U		1
3742	1692	45	SH	U		1
3743	742	197	SH	U		2
3744	3779	3	SH	U		2
3745	2064	28	SH	U		2
3746	1036	115	SH	U		2
3747	806	175	SH	U		3
3748	1621	49	SH	U		3
3749	1457	61	SH	U		3
3750	1922	18	SH	U		3

I.D.	RANK	FREQ	P1	P2	P3	T
3751	1922	16	SH	U		3
3752	2387	18	SH	U		3
3753	2041	29	SH	U		3
3754	2834	10	SH	U		3
3755	400	418	SH	U		4
3756	303	546	SH	U		4
3757	917	141	SH	U		4
3758	598	258	SH	U		4
3759	2243	22	SH	U		4
3760	1234	85	SH	U		4
3761	2901	9	SH	U		4
3762	2536	15	SH	U		4
3763	3126	7	SH	U		4
3764	3125	7	SH	U		4
3765	3780	3	SH	U		4
3766	3586	4	SH	U		4
3767	4596	1	SH	U		4
3768	1115	102	SH	U	A	4
3769	2477	16	SH	U	A	3
3770	37	2727	SH	U	O	1
3771	2687	12	SH	U	O	4
3772	2686	12	SH	U	O	4
3773	4107	2	SH	U	AI	4
3774	2437	17	SH	U	AI	1
3775	2350	19	SH	U	AI	1
3776	4108	2	SH	U	AI	3
3777	2835	10	SH	U	AI	4
3778	1534	55	SH	U	EI	4
3779	2836	10	SH	U	EI	4
3780	3587	4	SH	U	EI	2
3781	75	1681	SH	U	EI	4
3782	1235	85	SH	U	EI	4
3783	703	210	SH	U	AN	4
3784	3781	3	SH	U	UN	4
3785	3588	4	SH	U	UN	4
3786	3782	3	SH	U	ANG	1
3787	2623	13	SH	U	ANG	4
3788	1986	31	SH	U	ANG	1
3789	905	143	SH	U	ANG	1
3790	3248	6	SH	U	ANG	3
3791	898	141	SH	U	ANG	4
3792	898	26	SH	U		3
3793	2123	26	SH	U		4
3794	2124	26	SH	U		4
3795	54	2049	R			3
3796	2438	17	R	UH		4
3797	390	436	R	UH		2
3798	2148	25	R	AU		4
3799	2102	27	R	AU		4
3800	1137	98	R	AU		4

I.D.	RANK	FREQ	P1	P2	P3	T
3801	2537	15	R	OU		2
3802	1733	43	R	OU		2
3803	4109	2	R	OU		2
3804	3249	6	R	OU		2
3805	611	250	R	OU		4
3806	924	139	R	AN		2
3807	123	1183	R	AN		2
3808	4597	1	R	AN		2
3809	3001	8	R	AN		3
3810	942	134	R	AN		3
3811	973	126	R	UN		2
3812	11	5555	R	UN		4
3813	4111	2	R	UN		4
3814	2758	11	R	UN		2
3815	1216	87	R	UN		4
3816	479	349	R	UN		4
3817	293	567	R	UN		4
3818	3589	4	R	UN		4
3819	2538	15	R	UN		4
3820	3783	3	R	UN		2
3821	3590	4	R	ANG		2
3822	4598	1	R	ANG		3
3823	2351	19	R	ANG		3
3824	1339	71	R	ANG		4
3825	615	247	R	UNG		1
3826	1712	44	R	UNG		2
3827	803	176	R	U		2
3828	2624	13	R	U		2
3829	120	1208	R	U		2
3830	4112	2	R	U		2
3831	3784	3	R	U		2
3832	4599	1	R	U		4
3833	2244	22	R	U		4
3834	1798	40	R	U		4
3835	2625	13	R	U		4
3836	319	521	R	U		4
3837	4113	2	R	U		4
3838	3392	5	R	U		4
3839	4110	2	R	U		4
3840	1236	85	R	U		4
3841	899	145	R	U		4
3842	4600	1	R	U		4
3843	3002	8	R	U		4
3844	2626	13	R	U		4
3845	1325	74	R	U	EI	3
3846	4601	1	R	U	EI	4
3847	3785	3	R	U	EI	4
3848	1428	4	R	U	EI	4
3849	1428	59	R	U	AN	3
3850	3591	4	R	U	AN	3

I.D.	RANK	FREQ	P1	P2	P3	T
3851	3127	7	R	U	AN	3
3852	3786	3	R	U	UN	4
3853	2278	21	R	U	UN	4
3854	888	148	R	U	UN	2
3855	401	418	R	U	UNG	2
3856	2149	25	R	U	UNG	2
3857	1734	43	R	U	UNG	2
3858	2478	16	R	U	UNG	2
3859	2319	20	R	U	UNG	2
3860	3787	3	R	U	UNG	2
3861	3393	5	R	U	UNG	2
3862	4603	1	R	U	UNG	2
3863	4602	1	Z		UNG	1
3864	1525	56	Z			1
3865	920	140	Z			1
3866	2245	22	Z			1
3867	2042	29	Z			1
3868	2627	13	Z			1
3869	2279	21	Z			1
3870	4604	1	Z			1
3871	3394	5	Z			1
3872	4605	1	Z			3
3873	1592	51	Z			3
3874	324	513	Z			3
3875	3250	6	Z			4
3876	2902	9	Z			1
3877	194	841	Z			2
3878	86	1513	Z			2
3879	3251	6	Z			2
3880	52	2128	Z			2
3881	4606	1	Z	A		2
3882	4114	2	Z	A		1
3883	4607	1	Z	A		1
3884	3592	4	Z	A		2
3885	1104	103	Z	A		2
3886	777	186	Z	UH		2
3887	758	193	Z	UH		2
3888	1778	41	Z	UH		2
3889	1574	52	Z	UH		2
3890	3593	4	Z	UH		4
3891	4608	1	Z	UH		4
3892	1693	45	Z	AI		1
3893	1217	87	Z	AI		1
3894	3788	3	Z	AI		3
3895	1575	52	Z	AI		3
3896	1494	58	Z	AI		3
3897	3003	8	Z	AI		3
3898	216	760	Z	AI		4
3899	9	6631	Z	AI		4
3900	1326	74	Z	AI		4

I.D.	RANK	FREQ	P1	P2	P3	T
3901	2583	14	N	EI		2
3902	2185	24	N	AU		1
3903	1372	68	N	AU		1
3904	1829	38	N	AU		2
3905	1813	39	N	AU		3
3906	370	456	N	AU		3
3907	3395	5	N	AU		3
3908	3252	6	N	AU		3
3909	4115	2	N	AU		3
3910	1760	42	N	AU		4
3911	338	491	N	AU		4
3912	3128	7	N	AU		4
3913	2015	30	N	AU		4
3914	3594	2	N	AU		4
3915	3594	3	N	AU		4
3916	3789	1	N	AU		4
3917	3396		N	OU		1
3918	3396		N	OU		1
3919	4609	1	N	OU		1
3920	217	758	N	OU		3
3921	2584	14	N	OU		4
3922	1593	51	N	OU		4
3923	4116	2	N	OU		4
3924	4610		N	AN		1
3925	2212	23	N	AN		2
3926	1814	39	N	AN		4
3927	1526	56	N	AN		4
3928	4611	1	N	AN		4
3929	4117	2	N	UN		4
3930	185	889	N	ANG		3
3931	1386	66	N	ANG		4
3932	1340	71	N	ANG		4
3933	1240	84	N	ANG		4
3934	2043	29	N	UNG		4
3935	2125	26	N	UNG		1
3936	658	227	N	UNG		1
3937	3790	3	N	UNG		1
3938	4612	1	N	U		4
3939	1561	53	N	U		4
3940	1639	48	N	U		2
3941	809	174	N	U		2
3942	655	228	N	U		2
3943	4613	1	N	U		3
3944	3129	7	N	U		3
3945	610	251	N	U		3
3946	329	499	N	U		3
3947	1387	66	N	U		1
3948	4614	1	N	U		2
3949	629	241	N	U		3
3950	2628	13	N	U		3

I.D.	RANK	FREQ	P1	P2	P3	T
3951	594	261	N	U		3
3952	99	1407	N	U		4
3953	47	2167	N	U		4
3954	1012	119	N	U		4
3955	596	260	N	U		4
3956	4118	2	N	U		4
3957	2903	9	N	U		4
3958	4119		N	U		4
3959	852	159	N	U		4
3960	1779	41	N	U		3
3961	109	1330	N	U		4
3962	2126	26	N	U		4
3963	2439	17	N	U		4
3964	4615	1	N	U		3
3965	2585	14	N	U	EI	4
3966	4616	1	N	U	EI	4
3967	2213	23	N	U	EI	4
3968	1761	42	N	U	AN	4
3969	1495	58	N	U	AN	4
3970	3791	3	N	U	AN	4
3971	2352	19	N	U	UN	1
3972	699	212	N	U	UN	1
3973	2388	7	N	U	UN	1
3974	2388	11	N	U	UNG	1
3975	2539	5	N	U	UNG	1
3976	2539	10	N	U	UNG	1
3977	3397	5	N	U	UNG	1
3978	200	498	N	U	UNG	3
3979	200	813	N	U	UNG	4
3980	2353	19	N	U	UNG	4
3981	2065	28	N	U	UNG	4
3982	3595	4	C	U	UNG	4
3983	2688	12	C	U		4
3984	4617	1	C	U		4
3985	2440	17	C	U		4
3986	4618		C	U		4
3987	1013	119	C	U		4
3988	568	278	C	U		1
3989	1735	43	C	U		2
3990	1090	106	C	U		2
3991	3004	8	C	U		2
3992	1987	31	C	U		2
3993	4619	1	C	U		2
3994	314	530	C	U		3
3995	1404	65	C	U		3
3996	173	931	C	U		3
3997	4620	1	C	A		4
3998	1206	88	C	UH		4
3999	1048	113	C	UH		4
4000	810	174	C			4

I.D.	RANK	FREQ	P1	P2	P3	T
4001	1946	33	C	UH		4
4002	1373	68	C	UH		4
4003	2186	24	C	UH		4
4004	2016	30	C	AI		1
4005	755	194	C	AI		2
4006	248	671	C	AI		2
4007	1484	59	C	AI		2
4008	1119	101	C	AI		2
4009	1535	55	C	AI		2
4010	951	132	C	AI		3
4011	827	168	C	AI		3
4012	2479	16	C	AI		3
4013	2540	15	C	AI		3
4014	4120	2	C	AI		3
4015	3596	4	C	AI		4
4016	1511	57	C	AI		4
4017	574	274	C	AI		4
4018	3005	8	C	AU		1
4019	1014	119	C	AU		1
4020	3597	4	C	AU		2
4021	1388	66	C	AU		2
4022	4621		C	AU		2
4023	3598	4	C	AU		2
4024	541	293	C	AU		3
4025	541	10	C	AU		4
4026	2837	51	C	OU		1
4027	1594	498	C	AN		1
4028	331	65	C	AN		2
4029	1405	151	C	AN		2
4030	879	15	C	AN		2
4031	2541	47	C	AN		3
4032	1655	19	C	AN		4
4033	2354	1	C	UN		1
4034	4622	23	C	ANG		1
4035	2214	56	C	ANG		1
4036	1527	4	C	ANG		1
4037	3599	6	C	ANG		2
4038	3253	2	C	ANG		2
4039	4121	101	C	ANG		2
4040	1118	112	C	ANG		2
4041	1055	253	C	UNG		2
4042	607	64	C	UNG		2
4043	1416	40	C	U		4
4044	1799	59	C	U		4
4045	1485	1	C	U		4
4046	4623	2	C	U		4
4047	4122	1	C	U		4
4048	4624	5	C	U		4
4049	3398	15	C	U		1
4050	2542		C	U		1

I.D.	RANK	FREQ	P1	P2	P3	T
4051	2280	21	C	U	O	4
4052	789	181	C	U	O	4
4053	2689	12	C	U	O	4
4054	2320	20	C	U	O	4
4055	2904	9	C	U	EI	1
4056	2905	9	C	U	EI	1
4057	2838	10	C	U	EI	1
4058	3792	3	C	U	EI	1
4059	2441	17	C	U	EI	4
4060	1608	50	C	U	EI	4
4061	3793	3	C	U	EI	4
4062	2906	9	C	U	EI	4
4063	4124	2	C	U	AN	4
4064	4123	2	C	U	AN	4
4065	4625	1	C	U	UN	4
4066	3006	8	C	U	UN	4
4067	2759	11	C	U	UN	4
4068	666	222	C	U	UN	4
4069	666	222	C	U	UNG	1
4070	1105	103	C	U	UNG	1
4071	2907	9	C	U	UNG	2
4072	1640	48	C	U	UNG	4
4073	2690	12	C	U	UNG	1
4074	1317	75	C	U	UNG	1
4075	3007	1	C	U	UNG	1
4076	3007	7	C	U	UNG	1
4077	3399	5	C	U	UNG	1
4078	3008	8	C	U	UNG	2
4079	4626	1	C	U	UNG	2
4080	1988	31	C	U	UNG	2
4081	133	1113	C	U	UNG	2
4082	4125	2	C	U	UNG	2
4083	3400	5	C	U	UNG	1
4084	564	280	S			1
4085	304	545	S			1
4086	676	221	S			1
4087	619	245	S			1
4088	2480	16	S			1
4089	943	134	S			1
4090	4126	2	S			1
4091	3254	6	S			1
4092	403	416	S			3
4093	841	163	S			4
4094	30	3108	S			4
4095	1389	1	S			4
4096	1389	65	S			4
4097	2629	13	S			4
4098	1989	31	S			4
4099	3130	7	S			4
4100	3009	8	S			4
4101	3600	4	S			4
4102	3255	6	S			4
4103	4627	1	S			4
4104	3794	3	S			4
4105	4628	1	S			1
4106	3256	6	S			1
4107	2044	5	S	A		1
4108	2044	24	S	A		3
4109	2442	17	S	A		3
4110	2481	16	S	A		3
4111	1496	58	S	A		4
4112	4127	2	S	A		4
4113	2321	20	S	A		4
4114	339	490	S	UH		4
4115	2691	12	S	UH		4
4116	2443	17	S	UH		4
4117	4128	2	S	UH		4
4118	3795	3	S	UH		4
4119	2839	10	S	UH		1
4120	2045	29	S	AI		1
4121	4629	1	S	AI		1
4122	1131	99	S	AI		4
4123	514	317	S	AI		1
4124	2760	11	S	AU		1
4125	2389	18	S	AU		1
4126	3401	5	S	AU		1
4127	3257	6	S	AU		3
4128	2066	28	S	AU		3
4129	866	155	S	AU		4
4130	4129	2	S	OU		1
4131	3601	4	S	OU		1
4132	1968	32	S	OU		3
4133	4630	1	S	OU		3
4134	4631	1	S	OU		3
4135	2067	28	S	EI		1
4136	2840	10	S	EI		1
4137	4632	1	S	AN		3
4138	18	4006	S	AN		3
4139	3131	7	S	AN		1
4140	2187	24	S	AN		1
4141	1155	96	S	UN		1
4142	1000	121	S	UN		3
4143	2586	14	S	ANG		4
4144	1780	41	S	ANG		4
4145	3010	8	S	ANG		4
4146	2322	20	S	ANG		4
4147	2761	11	S	UNG		1
4148	3402	5	S	U		1
4149	399	419	S	U		1
4150	3796	3	S	U		1
4151	3602	4	S	U		1
4152	1341	71	S	U		2
4153	759	193	S	U		4
4154	704	210	S	U		4
4155	1318	75	S	U		4
4156	1056	112	S	U		4
4157	1923	34	S	U		4
4158	1800	40	S	U		4
4159	4131	2	S	U		4
4160	4130	2	S	U		4
4161	4633	1	S	U		1
4162	4132	2	S	U		1
4163	2692	12	S	U		1
4164	1429	63	S	U		1
4165	3798	3	S	U		1
4166	3797	3	S	U		1
4167	4634	1	S	U		3
4168	1406	65	S	U		3
4169	79	1575	S	U		3
4170	3799	3	S	U	EI	1
4171	2323	20	S	U	EI	1
4172	1241	84	S	U	EI	1
4173	548	291	S	U	EI	1
4174	4635	1	S	U	EI	1
4175	2046	29	S	U	EI	1
4176	747	196	S	U	EI	2
4177	2482	16	S	U	EI	2
4178	4636	1	S	U	EI	3
4179	1736	43	S	U	EI	4
4180	685	217	S	U	EI	4
4181	2908	9	S	U	EI	4
4182	2630	13	S	U	EI	4
4183	4133	2	S	U	EI	4
4184	3603	4	S	U	EI	4
4185	4134	2	S	U	AN	1
4186	1255	82	S	U	AN	4
4187	2762	11	S	U	AN	4
4188	480	348	S	U	AN	1
4189	3403	5	S	U	UN	1
4190	998	122	S	U	UN	1
4191	2763	11	S	U	UN	3
4192	1357	70	S	U	UN	3
4193	4135	2	S	U	ANG	1
4194	4135	1	S	U	ANG	3
4195	1497	58	S	U	ANG	3
4196	1023	118	S	U	ANG	4
4197	2909	8	S	U	UNG	1
4198	2693	12	S	U	UNG	1
4199	2909	2	S	U	UNG	1
4200	4136	2	S	U	UNG	3

I.D.	RANK	FREQ	P1	P2	P3	T
4201	2841	10	S	U	UNG	3
4202	4637	1	S	U	UNG	3
4203	1218	87	S	U	UNG	4
4204	435	386	S	U	UNG	4
4205	2910	9	S	U	UNG	4
4206	2444	17	S	U	UNG	4
4207	3604	4	S	U	UNG	4
4208	3011	8	S	U	UNG	4
4209	624	243	A			1
4210	4137	2	A			2
4211	478	350	A			4
4212	2127	26	O			1
4213	2694	12	O			2
4214	4638	1	UH			1
4215	1676	46	UH			1
4216	1167	94	UH			2
4217	3012	8	UH			2
4218	1990	31	UH			2
4219	3800	3	UH			2
4220	3013	8	UH			2
4221	1264	81	UH			2
4222	312	536	UH			4
4223	2281	21	UH			4
4224	1473	60	UH			4
4225	3132	7	UH			4
4226	2842	10	UH			4
4227	3801	3	UH			4
4228	3258	6	UH			4
4229	4139	2	UH			4
4230	4138	2	UH			4
4231	4639	1	UH			4
4232	4140	2	UH			4
4233	4641	1	UH			4
4234	4640	1	UH			4
4235	2047	29	AI			1
4236	2017	30	AI			1
4237	2150	25	AI			1
4238	2128	26	AI			1
4239	2355	19	AI			1
4240	4642	1	AI			2
4241	2843	10	AI			3
4242	1762	42	AI			3
4243	4643		AI			3
4244	3605	4	AI			3
4245	1991	31	AI			4
4246	300	554	AI			4
4247	2018	3	AI			4
4248	2018	27	AI			4
4249	3404	5	AI			4
4250	2390	18	AI			4

I.D.	RANK	FREQ	P1	P2	P3	T
4251	4141	2	AU			1
4252	2695	12	AU			1
4253	4644	1	AU			1
4254	3405	5	AU			2
4255	3133	7	AU			2
4256	4645	1	AU			2
4257	3802	3	AU			2
4258	4646	1	AU			2
4259	4142	2	AU			3
4260	2631	13	AU			3
4261	1342	71	AU			4
4262	1282	79	AU			4
4263	3606	4	AU			4
4264	2188	24	AU			4
4265	2696	12	OU			1
4266	860	156	OU			1
4267	3406	5	OU			1
4268	3407	8	OU			1
4269	2282	21	OU			3
4270	4648	1	OU			3
4271	4647	1	OU			3
4272	2632	13	AN			3
4273	242	698	AN			4
4274	4143	2	AN			4
4275	2764	11	AN			4
4276	4649	1	AN			4
4277	4144	2	AN			4
4278	4650	1	AN			4
4279	790	181	AN			4
4280	630	241	AN			4
4281	1024	118	AN			4
4282	796	178	AN			4
4283	3803	3	AN			4
4284	3259	6	UN			1
4285	1562	53	UN			1
4286	4145	2	UN			4
4287	2103	27	ANG			2
4288	2068	28	ANG			2
4289	4651	1	ANG			4
4290	156	1015	ER			2
4291	82	1540	ER			2
4292	306	537	ER			3
4293	306	7	ER			3
4294	3134	7	ER			3
4295	994	123	ER			3
4296	3804	3	ER			4
4297	3408	5	ER			4
4298	14	4376	I			4
4299	432	387	I			4
4300	2	14147	I			1

I.D.	RANK	FREQ	P1	P2	P3	T
4301	743	197	I			1
4302	617	246	I			1
4303	2911	9	I			1
4304	1042	114	I			1
4305	4146	2	I			1
4306	918	141	I			2
4307	449	375	I			2
4308	1498	58	I			2
4309	936	136	I			2
4310	2104	27	I			2
4311	1609	50	I			2
4312	2844	10	I			2
4313	2483	16	I			2
4314	3135	7	I			2
4315	3014	8	I			2
4316	3805	3	I			2
4317	3136	7	I			2
4318	4147	2	I			2
4319	3806	3	I			2
4320	4652	1	I			2
4321	4148	2	I			2
4322	4653	1	I			2
4323	183	892	I			3
4324	24	3500	I			3
4325	1193	90	I			3
4326	1066	110	I			3
4327	1486	59	I			3
4328	1237	85	I			3
4329	4149	2	I			3
4330	3015	8	I			4
4331	290	574	I			4
4332	195	840	I			4
4333	565	280	I			4
4334	330	499	I			4
4335	1096	105	I			4
4336	1078	108	I			4
4337	1161	95	I			4
4338	1120	101	I			4
4339	1563	53	I			4
4340	1417	64	I			4
4341	1815	39	I			4
4342	1610	50	I			4
4343	2105	27	I			4
4344	1851	37	I			4
4345	2215	23	I			4
4346	2189	24	I			4
4347	2587	14	I			4
4348	2356	19	I			4
4349	3137	7	I			4
4350	3016	8	I			4

I.D.	RANK	FREQ	P1	P2	P3	T
4351	3260	2	I			4
4352	3260	4	I			4
4353	3409	5	I			4
4354	3261	6	I			4
4355	3608	4	I			4
4356	3607	4	I			4
4357	3808	3	I			4
4358	3807	3	I			4
4359	3810	3	I			4
4360	3809	3	I			4
4361	4655	1	I			4
4362	4654	1	I			4
4363	4657	1	I			4
4364	4656	1	I			4
4365	4659	1	I			4
4366	4658	1	I			4
4367	4660	1	I			4
4368	944	134	I	A		1
4369	572	275	I	A		1
4370	1737	43	I	A		1
4371	1304	77	I	A		1
4372	3262	6	I	A		1
4373	1713	44	I	A		1
4374	836	165	I	A		2
4375	3263	6	I	A		2
4376	2633	13	I	A		2
4377	4150	2	I	A		2
4378	3811	3	I	A		2
4379	4151	2	I	A		2
4380	2697	12	I	A		3
4381	1293	78	I	A		3
4382	4661	1	I	A		3
4383	3264	6	I	A		4
4384	345	486	I	A		4
4385	3812	3	I	A		4
4386	3410	5	I	O		1
4387	3017	8	I	EH		1
4388	2634	13	I	EH		2
4389	2698	12	I	EH		2
4390	1801	40	I	EH		2
4391	4152	2	I	EH		2
4392	3813	3	I	EH		3
4393	814	173	I	EH		3
4394	46	2253	I	EH		4
4395	2635	13	I	EH		4
4396	612	250	I	EH		4
4397	137	1097	I	EH		4
4398	892	147	I	EH		4
4399	664	225	I	EH		4
4400	3609	4	I	EH		4
4401	1714	44	I	EH		4
4402	4662	1	I	EH		4
4403	4153	2	I	EH		4
4404	2765	11	I	AI		2
4405	1656	47	I	AU		1
4406	1049	113	I	AU		1
4407	1992	31	I	AU		1
4408	1816	39	I	AU		1
4409	4663	1	I	AU		1
4410	3265	6	I	AU		1
4411	1947	33	I	AU		2
4412	906	143	I	AU		2
4413	2019	30	I	AU		2
4414	1948	33	I	AU		2
4415	2912	9	I	AU		2
4416	2845	10	I	AU		2
4417	3815	3	I	AU		2
4418	3814	3	I	AU		2
4419	4664	1	I	AU		2
4420	3266	6	I	AU		3
4421	1641	48	I	AU		3
4422	4666	1	I	AU		3
4423	4665	1	I	AU		3
4424	721	204	I	AU		4
4425	27	3291	I	AU		4
4426	1830	38	I	AU		4
4427	721	1	I	AU		4
4428	4667	1	I	AU		4
4429	3267	6	I	AU		4
4430	2151	25	I	OU		1
4431	983	124	I	OU		1
4432	2391	18	I	OU		1
4433	2283	21	I	OU		2
4434	463	364	I	OU		2
4435	126	1156	I	OU		2
4436	1043	114	I	OU		2
4437	487	342	I	OU		2
4438	1126	100	I	OU		2
4439	1091	106	I	OU		2
4440	3610	4	I	OU		2
4441	2445	17	I	OU		2
4442	3611	4	I	OU		2
4443	336	493	I	OU		3
4444	6	6894	I	OU		3
4445	4155	2	I	OU		4
4446	4154	2	I	OU		4
4447	828	168	I	OU		4
4448	115	1293	I	OU		4
4449	2357	19	I	OU		4
4450	1132	99	I	OU		4
4451	3138	7	I	OU		4
4452	2846	10	I	OU		4
4453	4156	2	I	OU		4
4454	3268	6	I	OU		4
4455	4668	1	I	OU		4
4456	1147	32	I	AN		1
4457	1147	65	I	AN		1
4458	2636	13	I	AN		1
4459	2446	17	I	AN		1
4460	3269	6	I	AN		1
4461	2699	12	I	AN		1
4462	3816	3	I	AN		1
4463	3612	4	I	AN		1
4464	3818	3	I	AN		1
4465	3817	3	I	AN		1
4466	663	225	I	AN		2
4467	439	383	I	AN		2
4468	846	162	I	AN		2
4469	663	1	I	AN		2
4470	900	145	I	AN		2
4471	861	156	I	AN		2
4472	1256	82	I	AN		2
4473	952	132	I	AN		2
4474	1879	32	I	AN		2
4475	1677	46	I	AN		2
4476	2637	13	I	AN		2
4477	1879	3	I	AN		2
4478	3819	3	I	AN		2
4479	3411	5	I	AN		2
4480	4157	2	I	AN		2
4481	3820	3	I	AN		2
4482	4669	1	I	AN		2
4483	645	235	I	AN		3
4484	396	424	I	AN		3
4485	3270	6	I	AN		3
4486	2484	16	I	AN		3
4487	4158	2	I	AN		3
4488	3412	5	I	AN		3
4489	4670	1	I	AN		3
4490	4159	2	I	AN		3
4491	4671	1	I	AN		3
4492	1817	39	I	AN		3
4493	749	195	I	AN		4
4494	2020	30	I	AN		4
4495	1993	31	I	AN		4
4496	2324	20	I	AN		4
4497	2284	21	I	AN		4
4498	2766	11	I	AN		4
4499	2638	13	I	AN		4
4500	3018	8	I	AN		4

I.D.	RANK	FREQ	P1	P2	P3	T
4501	2913	9	I	AN		4
4502	3413	1	I	AN		4
4503	3139	7	I	AN		4
4504	4160	2	I	AN		4
4505	3413	4	I	AN		4
4506	4672	1	I	AN		4
4507	313	532	I	AN		4
4508	138	1096	I	UN		1
4509	2485	16	I	UN		1
4510	1148	97	I	UN		1
4511	4162	2	I	UN		1
4512	4161	2	I	UN		2
4513	3019	8	I	UN		2
4514	963	130	I	UN		2
4515	4163	2	I	UN		2
4516	3140	7	I	UN		2
4517	4674	1	I	UN		2
4518	4673	1	I	UN		3
4519	1642	48	I	UN		3
4520	797	178	I	UN		3
4521	3613	4	I	UN		3
4522	2639	13	I	UN		3
4523	4164	2	I	UN		3
4524	2914	9	I	UN		4
4525	326	505	I	UN		4
4526	3821	3	I	UN		4
4527	2129	26	I	ANG		1
4528	625	243	I	ANG		1
4529	4165	2	I	ANG		1
4530	3414	5	I	ANG		1
4531	4675	1	I	ANG		1
4532	456	371	I	ANG		2
4533	299	556	I	ANG		2
4534	1156	96	I	ANG		2
4535	946	133	I	ANG		2
4536	2588	14	I	ANG		2
4537	1207	88	I	ANG		2
4538	4166	2	I	ANG		2
4539	3822	3	I	ANG		3
4540	4167	2	I	ANG		3
4541	1305	77	I	ANG		3
4542	421	396	I	ANG		3
4543	2392	18	I	ANG		3
4544	1418	64	I	ANG		3
4545	3823	3	I	ANG		3
4546	69	1720	I	ANG		4
4547	4676	1	I	ANG		4
4548	4168	2	I	UN		4
4549	325	513	I	UN		1
4550	272	617	I	UNG		1
4551	2447	17	I	UNG		1
4552	1657	47	I	UNG		1
4553	2847	10	I	UNG		1
4554	2640	13	I	UNG		1
4555	3415	5	I	UNG		1
4556	3141	7	I	UNG		1
4557	3615	4	I	UNG		1
4558	3614	4	I	UNG		1
4559	4677	1	I	UNG		1
4560	4169	2	I	UNG		1
4561	907	143	I	UNG		1
4562	791	180	I	UNG		2
4563	1994	31	I	UNG		2
4564	1658	47	I	UNG		2
4565	2393	18	I	UNG		2
4566	2246	22	I	UNG		2
4567	3416	5	I	UNG		2
4568	2767	11	I	UNG		2
4569	4678	1	I	UNG		2
4570	4170	2	I	UNG		2
4571	4680	1	I	UNG		2
4572	4679	1	I	UNG		2
4573	2768	11	I	UNG		3
4574	498	330	I	UNG		3
4575	1458	61	I	UNG		3
4576	569	278	I	UNG		3
4577	1781	41	I	UN		4
4578	995	123	I	UNG		4
4579	767	190	I			1
4580	3020	8	U			1
4581	1694	45	U			1
4582	3824	3	U			1
4583	3021	8	U			1
4584	932	137	U			2
4585	295	563	U			2
4586	2216	23	U			2
4587	2106	27	U			2
4588	2769	11	U			2
4589	2394	18	U			2
4590	4681	1	U			2
4591	2848	10	U			2
4592	292	570	U			3
4593	34	2800	U			3
4594	978	125	U			3
4595	515	316	U			3
4596	2152	25	U			3
4597	1924	34	U			3
4598	4682	1	U			4
4599	3271	6	U			1
4600	4683	1	U			1
4601	377	450	U			4
4602	128	1134	U			4
4603	1969	32	U			4
4604	1678	46	U			4
4605	2486	16	U			4
4606	2153	25	U			4
4607	2770	11	U			4
4608	2700	12	U			4
4609	3142	7	U			4
4610	3022	8	U			4
4611	3418	5	U			4
4612	3417	5	U			4
4613	1949	33	U	A		1
4614	1763	42	U	A		1
4615	3143	7	U	A		1
4616	2217	23	U	A		1
4617	3272	6	U	A		1
4618	2021	30	U	A		1
4619	1219	87	U	A		2
4620	2589	14	U	A		2
4621	2325	20	U	O		3
4622	1379	67	U	O		3
4623	4684	1	U	O		3
4624	4171	2	U	O		4
4625	4	7461	U	O		4
4626	2218	23	U	O		4
4627	1419	64	U	O		4
4628	3616	4	U	O		4
4629	2641	13	U	O		1
4630	3825	3	U	AI		1
4631	2285	21	U	AI		1
4632	122	1187	U	EI		1
4633	2915	9	U	EI		1
4634	744	197	U	EI		2
4635	4685	1	U	EI		1
4636	4172	2	U	EI		1
4637	4686	1	U	EI		1
4638	769	189	U	EI		2
4639	95	1447	U	EI		2
4640	798	178	U	EI		2
4641	792	180	U	EI		2
4642	1802	40	U	EI		2
4643	1079	108	U	EI		2
4644	2543	15	U	EI		2
4645	1950	33	U	EI		3
4646	3273	6	U	EI		3
4647	2916	9	U	EI		3
4648	4173	2	U	EI		3
4649	3419	5	U	EI		2
4650	4687	1	U	EI		2

I.D.	RANK	FREQ	P1	P2	P3	T	I.D.	RANK	FREQ	P1	P2	P3	T	I.D.	RANK	FREQ	P1	P2	P3	T
4651	4174	2	U	EI		2	4701	1738	43	U	UN		2	4751	346	485	Y			3
4652	1057	112	U	EI		3	4702	4178	2	U	UN		2	4752	532	303	Y			3
4653	518	314	U	EI		3	4703	3618	4	U	UN		2	4753	468	1	Y			3
4654	2917	9	U	EI		2	4704	2849	10	U	UN		3	4754	1554	54	Y			3
4655	1715	44	U	EI		3	4705	2022	30	U	UN		3	4755	1459	61	Y			3
4656	4175	2	U	EI		3	4706	3619	4	U	UN		3	4756	1576	52	Y			3
4657	3420	5	U	EI		3	4707	3620	4	U	UN		4	4757	1564	53	Y			3
4658	4688	1	U	EI		3	4708	151	1025	U	UN		4	4758	2702	12	Y			3
4659	188	870	U	EI		4	4709	4691	1	U	UN		1	4759	1716	44	Y			3
4660	98	1409	U	EI		4	4710	2154	25	U	ANG		2	4760	3623	4	Y			4
4661	453	220	U	EI		4	4711	1208	88	U	ANG		2	4761	690	216	Y			4
4662	453	153	U	EI		4	4712	257	652	U	ANG		3	4762	196	839	Y			4
4663	882	149	U	EI		4	4713	1695	45	U	ANG		3	4763	811	174	Y			4
4664	870	153	U	EI		4	4714	426	393	U	ANG		3	4764	768	190	Y			4
4665	1430	63	U	EI		4	4715	4179	2	U	ANG		3	4765	1595	51	Y			4
4666	1175	93	U	EI		4	4716	3621	4	U	ANG		3	4766	1008	120	Y			4
4667	1925	34	U	EI		4	4717	4692	1	U	ANG		3	4767	1903	35	Y			4
4668	1831	38	U	EI		4	4718	1133	99	U	ANG		3	4768	1902	35	Y			4
4669	2069	28	U	EI		4	4719	381	445	U	ANG		4	4769	2358	18	Y			4
4670	2048	29	U	EI		4	4720	3144	7	U	ANG		4	4770	2286	21	Y			4
4671	2487	16	U	EI		4	4721	2918	9	U	ANG		4	4771	2397	18	Y			4
4672	2395	18	U	EI		4	4722	2591	14	U	ANG		4	4772	2358	1	Y			4
4673	3023	8	U	EI		4	4723	1474	60	U	UNG		1	4773	2703	12	Y			4
4674	2701	12	U	EI		4	4724	4693	1	U	UNG		1	4774	2592	14	Y			4
4675	3024	8	U	EI		4	4725	3622	4	U	UNG		3	4775	2773	11	Y			4
4676	321	14	U	AN		1	4726	3145	7	U	UNG		1	4776	2773	11	Y			4
4677	321	506	U	AN		1	4727	608	253	Y			2	4777	3148	7	Y			4
4678	3421	5	U	AN		1	4728	113	1298	Y			2	4778	3147	7	Y			4
4679	1407	65	U	AN		1	4729	1257	82	Y			2	4779	3277	6	Y			4
4680	4689	1	U	AN		1	4730	1168	94	Y			2	4780	3276	6	Y			4
4681	3617	4	U	AN		2	4731	1852	22	Y			2	4781	3425	5	Y			4
4682	457	370	U	AN		2	4732	1622	49	Y			2	4782	3424	5	Y			4
4683	309	538	U	AN		2	4733	1880	36	Y			2	4783	3624	4	Y			4
4684	3826	3	U	AN		3	4734	1852	15	Y			2	4784	3426	5	Y			4
4685	2107	27	U	AN		3	4735	2488	16	Y			2	4785	4181	2	Y			4
4686	1343	71	U	AN		3	4736	2396	18	Y			2	4786	3625	4	Y			4
4687	441	382	U	AN		3	4737	2771	11	Y			3	4787	4697	1	Y			1
4688	3025	8	U	AN		3	4738	2489	16	Y			3	4788	4696	1	Y	EH		1
4689	2590	14	U	AN		3	4739	3028	8	Y			3	4789	4699	1	Y	EH		4
4690	4176	2	U	AN		3	4740	2919	9	Y			3	4790	4698	1	Y	EH		4
4691	3026	8	U	AN		3	4741	3274	6	Y			3	4791	2920	9	Y	EH		4
4692	4690	1	U	AN		3	4742	3146	7	Y			3	4792	357	470	Y	EH		4
4693	4177	2	U	AN		4	4743	3422	5	Y			3	4793	558	284	Y	EH		4
4694	3027	8	U	AN		4	4744	3275	6	Y			3	4794	97	1412	Y	EH		4
4695	315	529	U	AN		4	4745	3828	3	Y			4	4795	1265	81	Y	EH		4
4696	3827	3	U	AN		4	4746	3423	5	Y			4	4796	1705	210	Y	EH		4
4697	534	301	U	UN		1	4747	4694	1	Y			1	4797	1832	38	Y	EH		4
4698	1242	84	U	UN		2	4748	4180	2	Y			2	4798	1611	50	Y	EH		4
4699	147	1048	U	UN		2	4749	4695	1	Y			2	4799	2490	16	Y	EH		4
4700	1818	39	U	UN		2	4750	468	358	Y			3	4800	2448	17	Y	EH		4

I.D.	RANK	FREQ	P1	P2	P3	T
4801	4700	1	Y	EH		4
4802	2850	10	Y	EH		4
4803	3626	4	Y	AN		1
4804	2049	29	Y	AN		1
4805	3830	3	Y	AN		1
4806	3829	3	Y	AN		1
4807	4182	2	Y	AN		1
4808	210	780	Y	AN		2
4809	197	830	Y	AN		2
4810	656	228	Y	AN		2
4811	239	705	Y	AN		2
4812	1037	115	Y	AN		2
4813	970	127	Y	AN		2
4814	1623	49	Y	AN		2
4815	1085	107	Y	AN		2
4816	2359	19	Y	AN		2
4817	1782	41	Y	AN		2
4818	2921	9	Y	AN		2
4819	2593	14	Y	AN		2
4820	3627	4	Y	AN		2
4821	3029	8	Y	AN		2
4822	364	461	Y	AN		3
4823	787	182	Y	AN		4
4824	255	654	Y	AN		4
4825	3149	7	Y	AN		4
4826	2155	25	Y	AN		4
4827	4183	2	Y	AN		4
4828	3831	3	Y	AN		4
4829	4701	1	Y	UN		1
4830	2704	12	Y	UN		2
4831	2287	21	Y	UN		2
4832	544	293	Y	UN		2
4833	3833	3	Y	UN		2
4834	3832	3	Y	UN		2
4835	4703	1	Y	UN		2
4836	4702	1	Y	UN		3
4837	4705	1	Y	UN		4
4838	4704	1	Y	UN		4
4839	2108	27	Y	UN		4
4840	2288	21	Y	UN		4
4841	284	589	Y	UN		4
4842	3150	7	Y	UN		4
4843	3030	8	Y	UN		4
4844	4706	1	Y	UN		4
4845	4184	2	Y	UN		4
4846	3031	8	Y	UNG		1
4847	2449	17	Y	UNG		1
4848	4185	2	Y	UNG		1
4849	3834	3	Y	UNG		1
4850	4707	1	Y	UNG		1
4851	974	126	Y	UNG		3
4852	780	185	Y	UNG		3
4853	2156	23	Y	UNG		3
4854	1643	48	Y	UNG		3
4855	2190	24	Y	UNG		3
4856	2156	2	Y	UNG		3
4857	2922	7	Y	UNG		3
4858	2642	13	Y	UNG		3
4859	3278	6	Y	UNG		3
4860	2922	2	Y	UNG		3
4861	4708	1	Y	UNG		3
4862	3835	3	Y	UNG		3
4863	3836	3	Y	UNG		3
4864	38	2695	Y	UNG		4

TABLE 6.1 (II) CORPUS IN DESCENDING RANK

I.D.	RANK	FREQ	P1	P2	P3	T	CHAR	I.D.	RANK	FREQ	P1	P2	P3	T	CHAR	I.D.	RANK	FREQ	P1	P2	P3	T	CHAR
749	1	26738	D	UH		5	的	4394	46	2253	I	EH		3	也	974	94	1455	D	U	UNG	4	動
4300	2	14147	Y	I		1	一	3953	47	2167	Z	U	O	4	作	4639	95	1447	M	EI		2	每
3593	3	8916	SH			4	是	2009	48	2160	H	OU		4	後	3628	96	1249	SH	UH		2	竹
4625	4	7461	U	O		3	我	933	49	2159	D	I	A	1	等	3629	96	1177	SH	UH		2	世
1295	5	7176	L	UH		5	了	2844	50	2155	X	L		4	下	4794	97	1412	Y	EH		4	月
4444	6	6894	L	OU		3	有	3158	51	577	ZH	UH		4	若	4660	98	1409	U	EI		4	為
1749	7	6707	G	UU	O	2	國	3157	51	1573	ZH	UH		5	者	3952	99	1407	Z	U		4	做
213	8	6634	B	U		4	不	3880	52	2128	Q	I		1	七	2590	100	1398	Q	I		1	明
3899	9	6631	Z	AI		4	在	2040	53	2079	H	AI		2	孩	552	101	1389	H	AI	UNG	3	海
981	10	368	T	A		1	他	3795	54	2049	M	UH		1	母	1980	102	1389	L	AU	ANG	3	兩
979	10	4505	T	A		1	她	422	55	1998	K	UNG		3	咸	1500	103	1381	SH	UH		4	事
978	10	792	T	A		1	牠	3490	56	1988	N	I		3	你	1647	104	1377	G	I	OU	3	九
3812	11	5555	R	UN		2	人	1221	57	1945	Y	OU		3	有	2377	105	1369	J	I		1	之
745	12	4810	D	A		4	大	1220	57	36	Y	OU		4	又	3077	106	1346	X	I		2	沒
3579	13	4482	SH	I		2	十	1871	58	1972	K	AN		4	民	3670	107	1335	M	U		4	最
4298	14	4376	ER	N		2	人	542	59	1944	CH	U	UN	1	出	431	108	1332	Z	I	EI	4	總
1297	15	4357	M	UN		2	們	3507	60	1944	X	I		1	西	3961	109	1330	N	U		2	挪
479	16	4325	SH	ANG		4	上	2783	61	1881	F	ANG		1	方	2479	110	1312	J	UH	EI	1	分
3712	17	4216	SH	AN	AU	1	三	647	62	1854	X	I	AU	4	校	1843	111	1310	K	UH	UNG	2	於
4138	18	4006	S	AN	OU	1	三	2889	63	1842	X	I	AU	3	小	630	112	1303	F	UN		1	開
3155	19	3967	ZH	ANG	AN	4	這	1457	64	1801	L	I		4	六	4728	113	1298	Y	AI		2	師
775	20	3905	ZH	U	UNG	1	中	112	65	1800	M	I		4	本	1849	114	1293	K	OU		4	老
3361	20	3883	ZH	U	UNG	4	到	539	66	1800	M	I	AU	4	而	4448	115	1277	SH	AU	UNG	3	等
1633	21	3883	D	AU		4	個	1754	67	1791	G	UH	AN	4	過	3570	116	1277	SH	L	UNG	3	名
1634	22	10	D	AU		4	個	2368	68	1722	J	I	AU	4	教	1322	117	1263	L	AU		3	好
2026	23	3766	G	UH		4	和	4546	69	1720	L	ANG		2	能	833	118	1234	D	UNG		1	中
4324	24	3500	H	AN		3	以	1212	70	1710	N	A		4	那	1636	119	1228	G	UH		4	更
2382	25	3385	J	I		4	就	1179	71	1698	B	EI		3	北	3829	120	1208	R	U		2	如
3028	26	3313	X	I	OU	2	誰	61	72	1696	B	F	A	1	爸	912	121	1205	D	I	AI	4	大
4425	27	3291	I	Y	EH	3	要	577	73	1696	F	A		1	發	4632	122	1187	U	AI	AN	2	為
1097	28	3280	N	AU	AN	4	天	11	74	1692	M	I		2	把	3807	123	1183	R	U	UNG	4	生
3578	29	3148	SH	U	I	2	時	3781	75	1681	SH	U		4	事	2278	124	1173	G	A	A	1	加
4094	30	3108	S	I	OU	4	會	2989	76	1674	X	I		2	行	4435	125	1165	G	I	OU	1	工
2126	31	3041	H	UI		4	會	3592	77	1617	SH			2	事	1978	126	1156	G	I		4	里
3715	32	1	SH	ENG	UNG	1	生	2621	78	1584	Q	UNG	O	4	起	4602	127	1154	U	U		4	物
858	33	2938	D	I		4	地	4169	79	1575	M	EI		3	美	896	128	1134	D	I	AN	4	電
4593	34	2838	D	I		4	地	442	80	1548	I	I	AN	4	同	3299	129	1131	D	U	AN	3	主
1242	35	2800	D	I		4	地	1203	81	1545	M	I	ANG	2	兒	2463	130	1121	H	I	ANG	1	江
3770	36	2790	N	I		3	你	4291	82	1540	N	U	ANG	2	兒	2627	131	1114	Q	I		2	氣
3770	37	2759	SH	O		1	說	1805	83	1537	G	U	UNG	1	公	4081	132	1113	Q	I	UNG	2	從
4864	38	2695	Y	UNG	AN	4	用	967	84	1535	D	U		2	得	2947	133	1111	D	U	U	4	新
4864	39	2517	Y	UNG	AU	4	用	1120	85	1518	T	U		4	肚	3250	134	1097	C	AI		3	長
2887	40	2476	D	I	AU	3	等	3878	86	1513	Z	I	UNG	4	自	3472	135	1097	X	EI		2	第
1840	41	2426	K	OU	AN	3	可	3595	87	1509	SH	F		4	事	4397	137	1097	I	I		2	美
783	42	2380	D	OU	AN	1	都	3368	88	1505	F	A		4	法	4508	138	1096	ZH	UN		4	因
2754	43	2349	Q	I	EI	4	七	584	89	1500	ZH	U		2	都	2849	139	1091	H	I	EH	1	封
1386	44	1981	L	I		3	理	947	90	1483	D	A		2	都	2008	140	1090	X	OU		4	封
1385	44	1349	L	I		3	理	212	91	1475	B	U	EI	1	同	551	141	1082	M	I	UNG	4	同
1995	45	2262	H	AU		3	好	1160	92	1457	B	A		1	八	2946	142	1075	X	I	UN	1	心

I.D.	RANK	FREQ	P1	P2	P3	T	CHAR	I.D.	RANK	FREQ	P1	P2	P3	T	CHAR	I.D.	RANK	FREQ	P1	P2	P3	T	CHAR
1396	143	1074	L	I		4	力	2247	191	854	J	I		3	糖	4811	239	705	Y	AN		2	无
2454	144	1073	J	I	UN	4	進	2970	192	853	X	I	ANG	3	想	1690	240	704	G	UN		1	銀
2687	145	1065	J	I	AN	3	前	3877	193	845	ZH	UNG		4	正	1193	241	702	N	EI		4	內
746	146	1064	D	UH		2	將	3877	194	841	H	I		2	守	4273	242	698	Q	I		1	其
4699	147	1048	W	UN		2	文	4332	195	840	Y	I		4	意	2598	243	693	Q	I		2	其
382	148	1043	M	A		4	媽	4762	196	839	Y	AN		4	青	1177	244	538	N	A		3	哪
1537	149	1033	L	U		4	路	4809	197	830	Y	UH		2	原	1176	244	150	N	A		3	哪
2574	150	1031	J	Y	UN	1	軍	750	198	826	D	AN		1	單	2391	245	677	J	I		1	間
4708	151	1025	J	UN		4	問	1944	199	824	K	U	UNG	3	總	2078	246	675	H	U		1	花
1395	152	1021	L	I		4	立	3979	200	813	Z	U		2	鳥	1780	247	647	G	U		1	骷
2198	153	1016	J	I		1	機	3978	200	2	Z	U		3	骷	1779	247	27	G	U		2	骷
3587	154	1015	SH	I		3	使	3724	201	805	D	U		1	都	4006	248	671	C	AI		2	才
774	155	1015	D	AU		4	到	1158	202	802	H	U		2	活	3691	249	670	SH	UN		2	純
4290	156	1005	ER			2	而	2091	203	802	B	I		3	比	1085	250	666	T	I		3	鐵
819	157	1005	D	U		2	讀	980	204	799	H	U		1	通	1084	250	3	T	I	EH	3	鐵
998	158	1004	T	AI		4	大	2417	205	796	L	I		3	理	49	251	662	B	I		3	信
1954	159	991	H	E		2	河	1388	206	784	J	U	UNG	3	就	2988	252	660	X	I	UNG	1	形
892	160	4	D	I	AN	3	點	2096	207	784	L	U		4	錄	744	253	656	D	A		3	打
891	160	991	D	I	AN	2	然	178	208	782	B	I	AN	4	鳥	2086	254	655	Y	A		4	話
2861	161	994	X	I	EH	1	官	4808	209	780	Y	U		4	腿	4824	255	654	Y	AN		4	說
3275	162	993	H	I		3	我	134	210	778	B	I		3	比	4712	256	652	F	U		4	父
2120	163	984	B	U		4	回	927	211	775	D	U		2	度	2167	257	652	H	U	AN	2	王
1017	164	980	T	AI		2	頭	2462	212	769	K	AN		4	揚	163	258	650	B	U	ANG	2	黃
354	165	964	P	I	AN	1	千	3372	213	760	Z	U		4	重	171	259	644	B	I	EH	2	別
2080	166	952	H	I	UN	2	華	3581	214	760	SH	I	UNG	1	雪	2700	260	642	Q	I	UN	1	通
2933	167	940	X	I	AN	4	現	3898	215	758	Y	I		2	我	756	261	638	D	AI		4	代
2367	168	938	J	AU		4	叫	3920	216	754	B	I		4	被	2807	262	637	X	I		2	習
3377	169	938	CH	I	AU	1	吃	63	217	754	B	I		4	給	177	263	635	B	I	AN	4	別
2767	170	935	CH	U	AN	1	全	1645	218	754	Y	EI		2	然	2329	264	635	B	I	EH	4	毙
441	171	933	M	U		3	每	1858	219	754	K	EI		1	口	3569	265	626	SH	I		3	出
1953	172	931	H	U		2	合	3714	220	753	Z	OU		2	星	1107	266	625	L	I	UNG	1	利
3996	173	931	G	U	AN	4	次	1398	221	753	L	I		4	像	1398	267	623	L	I		1	光
1751	174	929	C	U		3	果	2973	222	747	X	I	ANG	4	光	662	268	622	F	I		1	期
808	175	928	D	AN		4	但	1801	223	744	G	I	UNG	1	星	3076	269	618	H	AU		4	風
2441	176	926	J	I	O	1	今	2599	224	744	Q	I	ANG	2	馬	1997	270	619	1	AI		1	吹
992	177	923	T	AI		3	唱	2983	225	740	X	I	UN	2	龍	1996	271	617	H	UNG		4	號
1073	178	921	T	I	UN	3	體	3471	226	738	CH	ANG		2	飛	2440	272	613	I	UN		3	全
3732	179	913	SH	U		1	書	1477	227	735	L	EI		4	條	4550	273	609	M	A		4	兼
50	180	910	B	AI		4	百	1066	228	734	K	U	AI	4	快	476	274	607	B	Y		4	注
3411	181	897	CH	UH		1	車	589	229	734	F	EI		1	情	12	275	607	B	I		3	岔
168	182	896	B	I		3	彼	1090	230	731	K	I		1	先	2522	276	605	ZH	I		3	只
4323	183	892	B	U		2	無	1902	231	731	Q	I	UNG	2	文	3103	277	602	H	UN		3	化
85	184	891	B	AU		4	報	2734	232	734	K	I	AN	3	世	2085	278	602	CH	AN		3	產
3930	185	889	Z	U	UN	1	尾	2910	233	731	X	I	AN	2	早	3449	279	602	CH	AN		4	戰
1820	186	880	G	UH		2	其	2093	234	731	H	I		3	吹	3215	280	601	N	AN		4	吧
748	187	873	D	U	ANG	4	件	3597	235	724	K	U	O	4	杜	1185	281	599	N	UH		4	馬
4659	188	870	D	EI	ANG	4	白	3594	236	1	H	I		4	文	390	282	598	M	A		3	媽
2974	189	861	X	I		2	旬	2670	237	713	SH	I		2	世	591	283	591	T	Y		5	遠
3660	190	855	SH	I		3	手	3223	238	709	ZH	UN		1	真	4841	284	589	Y	UN	UNG	4	運

I.D.	RANK	FREQ	P1	P2	P3	T	CHAR
660	285	580	F	ANG		4	放
747	286	578	D	UH		2	德
560	287	576	M	U		3	申
1802	288	576	Q	U	UNG	1	廣
2726	289	575	Q	I		4	清
4331	290	574	U	I		2	讓
2223	291	573	J	I		3	及
3817	292	570	U	UN		1	任
2305	293	567	R	I		2	樣
4585	294	563	U	I		2	無
741	295	563	D	A		1	建
215	296	560	D	U		4	神
1314	297	558	B	A	EH	2	陽
4533	298	557	L	EI		4	樓
4246	299	556	I	ANG		4	腸
755	300	554	AI	AI		3	栽
1278	301	552	D	Y		4	斗
3756	302	547	Y	U		4	社
4085	303	546	SH			3	示
3636	304	545	S	UH		3	爾
4292	305	544	ER			3	己
7	306	537	T			4	萬
4293	307	543	X	I		1	吸
2246	308	538	U	AN	AN	4	信
2932	309	538	J	I		2	幾
4683	310	536	U	ANG	UNG	1	張
2737	311	536	ZH			4	俄
3243	312	536	UH			3	者
4507	313	532	C			1	此
3994	314	530	U	I		3	擴
4695	315	529	B	AN		4	變
180	316	526	J	I		2	急
2222	317	525	B	I	UNG	1	病
3836	318	524	B	I		4	入
202	319	521	H	A		4	畫
2087	320	2	H	UH	A	4	畫
2088	320	518	H	UH	A	1	服
4676	321	14	U	AN		3	然
4677	321	506	U	AN		2	孩
3011	322	515	X	Y		1	若
710	323	514	F			3	早
3874	324	513	N			2	傳
4549	325	513	Z	UNG		1	班
4525	326	505	I	UNG		3	指
2959	327	504	X	UN		4	证
989	328	499	T	I	ANG	4	者
3946	329	499	H	UH		3	務
4334	330	499	I			4	信
4028	331	498	C	U		1	聯

I.D.	RANK	FREQ	P1	P2	P3	T	CHAR
104	332	495	B	AN		4	辨
3304	333	495	CH	U		4	住
3521	334	495	CH	U		1	底
1807	335	494	G	OU	UNG	3	动
4443	336	493	H	OU		3	友
3186	337	491	ZH	AU		1	州
3911	338	491	Z	AU		4	造
860	339	490	S	UH		4	色
4114	340	489	D	I		4	料
1826	341	488	K	U		2	集
2225	342	488	J	I	AN	4	达
1459	343	487	L	I	UN	3	语
2453	344	487	L	I		4	论
4384	345	486	Y	A		4	且
4751	346	485	I	U	UN	3	語
1577	347	483	L	I		4	論
565	348	481	M	A		1	目
1708	349	480	G	UNG		4	食
3580	350	480	SH	OU	EH	2	答
3663	351	480	SH	I		2	流
2311	352	479	L	I	OU	2	強
1448	353	478	Q	I	ANG	4	性
2717	354	465	Q		ANG	2	講
13	354	13	F	I	ANG	2	幻
2716	355	474	J	EI		3	支
588	356	471	Y	EH	AU	3	治
2471	357	470	J	I	AN	4	士
4792	358	468	L	EH	AN	1	決
2339	359	466	SH	AU		2	达
1782	360	464	ZH	I		3	千
3652	361	463	SH	AN	EH	2	服
3111	362	462	J	Y		4	孩
2546	363	461	Y	AN	AN	2	然
4822	364	461	Q	U		3	名
2674	365	460	F	AI		3	服
688	366	459	H	I		1	被
1977	367	457	X	I	AN	1	然
2934	368	34	X	I	AN	4	告
2935	368	423	SH	AU		2	收
3583	369	457	CH	U	AN	3	傳
3906	370	456	B	AN		4	班
3538	371	454	ZH	UH		3	指
93	372	453	SH	UH		4	信
3102	373	452	F	ANG		3	聯
3635	374	452	ZH	UH		4	信
650	375	450	U	I		3	者
3153	376	450	X	I		4	務
4601	377	450	C	I		3	信
2957	378	449	X	I		4	信
1458	379	448	L	UN		2	聯

I.D.	RANK	FREQ	P1	P2	P3	T	CHAR
770	380	447	D	AU		3	多
4719	381	445	U	ANG		4	望
1175	382	444	N	A		2	孝
564	383	443	M	U		4	大
1638	384	442	G	AI		1	抉
2740	385	442	Q	AU		1	医
1655	386	441	Y	I		1	告
1445	387	440	L	A		4	料
2	388	437	B	U		4	量
1159	389	436	T	UH		2	熱
919	390	436	R	EI	UNG	4	佛
62	391	434	D	AU		4	討
1012	392	433	T	AU		3	誌
2626	393	433	Q	UH		1	知
1956	394	424	H	I		3	眼
4484	395	424	U	U		1	用
3657	396	421	SH	OU		1	數
3185	397	420	ZH	U		1	書
4149	398	419	SH	I		1	數
3755	399	418	R	U		1	嘉
3855	400	416	ZH	OU	EH	2	知
3079	401	415	S	U		1	结
4092	402	414	J	AU		1	連
2310	403	414	D	A		3	村
777	404	411	L	U		1	古
1282	405	410	T	I		3	照
1719	406	409	J	I		2	提
3179	407	408	J	AU		3	村
1065	408	403	B	Y	AN	3	漢
2256	409	402	X	UNG		4	朋
80	410	402	P	UNG		2	品
3042	411	401	ZH	U		3	直
103	413	400	B	AN		4	方
293	414	396	F	OU		4	敬
350	415	396	L	I		3	里
3092	416	395	ZH	U		4	洲
214	417	395	T			4	養
622	418	396	L	I		3	士
1387	419	393	Q	AU	ANG	4	量
3188	420	395	T	U		3	墨
4542	421	395	L	I		1	殖
1128	422	393	Q	U	ANG	2	旦
1503	423	393	T	I		4	隊
1470	424	393	L	I	EH	3	殿
2643	425	392	Q	U	AN	3	歉
4714	426	392	D	U	EI	4	華
946	427	391	H	I	AN	1	信
2138	428	391	Q	I		3	聯
133	429	390	B	U		3	華

I.D.	RANK	FREQ	P1	P2	P3	T	CHAR	I.D.	RANK	FREQ	P1	P2	P3	T	CHAR	I.D.	RANK	FREQ	P1	P2	P3	T	CHAR
1536	430	390	L	U		4	陸	344	476	352	P	I	AN	4	片	2528	523	308	J	Y		4	挨
557	431	387	M	I	UNG	4	命	859	477	352	D	I		4	帶	1150	524	308	T	U	AN	2	團
4299	432	387	G	UH		1	衣	4211	478	350	A		AN	4	阿	2686	525	307	T	I	AN	2	製
1616	433	386	J	I	OU	4	哥	3816	479	349	R	UN		4	潤	3112	526	307	Q	I		4	氣
2381	434	386	G	U		4	究	4188	480	348	S	U		4	肅	3598	527	306	ZH	I	UNG	1	精
4204	435	385	S	AI	UNG	3	送	311	481	346	M	I		2	眉	687	528	305	SH	U		1	禧
1639	436	384	G	U		3	改	2996	482	346	X	I		4	戲	3457	529	304	F	U		1	陝
1728	437	7	K	AU	AU	3	故	139	483	344	B	U		4	牧	3343	530	304	ZH	U		3	鑄
1854	438	376	K	AU		3	考	1982	484	342	J	I	AN	3	繭	4752	531	303	Y	U	AN	3	雨
4467	439	383	X	I		2	耕	2224	485	342	X	AI		2	睦	2481	532	303	J	I		1	京
2817	440	382	I	AN		3	暑	2751	486	342	J	Y		2	爆	4697	533	302	I	I	UNG	4	瘟
4687	441	382	U	AN		3	晚	4437	487	342	I	OU		3	耳	1099	534	301	T	I		2	甲
3110	442	381				1	至	2725	488	341	Q	AU		3	油	1397	535	300	L	I	AN	4	戀
1986	443	380	ZH	EI		1	黑	262	489	340	P	AU	AU	1	昔	1494	536	298	L	I		2	離
3510	444	380	CH	U		2	熙	338	490	340	G	ANG		3	眼	1371	537	298	X	Y	ANG	4	訊
2057	445	376	H	U		2	湖	1698	491	339	G	AN	AN	3	院	3062	538	297	C	AU		1	艸
3638	446	376	SH	UH		4	射	2025	492	338	ZH	U		3	助		539	297	--				
3303	447	375	ZH	U		4	注	3306	493	337	ZH	I		4	刺	4024	540	296	B	A		4	乎
3404	448	375	CH	A		2	察	2669	494	336	CH	U		1	初	4025	541	293	C	I		3	歉
4307	449	374	CH			2	遺	3113	495	332	ZH	UNG		1	終	1615	542	293	G	U	EH	2	蛩
3474	450	374	CH	ANG		2	場	3506	496	331	CH	U		4	奮	3492	543	293	CH	U	AI	2	排
1273	451	373	N	U	ANG	2	農	2197	497	330	J			1	列	4832	544	292	ZH	UH	EH	4	這
1787	452	373	U	U	AN	3	管	4574	498	330	I	U	UNG	3	妹	3352	545	291	ZH	AN	EI	1	氈
4662	453	153	J	EI		3	街	1949	499	329	L	A	UNG	3	夫	2326	546	291	J	AN	AN	2	肩
4661	454	220	U	EI		4	術	1428	500	328	L	I	UN	4	試	3339	547	291	S	I	EI	3	解
468	455	372	U	AN	AU	2	滿	681	501	326	M	EI	ANG	4	與	4173	548	291	ZH	U		4	專
2888	456	372	X	A		2	美	3586	502	326	F	U		4	馬	3601	549	290	SH	U		3	管
4532	457	371	I	ANG		4	笑	3599	503	326	SH	U		4	頁	425	550	288	M	AI	ANG	3	武
4682	458	370	U	AN	UNG	4	忘	2985	504	326	X	I	UNG	2	行	1680	551	287	G	AN	EH	3	蘭
192	459	369	K	UH		1	央	2982	505	318	X	I	UN	4	兒	1339	552	286	L	U	AN	4	老
1842	460	368	B	I		2	鼻	1570	506	322	L	U	ANG	1	領	1502	553	286	B	I	EI	3	包
620	461	366	L	AN	ANG	4	領	2976	507	321	M	A		2	矢	2995	554	285	X	I		4	蝴
1521	462	108	Q	I	EH	4	卸	394	508	321	J	U	AU	1	欠	73	555	284	SH	U		4	音
2759	462	258	Q	Y	EH	4	郎	2370	509	320	D	U		4	扭	3600	556	284	Y	U		3	熱
2758	463	364	F	L	OU	1	廓	916	510	319	L	Y		4	部	4793	557	284	M	I	AN	1	朱
4434	464	361	L	I	EI	1	樂	1549	511	319	Q	OU		4	遊	507	558	281	F	ANG		2	方
1292	465	361	L	U		2	神	3543	512	319	L	EI		4	麿	649	559	281	X	I		1	希
3697	466	361	SH	UN	EH	4	城	4123	513	317	U	UN		2	神	2782	560	281	B	U		4	服
3489	467	359	CH			2	句	4595	514	317	S	U		1	埃	3517	561	281	CH	U		3	般
4750	468	1	Y			3	樂	740	515	316	D	A		2	符	3537	562	280	CH			2	司
3481	469	358	CH	ANG		4	唱	2255	516	315	U	I		4	刈	4084	563	280	S			4	易
3485	470	358	CH	UNG		1	捕	4653	517	315	U	EN		3	芮	4333	564	280	Y	EH		4	夜
3078	471	357	ZH	U		1	蠟	1689	518	314	U	Y		1	安	866	565	280	D	U	AN	3	考
170	472	355	B	I	AN	1	菊	1663	519	313	G	OU		1	根	1888	566	279	D	I	EH	4	詞
2766	473	355	Y	ANG	AN	1	炮	1664	520	312	G	OU		4	夠	3988	567	278	K	I		3	應
3707	474	355	SH		AU	2	精	2419	521	310	J			4	仲	4576	568	278	C	UNG		4	悠
2873	475	353	X	I		1	清	2376	522	309	J	I		3	菊	1202	570	277	N	AN		2	陝
								2527	523	1				4	清	2258	571	277	J	I		4	躲

I.D.	RANK	FREQ	P1	P2	P3	T	CHAR
4369	572	275	H	U		1	呼
453	573	274	M	AU		2	毛
4017	574	273	C	AI		4	菜
1390	575	273	L	I		3	李
2958	576	273	X	I	ANG	1	鄉
3209	577	273	ZH	AN		3	展
1250	578	255	N	I	AN	4	念
1760	579	17	N	I	EI	4	呢
1249	580	272	G	U		1	姑
3491	581	272	CH	AU	EI	2	朝
1024	582	271	T	AN		1	單
1579	583	271	L	U	UNG	2	龍
2530	584	271	Y	I		4	議
2821	585	271	X	I		4	洗
3091	586	271	ZH	U		2	竹
3214	587	270	N	ANG		4	讓
1235	588	268	K	I	OU	2	角
1881	589	266	N	ANG	A	4	貴
2843	590	265	CH	I		1	青
3380	591	262	Q	I		2	集
719	592	261	ZH	U	UNG	4	深
2728	593	261	F	U		2	浮
3273	594	260	Z	U	O	2	錫
3951	595	260	Z	U		2	足
722	596	259	SH	UNG		3	草
3955	597	258	SH	U		4	切
3726	598	257	X	I	ANG	1	茶
3758	599	256	G	U	EI	1	香
2975	600	255	T	I		1	漢
1670	601	255	L	I		2	識
1145	602	255	Q	I	AU	3	然
1214	603	255	J	U	UNG	3	情
1233	604	255	N	U	ANG	2	今
2188	605	253	H	AU		4	群
1389	606	253	L	U		3	群
3176	607	253	ZH	AN		3	怕
4042	608	253	C	UNG		2	砂
4727	609	252	Y			2	圖
1955	610	251	H	U		2	係
3945	611	250	H	U	OU	4	曾
3805	612	250	R	EH		4	祖
4396	613	249	ZH	UNG		3	內
3263	614	248	SH	A	ANG	1	沙
3619	615	247	R	ANG		4	爭
3825	616	246	D	AN	EI	4	譲
797	617	246	D	I		1	署
4302	618	245	ZH	OU	AU	1	着
3659	619	245	S	ANG	UNG	3	耳
4087	620	244	M			2	忙

I.D.	RANK	FREQ	P1	P2	P3	T	CHAR
1281	621	244	L	A		1	呼
2806	622	244	X	I		2	老
3350	623	243	A	U	UN	3	美
4209	624	243	L	I		1	啊
4528	625	242	X	ANG		1	央
3004	626	242	SH	Y		3	狼
3645	627	242	CH	EI	O	1	推
3426	628	241	Z	AU		2	昨
3949	629	241	AN			3	朝
4280	630	241	K	ANG		4	案
1877	631	239	SH	I		3	譎
3603	632	239	X	U		4	洗
2816	633	238	ZH	I		2	貝
3292	634	237	F	EI	AU	4	細
599	635	237	T	AI		4	站
991	636	237	T	AN		2	牛
2354	637	237	J	I		2	角
3305	638	236	ZH	AN		1	最
3690	639	236	SH	U		1	持
586	640	236	F	A	AU	1	最
2199	641	70	J	I		4	輕
2200	641	165	J	I		1	經
2645	642	235	Q	A	EH	3	壁
3403	643	235	CH	A		2	茶
3406	644	235	CH	A		4	差
4483	645	235	I	AN		4	慢
883	646	234	D	I	AU	4	優
2820	647	233	X	I	AU	2	生
3105	648	232	ZH	I	UNG	3	國
1110	649	231	T	I	UNG	2	村
1523	650	231	L	Y	UN	4	母
2774	651	14	Q	I	UN	1	推
2775	651	216	Q	I	AN	2	尼
2418	652	229	P	A		4	鳥
228	653	228	P	O		4	禮
235	654	228	Y	ANG		2	魚
3942	655	228	ZH	AN	AN	1	河
4810	656	228	J	I	ANG	2	祖
2421	657	227	Z	AN		2	肉
3936	658	227	Z	UNG	AN	2	棄
470	659	226	M	AN		4	爭
511	660	226	M	I		4	沙
641	661	226	F	UN	UNG	4	護
3360	662	226	ZH	U		1	着
4466	663	225	J	AN	AN	1	服
4469	663	22	I	EH		4	者
4399	664	225	I	U		4	思
3565	665	220	SH	OU	UNG	2	比
3564	665	24	CH	U	UNG	1	村
4069	666	222	C	U	UN	1	村

I.D.	RANK	FREQ	P1	P2	P3	T	CHAR
4068	667	223	C	U	UN	1	屯
1602	668	223	L	Y		4	樣
2601	669	223	Q	I		2	奇
3014	670	222	X	I	AU	4	筆
1095	671	222	T	ANG		4	跳
2043	672	222	H	EI		2	局
2516	673	221	J	I		3	居
597	674	221	F	Y		2	泛
2511	675	221	Q	I		3	紅
2629	676	221	S	UNG		1	檔
4086	677	219	D	UNG		1	燈
831	678	218	D	UH		4	祖
1624	679	219	G	I	EH	3	翻
2325	680	218	J	I	OU	3	話
1447	681	218	L	U	O	2	塗
1558	682	217	L	I		4	熊
2257	683	217	B	AN	AI	4	梅
46	684	217	K	U	EI	3	鬼
1901	685	216	S	I		4	藏
4180	686	216	F	AN		3	範
621	687	216	T	I	UNG	2	廷
1109	688	216	D	A	OU	4	修
2897	689	215	G	I	UNG	1	部
3618	690	213	X	I	ANG	4	名
4761	691	213	B	I	ANG	3	橋
1522	692	213	Y	I	ANG	3	鯉
2260	693	14	L	UN	AN	2	訂
640	694	212	J	U	UNG	4	郎
911	695	212	D	I	UNG	1	菜
1806	696	212	G	U	ANG	1	薯
2969	697	211	X	I	ANG	3	商
2972	698	210	B	U	EI	3	瓶
99	699	27	CH	U	AN	2	川
3536	700	210	P	I	UN	1	崇
3972	701	27	Z	AI	AN	1	板
98	702	210	G	U	AN	3	浪
246	703	183	SH	U	AN	3	樹
1788	704	210	Y	I		4	雅
1786	705	209	T	EH	EI	4	群
3783	706	210	B	I		4	亲
4154	707	209	B	I		2	樂
4796	708	208	N	U	I	3	近
1119	709	208	L	I		1	止
3104	710	208	X	Y	UNG	4	革
138	711	208	ZH	UNG	UNG	2	雄
1264		208					
1367							
3075							
3277	712	205	ZH	UNG	UNG	4	證

I.D.	RANK	FREQ	P1	P2	P3	T	CHAR	I.D.	RANK	FREQ	P1	P2	P3	T	CHAR	I.D.	RANK	FREQ	P1	P2	P3	T	CHAR
3276	712	193	ZH	UNG		4	證	1662	760	192	G	OU		3	狗	2492	808	174	J	I	UNG	3	景
807	713	207	D	AN		4	定	1669	761	192	G	AN		1	乾	3941	809	174	Z	U		2	族
1016	714	206	T	OU		2	投	3604	762	192	SH	U		4	式	4000	810	174	C	UH		4	冊
3717	715	206	SH	UNG		1	什	3374	763	191	ZH	UNG	AN	4	棒	4763	811	174	Y	I		4	式
81	716	205	B	AU		3	寶	949	764	190	J	U	AN	4	越	2227	812	173	J	I		2	即
661	717	205	F	UNG		3	豐	2405	765	178	J	I	AN	3	腳	2383	813	173	J	I	OU	4	舊
2470	718	205	CH	I	ANG	3	橋	2404	765	12	J	I	AN	1	間	4393	814	173	Y	EH		3	野
3535	719	205	SH	U	AN	1	梳	3034	766	190	Y	I	AN	1	煙	1075	815	172	T	AN		3	暫
3602	720	205	Y	I		1	椅	4579	767	190	Y	Y		3	倚	1682	816	172	G	M	AN	2	麻
4424	721	204	I	I		4	意	4764	768	189	U	U		1	衣	384	817	170	M	A		2	脆
4427	721	1	I	I		1	衣	4638	769	188	B	AU		1	般	595	818	170	F	EI		4	肥
2072	722	203	H	AU		4	好	92	770	188	B	AU		1	般	1148	819	170	T	U	AI	3	底
2090	723	203	I	I	A	1	施	1692	771	188	U	U		1	庙	854	820	169	D	EI		4	怪
3094	724	203	ZH	U		4	注	3572	772	188	SH	I		1	施	1758	821	169	G	U		4	顧
3386	725	203	CH	ANG		2	嘗	721	773	187	F	U	UNG	2	傳	2448	822	169	J	I		1	京
116	726	202	B	I		1	逼	1256	774	185						2852	823	169	X	I	UNG	2	協
2384	727	202	J	I		4	敘	1255	775	186	N	I		2	你	373	824	168	P	U	EH	3	普
3115	728	202	ZH	I	OU	3	酒	1318	776	186	L	I	AU	4	料	1809	825	168	G	I	UNG	1	供
2353	729	160	ZH	I		3	紙	2738	777	186	L	UH		2	爐	2666	826	168	Q	OU	OU	2	求
2356	729	41	J	I		3	腳	3886	778	185	Z	I		1	資	4011	827	168	C	I		2	慈
2600	730	201	Q	I	AN	3	錢	1468	779	185	L	I		1	李	4447	828	168	I	AI	AN	3	樣
1679	731	200	Q	I		4	棄	2420	780	185	Y	Y		3	友	2053	829	167	H	OU		4	後
2111	732	200	H	U	AN	1	歡	4852	781	184	M	I		4	密	2226	830	166	H	I		1	呼
3003	733	200	X	Y		3	許	534	782	184	D	U		1	督	2529	831	165	B	I		4	避
1569	734	199	L	U	UN	2	論	960	783	184	J	I	A	3	急	166	832	165	B	I	AU	1	標
3605	735	199	SH	I		4	逝	2293	784	183	ZH	ANG		4	章	2052	833	165	H	U		2	糊
240	736	198	B	AI	AN	4	遍	2498	785	183	J	I		4	記	2823	834	165	H	I		4	嘩
1845	737	198	P	I	AN	2	排	2785	786	182	Y	I	UNG	4	用	3081	835	164	ZH	A		2	漢
3560	738	198	M	I		4	密	4823	787	182	SH	AU		4	少	4374	836	164	I	A	AN	4	仙
1623	739	197	K	UH	UNG	4	控	3647	788	181	G	E		2	格	2202	837	164	H	I		1	乎
3114	740	197	G	AN		4	干	4052	789	181	ZH	I		4	置	3117	838	163	D	I		3	抵
3743	741	197	ZH	U	UNG	2	宗	4279	790	181	SH	U		3	水	2262	839	163	J	OU		4	救
4301	742	197	SH	I		1	師	4562	791	180	I	AI		3	依	3682	840	163	X	I		4	信
4634	743	197	U	EI		3	委	4641	792	180	L	Y		2	旅	4093	841	163	B	AN		1	書
2961	744	196	X	I		3	喜	2259	793	179	J	U		1	國	208	842	162	S	AN		1	幸
3567	745	196	CH	I		3	恥	1568	794	178	L	I	UNG	2	令	427	843	162	M	U		2	楠
4176	746	196	CH	U	AN	1	川	3589	795	178	SH	I	EI	4	季	724	844	162	F	U		4	副
3279	747	195	S	UN		1	孫	4282	796	178	A	UNG		1	江	2140	845	162	H	I	AN	3	理
4493	748	195	ZH	I	AN	4	戰	4520	797	178	D	?		2	丹	4468	846	162	H	I		2	害
1106	749	194	T	UNG		1	亭	4640	798	178	Y	AN	UNG	1	夢	918	847	161	D	I		4	弟
1400	750	194	L	AI	OU	3	老	842	799	176	L	I		3	禮	2327	848	161	J	I	EH	2	節
1534	751	194	L	I		3	鯉	1450	800	176	L	Y		1	鹽	2750	849	161	Q	Y		3	席
2379	752	194	J	AU	OU	4	劍	1601	801	176	L	AI		2	來	2809	850	161	X	I		3	悉
3706	753	194	SH	AI	UNG	1	傷	2480	802	175	J	I	UNG	2	精	53	851	160		AI	EI	4	愛
4005	754	194	C	I	UNG	2	材	3827	803	175	R	UNG		4	用	3959	852	159	Z	I	AI	3	鳥
2499	755	193	J	I	EI	4	菜	1772	804	175	G	U		1	姑	2501	853	158	J	I	UNG	1	晴
3371	756	193	CH	UH	UNG	2	娼	2299	805	175	SH	I	A	1	摔	882	854	157	D	I	AU	4	吊
3887	757	193	Z	U		2	祖	3747	806	175	SH	U	EI	4	碎	1044	855	157	T	I	AU	3	梯
4153	759	193	S	U		2	俗	18	807	174	B	O		2	醋	1434	856	157	L	ANG	AU	3	糖
																1476	857	157	L	I	UN	2	鏈

I.D.	RANK	FREQ	P1	P2	P3	T	CHAR	I.D.	RANK	FREQ	P1	P2	P3	T	CHAR	I.D.	RANK	FREQ	P1	P2	P3	T	CHAR
2071	858	156	H	U		4	戶	4561	907	143	I	UNG		2	應	666	953	131	F	UNG		1	丰
2500	859	156	J	I	UNG	4	敬	1198	908	142	N	AU	UNG	3	腦	997	954	131	T	AI		4	態
4266	860	156	OU			1	歐	2503	909	142	J	I	AN	4	敬	1178	955	131	N	A		2	納
4471	861	156	I	AN		2	嚴	2936	910	142	X	I	AN	4	限	1958	956	131	H	UH	AN	4	陰
2304	862	155	X	I	EH	4	相	3319	911	142	ZH	U	O	4	著	2928	957	131	X	I		4	瀉
3029	863	155	X	Y	EH	3	寫	845	912	141	D	I		2	敵	217	958	130	D	U		2	塔
3187	864	155	L	OU	UN	1	輪	1427	913	141	L	I	EH	4	烈	920	959	130	D	AU		4	倒
3061	865	155	S	AU		1	掃	2456	914	141	J	I	UN	1	巾	1857	960	130	K	I		2	揩
4129	866	154	P	ANG		3	旁	3222	915	141	ZH	UN		1	針	2201	961	130	J	I	AN	4	蘭
284	867	153	Q	I		2	旗	3558	916	141	CH	I	ANG	2	唱	2579	962	130	J	AI		1	稱
2603	868	153	ZH	UN		4	陣	3757	917	141	SH	U		4	這	4514	963	130	J	Y	UN	4	信
3237	869	153	U	EI		4	慰	4306	918	140	I	UH		2	宜	769	964	129	T	AU		4	泰
4664	870	152	Q	U	AN	4	斷	1952	919	140	N			1	乃	1000	965	129	T	AI	AN	2	胎
952	871	152	N	I	AN	4	念	3865	920	140	Z	AI		4	載	2056	966	128	H	U		2	胡
2673	872	152	ZH	U	ANG	4	狀	1186	921	92	Q	AI		1	偕	951	967	127	D	U	AN	4	投
3358	873	152	D	I	UNG	4	鼎	1844	922	139	K	UH		4	客	1122	968	127	CH	ANG		3	突
810	874	151	ZH	AN		4	戰	3080	923	139	ZH	AN		4	顫	3479	969	127	Y	AN		3	嚴
1666	875	151	R	OU		4	肉	3806	924	139	R	ANG		2	讓	4813	970	127	G	AN		3	感
2822	876	151	X	I		1	吸	122	925	138	B	U		4	補	1686	971	121	G	I		2	輪
3456	877	151	CH	UN		2	唇	3281	926	92	ZH	U		4	柱	2927	972	126	X	UNG		3	熊
4030	878	151	C	AN		3	慘	3280	927	137	D	AI		4	戴	3811	973	126	R	EI		4	內
1172	879	150	T	U	UNG	3	痛	758	928	137	K	U	A	2	誇	4851	974	125	Y	U	EI	3	勇
2937	880	150	X	I	AN	4	限	1937	929	137	H	AN	ANG	2	喊	65	975	125	B	EI		1	背
4663	881	149	W	EI		4	尉	2166	930	137	ZH	U		4	駐	1759	976	125	G	U	A	4	歸
25	882	148	B	O		2	伯	3217	931	137	SH	OU		4	授	2623	977	80	Q	I	EH	3	啟
950	883	148	D	U		2	讀	3661	932	137	U	I	AU	3	矮	2620	978	45	U	O		2	敬
966	884	148	D	OU		4	鬥	4584	933	3	B	O		3	薄	4594	979	125	D	AU	A	4	轎
2229	885	148	J	I	AN	3	揀	29	934	136	B	I		4	怖	238	980	124	P	U		3	抬
3093	886	148	ZH	UN		2	準	27	935	136	L	I	I	4	歷	776	981	124	G	U	EH	1	挂
3854	887	147	R	U	UNG	2	容	1399	936	136	M	I	UNG	2	名	1742	982	122	G	U		4	桂
426	888	147	M	AI		4	賣	2891	937	135	R	AN	AN	2	然	2313	983	124	J	I	EH	4	潔
853	889	147	D	I		3	帝	4309	938	135	M	I		1	秘	4431	984	123	B	O		2	鳴
1302	890	147	L	EI		4	累	487	939	135	N	X		2	寢	19	985	123	B	U	A	4	肥
4398	891	147	F	EH		4	費	1205	940	134	J	Y	UNG	2	忍	2548	986	123	P	AU	EH	2	袍
655	892	146	F	ANG		3	放	2998	941	134	J	Y		2	記	2699	987	123	P	I		1	否
2896	893	146	X	I	OU	1	休	2699	942	134	Q	I	AN	3	遷	3810	988	103	D	I		3	迪
3725	894	146	SH	UNG		2	誦	3810	943	134	R	U		2	如	4089	989	20	D	I	AN	3	連
2292	895	146	CH	I	A	4	洽	4089	944	134	S	A		1	撒	4368	990	123	T	OU	UNG	1	偷
3494	896	145	SH	UNG		2	崇	4368	945	133	F	UNG		1	分	664	991	123	H	AN	UN	2	含
3791	897	4	X	I	ANG	1	享	4535	946	133	M	I	EH	4	密	4535	992	123	X	AN	UN	1	辛
3841	898	141	SH	UN		2	順	519	947	132	F	U		2	浮	2016	993	123	SH	OU		4	鳥
4470	899	145	R	AN	O	4	認	723	948	132	M	I	AU	2	描	2949	994	123	U	AN	UN	1	遭
1718	900	145	I	I	A	2	疑	2761	949	132	Q	I	UN	4	慶	3654	995	122	ZH	UN	UN	2	彩
2863	901	144	G	U	I	1	姑	3168	950	132	C	I	AN	3	慘	4295	996	122	CH	AI	ANG	1	昌
822	902	144	X	U	I	4	歲	4010	951	132	ZH	AI		2	宅	4578	997	122	S	AN	UN	1	孫
2753	903	143	Q	Y	UN	4	喚	4473	952	132	C	AN		2	蠶	3236	998	122	U	UN		1	溫
3789	904	143	SH	U		4	順	663	953	129	F	UNG		1	丰	3468							導
4412	906	143				2	播									4190							聶

I.D.	RANK	FREQ	P1	P2	P3	T	CHAR	I.D.	RANK	FREQ	P1	P2	P3	T	CHAR	I.D.	RANK	FREQ	P1	P2	P3	T	CHAR
639	999	121	F	UN		3	粉	3999	1048	113	C	UH		4	測	1808	1094	105	G	U	UNG	1	宮
4142	1000	121	S	UN		2		4406	1049	113	I	AU		1	要	3554	1095	57	CH	U	ANG	2	成
1252	1001	120	N	I	UN	2		54	1050	110	B	EI		1	杯	3553	1095	48	CH	U	ANG	2	狀
1433	1002	120	L	U	AU	3		55	1050	110	B	EI		1	盃	4335	1096	105	I			4	異
1790	1003	120	G	U	AN	2		973	1051	112	D	I	UNG	2	洞	255	1097	104	P	EI		4	配
2228	1004	120	J	I		4		2651	1052	112	Q	U	AU	4	敲	1043	1098	104	L	ANG		2	樓
2652	1005	120	Q	I		2		2704	1053	112	ZH	U	UN	2		1328	1099	104	G	OU		4	桂
3529	1006	120	CH	U	AU	2		3362	1054	112	S	U	UNG	2		1327	1099	103	L	U		2	諸
4766	1007	120	Y	U	EI	1		4041	1055	112	U	U		2		3282	1100	103	ZH	U		1	否
272	1008	119	P	AN		4		4156	1056	112	U	AN		2		604	1101	104	F	OU		3	
2113	1010	119	H	U	EI	1		4652	1057	112	M	EI		2		1162	1102	103	T	U	UNG	2	銅
2146	1011	119	H	U	AN	4		430	1058	111	D	AN		4		2298	1103	103	J	I	A	4	假
3954	1012	119	Z	U	O	4		798	1059	9	I	U		4		3885	1104	103	J	I		1	稽
3987	1013	119	C	AU		2		799	1059	102	K	U		2		4070	1105	103	C	U	UN	2	
4019	1014	118	M	O		1		1946	1060	111	K	U		2		26	1106	103	B	I		2	冰
399	1015	118	L	I		2		2024	1061	111	H	U	UNG	3		194	1107	102	B	I		2	
1479	1016	118	G	ANG		2		3693	1062	111	SH	EN		1		193	1107	75	B	AU		3	紡
1691	1017	118	H	AN		2		84	1063	110	B	AU		4		629	1108	102	F	U		3	
2015	1018	118	J	U	UN	2		1006	1064	110	T	AU		1		1493	1109	102	L	I	ANG	2	梁
2443	1019	118	X	I	OU	1		1539	1065	110	L	U		3		1823	1110	102	K	U		4	
2902	1020	118	ZH	UN		4		4326	1066	110	L	U		2		2095	1111	102	H	U		2	
3239	1021	118	ZH	U		4		690	1067	110	F	U		1		2231	1112	102	J	U	I	1	
3291	1022	118	S	U	UNG	1		926	1068	109	D	U		1		2455	1113	102	J	UNG		1	
4196	1023	118	AN	U		2		1885	1069	109	K	U	UNG	3		3262	1114	102	ZH	U		2	
4281	1024	118	J	I	ANG	3		1945	1070	109	K	U	AN	3		3768	1115	101	SH	ANG		3	
2473	1025	117	P	A		2		2406	1071	109	J	I		3		3096	1116	101	ZH	U		2	
224	1026	116	N	I	UNG	2		768	1072	108	D	AU		3		3308	1117	101	D	U		1	
1213	1027	116	L	U	UNG	2		1641	1073	108	G	U		2		4040	1118	101	C	I	EI	2	
1578	1028	116	J	I	ANG	3		1727	1074	108	G	U		4		4008	1119	101	C	U		2	
2407	1029	116	J	I	ANG	1		1771	1075	108	K	U		2		4338	1120	100	L	U	O	4	
2465	1030	116	J	I	UNG	3		1897	1076	108	Q	I		4		1089	1121	100	T	U	ANG	4	
2502	1031	116	X	U	EH	4		2711	1077	2	I	U		4		1721	1122	100	G	U		2	
2860	1032	116	SH	OU		3		4336	1078	106	M	I		4		2042	1123	100	H	U	ANG	2	
3658	1033	116	L	Y		3		4643	1079	108	M	I		4		2204	1124	100	J	I		1	
1594	1034	115	SH	AN		3		513	1080	79	M	I		4		3731	1125	100	SH	U		1	
2018	1035	115	SH	U		3		510	1080	28	F	AN		4		4438	1126	100	I	AI		4	
3746	1036	115	Y	AN		4		512	1081	107	F	AN		4		757	1127	99	D	AI		4	
4812	1037	115	D	Y	EH	4		611	1082	107	F	U		4		1931	1128	99	K	U	UN	3	
796	1038	106	L	Y		4		2122	1083	107	H	I		1		2187	1129	99	H	U	UNG	2	
1608	1039	8	K	I		3		2261	1084	107	Y	AU		3		2301	1130	99	S	ANG	A	2	
1607	1039	114	L	I		3		4815	1085	107	B	U		4		4122	1131	99	I	U		4	
1873	1040	114	K	UN	AN	1		87	1086	106	D	OU		4		4450	1132	99	F	ANG		4	
2390	1041	114	L	I		1		788	1087	106	J	I		4		4718	1133	98	U	AU		4	
4304	1042	114	H	OU		2		2491	1088	106	CH	AI		2		610	1134	98	F	U		3	
4436	1043	114	I			4		3421	1089	106	C	OU		2		3334	1135	98	ZH	U	EI	1	
862	1044	113	D	U		2		3990	1090	106	I	I		2		3551	1136	98	ZH	U	ANG	1	
2074	1045	113	H	U		4		4439	1091	106	L	OU		2		3800	1137	98	R	AI		2	
2079	1046	113	H	U		4		1507	1092	105	L	U		4		52	1138	97	B	AI		1	
3283	1047	113	ZH	U		1		1730	1093	113	G	U		4		185	1139	56	B	AI		1	
																787	1140	56	D	OU	UN	4	

I.D.	RANK	FREQ	P1	P2	P3	T	CHAR	I.D.	RANK	FREQ	P1	P2	P3	T	CHAR	I.D.	RANK	FREQ	P1	P2	P3	T	CHAR
790	1140	40	D	OU		4	侍	2107	1187	91	H	U	AI	2	恃	3760	1234	85	SH	U		4	束
789	1140	1	D	OU		4	倒	2328	1188	91	J	I	EH	4	借	3782	1235	85	SH	U	EI	4	棘
895	1141	97	D	I	AN	2	店	451	1189	90	M	AU		3	補	3840	1236	85	R	U	O	4	褥
1005	1142	97	T	AU		4	陶	709	1190	90	F	U		3	輔	4328	1237	85	I			3	梧
1201	1143	97	N	U		4	鬧	766	1191	90	D	EI		3	得	983	1238	84	ZH	A		3	炸
2055	1144	97	H	U		1	乎	3265	1192	90	ZH	UNG		1	鐘	3139	1239	84	ZH	ANG		1	藏
2423	1145	97	J	I		4	繼	4325	1193	90	I			1	依	3933	1240	84	Z	U	EI	1	綏
2447	1146	97	J	I		2	佳	809	1194	89	D	I	AN	3	掟	4172	1241	84	S	U		1	閂
4456	1147	32	I	AN		1	煙	1349	1195	89	L	U		4	渡	4698	1242	84	U	UN		2	畜
4457	1147	65	I	AN		1	堊	2263	1196	89	J	I		3	起	279	1243	83	P	UN		2	盒
4510	1148	97	I	UN		2	陰	2532	1197	89	J	U		4	距	643	1244	83	J	UN		2	鈎
779	1149	96	D	AU		1	倒	3318	1198	89	Z	O		1	早	2573	1245	83	X	I		4	峽
1370	1150	96	L	I		4	吏	408	1199	88	M			4	摩	2832	1246	83	ZH	AN		4	智
1957	1151	96	H	UH		1	呼	725	1200	88	F	AN		4	犯	3219	1247	82	M	UNG		4	夢
2483	1152	96	J	I	UNG	1	瑲	1023	1201	88	L	AU		4	浪	497	1248	82	M	I		4	密
3174	1153	27	ZH	AU		2	着	1364	1202	88	L	AU		4	浪	522	1249	82	N	AN		2	南
3728	1154	69	SH	UNG		1	松	3083	1203	88	ZH	AN		4	棧	1034	1250	82	T	U	AU	1	掏
4141	1155	96	SH	ANG		3	賞	3154	1204	88	ZH	ANG		3	掌	1133	1251	82	T	I	OU	4	剔
4534	1156	96	I			4	揠	3516	1205	88	CH	UH		4	揣	1237	1252	82	N	I		2	泥
1046	1157	95	T	ANG		2	楊	3998	1206	88	CH	U		1	摻	1672	1253	19	G	U		3	姑
3013	1158	95	I	ANG		4	唐	4537	1207	88	C	A	ANG	1	揚	1681	1253	63	G	U		3	估
3069	1159	95	X	Y		4	序	4711	1208	88	U	ANG		2	广	3294	1254	82	ZH	U		2	泡
3559	1160	95	CH	U	UNG	1	術	1936	1209	87	K	U	ANG	3	況	4186	1255	82	SH	I	AN	2	誠
4337	1161	95	U		UNG	4	樣	1939	1209	38	K	U	ANG	4	况	4472	1256	82	Y	U		2	魚
86	1163	94	B	AU		4	暴	2069	1210	87	H	U		4	嘉	4729	1257	82	U	I		4	謂
409	1163	94	M	O		4	撲	2281	1211	87	J	I	A	1	暈	207	1258	81	B	U		4	捕
726	1164	94	F	U		3	斧	2475	1212	87	J	I		4	劇	1277	1259	81	N	L		4	弄
2041	1165	94	H	UN		4	恨	2531	1213	87	J	Y		2	蠁	1506	1260	81	L	I		2	陵
2338	1166	94	J	I		3	摔	2991	1214	87	ZH	I	UNG	2	叢	1509	1261	81	L	I		1	坡
4216	1167	94	UH			4	悅	3216	1215	87	R	AN		3	熱	1923	1262	81	K	U		1	款
4730	1168	94	U	I		4	慰	3815	1216	87	Z	UN		3	甚	2409	1263	81	J	I	AN	3	緊
587	1169	93	F	O	AN	2	繁	3893	1217	87	S	AI		4	感	4221	1264	81	Y	EH		4	夜
1271	1170	93	N	I		2	伲	4203	1218	87	U	U		4	務	4795	1265	80	P	UNG		4	屑
1496	1171	93	L	UNG	ANG	4	樓	4619	1219	87	Y	A	UNG	3	染	301	1266	80	D	G		4	成
2048	1172	93	H	I	ANG	1	陌	1018	1220	86	M	OU		4	帽	868	1267	80	D	UH		4	購
2909	1173	93	X	I	AN	3	險	2112	1221	86	H	U		4	護	1626	1268	80	G	OU		4	壟
2978	1174	93	X	EI	ANG	1	相	2203	1222	86	T	U		2	沒	1665	1269	80	G	U		1	宏
4666	1175	93	U	O		4	悞	2206	1223	86	J	I		2	濟	2190	1270	80	H	I		2	拉
232	1176	92	P	U	AN	4	泛	2205	1224	51	J	I		1	撓	2249	1271	80	J	I		4	誌
894	1177	92	D	L		3	涕	2208	1224	34	J	I		3	脊	2505	1272	80	J	I		2	缺
1495	1178	92	L	U		3	苦	2341	1225	86	J	I		2	急	2757	1273	80	Q	Y	EH	4	惊
1735	1179	92	G	U	A	1	瓜	2534	1226	86	J	Y		4	飲	3009	1274	80	X	U		4	慕
2264	1180	92	J	I		1	沈	2808	1227	86	X	I	AUNG	4	長	3316	1275	80	Y	I	A	4	益
3379	1181	92	CH	A		4	罷	3307	1228	86	M	I		4	謎	1013	1276	79	ZH	U		2	堂
13	1182	91	B	A		1	拿	567	1229	85	ZH	I		1	拌	3625	1277	79	T	AI	A	4	庸
141	1183	91	B	O		1	薄	2784	1230	85	X	I		1	摩	2846	1278	2	SH	A		4	畫
398	1184	91	M	U		2	摩	3156	1231	85	ZH	U		4	畫	2997	1278	77	X	I		4	庸
498	1185	91	M	UNG		2	鹽	3385	1232	85	CH	I	AUNG	2	墾	3249	1280	79	ZH	ANG	ANG	4	李
1890	1186	91	K	U		1	庫	3423	1233	85	CH	AU		3	庫	3298	1281	79	ZH	U	UNG	3	志

I.D.	RANK	FREQ	P1	P2	P3	T	CHAR	I.D.	RANK	FREQ	P1	P2	P3	T	CHAR	I.D.	RANK	FREQ	P1	P2	P3	T	CHAR
4262	1282	79	AU			4	演	1308	1328	73	L	EI	EH	3	漢	915	1376	67	D	U		1	督
266	1283	13	P	AU		4	炮	1430	1329	73	L	I	EH	4	獵	1209	1377	67	N	AN		1	雞
264	1283	45	P	AU		4	砲	1657	1330	73	G	OU		1	溝	2307	1378	67	J	I	EH	1	結
263	1283	20	P	AU		4	刨	2098	1331	73	J	I	O	2	僑	4622	1379	67	U		UNG	1	翁
274	1284	78	P	AN		4	判	2330	1332	73	J	I	EH	4	介	906	1380	66	D	I		4	丁
397	1285	78	M	O		4	摸	2718	1333	3	Q	I	ANG	2	牆	1291	1381	66	H	UH		4	勁
935	1286	78	D	O		2	多	2719	1333	70	Q	I	ANG	2	墻	2128	1382	66	H	U		4	悉
957	1287	78	D	U		1	敦	1008	1334	72	T	AU		2	桃	2139	1383	66	H	U		2	漫
2474	1288	78	J	I	O	4	叫	2851	1335	72	K	ANG		1	耕	2723	1384	66	Q	I		3	揭
2576	1289	78	J	Y	UN	1	君	1701	1336	71	G	Y		2	嚢	3082	1385	66	Z	ANG		3	汁
2703	1290	78	Q	I	ANG	2	勤	2769	1337	71	Q	AU		3	巧	3931	1386	66	Z	U		3	阻
3039	1291	78	X	I	UN	1	披	3178	1338	71	R	ANG		4	讓	3947	1387	66	C			4	魯
3225	1292	78	X	I	AN	2	玲	3824	1339	71	Z	U		4	泉	4095	1388	56	S	O		4	飼
4381	1293	78	ZH	UN		3	扰	3932	1340	71	Z			4	瘞	4096	1389	1	S	AN		4	夾
411	1294	77	M	A		3	麻	4152	1341	71	C	AN		4	燦	410	1390	65	M	I		4	家
495	1295	77	M	O		4	蘑	4261	1342	71	C	O		4	異	469	1391	65	M	I	AU	4	妙
602	1296	77	F	EI		4	翡	4686	1343	71	U	Y		4	怨	528	1392	65	M	I	AN	1	眼
606	1297	77	F	AN	ANG	4	翔	230	1344	70	P	I		1	坡	538	1393	45	M	I	AN	2	對
985	1298	77	T	A		4	塔	1168	1345	70	P	EI	UNG	2	蓬	1083	1394	20	T	I	EH	1	貼
1505	1299	77	L	I	ANG	2	軋	1356	1346	70	L	I		3	阻	1538	1395	65	K	A		4	胯
2028	1300	77	H	I	UNG	3	哼	1593	1347	70	H	I	AU	1	鳥	1824	1396	65	K	U	O	1	括
2994	1301	77	X	Y	UNG	2	熊	2089	1348	70	J	I	AU	3	皎	1896	1397	13	K	U	AN	2	完
3074	1302	77	X	UN		3	訊	2369	1349	70	Q	I	AN	3	陸	1837	1398	52	K	U	AN	2	圓
4371	1303	77	SH	I		1	氣	2589	1350	70	X			1	拍	2765	1399	65	Q	Y		3	殷
303	1304	77	·	I		1	批	2890	1351	70	X	A	UN	4	陷	2886	1400	65	X	A	O	4	柏
1671	1305	76	P	ANG		3	傍	2939	1352	70	ZH	U		2	奪	3400	1401	65	CH	OU		1	代
2331	1306	76	G	AN		4	干	2938	1353	67	ZH	U		2	奪	3431	1402	65	CH	AN		3	劑
3680	1307	76	J	I	EH	2	匣	3520	1354	70	S	U		4	曾	3607	1403	65	SH	U		3	殊
1373	1308	76	SH	AN		3	黎	4192	1355	70	S	U	UN	3	損	3995	1404	65	C	AN		3	擺
1557	1309	75	L	I	O	4	漆	51	1356	69	B	AI		1	掴	4029	1405	65	C	U		2	斂
2011	1310	75	L	OU		4	厚	95	1357	69	B	ANG		1	擺	4168	1406	65	C	ANG		4	戶
2393	1311	75	H	I	AN	4	執	832	1358	69	D	UNG		3	廢	4679	1407	65	U	EI		1	殘
3095	1312	75	ZH	U		4	豆士	1058	1359	69	T	UNG		2	殘	591	1408	64	F	I		1	非
3351	1313	75	ZH	ANG		1	話	1263	1360	69	N	U		2	託	1520	1409	64	L	I	A	2	鏡
3574	1314	31	SH	U		4	遐	2912	1361	69	X	L		4	滲	2602	1410	64	Q	I		2	騎
4074	1315	44	SH	U	UNG	4	雪	234	1362	69	P	O		4	潑	2831	1411	64	X	UN		1	軒
4155	1316	75	C	I		4	腎	566	1363	68	M	U		4	餓	3461	1412	64	CH	UNG		2	臣
140	1317	75	B	I		4	弊	1710	1364	68	G	I		4	貴	3493	1413	64	CH	UNG		3	誠
1098	1318	74	T	I	AN	2	未	1720	1365	68	G	U		4	牲	3692	1414	64	SH	UN		3	車
2706	1319	74	Q	I	UN		3	揆	2665	1366	68	Q	I	AN	4	歉	3699	1415	64	SH	U		1	甲
2966	1320	74	X	I	ANG	2	样	3408	1367	68	Z	A		2	咩	4043	1416	64	C	U		3	粗
3458	1321	27	CH	UN		2	純	3637	1368	68	Z	U		1	沾	4340	1417	64	C	ANG		4	粒
3711	1322	47	SH	UN		2	唇	3734	1369	68	Z	U		1	尚	4544	1418	64	H	I		3	仰
3845	1323	74	R	U		3	乳	3903	1370	68	Z	AU		4	造	4627	1419	64	U	O		4	握
3900	1324	74	Z	AI		4	義	4002	1371	68	C	UH		4	達	83	1420	63	B	AU		4	鮑
462	1325	73	M	OU		2	謀	184	1372	68	B	EI		1	演	728	1421	63	F	U		3	脯
	1326							254	1373	67	P			4	佩	929	1422	63	D	U		4	肚
	1327								1374														
									1375														

I.D.	RANK	FREQ	P1	P2	P3	T	CHAR		I.D.	RANK	FREQ	P1	P2	P3	T	CHAR		I.D.	RANK	FREQ	P1	P2	P3	T	CHAR
934	1423	63	D	U	O	2	膊		3473	1471	60	CH	ANG		2	腸		1460	1519	56	L	I		2	慷
938	1424	63	D	U	O	2	朵		3621	1472	60	SH	A		1	鯊		1508	1520	56	L	I	AN	2	鈴
2047	1425	63	H	UNG		2	軍		4224	1473	60	UH	UNG		4	汞		2106	1521	56	H	U	UNG	2	洭
3238	1426	63	ZH	UN	AN	4	陵		4723	1474	60	B	I		1	鼻		2114	1522	56	H	U	AI	1	怀
3264	1427	63	ZH	UNG	AN	4	征		132	1475	59	F	U		2	栩		2280	1523	56	J	I	EI	1	魯
3848	1428	59	R	U	AN	3	軟		689	1476	59	D	AI		4	軽		2458	1524	56	J	I	A	1	笠
3849	1428	63	R	U	AN	3	輭		760	1477	59	D	U		4	蠹		2458	1525	56	J	I		1	誓
4164	1429	63	S	U	O	1	縞		759	1478	59	D	U		2	胃		3864	1526	56	Z	I	UN	4	贊
4665	1430	62	B	AN	EI	1	俸		1267	1479	59	N	L		4	佯		3927	1527	56	C	U		4	蒼
106	1431	62	B	ANG	AN	4	邦		1402	1480	59	L	I		4	鄰		4036	1528	55	M	U		1	崎
115	1432	62	B	AN	ANG	4	流		2951	1481	59	X	I		2	竹		559	1529	55	T	I	AN	4	趴
619	1433	62	F	U	U	3	淡		2948	1482	57	X	I		4	砍		1039	1530	55	N	U		4	怒
1147	1434	62	T	EI	EI	3	蒙		3606	1482	59	Z	I	UN	4	鋒		1101	1531	55	N	U	U	4	語
1313	1435	62	L	I	ANG	2	谷		3713	1483	59	SH	ANG		5	尚		1265	1532	55	Q	Y	AI	4	契
1498	1436	62	L	U	U	2	幡		4007	1484	59	SH	AI		3	短		2773	1533	55	SH	U		4	歉
1723	1437	62	G	U	EI	3	井		4045	1485	59	C	U		4	促		3573	1534	55	SH	ANG	AI	2	裁
2127	1438	62	J	U	UNG	3	曲		4327	1486	59	SH	U		2	安		3778	1535	54	C	U		4	勝
2494	1439	62	J	U		3	手		433	1487	58	M	EI		2	梅		4009	1536	54	B	I		3	鞋
2739	1440	62	X	U	ANG	1	中		937	1488	58	D	U	O	3	躺		119	1537	54	B	AI		2	犧
2971	1441	62	ZH	I		3	貝		1461	1489	58	L	I	AN	3	后		143	1538	54	P	U	AI	2	義
3373	1442	62	B	EI		4	鄭		2010	1490	58	H	OU		2	庚		239	1539	54	P	AN		4	浦
64	1443	61	B	EI		3	詞		2659	1491	58	Q	I	AU	3	巧		273	1540	54	P	U		3	細
332	1444	61	P	I	AU	4	評		3653	1492	58	SH	AN		3	陝		372	1541	54	M	AN	AN	3	捲
353	1445	61	P	I	UNG	2	萼		3679	1493	58	SH	AN		3	字		533	1542	54	F	U		4	洋
583	1446	61	F	AN		3	堆		3896	1494	58	Z	AI		3	准		605	1543	54	F	U		3	泛
945	1447	61	D	U	EI	4	靴		3969	1495	58	S	U		4	俊		692	1544	54	L	AN		4	監
1210	1448	61	N	UN		4	責		4111	1496	58	S	U		4	俺		1338	1545	54	L	I	AN	4	刊
1767	1449	61	G	U		3	柯		4195	1497	58	S	A	UNG	2	俗		1429	1546	54	L	AN		1	藍
1819	1450	61	G	U	EI	4	敗		4308	1498	58	F	U		4	傢		1862	1547	54	K	AU		1	感
1828	1451	61	K	UH		1	貢		676	1499	57	N	U		2	長		1999	1548	54	H	I	UNG	4	然
2115	1452	61	H	U		2	卑		1191	1500	57	Z	U	O	4	村		2482	1549	54	J	AN		4	告
2450	1453	61	J	I	I	4	藉		1269	1501	57	K	UH		4	話		2592	1550	54	Q	Y		4	白
3098	1454	61	CH	ANG	ANG	2	堂		1825	1502	57	H	U	ANG	1	難		3016	1551	54	X	U	UNG	3	昂
3393	1455	61	CH	I	UNG	3	赤		2165	1503	57	Q	I		4	墜		3285	1552	35	ZH	U	AN	3	棋
3709	1456	61	SH	U	ANG	4	變		2477	1504	57	Q	I		4	盛		3643	1553	19	SH	AI	AI	3	白
4575	1458	61	SH	I	ANG	2	翼		2675	1505	57	ZH	OU		4	容		3665	1555	54	SH	OU	ANG	2	日
4755	1459	61	Y	I		2	橡		2965	1506	57	CH	U		2	祥		4754	1554	54	Y	I		3	隨
613	1460	60	F	AN	AN	2	凰		3357	1507	57	CH	U		2	信		1115	1556	53	T	I		4	孕
677	1461	60	F	UNG	UNG	2	廢		3509	1508	57	SH	OU		2	鮨		1401	1557	53	L	I	UN	2	艇
712	1462	60	F	U		4	付		3523	1509	56	SH	U		4	甄		1463	1558	53	L	I	I	2	槿
727	1463	60	F	U	AN	1	捱		3662	1510	56	SH	U		4	套		2312	1559	53	J	I	I	1	達
1068	1464	56	T	I	UN	2	提		4016	1511	56	P	U	AI	4	泊		2968	1560	53	X	U	UN	3	條
1067	1464	4	T	L		1	搪		265	1512	56	P	U		4	社		3698	1561	53	SH	UN	UNG	3	漢
1353	1465	60	L	AN	AN	1	揮		362	1513	56	M	AN	U	4	詫		3939	1562	53	Z	UN		4	贈
1700	1466	60	G	UNG		1	爵		456	1514	56	F	U	U	4	卅		4285	1563	53	I		ANG	2	恩
2045	1467	60	H	ANG	AN	1	甲		579	1515	56	D	AI	AI	4	中		4339	1564	53	Y	AI		1	永
2676	1468	60	Q	UH		4	棄		928	1516	9	T	U	AI	2	桂		4757	1565	53	Y	AI		1	島
3146	1469	60	ZH	U		2	折		994	1517	47	T	AI	AN	2	拍		28	1566	52	B	O		2	泊
3349	1470	60	ZH	U	UN	3	淮		993	1517	56	T	AN		4	採		680	1567	52	F	U		1	膚

I.D.	RANK	FREQ	P1	P2	P3	T	CHAR
1632	1568	52	G	UH		3	搞
1722	1569	52	G	U		3	股
2845	1570	3	X	I	A	3	哧
2916	1571	49	X	I	A	4	駕
2960	1572	52	X	I	AN	2	霜
3191	1573	52	ZH	OU	ANG	2	軸
3889	1574	52	Z	Y		3	拎
3895	1575	52	Z	UH		2	咀
4756	1576	52	Y	AI		2	挨
20	1577	51	B	O		3	擺
455	1578	51	M	AU	ANG	3	娘
1253	1579	51	L	I	OU	1	溜
1446	1580	51	L	I	OU	4	鹿
1455	1581	51	L	U	UN	4	淪
1541	1582	51	L	I	UNG	3	攏
1797	1583	51	K	U		1	紀
1948	1584	51	G	U		3	控
2050	1585	51	H	U	UNG	2	紅
2059	1586	51	J	U		2	菊
2442	1587	51	Q	Y		3	啟
2780	1588	51	SH	U		4	漱
3582	1589	51	SH	UNG	UN	1	鬆
3585	1590	51	SH	UNG	EH	2	繩
3646	1591	51	SH	AU	AN	4	紹
3873	1592	51	Z	OU		3	走
3922	1593	51	Z	AN	EH	1	瞻
4027	1594	51	C	U	UNG	1	匆
4765	1595	50	M	UNG		4	夢
486	1596	50	F	UNG		2	逢
668	1597	47	F	UNG	EI	1	吩
665	1597	3	F	I		4	沸
1063	1598	50	T	U		4	兔
1925	1599	50	L	U		3	擄
2306	1600	50	K	I		4	蛋
2563	1601	50	Q	Y		4	砌
2787	1602	50	X	I		1	嘻
3031	1603	50	X	Y	AI	4	謝
3068	1604	50	CH	AI		4	柴
3425	1605	50	CH	AU		4	朝
3420	1606	50	CH	U		2	躇
4060	1607	50	C	U	EH	4	挫
4311	1608	50	I			4	憶
4342	1609	50	I			2	貽
4798	1610	50	Y	EH		4	曳
136	1611	50	B	ANG		4	棒
464	1612	49	M	OU		3	某
654	1613	49	F	ANG	OU	3	紡
887	1614	49	F	U		1	敷
	1615	49	D			1	督
905	1616	49	D	I	UNG	1	丁
1618	1617	49	G	UH	AN	1	肝
1922	1618	49	K	U		2	眯
2230	1619	49	X	I		2	駙
2811	1620	49	SH	I		2	稀
3748	1621	49	Y	U		3	軒
4732	1623	49	Y	OU		2	愉
4814	1624	49	Y	UH		3	俞
82	1625	48	B	AN		3	伴
278	1626	48	M	U		4	暮
413	1627	48	M	O		4	脈
502	1628	48	L	IN		4	迷
632	1629	48	F	UN		1	方
642	1630	48	F	AU		4	慷
1007	1631	48	T	AN		2	淘
1341	1632	48	L	AN		4	記
1436	1633	48	L	I	AU	3	療
1469	1634	48	L	I	UNG	4	煉
2485	1635	48	J	I		1	晤
3415	1636	48	CH	UH		4	撮
3562	1636	22	CH	U		1	沖
3561	1637	26	SH	U		4	漲
3664	1638	48	SH	OU	UNG	4	膜
3730	1639	5	SH	UNG		4	惶
3727	1640	43	Z	U		3	嘴
3940	1640	48	Z	U	UN	1	組
4072	1641	48	C	AU		1	寸
4421	1642	48	I	UN		3	吹
4519	1643	48	Y	L		4	欠
142	1644	47	B	AI	AN	3	排
346	1645	47	P	U		1	仗
576	1646	47	F	A		4	代
1189	1647	47	N	AI		3	倶
2058	1648	47	J	U		4	拼
2533	1649	47	Q	I		3	幼
2689	1650	47	X	Y		4	劫
2727	1651	47	X	I		3	搜
3053	1652	47	X	Y	UNG	1	兼
3723	1653	47	SH	U	UN	3	産
3736	1654	1	SH	I		2	垠
3733	1654	46	SH	U		4	琉
4032	1655	47	C	AN		1	惨
4405	1656	47	I	UN		3	致
4552	1657	47	I	UNG		4	膺
4564	1658	47	I	UNG	AN	1	揚
32	1659	47	B	O		4	編
339	1660	46	P	I		4	戾
356	1661	46	P	I	UNG	2	怕
365	1662	46	P	U	OU	2	訃
972	1663	46	D	U	UNG	3	懂
1112	1664	46	T	I	UNG	2	達
1548	1665	46	L	U	O	2	漢
1789	1666	46	K	UH	AN	4	棵
1827	1667	46	K	UH		4	赫
1969	1668	46	H	I		4	悸
2097	1669	46	H	I		1	慌
2164	1670	46	J	I	O	4	劇
2265	1671	42	J	I		1	剛
2266	1671	46	J	I	ANG	4	徑
2504	1672	46	Q	I	UNG	2	晴
2654	1673	46	X	I	AU	3	榴
2977	1674	46	X	I	ANG	4	鳴
3392	1675	46	CH	I		4	翅
4215	1676	46	UH	UH		4	袖
4475	1677	45	I	AN		2	誣
4604	1678	45	I	A		1	揚
738	1679	45	D	U		1	旺
1042	1680	45	T	I		3	呟
1127	1681	45	N	I		2	粘
1243	1682	43	N	U	AN	2	龍
1241	1682	45	L	U	UNG	4	燕
1581	1683	45	G	U	UNG	1	供
1811	1684	45	G	U	AU	1	盒
1821	1685	45	H	UH	ANG	2	狼
1960	1686	45	H	UH		2	史
2039	1687	45	J	UN	UNG	3	僅
2392	1688	45	ZH	ANG	AN	4	誤
3254	1689	45	CH	ANG	UH	2	波
3480	1690	45	SH	AI	AI	4	敲
3640	1691	45	Z	U		4	綱
3742	1692	45	P	ANG		3	賓
3892	1693	44	P	I	UN	4	淘
4581	1694	44	D	U		1	拖
4713	1695	44	T	AN		2	膺
355	1696	44	G	AN	O	2	宇
348	1697	44	H	U		1	煤
841	1698	44	J	UN	EI	1	惫
1132	1699	44	Q	I	AN	3	靖
1525	1700	44	Q	U		2	賴
1674	1701	44	SH	I		3	医
2117	1702	44	SH	U		2	竪
2145	1703	44	C	AI		1	惜
2207	1704	44	I	I	AN	3	敬
2248	1705	44	Y	I		3	宛
2251	1706	44	P	I		1	清
2422	1707	44	Q	I		3	欷
2591	1708	44	I	I		4	神
2628	1709	44	D			4	
2901	1710	44	X	I	OU	4	

I.D.	RANK	FREQ	P1	P2	P3	T	CHAR	I.D.	RANK	FREQ	P1	P2	P3	T	CHAR	I.D.	RANK	FREQ	P1	P2	P3	T	CHAR
3588	1711	44	SH			3	駁	3968	1761	42	Z	U	UN	1	遵	2424	1809	1	J	I	AN	4	秘
3826	1712	44	R	UNG		3	扔	4242	1762	42	AI			3	嗾	2425	1809	38	J	I	AN	4	剎
4373	1713	44	A	A		1	莽	4614	1763	42	B	A		2	吧	2678	1810	39	Q	U	AN	2	筌
4401	1714	44	I	EH		2	貴	219	1764	41	P	U		4	土	3338	1811	29	ZH	U	AN	1	瓶
4655	1715	44	U			3	尾	310	1765	41	M	O		4	疲	3341	1812	10	ZH	U		1	苓
4759	1716	44	Y	EI		3	臭	412	1766	41	M	AU		4	貌	3738	1813	39	SH	U		1	深
57	1717	43	B			1	愿	458	1767	41	D	AN		4	誕	3905	1814	39	Z	AU		3	蚊
785	1718	43	M	O		3	斗	527	1768	41	D	OU	AU	4	鬥	3926	1815	39	Z	AN		3	綻
867	1719	43	D	OU		3	抵	812	1769	41	D	I	AN	3	典	4341	1816	39	I	AU	AN	4	膠
1363	1720	43	D	I	EH	2	朗	898	1770	41	T	ANG		2	塘	4408	1817	39	I	AN	UN	4	厭
1604	1721	43	L	Y		3	感	1045	1771	41	L	AI		4	賴	4492	1818	39	U	AN		2	紋
1652	1722	43	L	AU		4	絢	1299	1772	41	H	AU		2	豪	4700	1819	39	P	O		1	湛
1694	1723	43	G	ANG		3	岡	1989	1773	41	J	Y		3	苣	229	1820	38	M	AN		3	閔
2169	1724	43	H	U	ANG	2	皇	2536	1774	41	J	U		3	沮	544	1821	38	F	U		3	腹
2386	1725	43	J	I	OU	2	酒	3107	1775	41	ZH	OU		2	執	730	1822	38	T	U		3	迄
2457	1726	43	J	I	UN	4	聖	3432	1776	41	CH	U	EI	1	吹	1121	1823	38	N	U		3	汝
2786	1727	43	X	I		4	浣	3620	1777	41	SH	A		1	砂	1272	1824	38	N	U		2	鰍
3071	1728	43	X	Y	UNG	1	姓	3888	1778	41	Z	ANG		3	罩	2144	1825	38	H	U		3	晉
3181	1729	43	X	AU		1	韶	3960	1779	41	Z	UNG		1	宗	2154	1826	38	H	U		2	混
3322	1730	43	ZH	AU		2	遘	4144	1780	41	I	AN		3	眨	2162	1827	38	J	U	AU	1	鬍
3512	1731	43	CH	U	O	2	酌	4577	1781	41	Y	I		1	衣	2340	1828	38	Z	AU		4	髻
3802	1732	43	R	OU		2	肉	4817	1782	41		UH		2	而	3904	1829	38	Z	EH		4	擢
3857	1733	43	R		UNG	2	雨	196	1783	40	B	I		3	丙	4426	1830	38	U	EI		4	措
3989	1734	43	S	U		4	粟	389	1784	40	M	A		3	媽	4668	1831	38	U	A		3	缶
4179	1735	43	C	EI		4	蒼	529	1785	40	M	AI		1	眠	4797	1832	38	Y	UH		2	年
4370	1736	43	S	U		4	蒜	752	1786	40	D	AN		3	膽	195	1833	37	B	A		3	扒
4701	1737	43	I	A		4	鸞	805	1787	36	D	AN	ANG	3	腔	288	1834	37	B	I		3	餅
14	1738	43	U	UN		1	鴦	804	1787	4	D	U		4	濟	288	1835	37	P	ANG	UNG	4	胖
424	1739	42	U	A	AI	2	覇	1052	1788	40	T	U		2	徒	392	1836	37	M	A		4	馬
624	1740	42	M	AN	AN	4	霸	1403	1789	40	L	I		3	里	432	1837	37	M	EI		2	眉
1026	1741	42	F	AN	ANG	2	犯	1792	1790	40	G	OU		4	垢	525	1838	37	D	I	ANG	4	鎖
1404	1742	42	T	I	UNG	1	汀	1851	1791	40	K	AI		1	開	826	1839	37	D	A		2	答
1693	1743	42	L	AN		3	朗	2694	1792	40	Q	I	AN	1	鉛	1222	1840	37	N	I		3	你
1746	1744	42	G	ANG		1	閒	2810	1793	40	X	I	EH	2	邪	1285	1841	37	L	A		4	蠟
1839	1745	42	G	U		2	涓	2854	1794	40	X	I	AU	3	曉	1603	1842	37	L	Y		3	愢
2155	1746	42	K	UH	O	1	焗	2872	1795	40	X	UN	AU	4	鞘	2250	1843	37	J	I	AN	4	箋
2375	1747	42	H	U	UN	3	始	3224	1796	40	ZH	UN		3	針	2427	1844	37	J	I	A	4	駕
2395	1748	42	J	I	OU	4	奔	3430	1797	40	CH	U	EH	3	貞	2639	1845	37	Q	I	ANG	4	嗆
2594	1749	42	J	I	AN	2	春	3834	1798	40	R	U		4	扎	2980	1846	37	X	Y	UN	4	恰
2658	1750	42	Q	I		3	請	4044	1799	40	C	U		4	醋	3052	1847	37	ZH	AU		3	老
2963	1750	42	X	I	AU	1	宿	4158	1800	40	S	I	EH	1	希	3119	1848	37	ZH	U	AN	4	巡
3070	1752	42	X	I	ANG	3	湘	4390	1801	40	U	EI		2	惟	3167	1849	37	ZH	U		1	枕
3433	1753	42	G	U	UNG	1	胸	4642	1802	40	U	UN		1	春	3253	1850	37	ZH	AU		4	朝
3505	1755	42	CH	CH	O	2	枋	110	1803	39	B	AN		3	板	4344	1851	37	L	I		4	憶
3566	1756	42	CH	UNG		4	寵	954	1804	32	D	AN	AN	4	惇	4731	1852	22	J	Y	AN	4	于
3639	1757	42	CH	U		4	泰	953	1804	7	D	I		4	帝	4734	1852	15	Y	Y		2	乍
3667	1758	42	SH	OU	OU	1	書	1020	1805	39	T	U	AN	3	挺	114	1853	36	B	I	AU	2	標
3735	1759	42	SH	U		4	嗜	1151	1806	39	T	U		4	淚	336	1854	36	P	A		2	溧
3910	1760	42	Z	AU		4	罩	1872	1807	39	L	U		1	擄	391	1855	36	M	A		3	鴕
								2121	1808	39	H	U	EI	3	毀								

I.D.	RANK	FREQ	P1	P2	P3	T	CHAR		I.D.	RANK	FREQ	P1	P2	P3	T	CHAR		I.D.	RANK	FREQ	P1	P2	P3	T	CHAR
435	1856	36	M	EI		2	枚		31	1904	34	B	O		2	勃		434	1953	32	M	EI		2	枚
612	1857	36	F	AN		2	帆		145	1905	34	B	I		4	碧		674	1954	32	F	UNG		2	逢
652	1858	36	M	ANG		4	妨		415	1906	34	M	AU		4	漠		1511	1955	32	L	U	UNG	2	齒令
811	1859	36	D	AN	AU	1	搭		457	1907	34	F	U		4	伏		1791	1956	32	I	I	AN	2	誰
1088	1860	36	T	I		1	梯		694	1908	34	T	AU		2	託		1935	1957	32	K	U	ANG	2	狂
1284	1861	30	L	A		4	落		1014	1909	34	T	U		2	駝		2060	1958	32	H	U		4	糊
1287	1862	36	L	OU		4	樓		1135	1910	34	T	U	O	2	牡		2130	1959	32	J	Y		4	慧
1335	1863	36	L	ANG		4	狼		1317	1911	34	L	AU	O	2	劳		2562	1960	32	J	I	EI	1	妨
1567	1864	36	L	U		3	盧		1472	1912	34	G	UI	AN	3	鬼		2714	1961	32	X	I	AN	1	脂
1988	1865	36	H	AU		2	蒿		1766	1913	34	H	U	EI	1	煉		2864	1962	20	I	I	EH	4	泄
2185	1866	36	H	U	UNG	2	轟		2049	1914	34	G	U	O	2	果		2865	1963	12	X	I	AU	1	利
2333	1867	36	J	I	EH	4	捐		2100	1915	34	H	UNG	AN	2	衛		2875	1964	32	X	I		1	之
2332	1868	36	J	I	EH	4	初		2394	1916	34	H	U	O	4	肩		3085	1965	32	ZH	U		4	註
2640	1869	36	J	I		4	寄		2535	1917	34	Q	Y		1	膠		3310	1966	32	CH	U	UNG	4	夢
2733	1870	36	Q	I	UNG	2	聲		2742	1918	34	Q	Y		4	病		3428	1967	32	SH	AU		4	角
2760	1871	36	Q	Y	EH	4	指		3006	1919	34	X	OU		1	抽		3681	1968	32	S	AN		1	抖
2862	1872	36	X	I	EH	4	初		3435	1920	34	CH	U		2	稠		4132	1969	32	B	OU		4	并
3038	1873	36	X	Y	AN	4	舷		3750	1921	18	SH	U		3	屋		4603	1970	32	B	I		2	吃
3256	1874	36	ZH	ANG		4	障		3751	1922	16	SH	U		3	底		205	1971	31	P	I		2	披
3382	1875	36	CH	I		2	遲		4157	1923	34	D	A		3	悟		302	1972	31	M	I		3	敏
3576	1876	36	SH	U	UH	EH	2	柳		4597	1924	34	D	UNG		1	蜂		543	1973	31	F	UNG		4	赴
3631	1877	36	SH	U		4	任		4667	1925	34	K	U		1	哭		729	1974	31	T	I		4	兔
3701	1878	36	SH	UN		2	泡		179	1926	33	B	EI		4	拜		1130	1975	21	G	OU		1	勾
4477	1879	4	I	UN		1	嚴		1659	1927	33	B	U		2	捕		1656	1975	10	G	OU		1	勾
4474	1880	32	I	AN		2	岩		210	1928	33	P	EI		2	桔		1794	1976	31	G	U	AN	4	貫
4733	1881	35	I	AN		3	與		249	1929	33	M	UNG		3	夢		1947	1977	31	K	U	UNG	2	空
130	1882	35	B	I		1	逼		569	1930	33	F	UNG		1	鮮		2233	1978	31	J	I	I	1	飯
400	1883	35	M	O		2	魔		667	1931	33	D	A		4	餌		2605	1979	31	Q	Y	Y	2	他
517	1884	35	M	I		4	泡		737	1932	33	D	A		3	等		2741	1980	31	Q	Y		1	呈
536	1885	35	F	U		1	扶		861	1933	33	D	K	AN	3	坎		2747	1981	31	Q	Y	AU	2	浅
691	1886	35	T	AN	EH	3	戒		1883	1934	33	K	UNG	AN	2	坑		3180	1982	31	ZH	UNG	UN	2	軍
1037	1887	35	L	AI	AN	2	茂		1968	1935	33	H	I		4	賀		3195	1983	31	CH	OU		4	書
1296	1888	35	L	UH	AU	2	落		2061	1936	33	H	I		4	發		3434	1984	31	CH	UNG	AN	4	他
1348	1889	35	L	AN		4	喇		2268	1937	33	J	I		4	祭		3496	1985	31	SH	U	UNG	4	呈
1625	1890	35	G	UNG	AU	2	懂		2300	1938	33	J	I		4	怨		3788	1986	31	C	I		2	辭
1688	1891	35	G	U		3	鼓		2343	1939	33	J	I	UN	2	漢		3992	1987	31	C	I		4	泥
1745	1892	35	G	U		4	嘿		2705	1940	33	Q	I	AN	1	牽		4080	1988	31	I	Y		2	義
1860	1893	35	G	OU		4	榜		2768	1941	33	Q	I		4	其		4098	1989	31	I	Y		4	李
2287	1894	35	K	U	A		4	括		2911	1942	33	X	I		4	試		4218	1990	31	UH	U		2	揣
2309	1895	35	J	I	EH	3	熱		2915	1943	33	X	I		1	楠		4245	1991	31	AI	AI		4	火
2355	1896	35	J	I	AU	1	階		3161	1944	33	ZH	AI	UNG	4	捐		4407	1992	31	I	AN	UNG	2	雁
2653	1897	35	J	I	AU	2	急		3267	1945	33	ZH	UNG		4	熱		4495	1993	31	I	UNG	UNG	4	擁
3015	1898	35	X	Y	U		4	獻		3375	1946	33	ZH	U		2	菇		4563	1994	31	B	I	UNG	2	俳
3144	1899	35	ZH	I		2	值		4001	1947	33	I	I		2	條		204	1995	30	P	I	UNG	4	僑
3609	1900	35	SH	UH		1	措		4411	1948	33	I	Y		2	欣		292	1996	30	P	U		4	慈
3716	1901	35	SH	UH		4	恕		4414	1949	33	U	I	EI	2	違		358	1997	30	M	AN		4	憂
4768	1902	35	Y		UNG	1	黑		4613	1950	33	U			1	催		378	1998	6	P	U		4	鋪
4767	1903	35	Y			4	墓		4645	1951	32	U	EI		2	信		377	1998	24	P	U		4	鋪
									67	1951	35	U	EI		1	威		472	1999	30	M	AN		4	漫
									414	1952	32	U	O		4	浸									

I.D.	RANK	FREQ	P1	P2	P3	T	CHAR		I.D.	RANK	FREQ	P1	P2	P3	T	CHAR		I.D.	RANK	FREQ	P1	P2	P3	T	CHAR
480	2000	30	M	ANG		2	亡		4235	2047	29	AI	EI		1	哎		2693	2094	27	Q	I	AN	3	迁
645	2001	30	F	UN		4	奮		4670	2048	29	U	AN		2	洲		2730	2095	27	Q	I	UNG	1	炯
683	2002	30	F	U		1	膚		4804	2049	29	Y	I	AN	1	鵑		3055	2096	27	X	Y	UN	2	循
814	2003	30	D	AN		4	旦		343	2050	28	P	U		4	殷		3054	2097	27	X	Y	UN	2	徇
825	2004	30	D	ANG	UNG	4	蕩		623	2051	28	F	U		4	無		3245	2098	27	ZH	ANG		1	章
908	2005	30	D	I		1	喀		711	2052	28	F	AN		4	販		3255	2099	27	ZH	ANG		4	帳
1867	2006	30	K	AN		4	海		870	2053	28	D	U		3	賭		3293	2100	27	ZH	AU		4	罩
1951	2007	30	H	U	EI	1	悔		1038	2054	7	T	AN		4	歎		3429	2101	27	CH	AU		1	鈔
2124	2008	30	J	I	UN	3	僅		1040	2055	21	T	EI		2	啼		3799	2102	27	R	AU		3	擾
2449	2009	30	Q	I	EI	1	欹		1315	2056	28	L	I	EI	2	犂		4287	2103	27	ANG			1	昂
2702	2010	30	X	I	AN	1	仙		1372	2057	28	L	U		4	鹿		4310	2104	27	I	AN		4	晏
2930	2011	30	X	I	EH	4	卸		1911	2058	28	K	AU		1	敲		4343	2105	27	I	UN		4	孕
3030	2012	30	X	Y		4	穴		1998	2059	28	H	I	AU	1	驍		4587	2106	27	U	I		2	圍
3460	2013	30	CH	UN	EI	2	唇		2342	2059	28	ZH	I		1	仓		4685	2107	27	Y	AN		3	眼
3531	2014	30	CH	U		4	處		3084	2060	28	ZH	I		1	啃		4839	2108	26	Y	UN		3	餒
3913	2015	30	Z	AU		4	灶		3087	2061	28	ZH	I		1	臘		94	2109	26	B	AN		1	扮
4004	2016	30	C	AI		4	采		3633	2062	9	SH	UH		3	撐		121	2110	26	B	ANG	AU	4	指
4236	2017	30	AI	AI		4	礙		3666	2063	19	SH	UH		4	懸		521	2111	26	M	U		4	暮
4247	2018	3	AI	AU		1	探		3745	2064	28	SH	OU		3	登		568	2112	26	M	I	AN	1	咪
4248	2018	27	AI	AU		4	拗		3981	2065	28	Z	U		2	埋		821	2113	26	D	A		3	打
4413	2019	30	I	I		2	獅		4128	2066	28	S	U	UNG	3	聳		1283	2114	26	L	UH		4	格
4494	2020	30	U	AN		4	篡		4135	2067	28	S	OU		3	受		1628	2115	26	G	Y		4	卒
4618	2021	30	U	A		4	娃		4288	2068	28	ANG			2	鴕		2568	2116	26	J	I	AN	4	野
4705	2022	30	Y	UN		3	允		4669	2069	28	U	EI		4	展		2830	2117	26	Q	I	OU	4	刺
173	2023	29	B	I	AN	1	編		144	2070	27	B	I		4	蔽		3018	2118	26	X	I	A	4	舸
532	2024	10	M	I	AN	2	棉		218	2071	27	B	U		4	怖		3422	2119	26	CH	AU		1	抄
531	2024	19	M	I	AN	2	綿		270	2072	27	P	AN		4	判		3608	2120	26	SH	UN		3	吶
646	2025	29	F	ANG		2	紡		429	2073	27	M	AI		4	脈		3700	2121	26	SH	U		1	梳
922	2026	29	D	OU		3	抖		460	2074	27	M	AU		2	茅		3793	2122	26	SH	U		3	派
1161	2027	29	T	U		2	徒		754	2075	27	D	AI		3	孤		3794	2123	26	SH	U	ANG	3	爽
1170	2028	29	T	I	UH	2	捅		818	2076	27	D	ANG	AU	1	當		3935	2124	26	Z	U	ANG	1	窪
1184	2029	29	N	U	OU	4	肉		885	2077	27	D	AN	AU	2	澄		3962	2125	26	Z	U		1	罩
1449	2030	29	L	I	O	2	昔		1025	2078	27	T	I		2	啼		4212	2126	26	O		EI	4	霞
1560	2031	29	L	U		4	記		1070	2079	27	T	U		2	廖		4238	2127	26	AI			4	侯
1587	2032	29	L	U	UNG	3	疏		1124	2080	27	N	A		5	哪		4527	2128	25	F	U	UNG	1	梨
1709	2033	29	G	U		1	筆		1183	2081	27	L	U		2	廬		693	2129	25	F	U		4	業
1908	2034	29	K	U		1	哭		1375	2082	27	L	I	UN	2	擲		969	2130	25	D	I	AN	1	孤
2315	2035	29	J	I	Y	2	掏		1406	2083	27	L	U	EH	4	椅		976	2131	25	D	U		4	雇
2566	2036	29	Q	U	ANG	1	榜		1572	2084	27	G	U		2	顯		1100	2132	25	T	L	AN	2	譚
2688	2037	29	Q	I		2	侮		1712	2085	27	G	U		4	奮		1358	2133	25	L	I		4	梨
2834	2038	29	X	I	AN	1	鮮		1734	2086	27	G	U		1	孤		1405	2134	25	L	I	OU	2	殷
3145	2039	29	ZH	UH		2	織		1762	2087	27	G	U		3	顧		1452	2135	25	L	U		2	流
3544	2040	29	CH	U	UH	2	敬		1898	2088	27	K	U		1	鹿		1528	2136	25	L	I		1	茶
3753	2041	29	SH	U		3	數		1899	2088	26	K	U	OU	4	鬧		1617	2137	25	L	U	UH	4	悔
3867	2042	29	Z	ANG		4	葬		2005	2089	27	H	U		4	驚		1884	2138	25	K	UH		2	格
3934	2043	29	Z	A		2	爺		2073	2090	27	H	OU		2	游		2344	2139	25	G	Y		1	抒
4108	2044	24	S	A	AI	3	瀟		2163	2091	27	J	I		1	汽		2515	2140	25	J	I	AU	1	浸
4107	2044	5	S	AI		3	灑		2345	2092	27	J	I		4	反		2853	2141	25	X	Y		1	枝
4120	2045	29	S	U		1	篇		2648	2093	27	Q	I		1	檯		3118	2142	25	X	I	EH	1	泄
4175	2046	29	S	U	EI	2	隨												2143	25	ZH	I		4	記

I.D.	RANK	FREQ	P1	P2	P3	T	CHAR
3345	2144	25	ZH	U	AN	4	
3359	2145	25	ZH	U	ANG	4	
3419	2146	25	CH	AI	ANG	1	
3550	2147	25	CH	AU		2	
3798	2148	25	R	U	UNG	2	
3856	2149	25	AI			1	
4237	2150	25	I	OU		1	
4430	2151	25	U			4	
4596	2152	25	U	ANG		1	
4606	2153	25	U	AN		4	
4710	2154	25	U	UNG		1	
4826	2155	23	Y	Y		3	
4853	2156	2	Y	I	AN	3	
4856	2156	24	B	AN		4	
97	2157	24	B	I		4	
182	2158	24	P	OU	AN	3	
325	2159	24	P	UNG	ANG	1	
784	2160	24	D	UNG	UNG	4	
955	2161	24	D	AN	UN	3	
1057	2162	24	T	UNG		2	
1134	2163	24	L	U	ON	4	
1471	2164	24	L	I	ANG	4	
1497	2165	24	L	I	UNG	2	
1510	2166	24	L	U	UN	2	
1571	2167	24	K	U	A	4	
1895	2168	24	H	OU		4	
2004	2169	24	H	U	O	3	
2092	2170	24	J	U	O	2	
2099	2171	24	J	Y	UN	4	
2445	2172	24	X	I	A	2	
2518	2173	21	X	I	EH	2	
2836	2174	3	X	I	AU	4	
2833	2175	24	X	I	AN	4	
2867	2176	24	X	I	UNG	2	
2893	2177	24	X	I		4	
2918	2178	24	X	Y		2	
2990	2179	24	CH	OU		4	
3017	2180	24	CH	AU	EI	3	
3440	2181	24	SH	U		2	
3519	2182	24	Z	AN		4	
3530	2183	24	Z	AU		1	
3611	2184	24	C	UH		4	
3684	2185	24	S	AN		3	
3902	2186	24	AU	I		4	
4003	2187	24	AU			3	
4140	2188	24	Y			4	
4264	2189	24	Y	UNG		3	
4346	2190	24	Y	ANG		3	
4855	2191	23	B			3	

I.D.	RANK	FREQ	P1	P2	P3	T	CHAR
231	2192	23	P	O		2	
337	2193	23	P	I	AU	4	
342	2194	23	T	AN	AN	2	
1096	2195	23	T	AN		1	
1123	2196	23	T	U	AN	1	
1813	2197	23	G	U	UNG	1	
2158	2198	23	H	U	UN	2	
2283	2199	23	J	I	A	1	
2408	2200	23	J	I	AN	3	
2510	2201	23	J	Y	AN	1	
2567	2202	23	J	Y	AN	4	
2825	2203	23	X	I		4	
2940	2204	23	X	I	AN	4	
3064	2205	23	X	I	UN	4	
3193	2206	23	ZH	OU		3	
3284	2207	23	ZH	UNG		1	
3344	2208	23	ZH	U	AN	2	
3495	2209	23	CH	UNG	AN	2	
3541	2210	23	CH	I		4	
3925	2211	23	Z	AN		2	
3967	2212	23	Z	U	AN	3	
4035	2213	23	C	ANG		4	
4345	2214	23	I			4	
4586	2215	23	U	A		1	
4616	2216	23	U	EI		2	
4626	2217	23	U	UN		2	
252	2218	22	P	ANG		2	
478	2219	22	M	U	UNG	4	
515	2220	22	F	UNG	UNG	4	
673	2221	22	D	U		1	
959	2222	22	K	AN		4	
1022	2223	22	K	OU		4	
1859	2224	22	J	U	EI	4	
1918	2225	22	J	I	AN	1	
2232	2226	22	J	I	AN	4	
2335	2227	22	Q	Y		2	
2347	2228	22	X	I		1	
2779	2229	22	X	I	ANG	2	
2781	2230	3	X	I		1	
2789	2230	21	X	Y		3	
2788	2231	22	ZH	AN		3	
2967	2232	22	ZH	AU		4	
3227	2233	22	ZH	UH		1	
3234	2234	22	CH	AN		3	
3309	2235	22	ZH	I		3	
3387	2236	2				4	
3388	2236	20	CH	OU		3	
3439	2237	22	CH	OU		1	
3466	2238	22	CH	UN		3	

I.D.	RANK	FREQ	P1	P2	P3	T	CHAR
3483	2239	22	CH	ANG		4	
3630	2240	22	SH	UH		2	
3719	2241	22	SH	UNG	UN	1	
3737	2242	22	SH	U		1	
3759	2243	22	SH	U		4	
3833	2244	22	R			3	
3866	2245	22	Z	U		1	
4566	2246	22	I			2	
56	2247	19	B	EI		1	
59	2247	3	B	EI		1	
186	2248	7	B	I	UN	1	
187	2248	14	B	I	UN	1	
198	2249	21	B	I	UNG	3	
324	2250	21	P	I		4	
483	2251	21	M	ANG		2	
670	2252	21	F	U	ANG	4	
846	2253	21	D	I		1	
849	2254	21	D	I		2	
1056	2255	21	T	ANG		4	
1190	2256	21	N	AI		4	
1236	2257	21	N	AU		3	
1316	2258	21	L	AU	OU	4	
1334	2259	21	L	OU		3	
1442	2260	21	L	OU		4	
1660	2261	7	G	AN	AU	3	
1658	2261	14	G	AN	AU	3	
2027	2262	21	H	UN		4	
2082	2263	21	H	AN	A	2	
2189	2264	21	J	I	UNG	1	
2210	2265	18	J	I		4	
2209	2266	3	J	I		4	
2212	2266	21	J	I		1	
2314	2267	21	J	Y	EH	2	
2346	2268	21	Q	I	AU	1	
2397	2269	21	X	I	AN	1	
2565	2270	21	X	I	AN	1	
2677	2271	21	X	I		1	
2791	2272	21	X	Y		4	
2790	2273	21	X	I	AN	1	
2824	2274	21	X	I		1	
2917	2275	21	X	UH		1	
3414	2276	21	CH	UNG		1	
3498	2277	21	CH	U	UN	1	
3853	2278	21	R	U		4	
3869	2279	21	Z	U		1	
4051	2280	21	C	U	O	4	
4223	2281	21	UH			4	
4269	2282	21	OU			3	
4433	2283	21	I	OU		1	
4497	2284	21	I	AN		4	

I.D.	RANK	FREQ	P1	P2	P3	T	CHAR	I.D.	RANK	FREQ	P1	P2	P3	T	CHAR	I.D.	RANK	FREQ	P1	P2	P3	T	CHAR
4631	2285	21	U	AI		1		897	2334	19	D	I	AN	4		3258	2382	18	ZH	ANG		4	
4770	2286	21	Y			4		914	2335	19	D	I	UNG	4		3476	2383	18	CH	ANG		2	
4831	2287	21	Y	UN		2		996	2336	19	L	AI		2		3475	2384	18	CH	ANG		2	
4840	2288	21	Y	UN		4		1126	2337	19	T	U	UN	2		3575	2385	18	SH	UN		1	
105	2289	20	B	AU		4		1153	2338	19	T	U		2		3702	2386	18	SH	U		4	
452	2290	20	M	AN		2		1340	2339	19	L	Y		4		3752	2387	18	SH	U		3	
466	2291	20	M	AN		2		1606	2340	19	L	AN		1		3974	2388	18	Z			1	
626	2292	20	F	AN		3		1673	2341	19	G	U		2		3973	2388	11	Z	U	UNG	1	
657	2293	20	F	U		4		1699	2342	19	G	ANG		1		4125	2389	18	S	AU		1	
714	2294	20	F	U		4		1774	2343	19	G	U	EI	4		4250	2390	18	AI		UNG	1	
1062	2295	20	T	I	O	1		1799	2344	19	H	U	UN	2		4432	2391	18	I	OU		3	
1144	2296	20	T	U	O	4		2046	2345	19	H	I	AN	3		4543	2392	18	I	ANG		3	
1336	2297	20	L	OU	A	1		2411	2346	19	J	I	AU	2		4565	2393	18	I	UNG		2	
1426	2298	20	L	I		3		2874	2347	19	ZH	U	AN	1		4589	2394	18	U			4	
1551	2299	20	L	U	O	4		3347	2348	19	ZH		AI	4		4672	2395	18	U	EI		2	
1559	2300	20	L	U	O	4		3395	2349	19	SH			3		4736	2396	18	Y			2	
1596	2301	20	G	Y		4		3775	2350	19	R	AN		1		4771	2397	18	Y			4	
1643	2302	20	G	AI		4		3823	2351	19	Z	U		4		4	2398	17	B	A		3	
1696	2303	20	G	ANG		1		3971	2352	19	Z	ANG	UNG	3		175	2399	17	B	I	AN	3	
1924	2304	20	K	U		1		3980	2353	19	C	U	UNG	4		407	2400	17	M	O		3	
2017	2305	20	K	AN	AN	4		4033	2354	19	C	AN		4		651	2401	17	F	AU		3	
2148	2306	20	H	U	UNG	2		4239	2355	19	AI			1		772	2402	17	D	AU		1	
2192	2307	20	H	U		4		4348	2356	19	I	OU		4		889	2403	17	D	I	AN	4	
2267	2308	20	J	I		2		4449	2357	19	Y			2		900	2404	17	D	I	AN	4	
2507	2309	20	J	I		2		4772	2358	19	Y	AN		2		956	2405	17	D	I	UN	2	
2517	2310	20	J	Y		4		4769	2359	18	Y	O		2		1069	2406	17	T	I		2	
2578	2311	20	J	Y	UN	1		4816	2360	18	B	I	ANG	2		1111	2407	17	T	I	UNG	2	
2631	2312	20	Q			4		34	2361	18	B	I	ANG	2		1129	2408	17	T	U		4	
2647	2313	20	X	I	AU	1		33	2362	18	B	I		4		1136	2409	17	T	A	O	2	
2899	2314	20	X	I	OU	4		124	2363	18	P	ANG		2		1181	2410	17	N	I		2	
2903	2315	20	X	I	OU	4		357	2364	18	M	A		2		1216	2411	17	N	I		4	
2315	2316	16		I	OU	4		465	2365	18	F	U		3		1254	2412	17	L	I	ANG	4	
3097	2316	20		UNG		4		578	2366	18	D	I		4		1408	2413	17	L	U	AU	4	
3278	2317	20	ZH	U		3		713	2367	18	T	UN		1		1444	2414	17	L	U	ANG	4	
3301	2318	20	ZH	U	UNG	4		864	2368	18	K	K		3		1504	2415	17	L	Y		3	
3859	2319	20	R	U		3		1091	2369	18	K	ANG	O	4		1550	2416	17	G	AN		1	
4054	2320	20	C	U	UH	4		1114	2370	18	K	U		4		1595	2417	17	G	AN		1	
4113	2321	20	S	ANG		4		1875	2371	18	H	I		1		1646	2418	17	K	AN		1	
4146	2322	20	S	U		4		1917	2372	18	H	U	EI	3		1830	2419	17	K	UH		4	
4171	2323	20	S	U	O	3		1929	2372	6	H	U	EI	3		1861	2420	17	K	AN		4	
4496	2324	20	I	AN		1		1928	2373	18	H	U	UN	3		1866	2421	17	K	AN		4	
4621	2325	20	I	O		1		2007	2374	18	H	I	UN	3		1904	2422	17	K	U		4	
58	2326	19	B	EI		1		2119	2375	18	J	I	EI	2		2029	2423	17	H	AN	AI	4	
89	2327	19	B	AU		1		2157	2376	18	J	I	AU	4		2030	2424	17	H	AN		4	
117	2328	19	B	ANG		3		2426	2377	18	J	I		4		2147	2425	17	H	U	AN	4	
233	2329	19	P	O		1		2827	2377	12	X	I	AN	3		2308	2426	17	J	I	EH	1	
295	2330	19	P	UNG		2		3041	2378	18	X	Y		4		2642	2427	17	Q	I	UNG	2	
305	2331	19	P	U		1		3106	2379	18	ZH	ZH		3		2735	2428	17	Q	I	UNG	2	
364	2332	19	P	U		2		3121	2380	18	ZH			4		2943	2429	17	X	I	AN	4	
367	2333	19	P			2		3190	2381	18	ZH	OU		1									

I.D.	RANK	FREQ	P1	P2	P3	T	CHAR	I.D.	RANK	FREQ	P1	P2	P3	T	CHAR	I.D.	RANK	FREQ	P1	P2	P3	T	CHAR
3048	2430	10	X	Y	UN	1	勤	3858	2478	16	R	U		2	熔	2691	2526	15	Q	I	AN	2	
3047	2430	7	X	Y	UN	1	勤	4012	2479	16	C	AI		3	柒	2772	2527	15	Q	Y	AN	4	
3109	2431	17	ZH			3	趾	4088	2480	16	S	A		4	撕	2793	2528	15	X	I		1	
3120	2431	17	ZH			4	峙	4110	2481	16	S	U		2	隋	2920	2529	15	X	I	AN	3	
3390	2433	17	CH	A		3	咩	4177	2482	16	H	I		2	犧	3027	2530	15	ZH	I	EH	1	
3399	2434	17	CH	A		3	差	4313	2483	16	H	I		4	菁	3132	2531	15	ZH	A		2	
3623	2435	17	CH	U		1	僕	4486	2484	16	H	AN		3	掩	3166	2532	15	ZH	AI		1	
3740	2436	17	SH	U		3	撞	4509	2485	16	H	UN		1	殷	3202	2533	15	ZH	AN		1	
3774	2437	17	SH	UH		1	揣	4605	2486	16	H	U		4	崖	3669	2534	15	SH	AN		4	
3796	2438	17	R	AN	AN	3	惹	4671	2487	16	Y	I		1	尉	3705	2535	15	SH	UN		1	
3963	2439	17	Z	U		1	胞	4735	2488	16	Y	EI		2	於	3762	2536	15	SH	OU		1	
3985	2440	17	Z	U	AI	4	揪	4738	2489	16	Y	U		4	民	3801	2537	15	R	UN		4	
4059	2441	17	C	U	EI	1	脆	4799	2490	16	Y	U		1	特	3819	2538	10	Z	U	UNG	2	
4109	2442	17	S	UH		3	撒	79	2491	15	B	EH		4	憾	3975	2539	5	Z	U	UNG	1	
4116	2443	17	S	UH	UNG	4	竦	129	2492	15	B	AU		4	遇	4013	2540	15	C	AI		2	
4206	2444	17	I	OU		2	憂	147	2493	15	B	I		4	絹	4031	2541	15	C	AN		2	
4441	2445	17	I	AN		4	妍	227	2494	15	P	A		2	扒	4050	2542	15	C	U		1	
4459	2446	17	I	UNG		4	甕	283	2495	15	P	ANG		1	旁	4644	2543	15	Y	EI	O	2	
4551	2447	17	I			2	要	361	2496	15	P	U		3	哺	15	2544	14	B	A		4	
4800	2448	16	Y	EH		4	鑓	554	2497	15	M	I		1	彌	21	2545	14	B	O		2	
4847	2449	17	Y	UNG		3	廂	571	2498	15	M	U		4	墓	375	2546	14	P	I	UNG	3	
127	2450	16	B	UNG	AU	3	甭	625	2499	15	F	AN		4	汛	417	2547	14	M	I		4	
167	2451	16	B	I		3	筆	637	2500	15	F	EN		1	實	500	2548	14	M	O		2	
294	2452	16	P	UNG	UNG	2	彭	696	2501	15	F	AI		4	費	553	2549	14	M	I	UNG	2	
345	2453	16	P	I	AN	4	騙	778	2502	15	D	AI		4	帶	581	2550	14	M	I		4	
383	2454	16	M	A		3	碼	990	2503	15	T	AN		3	坦	601	2551	14	F	EI		4	
656	2455	16	F	ANG		3	彷	1028	2504	15	T	AN		4	炭	679	2552	14	F	EI	AU	1	
835	2456	16	D	UNG		4	妒	1033	2505	15	T	U		1	鋪	781	2553	14	F	UNG		4	
1251	2457	17	N	I	EH	4	膩	1164	2506	15	N	I		2	尼	792	2554	14	D	AU		4	
1294	2458	16	L	UH		1	拉	1215	2507	15	N	U		2	奴	834	2555	14	D	OU		4	
1425	2459	16	L	I		4	粒	1374	2508	15	L	I		3	裡	878	2556	14	D	UNG		2	
1533	2460	16	L	UNG		3	嚨	1376	2509	15	L	I		3	理	930	2557	14	D	I		1	
1627	2461	16	G	U		4	雇	1377	2510	15	L	I		3	鯉	971	2558	14	D	U		1	
1755	2462	16	G	UH	AI	4	怪	1478	2511	15	G	U		4	痼	1211	2559	10	N	U	AU	3	
2020	2463	16	H	AN		2	邯	1711	2512	15	G	UH		3	寡	1234	2560	14	N	U	ANG	2	
2023	2464	16	H	AN		4	汗	1817	2513	15	G	U		1	固	1321	2561	14	L	AU		4	
2081	2465	1	H	U		4	謹	2038	2514	15	H	I		4	譁	1392	2562	14	L	AI		2	
2077	2466	15	H	U		4	護	2063	2515	15	H	U		2	閘	1481	2563	14	L	I		4	
2429	2467	16	Q	I	AN	1	欠	2129	2516	15	H	U		4	嚇	1480	2564	14	L	I	UN	4	
2604	2468	16	Q	I		4	青	2168	2517	15	H	U		1	呼	1540	2565	14	L	U	UN	4	
2877	2469	16	X	Y		1	逼	2180	2518	15	H	U		4	話	1773	2566	14	G	U		4	
3063	2470	16	X	U	AN	4	殉	2352	2519	15	J	I		2	秩	1850	2567	14	J	AI	EI	3	
3170	2471	16	ZH	AU	AU	2	昭	2410	2520	15	J	I		3	癸	1889	2568	14	K	AN		3	
3175	2472	16	ZH	AU	AU	3	爪	2413	2521	13	J	I		3	譾	2032	2569	14	H	AN		4	
3447	2473	16	ZH	AN	AN	3	炸	2412	2522	12	J	I		3	幾	2051	2570	14	H	UNG	EI	4	
3477	2474	16	CH	ANG		2	裳	2506	2523	15	J	I	UN	1	畴	2493	2571	14	Q	I	UNG	3	
3695	2475	16	SH	UN		2	氦	2538	2524	15	J	Y		2	頸	2696	2572	14	Q	I	AN	3	
3769	2476	16	SH	U	A	3	要	2547	2525	15	Q	I		4	契	2729	2573	14	Q	I	UNG	1	

I.D.	RANK	FREQ	P1	P2	P3	T	CHAR	I.D.	RANK	FREQ	P1	P2	P3	T	CHAR	I.D.	RANK	FREQ	P1	P2	P3	T	CHAR
2771	2574	14	Q	Y	AN	3	犬	3787	2623	13	SH	U	AN	4	涮	2006	2672	12	H	OU		2	猴
2866	2575	14	X	I	EH	4	韓	3828	2624	13	R	U		2	儒	2062	2673	12	H	U		2	楷
3066	2576	14	X	X	UN	4	尋	3835	2625	13	R	U		4	辱	2171	2674	12	H	U	ANG	1	華
3138	2577	14	ZH	A		4	榨	3844	2626	13	R	U	EI	4	銳	2211	2675	12	J	I		1	磯
3287	2578	14	ZH	U	O	1	車	3868	2627	13	Z	U		1	咨	2214	2676	12	J	I		1	唧
3321	2579	14	CH	U		4	淑	3950	2628	13	Z	U	O	3	佐	2235	2677	12	J	I	UNG	1	扛
3417	2580	14	CH	UN		2	辰	4097	2629	13	S	U		4	賜	2484	2678	12	J	I	AN	1	殲
3463	2581	14	SH			4	賊	4182	2630	13		AU		4	懊	2680	2679	12	Q	Y		1	趨
3610	2582	14	Z	EI		2	俄	4260	2631	13	AN	EI		1	按	2743	2680	12	Q	Y		2	趟
3901	2583	14	Z	OU		3	叔	4272	2632	13		I		2	桁	2746	2681	12	X		OU	1	宥
3921	2584	14	N	U	AN	4	驗	4376	2633	13		I	A	3	治	2900	2682	12	ZH	OU		3	宙
3965	2585	14	Z	ANG		4	葬	4388	2634	13		I	EH	1	耶	3194	2683	12	ZH	UNG		1	爭
4143	2586	14	S	ANG		4	殖	4395	2635	13		I	EH	3	惹	3266	2684	12	SH	A		1	沙
4347	2587	14		I		2	運	4458	2636	13		I	AN	4	恩	3622	2685	12	SH	U		4	牌
4536	2588	14		I	ANG	4	場	4476	2637	13		I	AN	4	嫩	3772	2686	12	SH	U	O	4	槊
4620	2589	14		I	A	4	煸	4499	2638	13		I	AN	3	懇	3771	2687	12	Z			4	薦
4689	2590	14		U	AN	3	襖	4522	2639	13		I	UN	4	因	3983	2688	12	C		UNG	1	聰
4722	2591	14		U	UNG	4	墉	4554	2640	13		I	UNG	4	蠅	4053	2689	12	C	U		4	湊
4774	2592	14		Y		4	擇	4629	2641	13		U	O	3	無	4073	2690	12	C		UNG	1	摸
4819	2593	14		Y	AN	4	況	4858	2642	13		Y	UNG	4	擦	4115	2691	12	S			4	祝
108	2594	13	B		AN	2	朴	36	2643	13	B	O		4	捋	4163	2692	12	S	U		2	桃
286	2595	13	P	ANG		2	龐	35	2644	11	B	O		2	龐	4198	2693	12	S	UH		4	泌
313	2596	13	P	I		4	脾	88	2644	12	B	AU		3	飽	4213	2694	12	O			2	凹
351	2597	13	P	I	UN	2	聘	120	2645	12	B	ANG		3	膀	4252	2695	12	AU	A		1	啞
501	2598	13	M	I		4	廟	189	2646	12	B	I	UN	1	繃	4265	2696	12	OU	EH		3	咀
982	2599	13	T	AU		1	捎	257	2647	12	P	EI		4	拋	4380	2697	12		I	AN	4	掰
1002	2600	13	T	AU		4	掏	259	2648	12	P	AU	AU	4	沛	4389	2698	12		I		2	酰
1197	2601	13	N	A		3	帼	268	2649	12	P	OU	AN	3	掊	4461	2699	12		I	EI	4	潭
1286	2602	13	L			1	判	304	2650	12	M			4	冒	4608	2700	12		U		4	玉
1369	2603	13	L	I	EH	4	理	331	2651	12	M	I		2	悶	4674	2701	12	U		UN	4	婿
1432	2604	13	L	L		4	物	341	2652	12	M	EI		4	鬥	4758	2702	12	Y	EI		3	氛
1605	2605	13	L	Y	EH	4	棗	403	2653	12	M	O		4	厚	4773	2703	12	Y			4	演
2334	2606	13	J	I		4	痰	416	2654	12	M	EI		2	眉	4830	2704	12	Y	AN		1	煙
2521	2607	13	J	I	UN	2	俊	437	2655	12	F	EI		2	肺	78	2705	12	B		AU	2	琶
2581	2608	13	J	Y	AN	4	犍	482	2656	12	F	AN		2	煩	209	2706	11	B		AU	2	軸
2607	2609	13	J	Y	AN	1	柏	562	2657	12	F	U		2	秋	223	2707	11	P	A		1	趴
2744	2610	13	Q	Y	AN	2	悔	716	2658	12	F	U		3	釜	276	2708	11	P	AN	O	4	叛
2792	2611	13	X	I	UN	1	勳	732	2659	12	D	AI		1	呆	289	2709	11	P	ANG	O	2	平
2914	2612	13	X	I		1	旬	762	2660	12	D	U		4	瀆	297	2710	11	P	I		1	桂
2919	2613	12	X	I		2	絨	940	2661	12	D	ANG		4	擋	312	2711	11	P	I		4	票
2922	2613	13	X	Y		1	拖	1051	2662	12	T	EI		1	傳	615	2712	11	F	U	AU	1	夫
3057	2614	13	ZH			4	催	1143	2663	12	T	U		4	厚	636	2713	11	F	U	AU	2	扶
3086	2615	13	ZH	UH		4	蛙	1301	2664	12	L	EI		2	果	695	2714	11	F	U	O	4	茯
3148	2616	13	ZH	AI		4	輩	1352	2665	12	L	AN		2	蘭	731	2715	11	F	I		4	肥
3165	2617	13	ZH	AI	UNG	4	寨	1513	2666	12	L	I		3	哩	884	2716	11	D	I		4	膩
3376	2618	13	CH		A	2	馳	1651	2667	12	L	U	UNG	2	驢	886	2717	7	D	U		4	賦
3381	2619	13	CH	AU		1	抄	1740	2668	12	G	U	A	3	掐	939	2718	4	D	U		4	平
3424	2620	13	CH			1	氏	1864	2669	12	K	AN		3	坎	1142	2719	11	T	U	O	4	情
3591	2621	13	SH			3	吳	1891	2670	12	K	U		4	酷	1266	2720	11	N	Y	EH	2	捏
3704	2622	13	SH	UN		4	霎	1893	2671	12	K	A	A	1	咔	1280	2720	11	N	Y	EH	4	蚓

I.D.	RANK	FREQ	P1	P2	P3	T	CHAR		I.D.	RANK	FREQ	P1	P2	P3	T	CHAR		I.D.	RANK	FREQ	P1	P2	P3	T	CHAR
1307	2721	11	L	EI		3			4607	2770	11	U			4			2962	2818	10	X	I	ANG	1	
1333	2722	11	L	OU		3			4737	2771	11	Y	A		2			3050	2819	10	X	Y	UN	4	
1343	2723	11	L	AN		2			4776	2772	11	Y	AN		4			3065	2820	10	X	Y	UN	4	
1451	2724	11	L	U	OU	4			4775	2773	11	B			4			3073	2821	10	X	Y	UNG	1	
1543	2725	11	L	U		2			10	2774	10	B	A		4			3163	2822	10	ZH	AI		2	
1609	2726	11	L	Y	EH	4			101	2775	10	B	AN		1			3169	2823	10	ZH	AU		1	
1714	2727	5	G	U		4			146	2776	10	B	I		4			3172	2824	8	ZH	AU		1	
1732	2728	6	G	U		4			285	2777	10	P	ANG		3			3182	2825	10	ZH	OU		4	
1729	2728	11	G	U		4			300	2778	10	P	UNG		2			3196	2826	10	ZH	UN		4	
1838	2729	11	K	UH		2			320	2779	10	P	I		3			3226	2827	10	ZH	ANG		1	
2001	2730	11	H	AU		4			327	2780	10	P	I		4			3244	2828	10	ZH	ANG		1	
2142	2731	11	J	I	AN	4			436	2781	10	M	EI		2			3257	2829	10	ZH	ANG		1	
2372	2732	11	J	I	AU	4			558	2782	10	M	U		4			3269	2830	10	ZH	U	O	2	
2371	2733	11	J	I	AN	2			561	2783	10	M	U		3			3324	2831	10	CH	UNG		2	
2428	2734	11	J	I	UN	4			570	2784	10	F	EI		3			3436	2832	3	CH	UNG		1	
2444	2735	11	J	I	ANG	1			590	2785	10	F	I		1			3487	2832	7	CH	UNG		1	
2464	2736	11	J	I	ANG	3			628	2786	10	F	U		4			3484	2833	10	CH	U		2	
2472	2737	11	J	Y	EH	2			698	2787	10	D	AU		2			3511	2834	10	SH	U		3	
2550	2738	11	J	Y		1			780	2788	10	D	U		4			3754	2835	10	SH	U		3	
2549	2739	11	J	Y	EH	2			800	2789	2	D	AN		1			3777	2836	10	C	OU		3	
2593	2740	11	Q	I		1			801	2789	8	D	AN		1			3779	2837	10	C	OU	AI		
2606	2741	11	Q	I	EH	4			848	2790	10	D	I		1			4026	2838	10	S	AI	AI	4	
2644	2742	11	Q	I	AN	1			856	2791	10	D	I		3			4057	2839	10	S	C	EI	1	
2690	2743	11	Q	I	AN	2			899	2792	10	T	AN		1			4119	2840	10	S	U		4	
2770	2744	11	Q	I	AN	4			1027	2793	10	T	ANG		2			4136	2841	10	UH		UNG	3	
2795	2745	11	Q	Y		2			1055	2794	10	T	AU		2			4201	2842	10	AI			4	
2813	2747	11	X	I		1			1195	2795	10	N	I		4			4226	2843	10	I	AU		3	
2829	2748	11	X	I	A	1			1244	2796	7	N	I		4			4241	2844	10	I	OU		2	
2800	2749	11	X	I	EH	2			1245	2796	3	N	I		4			4312	2845	10	I	UNG		4	
3100	2750	11	ZH	AU		2			1320	2797	11	L	AN		4			4416	2846	10	I			1	
3123	2751	11	ZH	UN		4			1435	2798	10	L	I		2			4452	2847	10	L		AN	3	
3183	2752	11	ZH	OU		4			1483	2799	10	L	I	AU	4			4553	2847	10	L		AN	3	
3197	2753	11	ZH			3			1527	2800	10	L	U	UN	2			4591	2848	10	U	UN		4	
3233	2754	11	ZH	AU		4			1530	2801	10	L	U		2			4704	2849	10	U	EH		3	
3437	2755	11	CH	OU		4			1613	2802	10	G	A		3			4802	2850	10	Y			3	
3442	2757	11	CH	AN		2			1697	2803	10	G	U	O	3			100	2851	9	B	AI	AN	3	
3497	2758	11	CH	UN		2			1753	2804	10	G	U	ANG	1			181	2852	9	B	I		1	
3814	2759	11	R	U	AU	4			1803	2805	10	G	U	UNG	1			261	2853	9	P	AU		2	
4067	2760	11	C	U	UNG	2			1812	2806	10	K	A		2			275	2854	9	P	AU		2	
4124	2761	11	S	AU		1			1822	2807	10	K	U		4			366	2855	9	P	U		2	
4147	2762	11	S	UNG		4			1910	2808	10	H	A	UH	1			374	2856	9	P	U		1	
4187	2763	11	S	U		4			1959	2809	10	H	U		2			541	2857	9	M	EI		2	
4191	2764	11	AN			3			2132	2810	10	H	U		4			593	2858	9	F	AN	EI	1	
4275	2765	11	I	AI		2			2150	2811	10	J	I	EI	2			614	2859	9	F	EN	AN	4	
4404	2766	11	I	AN		4			2253	2812	10	J	I	EI	4			638	2860	9	F	UN		2	
4498	2767	11	I	UNG		4			2415	2813	10	J	I	AN	3			669	2861	9	F	UNG		1	
4568	2768	11	I	UNG		3			2524	2814	10	J	I	AN	4			675	2862	9	F	UNG		2	
4573	2768	11	I			3			2794	2815	10	X	Y		2			682	2863	9	F	U		4	
4588	2769	11	U			2			2869	2816	10	X	I	EH	3			734	2864	9	F	U		4	
									2921	2817	10	X	I	AN	2			733	2865	9	F	U		4	

I.D.	RANK	FREQ	P1	P2	P3	T	CHAR	I.D.	RANK	FREQ	P1	P2	P3	T	CHAR	I.D.	RANK	FREQ	P1	P2	P3	T	CHAR
791	2866	9	D	OU		4	賽	4633	2915	9	U	EI		1	歲	1970	2963	8	H	UH		4	喝
813	2867	9	D	AN	AN	4	石	4647	2916	9	U	EI		2	絞	2094	2964	8	H	U	O	3	黙
902	2868	9	D	I	EH	2	殿	4654	2917	9	U	EI		3	壇	2160	2965	8	H	U	UN	2	渾
1030	2869	9	D	AN	EH	1	帖	4721	2918	9	U	ANG		4	奉	2237	2966	8	J	I		3	痛
1082	2870	9	T	I		1	虚	4740	2919	9	Y	I		2	輪	2295	2967	8	J	I	A	4	訴
1279	2871	9	T	Y	EH	5	嗜	4791	2920	9	Y	O	EH	1	昌	2317	2968	8	J	I	EH	2	劫
1290	2872	9	N	O	EH	4	糯	4818	2921	9	Y	I	AN	1	瑛	2396	2969	8	J	I	AN	1	拼
1407	2873	9	L	U		2	瀘	4860	2922	2	Y	I	UN	3	泳	2446	2970	8	J	I	UN	1	謹
1512	2874	9	L	U	UNG	2	瓏	4857	2923	7	Y	I	UNG	3	濟	2452	2971	8	J	I	UN	2	俱
1542	2875	9	L	U		1	臚	22	2924	8	B	O		1	濟	2537	2972	8	J	Y		4	翻
1649	2876	9	G	AU		4	賭	60	2925	8	B	EI		4	痹	2655	2973	8	Q	I	AU	2	囚
1800	2877	9	G	AI	ANG	2	杭	66	2926	8	B	I		3	偉	2672	2974	8	Q	I	OU	4	驚
1853	2878	9	G	AU		4	浩	149	2927	8	B	EI		3	啤	2682	2975	8	Q	I	AN	2	渡
1856	2879	9	G	AI	AI	1	皆	211	2928	8	P	I		1	炎	2709	2976	8	Q	I	UN	3	強
1903	2880	9	K	AU	UNG	4	魯	248	2929	8	P	EI		4	娃	2722	2977	8	Q	I	ANG	3	墟
2184	2881	9	K	AI	UNG	1	烘	251	2930	8	P	EI		4	黃	2745	2978	8	Q	Y		1	恆
2186	2882	9	K	AU		1	咻	280	2931	8	P	UN		4	憤	2850	2979	8	X	I	EH	4	欸
2191	2883	9	H	U		2	弘	307	2932	8	P	I		3	平	2868	2980	8	X	I	EH	4	身
2234	2884	9	H	U		1	兮	319	2933	8	P	I		4	匹	2906	2981	8	X	I	OU	1	懼
2385	2885	9	J	I	OU	4	姊	347	2934	8	M	AN	UN	2	鎊	2924	2982	8	X	I	AN	4	膜
2476	2886	9	J	I	ANG	4	匠	471	2935	8	M	ANG		4	曼	2979	2983	8	X	I	ANG	4	排
2487	2887	9	J	I	UNG	4	魚	484	2936	8	M	I		4	蔑	2984	2984	8	X	Y		1	撞
2609	2888	9	Q	I		4	稿	518	2937	8	M	I	AU	1	喵	3005	2985	8	X	Y	UN	1	妨
2656	2889	9	Q	I	AU	3	想	524	2938	8	M	I		2	民	3056	2986	8	ZH	OU		3	熱
2950	2890	9	X	I	UN	1	新	546	2939	8	M	I	AN	4	黃	3189	2987	8	ZH	AN		1	沾
3201	2891	9	ZH	AN		1	粘	580	2940	8	F	A		3	耳	3204	2988	8	ZH	ANG		1	淮
3312	2892	9	ZH	U		2	烏	631	2941	8	D	AI		4	貨	3247	2989	8	ZH	U		4	蛀
3323	2893	9	ZH	U	O	2	濁	751	2942	8	D	AI		4	待	3311	2990	8	ZH	U		4	的
3367	2894	9	CH	U	UNG	3	腫	761	2943	8	D	U		1	都	3326	2991	8	ZH	U	O	2	均
3533	2895	9	CH	U	EI	2	鐘	921	2944	7	D	U		2	諸	3325	2992	8	ZH	U	O	2	提
3539	2896	9	CH	U	AN	3	喘	924	2945	1	D	U		4	睹	3337	2993	8	ZH	U		4	蛇
3584	2897	9	SH	U		2	什	942	2946	8	T	I		1	梯	3384	2994	8	CH	U		2	梯
3624	2898	9	SH	AU		4	鈔	975	2947	8	T	I		1	鋼	3394	2995	8	CH	U		4	紡
3648	2899	9	SH	AN		4	精	1074	2948	8	T	I		1	珊	3402	2996	8	CH	U		1	鍾
3672	2900	9	SH	AN		3	珊	1077	2949	8	T	U		3	瀝	3448	2997	8	CH	A		2	茬
3761	2901	9	SH	U		4	恕	1076	2950	8	L	EI		3	木	3514	2998	8	CH	AN		2	磋
3876	2902	9	Z	U	UN	3	禱	1118	2951	8	L	AU		1	撈	3656	2999	8	SH	AU		4	哨
3957	2903	9	Z	U		2	特	1310	2952	8	L	AN		4	幾	3708	3000	8	SH	ANG		3	賞
4055	2904	9	C	U		1	播	1325	2953	8	L	AN	EI	4	促	3809	3001	8	R	U		3	冉
4056	2905	9	C	U		4	催	1351	2954	8	L	I	EI	4	培	3843	3002	8	R	AI	EI	3	載
4062	2906	9	C	U		2	料	1391	2955	8	G	UH		1	吁	3897	3003	8	Z	U		4	翔
4071	2907	9	C	U	EI	1	吁	1438	2956	8	G	U	EI	4	逵	3991	3004	8	C	AU		2	槽
4181	2908	9	S	U	EI	4	靠	1620	2957	8	G	U		1	辜	4018	3005	8	C	AU	AN	4	湊
4197	2909	8	S	U	UNG	1	顓	1713	2958	8	G	U	UNG	1	躬	4066	3006	7	C	U	AN	4	竄
4199	2909	9	S	U	UNG	4	訟	1737	2959	8	G	U	UNG	2	汉	4076	3007	8	C	U	UNG	1	惠
4205	2910	9	I	I		1	忽	1761	2960	8	K	U	UNG	3	孔	4075	3008	8	C	U	UNG	1	忽
4303	2911	9	I	I	UNG	2	匐	1906	2961	8	K	U	EI	1	盜	4078	3009	8	S	ANG	UNG	4	從
4415	2912	9	I	I	UNG	4	胤	1916	2962	8	K	U	UH	4	埜	4145	3010	8	S	U		3	柔
4501	2913	9	H	I		3	嬰	1971									4208	3011	8	S	UNG	UNG	4	誦
4524	2914	9	I	UN		4	蔭																

I.D.	RANK	FREQ	P1	P2	P3	T	CHAR	I.D.	RANK	FREQ	P1	P2	P3	T	CHAR	I.D.	RANK	FREQ	P1	P2	P3	T	CHAR
4217	3012	8	UH			2	蛾	1227	3062	7	N	I	EH	1	捏	3272	3111	7	ZH	UNG		3	挣
4220	3013	8	UH			2	峨	1229	3063	7	N	I	EH	4	匿	3314	3112	7	ZH	U		4	伫
4315	3014	8	I			4	贻	1293	3064	7	L	UH		4	助	3320	3113	7	ZH	U		1	潴
4330	3015	8	I			4	怡	1357	3065	7	L	ANG		4	亮	3365	3114	7	ZH	AN		4	颤
4350	3016	8	I			3	咦	1379	3066	7	L	I		2	犁	3454	3115	7	CH	ANG		4	畅
4387	3017	8	I			4	懿	1378	3066	7	L	I		2	厘	3478	3116	7	CH	UNG		3	宠
4500	3018	8	I	AN		4	燕	1462	3067	7	L	I	AN	4	炼	3503	3117	7	CH	U		2	锄
4513	3019	8	I	UN		2	匀	1474	3067	7	L	I	AN	4	殓	3513	3118	7	CH	U		1	遛
4580	3020	8	U			1	屋	1482	3068	7	L	I	UN	2	嶙	3525	3119	7	CH	U		2	橱
4583	3021	8	U			4	勿	1562	3069	7	L	I	O	4	撂	3532	3120	7	CH	U	O	2	捉
4610	3022	8	U			1	污	1580	3070	7	L	U	UNG	2	笼	3556	3121	7	CH	U	EI	4	缀
4673	3023	8	U	EI		2	桅	1583	3071	7	L	U	UNG	2	隆	3650	3122	7	CH	U	ANG	4	怅
4675	3024	8	U	EI		4	慰	1591	3072	7	L	Y		4	律	3683	3123	7	SH	AU		2	韶
4688	3025	8	U	AN		4	腕	1598	3073	7	L	Y		3	旅	3686	3124	7	SH	AU		4	哨
4691	3026	8	U	AN		4	宛	1597	3074	7	L	Y		4	滤	3763	3125	7	SH	AN		4	擅
4694	3027	8	U	AN		3	挽	1619	3075	7	L	UH		4	卤	3764	3126	7	SH	U		3	鼠
4739	3028	8	Y			4	喻	1668	3076	7	G	OU		1	勾	3851	3127	7	SH	U		2	熟
4821	3029	8	Y	AN		3	掩	1769	3077	7	G	U	EI	3	诡	3912	3128	7	R	U		3	乳
4843	3030	8	Y	UN		3	允	1784	3078	7	G	U	AN	3	管	3944	3129	7	Z	AU		4	灶
4846	3031	8	Y	UNG		1	佣	1815	3079	7	G	U	UNG	4	贡	4099	3130	7	S	U		1	苏
148	3032	7	B			4	霸	1876	3080	7	K	AN		4	瞰	4139	3131	7	S	AN		4	伞
183	3033	7	B	I		4	毙	1927	3081	7	K	U	UN	4	困	4225	3132	7	UH			2	讹
191	3034	7	B	I		4	敝	1973	3082	7	H	UH		1	呵	4255	3133	7	AU			4	傲
197	3035	7	B	I		4	弊	2102	3083	7	H	U		O	4	祸	4294	3134	7	ER			2	耳
237	3036	7	B	I	O	1	彪	2123	3085	7	H	U	EI	3	悔	4314	3135	7	I			2	咦
290	3037	7	P	UNG		2	鹏	2236	3086	7	J	I		2	辑	4317	3136	7	I			2	怡
296	3038	7	P	UNG		2	朋	2270	3087	7	J	I		UNG	1	精	4349	3137	7	I			4	肆
326	3039	7	P	I		2	啤	2486	3088	7	J	Y		AN	3	锦	4451	3138	7	I	OU		4	诱
349	3040	7	P	I		2	颜	2540	3089	7	J	Y		AN	4	俭	4503	3139	7	I	AN		4	砚
360	3041	7	P	I		2	频	2570	3090	7	J	Y		UN	1	阙	4516	3140	7	I	UN		4	晕
369	3042	7	P	U		2	仆	2569	3091	7	J	Y		UNG	1	茵	4556	3141	7	I	UNG		1	痈
380	3043	7	P	U		3	朴	2596	3092	7	Q	I		4	迄	4609	3142	7	U			4	恶
402	3044	7	M			4	骂	2608	3093	7	Q	I		O	1	敲	4615	3143	7	U	A		4	娃
439	3045	7	M	EI		2	煤	2611	3094	7	Q	I		UN	2	裙	4720	3144	7	U	ANG		4	旺
444	3046	7	M	EI		2	媒	2797	3095	7	X	I		2	熄	4726	3145	7	Y			4	浴
545	3047	7	M	U		3	姥	2835	3096	7	X	I		A	2	匣	4742	3146	7	Y			2	渝
573	3048	7	M	I		4	觅	2856	3097	7	X	I		EH	1	楔	4778	3147	7	Y			2	瑜
634	3049	7	F	U		4	叮	2871	3098	7	X	I		AU	1	消	4777	3148	7	Y			4	誉
644	3050	7	F	U		2	敷	2876	3099	7	X	I		AN	4	献	4825	3149	7	Y	AN		4	砚
715	3051	7	D			1	叮	2892	3100	7	X	I		AN	1	掀	4842	3150	7	Y	UN		1	缊
771	3052	7	D	AU		3	倒	2913	3101	7	X	I		AU	1	削	69	3151	6	B	EI		4	呗
828	3053	7	D	ANG		3	挡	2942	3102	7	X	I		UNG	1	兄	126	3152	6	B	UNG		4	屛
837	3054	7	D	UNG		4	恫	2993	3103	7	X	I		UNG	3	洶	151	3153	6	B	I		1	屄
863	3055	7	D	I		4	谛	3020	3104	7	X	Y		1	靴	236	3154	6	P	O		4	珀
869	3056	7	D	I	EH	2	碟	3059	3105	7	X	Y		EH	4	谑	269	3155	6	P	AI		4	珀
877	3057	7	D	I	AU	1	鸣	3122	3106	7	ZH			4	丙	359	3156	6	P	I		2	琵
917	3058	7	D	I		3	诋	3141	3107	7	ZH	A		3	怎	475	3157	6	M			4	挈
999	3059	7	T	AI		2	汰	3177	3108	7	ZH	AU		3	沼	485	3158	6	M	UN		1	闷
1010	3060	7	T	AU		2	涛	3208	3109	7	ZH	AN		2	迷	504	3159	6	M	ANG		2	茶
1224	3061	7	N	I		4	逆	3218	3110	7	ZH	AN		4	瓒	556	3160	6	M	I		2	蟆

I.D.	RANK	FREQ	P1	P2	P3	T	CHAR	I.D.	RANK	FREQ	P1	P2	P3	T	CHAR	I.D.	RANK	FREQ	P1	P2	P3	T	CHAR
563	3161	6	M	U		3		2358	3211	6	J	I	AU	3		4228	3258	6	UH			4	
685	3162	6	F	U		1		2431	3212	6	J	I	AN	4		4284	3259	6	UN			1	
697	3163	6	F	U	UN	2		2430	3213	6	J	I	AN	4		4352	3260	4	I			4	
700	3164	6	F	OU		2		2467	3214	6	J	I	ANG	4		4351	3261	2	I			4	
794	3165	6	D	OU		4		2489	3215	6	J	I	UNG	1		4354	3262	6	I			1	
855	3166	6	D	I		3		2610	3216	6	Q	I		2		4372	3263	6	I	A		4	
923	3167	6	D	U		4		2622	3217	6	Q	I		3		4375	3264	6	I	A		1	
962	3168	6	D	U	UN	4		2625	3218	6	Q	I	EH	3		4383	3265	6	I	A		1	
1001	3169	6	D	U		1		2641	3219	6	Q	I	AU	2		4410	3266	6	I	AU		3	
1086	3170	6	T	I		3		2661	3220	6	Q	I	AN	1		4420	3267	6	I	AU		3	
1094	3171	6	T	I		4		2695	3221	6	Q	I	ANG	3		4429	3268	6	I	OU		4	
1108	3172	6	T	U	O	4		2713	3222	2	Q	I	ANG	1		4454	3269	6	I	AN		1	
1139	3173	6	T	U		1		2715	3222	4	X	I		1		4460	3270	6	I	AN		3	
1204	3174	6	N	AN		2		2796	3223	6	X	I		1		4485	3271	6	I			3	
1223	3175	6	N	I		3		2838	3224	6	X	I	A	2		4599	3272	6	U			1	
1247	3176	6	N	I	AN	4		2837	3225	6	X	I	A	1		4617	3273	6	U	A		1	
1268	3177	6	N	U	O	4		2879	3226	6	X	I	AU	1		4646	3274	6	U	EI		2	
1270	3178	6	N	U	O	2		2923	3227	6	X	I	AN	2		4741	3275	6	Y			2	
1342	3179	6	L	AN		4		2953	3228	6	X	I	UN	1		4744	3276	6	Y			2	
1366	3180	6	L	UNG		2		3131	3229	6	ZH	A		1		4780	3277	6	Y			4	
1381	3181	6	L	I		3		3140	3230	4	ZH	AU		4		4779	3278	6	Y			3	
1380	3182	6	L	I		1		3184	3231	6	ZH	OU		4		4859	3279	6	Y		AU	3	
1394	3183	6	L	I		2		3199	3232	2	ZH	OU		4		76	3280	5	B	UNG		1	
1456	3184	6	L	I	OU	4		3198	3232	6	ZH	UN		1		150	3281	5	B	AU		1	
1473	3185	6	L	I	AN	4		3229	3233	6	ZH	ANG		4		282	3282	5	P	I	ANG	1	
1499	3186	6	L	I	ANG	3		3246	3234	6	ZH	ANG		4		287	3283	5	P	ANG		1	
1515	3187	6	L	I	UNG	2		3260	3235	6	ZH	UNG		4		386	3284	4	M	A		2	
1524	3188	6	L	I		1		3268	3236	6	ZH	U		4		467	3285	6	M	UNG		2	
1547	3189	6	L	U	O	1		3328	3237	6	ZH	U	O	2		494	3286	5	M	I		4	
1586	3190	6	L	U	UNG	3		3336	3238	6	ZH	U	EI	4		503	3287	5	M	I	AU	1	
1589	3191	6	L	U	UNG	4		3346	3239	6	ZH	U	AN	4		523	3288	5	M	U		3	
1600	3192	6	L	Y		3		3413	3240	6	CH	UH		3		572	3289	5	F	AN		4	
1631	3193	6	G	UH		4		3438	3241	6	CH	OU		4		627	3290	5	F	ANG		2	
1642	3194	6	G	AI		4		3465	3242	6	CH	UN		2		653	3291	5	F	U		4	
1707	3195	6	G	UNG		4		3543	3243	5	CH	U		4		699	3292	5	D	AI		3	
1725	3196	6	G	U		4		3546	3244	6	CH	U		4		764	3293	5	D	UNG		4	
1776	3197	6	G	U	EI	4		3555	3245	6	SH	UH		4		836	3294	5	D	I		1	
1796	3198	6	G	U	UN	3		3641	3246	6	SH	AN		1		839	3295	5	D	I	AN	3	
1829	3199	6	K	UH		1		3671	3247	6	SH	U		1		851	3296	5	D	I	EI	4	
1847	3200	6	K	UH	AN	1		3685	3248	6	SH	U	UN	1		888	3297	5	D	U		4	
1863	3201	6	K	AN		1		3790	3249	6	R	U		2		893	3298	5	D	U	UN	1	
1913	3202	6	K	UH		2		3804	3250	6	Z	OU		3		948	3299	5	D	U		4	
1962	3203	6	H	UH		1		3875	3251	6	Z			4		958	3300	5	D	U		4	
1987	3204	6	H	AU		1		3879	3252	6	Z			3		984	3301	5	T			1	
2044	3205	6	H	ANG		2		3908	3253	6	C	U		2		1004	3302	5	T	AU		2	
2065	3206	6	H	U		4		4038	3254	6	S	AN		1		1009	3303	5	T	AU		1	
2131	3207	6	H	I		4		4091	3255	6	S	U		4		1048	3304	5	T	ANG		2	
2269	3208	6	J	I	EI	2		4102	3256	6	S	I	A	4		1047	3305	5	T	UNG		2	
2316	3209	6	J	I	EH	2		4106	3256	6	S	I	A	4		1060	3305	5	T	UNG		2	
2349	3210	6	J	I	AU	1		4127	3257	6	S	I	AU	1		1079	3306	5	T	I		4	

I.D.	RANK	FREQ	P1	P2	P3	T	CHAR		I.D.	RANK	FREQ	P1	P2	P3	T	CHAR		I.D.	RANK	FREQ	P1	P2	P3	T	CHAR
1113	3307	5	T	I	UNG	2	蜓		2632	3357	5	Q	I		4	泣		4267	3406	5	OU			1	歐
1207	3308	5	T	AN		3	啖		2667	3358	5	Q	I	OU	1	楸		4268	3407	5	OU			3	耦
1238	3309	5	N	I	OU	4	務		2681	3359	5	Q	I	AN	2	掮		4297	3408	5	ER			4	貳
1324	3310	5	L	AU		4	縹		2708	3360	5	Q	I	UN	4	撢		4353	3409	5	I	A		4	掰
1354	3311	5	L	AN		4	綹		2721	3361	5	Q	I	ANG	1	青		4386	3410	5	I	A		4	落
1360	3312	5	L	ANG		2	綁		2732	3362	5	Q	I	UNG	1	情		4479	3411	5	I	A		2	卹
1409	3313	5	L	I		4	例		2763	3363	5	Q	Y	EH	4	慊		4488	3412	5	I	AN		4	唁
1410	3314	5	L	I		4	俐		2762	3364	5	Q	Y	EH	1	嗟		4505	3413	5	I	AN		4	焉
1412	3315	5	L	I		4	俐		2799	3365	5	X	I		1	昔		4502	3414	5	I	AN		1	咽
1411	3316	5	L	I		4	俐		2812	3366	5	X	I	A	2	俠		4530	3415	5	I	ANG		4	恙
1454	3317	5	L	I	OU	4	溜		2840	3367	5	X	I	EH	2	擷		4555	3416	5	I	UNG		2	喁
1529	3318	5	L	U		4	陸		2855	3368	5	X	I	UN	1	醺		4567	3417	5	I	UNG		4	雍
1553	3319	5	L	U		4	碌		2952	3369	5	X	I	UNG	1	胸		4611	3418	5	U			4	勿
1582	3320	5	L	U	UNG	4	弄		3000	3370	5	X	I	UNG	4	哃		4649	3419	5	U	EI		2	唯
1648	3321	5	G	AU		4	誥		3019	3371	5	X	Y	AN	1	軒		4657	3420	5	U	EI		3	韙
1661	3322	5	G	OU		2	芶		3033	3372	5	X	Y	AN	2	顛		4678	3421	5	U	EI		1	煨
1736	3323	5	G	U	A	1	孤		3036	3373	5	X	Y	UNG	1	雄		4743	3422	5	U	AN		2	原
1768	3324	5	G	U	EI	3	拱		3072	3374	5	ZH	A		4	札		4746	3423	5	U	AN		1	淵
1783	3325	5	G	U	AN	1	棺		3125	3375	5	ZH	A		4	蚱		4781	3424	5	U	AN		4	絢
1816	3326	5	G	U	UNG	3	耿		3135	3376	5	ZH	A		4	榨		4784	3425	5	U	AN		4	楦
1869	3327	5	K	AN		1	堪		3143	3377	5	ZH	AN		4	顫		5	3426	4	Y			1	丫
1878	3328	5	K	U	UN	1	悃		3142	3378	5	ZH	UN		3	怎		38	3427	4	B	A		1	叭
1926	3329	5	K	U	ANG	1	筐		3211	3379	5	ZH	U		3	貯		47	3428	4	B	O		4	播
1933	3330	5	K	U	ANG	1	匡		3235	3380	5	ZH	U	EI	1	椎		68	3429	4	B	EI		4	憊
1938	3331	5	K	U	ANG	1	眶		3300	3381	5	CH	A		1	叉		153	3430	4	B	I		4	畀
1941	3332	5	K	U	ANG	4	框		3333	3382	5	CH	A		4	刹		152	3431	4	B	I		1	荊
1981	3333	5	H	AI		4	艾		3401	3383	5	CH	AU		4	朝		174	3432	4	B	I	EI	3	鄙
2031	3334	5	H	AN		3	豕		3407	3384	5	CH	AN		2	剷		222	3433	4	B	I	AN	1	鞭
2068	3335	5	H	U		4	斛		3427	3385	5	CH	UN		1	鶉		281	3434	4	B	I	AU	3	瑛
2101	3336	5	H	U	O	1	和		3453	3386	5	CH	U		4	鷹		306	3435	4	P	A		2	爬
2131	3337	5	H	U	EI	1	惶		3455	3387	5	CH	UNG		2	蟲		309	3436	4	P	A		3	叵
2170	3338	5	H	U	ANG	2	簧		3500	3388	5	CH	U	UNG	3	寵		330	3437	4	P	AI		1	丕
2173	3339	5	H	U	ANG	2	黃		3568	3389	5	SH	AU		3	卯		352	3438	4	P	U		1	鋪
2213	3340	5	J	I		4	羨		3577	3390	5	SH	U		4	戍		363	3439	4	P	I		1	丕
2272	3341	5	J	I	A	2	迦		3655	3391	5	SH	U	UNG	2	裨		379	3440	4	P	I		4	媲
2282	3342	5	J	I	A	2	蛺		3838	3392	5	R	AU		2	蕘		381	3441	4	P	I	AU	1	飄
2286	3343	5	J	I	A	2	岬		3861	3393	5	R	U		4	菇		395	3442	4	P	I	AN	1	扁
2294	3344	5	J	I	AU	3	皎		3871	3394	5	Z	AU		1	糟		419	3443	4	P	I	UNG	1	砰
2297	3345	5	J	I	AU	2	嚼		3907	3395	5	Z	U		1	鄒		454	3444	4	M	AU		2	茅
2357	3346	5	J	I	AN	3	蹇		3918	3396	5	Z	U	OU	1	諏		474	3445	4	M	AN		4	蔓
2399	3347	5	J	I	AN	1	殲		3917	3397	5	Z	U	O	4	祚		489	3446	4	M	AN		4	漫
2433	3348	5	J	I	AN	4	毽		3977	3398	5	Z	U	UNG	1	鬃		488	3447	4	M	AN		2	瞞
2432	3349	5	J	Y	EH	2	角		4049	3399	5	C	U		1	卹		496	3448	4	M	UNG		2	朦
2551	3350	5	J	Y	EH	2	厥		4077	3400	5	C	U	UNG	2	淙		514	3449	4	M	UNG		3	懵
2552	3351	5	J	Y	EH	2	倔		4083	3401	5	S	U		1	酥		548	3450	4	M	I		3	靡
2575	3352	5	J	Y	EH	1	撅		4126	3402	5	S	U	UN	3	蓀		582	3451	4	F	A		2	筏
2580	3353	5	J	Y	UN	4	峻		4148	3403	5	S	U	UN	4	隧		596	3452	4	F	EI		3	匪
2613	3354	5	J	Y	UN	4	駿		4189	3404	5	AI	I		4	躉		608	3453	4	F	AN		1	憤
2633	3355	5	Q	I		1	悽		4249	3405	5	AU	I		2	鼇			3454	4					

I.D.	RANK	FREQ	P1	P2	P3	T	CHAR
617	3455	4	F	AN		2	繁
659	3456	4	F	ANG		3	紡
672	3457	4	F	UNG		4	根
678	3458	4	F	UNG		4	俸
684	3459	4	F	U		1	誇
702	3460	4	F	Y		1	夸
753	3461	4	D	AI		3	咳
786	3462	4	D	OU		3	朕
816	3463	4	D	AN		4	氣
820	3464	4	D	ANG		4	鐺
865	3465	4	D	I		1	綠
871	3466	3	D	I		2	迭
872	3467	4	D	I	EH	2	塔
874	3468	4	D	I	EH	4	釘
913	3469	4	D	I	UNG	2	燈
925	3470	4	D	U		3	奶
977	3471	4	D	U	UNG	4	紅
1029	3471	3	T	AN		2	檀
1032	3471	1	T	AN		4	袒
1078	3472	4	T	I		1	梯
1105	3473	4	T	U		3	紡
1141	3474	4	T	U	AN	3	匯
1146	3475	4	T	U	O	1	官
1163	3476	4	N	AN	EI	2	澤
1194	3477	4	N	AN	UNG	2	淋
1208	3478	4	N	I		4	福
1218	3479	4	N	I		1	扭
1226	3480	4	N	I		2	網
1228	3481	4	N	I	EH	4	椎
1257	3482	4	N	I	UNG	2	椏
1262	3483	4	N	I	UNG	4	揶
1289	3484	4	L	A		2	煸
1288	3485	4	L	A		3	油
1298	3486	4	L	AI		3	榔
1345	3487	4	L	AN		3	垣
1350	3488	4	L	AN		3	愣
1359	3489	4	L	ANG		4	琳
1368	3490	4	L	UNG		3	騾
1383	3491	4	L	I		2	鯉
1393	3492	4	L	I		2	泣
1413	3493	4	L	I		4	蓮
1414	3494	4	L	I		2	璃
1416	3495	4	L	I		2	拎
1437	3496	4	L	I	AU	4	撩
1465	3497	4	L	I	AN	2	斂
1464	3498	4	L	I	AN	2	琳
1475	3499	4	L	I	AN	4	各
1485	3500	4	L	I	UN	4	拎
1491	3501	4	L	I	UN	2	
1514	3502	4	L	I	UNG	2	拎
1564	3503	4	L	U		2	樊
1574	3504	4	L	U		2	論
1585	3505	4	L	U		1	賦
1599	3506	4	L	U	UNG	2	樓
1622	3507	4	G	Y		3	碼
1635	3508	4	G	UH		4	鴿
1644	3509	4	G	UH		4	多
1684	3510	4	G	U	AI	1	庚
1703	3511	4	G	U	AN	3	氣
1764	3512	4	G	U	ANG	4	逛
1785	3513	4	G	U	UN	4	棍
1818	3514	4	G	U	UH	1	哎
1831	3515	4	K	AI		3	揩
1832	3516	4	K	AI		3	慨
1865	3517	4	K	OU		1	摳
1870	3518	4	K	AN		3	砍
1880	3519	4	K	AN	EI	1	堪
1900	3520	4	K	ANG		4	兀
1912	3521	4	K	U		1	琪
1940	3522	4	H	AN	O	1	鈴
2070	3523	4	H	AN	ANG	4	飲
2109	3524	4	J	I		1	尖
2172	3525	4	J	I		4	然
2179	3526	4	J	I	A	1	狡
2216	3527	4	J	I	EH	2	桎
2271	3528	4	J	I	AU	3	勒
2285	3529	4	J	I	AU	2	錫
2319	3530	4	J	I	AU	2	運
2348	3531	4	J	I	AU	4	軍
2360	3532	4	J	I	AN	3	絹
2359	3533	4	J	I	UN	4	波
2362	3534	4	J	I	UN	3	潤
2364	3535	4	J	I	UN	3	澗
2361	3536	4	J	I	UNG	3	提
2434	3537	4	Q	Y		1	知
2435	3538	4	Q	Y		2	噴
2572	3539	4	Q	Y		4	度
2583	3540	4	Q	I	AU	4	俏
2587	3541	4	Q	I	AN	2	倩
2586	3542	4	Q	I	AN	4	嵌
2595	3543	4	Q	I	UN	4	麼
2635	3544	4	Q	I	UNG	3	
2657	3545	4	Q	I	UNG	3	
2660	3546	4	Q	I	UN		
2692	3547	4	Q	I	UN	3	
2698	3548	4	Q	I	UN	2	
2736	3549	4	Q	I	UNG	3	
2752	3552	4	Q	Y		3	緊
2756	3553	4	Q	Y		4	蔡
2798	3554	4	X	I		1	誌
2905	3555	4	X	I		4	訪
2908	3556	4	X	I	OU	2	綉
2926	3557	4	X	I	OU	2	涉
2964	3558	4	X	I	AN	4	繼
2987	3559	4	X	I	ANG	1	怪
2986	3560	4	X	I	UNG	4	塍
2999	3561	4	X	I	UNG	4	各
3044	3562	4	X	I	UNG	4	淀
3089	3563	4	X	I	AN	3	施
3124	3564	4	X	Y		4	滑
3127	3565	4	ZH	AI		1	齋
3160	3566	4	ZH	AI		4	駁
3164	3567	4	ZH	OU		1	窟
3192	3568	4	ZH	AN		3	俯
3203	3569	4	ZH	AN		1	昧
3206	3570	4	ZH	AN		1	驚
3205	3571	4	ZH	ANG		4	帷
3259	3572	4	ZH	U		2	亢
3296	3573	4	ZH	U	A	1	儿
3317	3574	4	ZH	U	O	1	餅
3327	3575	4	ZH	U	EI	3	檔
3335	3576	4	ZH	U	AN	4	綒
3348	3577	4	CH	U		1	提
3462	3578	4	CH	UN		1	忙
3467	3579	4	CH	UN	A	3	義
3508	3580	4	CH	U	UN		4	動
3549	3581	3	SH	AU		2	靜
3649	3582	4	SH	AU		3	嫡
3651	3583	1	SH	AN		1	啊
3674	3584	4	SH	UN		2	塊
3694	3585	4	SH	UN	EI	1	覆
3718	3586	4	SH	U	EI	2	戤
3766	3587	4	SH	UNG		4	敝
3780	3588	4	R	UN		4	韌
3785	3589	4	R	UN	AN	4	韌
3818	3590	4	R	U		3	理
3821	3591	4	R	A		2	砸
3850	3592	2	Z	UH		3	蹄
3884	3593	4	Z	AU		2	從
3890	3594	2	Z	U		3	灶
3914	3595	4	Z	AI		4	結
3915	3596	4	C	AU		3	糟
3982	3597	4	C	AU	UNG	2	槽
4015	3598	4	C	AI		2	槽
4020	3599	1	C	ANG		1	箱

I.D.	RANK	FREQ	P1	P2	P3	T	CHAR
4101	3600	4	S	U		4	俣
4131	3601	4	S	OU		1	蔵
4151	3602	4	S	U	EI	1	歳
4184	3603	4	S	U	UNG	4	其
4207	3604	4	S	U		4	悚
4244	3605	4	AI			3	戟
4263	3606	4	AU			4	嶆
4356	3607	4	I	EH		4	驛
4355	3608	4	I	OU		4	諳
4400	3609	4	I	OU		4	誥
4440	3610	4	I	AN		2	偐
4442	3611	4	I	UN		2	献
4463	3612	4	I	UNG		3	丞
4521	3613	4	I	UNG		1	薈
4557	3614	4	I	O		1	渥
4558	3615	4	U	AN		4	判
4628	3616	4	U	UN		1	汶
4681	3617	4	U	UN		3	柱
4703	3618	4	U	UN		3	迂
4706	3619	4	U	ANG		1	膺
4707	3620	4	Y			1	薑
4716	3621	4	Y	AN		3	腆
4725	3622	4	Y	AN		4	肌
4760	3623	4	Y	AU		1	鍾
4783	3624	4	Y	UN		4	鋒
4786	3625	4	Y	ANG		1	群
4803	3626	4	B	I		2	脆
4820	3627	4	B	I		1	俳
37	3628	3	B	AI		1	軍
40	3629	3	B	AI	AU	1	王
48	3630	3	P	I		2	叶
71	3631	3	P	AN		2	坪
91	3632	3	P	AN		2	磁
107	3633	3	P	I		4	模
111	3634	3	P	I		2	桎
123	3635	3	G	A		4	玖
154	3636	3	M	OU		2	呼
165	3637	3	M	ANG		2	産
241	3638	3	G	UNG		2	磁
242	3639	3	G	UNG		1	模
277	3640	3	G	U		2	桎
308	3641	3	G	AI		1	玖
315	3642	3	G	AN		4	呼
314	3643	3	K	AI		4	産
385	3644	3	K	O		4	驮
388	3645	3	M	U		4	值
405	3646	3	M	EI		2	咳
418	3647	3	K	AN		1	玖
438	3648	3	K	AU		3	玖
	3649	3	M	EI		2	玫
447	3650	3	M	EI		4	法
473	3651	3	M	AN		4	樓
491	3652	3	M	UNG		2	椴
506	3653	3	M	I		2	雁
535	3654	3	M	I	AN	3	毛
555	3655	3	M	I	UNG	2	漢
616	3656	3	F	AN		4	樂
633	3657	3	F	UN		4	糸
648	3658	3	F	ANG		4	和
701	3659	3	F	U		1	法
704	3660	3	D	AU		2	皓
767	3661	3	D	AU		1	叨
773	3662	3	D	OU		2	捨
782	3663	3	D	ANG		1	直
793	3664	3	D	UNG		4	迪
824	3665	3	D	O		4	塊
838	3666	3	D	AU		4	擩
961	3667	3	D	UNG		2	悅
1003	3668	3	D	U	UN	2	池
1059	3669	3	T	AU		4	帳
1103	3670	3	T	UNG		2	挺
1102	3671	3	T	I	AN	2	腴
1152	3672	3	T	I	AN	2	閻
1157	3673	3	T	U	UN	2	祖
1225	3674	3	T	U	UN	2	樣
1260	3675	3	N	I	ANG	4	厭
1275	3676	3	N	I	UNG	2	擔
1304	3677	3	N	I		3	夕
1309	3678	3	L	EI		3	支
1344	3679	3	L	EI	AU	2	慢
1362	3680	3	L	AN	UN	2	假
1415	3681	3	L	ANG		4	關
1440	3682	3	L	I	AN	2	孜
1488	3683	3	L	I	AN	4	澡
1532	3684	3	L	U	UN	3	俭
1545	3685	3	L	U	UN	4	体
1563	3686	3	L	U	ANG	2	渡
1566	3687	3	B	I		4	鳥
1576	3688	3	B	I		4	鹿
1588	3689	3	B	AI		2	梁
1612	3690	3	P	AI	AU	4	術
1667	3691	3	P	AN		2	龍
1695	3692	3	P	I		1	集
1702	3693	3	G	OU		1	一
1706	3694	3	G	ANG		2	畝
1739	3695	3	G	UNG		2	把
1763	3696	3	G	UNG		2	垢
1793	3697	3	G	U		4	儲
1848	3698	3	K	AI	EI	1	握
1868	3699	3	K	AN	AN	3	拽
1874	3700	3	K	UN		3	諳
1894	3701	3	K	U	A	2	扬
1907	3702	3	K	U		1	盆
1961	3703	3	K	UH	EI	2	木
1964	3704	3	H	UH		2	縣
1963	3705	3	H	UH		2	氓
1976	3706	3	H	AI		1	哦
1985	3707	3	H	EI		1	澤
1991	3708	3	H	AU		2	糖
1990	3709	3	H	AU		2	緒
2000	3710	3	H	AU		4	咽
2003	3711	3	H	AU		2	迥
2108	3712	3	H	U		4	十
2133	3713	3	H	U	AI	2	卉
2159	3714	3	H	U	EI	2	俺
2175	3715	3	H	U	UN	2	礦
2182	3716	3	H	U	ANG	2	恍
2183	3717	3	H	U	ANG	4	兒
2215	3718	3	J	I		1	祖
2239	3719	3	J	I	A	2	沒
2238	3720	3	J	I	A	2	楮
2289	3721	3	J	I	EH	2	黄
2303	3722	3	J	I	EH	2	癢
2318	3723	3	J	I	AU	2	謨
2321	3724	3	J	I	OU	4	健
2337	3725	3	J	I	OU	3	判
2351	3726	3	J	I	AN	3	剔
2373	3727	3	J	I	UN	4	支
2378	3728	3	J	I	UNG	3	敬
2388	3729	3	J	I	UNG	4	次
2414	3730	3	Q	I		3	撰
2451	3731	3	Q	I		2	俸
2496	3732	3	Q	Y	EH	4	摔
2509	3733	3	Q	Y	UN	2	瑾
2512	3734	3	X	I		3	遲
2523	3735	3	X	Y	OU	4	駒
2553	3736	3	X	Y		1	老
2588	3737	3	X	Y		2	堰
2634	3738	3	X	I	EH	3	脚
2671	3739	3	X	Y	UN	4	絹
2749	3740	3	X	I		2	陷
2764	3741	3	X	Y		4	謀
2776	3742	3	X	I		2	梅
2801	3743	3	X	I	EH	1	格
2800	3744	3	X	I	UN	1	佳
2878	3745	3	X	I		1	嘲
2895	3746	3	I	Y	AU	1	真
3002	3747	3	X	I	AU	4	奴
3008	3748	3	X	I	UNG	1	伴
3007	3749	3	X	Y		1	氏

I.D.	RANK	FREQ	P1	P2	P3	T	CHAR	I.D.	RANK	FREQ	P1	P2	P3	T	CHAR	I.D.	RANK	FREQ	P1	P2	P3	T	CHAR
3010	3750	3	X	Y		3	晌	4170	3799	3	S	U	O	3	镇	131	3848	2	B	I		2	半
3026	3751	3	X	Y	EH	2	牝	4219	3800	3	UH			2	贼	157	3849	2	B	I		4	蔽
3040	3752	3	X	Y	AN	1	淹	4227	3801	3	UH			3	拯	156	3850	2	B	I		4	煌
3088	3753	3	ZH	A		1	瓶	4257	3802	3	AU			4	狻	159	3851	2	B	I		4	畔
3134	3754	3	ZH	A		2	炸	4283	3803	3	AN			4	炸	158	3852	2	B	I		4	鳖
3136	3755	3	ZH	A		2	闸	4296	3804	3	ER			3	情	169	3853	2	B	I	AU	3	饱
3137	3756	3	ZH	A		5	眨	4316	3805	3	I			3	惜	200	3854	2	B	I	UNG	3	昙
3159	3757	3	ZH	UH		3	蟹	4319	3806	3	I			4	到	199	3855	2	B	I	UNG	3	栗
3171	3758	3	ZH	AU		3	挺	4358	3807	3	I			1	鬼	201	3856	2	B	I	UNG	1	啃
3210	3759	3	ZH	AN		3	斩	4357	3808	3	I			4	零	221	3857	2	B	A		2	扒
3213	3760	3	ZH	AN		1	靳	4360	3809	3	I			4	莹	226	3858	2	B	A		1	吧
3228	3761	3	ZH	UN		1	眠	4359	3810	3	I	A		4	造	247	3859	2	B	A		4	泡
3241	3762	3	ZH	UN		4	峙	4378	3811	3	I	A		4	讶	260	3860	2	P	A		4	炮
3252	3763	3	ZH	ANG		4	碳	4385	3812	3	I	EH		2	拼	267	3861	2	P	EI		2	棚
3270	3764	3	ZH	UNG	ANG	1	争	4392	3813	3	I	AU		2	缘	271	3862	2	P	EI		4	棚
3354	3765	1	ZH	UNG	ANG	2	柠	4418	3814	3	I	AN		1	沈	299	3863	2	P	AU	EH	2	蚝
3353	3766	2	ZH	U	UNG	4	柏	4417	3815	3	I	AN		2	恍	298	3864	2	P	AN		2	吧
3364	3767	3	ZH	U		1	桔	4462	3816	3	I	AN		1	蓄	316	3865	2	P	UNG		2	蓬
3405	3768	3	CH	A		2	挣	4465	3817	3	I	AN		1	骑	317	3866	2	P	UNG		2	鹏
3410	3769	3	CH	A		4	掷	4464	3818	3	I	AN		1	庭	321	3867	1	P	I		3	诀
3451	3770	3	CH	AN		3	闽	4478	3819	3	I	UN		2	叶	322	3868	2	P	I		3	谍
3464	3771	3	CH	UN		4	尾	4481	3820	3	I	ANG		4	翊	329	3869	2	P	I		3	洌
3527	3772	3	CH	U	O	4	牾	4526	3821	3	I	ANG		4	瓜	376	3870	2	P	U		1	洪
3545	3773	3	CH	U	UN	2	洋	4529	3822	3	I	ANG		4	搓	404	3871	2	M	O		2	洒
3548	3774	3	CH	U	UN	2	酥	4545	3823	3	U			4	喀	421	3872	2	M	O		4	沔
3613	3775	3	SH	U		4	参	4582	3824	3	U			4	杰	440	3873	2	M	EI		4	诗
3627	3776	3	SH	U		1	九	4630	3825	3	U	AN		1	诸	446	3874	2	M	EI		4	体
3673	3777	3	SH	AN		1	删	4684	3826	3	U	AN		4	烷	449	3875	2	M	EI		4	养
3729	3778	3	SH	AN	EI	4	乘	4696	3827	3	Y			2	陋	448	3876	2	M	OU		2	证
3744	3779	3	SH	UN	AN	2	弱	4745	3828	3	Y			4	蕴	461	3877	2	M	OU		2	院
3765	3780	3	SH	U		4	性	4806	3829	3	Y	AN		2	姨	463	3878	2	M	UNG		2	案
3780	3781	3	SH	U		4	枯	4828	3830	3	Y	AN		4	掠	490	3879	2	M	UNG		2	云
3782	3782	3	SH	U		2	殉	4834	3831	3	Y	UN		4	牲	493	3880	2	M	UNG		1	约
3784	3783	3	SH	UH		4	所	4833	3832	3	Y	UN		4	咏	492	3881	2	M	I		2	雅
3820	3784	3	R	U		2	茶	4849	3833	3	Y	UNG		2	雅	499	3882	2	M	I		4	鞭
3831	3785	3	R	U	EI	4	锐	4862	3834	3	Y	UNG		4	蝉	505	3883	2	M	I		1	侧
3847	3786	3	R	U	UN	1	燥	4863	3835	3	Y	UNG		1	俐	516	3884	2	M	I		4	坯
3852	3787	3	R	U	UN	4	阻	6	3836	2	B	A		4	匠	520	3885	2	M	U		2	臣
3860	3788	3	R	U	UNG	2	蓝	7	3837	2	B	A		1	本	526	3886	2	M	U		1	奈
3894	3789	3	Z	AI		2	痉	24	3838	1	B	A		2	疤	575	3887	2	F	EI		4	肺
3916	3790	3	Z	AU		1	泪	23	3839	1	B	A		2	斑	585	3888	2	F	EI		1	柱
3937	3791	3	Z	UNG	UNG	4	幢	39	3840	2	B	O		1	帕	592	3889	2	F	EI		3	每
3970	3792	3	C	U		4	惟	42	3841	2	B	O		2	铂	598	3890	2	F	AN		2	凡
4058	3793	3	C	U	EI	4	悴	41	3842	2	B	O		2	驳	618	3891	2	F	U		3	殷
4061	3794	3	S	AN		4	晌	44	3843	2	B	O		4	羹	718	3892	2	D	AN		1	恨
4118	3795	3	S	U		4	祠	70	3844	2	B	EI		4	焙	736	3893	2	D	AN		4	噫
4150	3796	3	S	U	O	1	篙	75	3845	2	B	AU		2	薄	743	3894	2	D	AN		3	幻
4166	3797	3	S	U	O	4	赞	77	3846	2	B	AU		4	报	806	3895	2	D	AN		3	担
4165	3798	3	S	U		3	妥	90	3847	2	B	AU		4	鸡	815	3895	2	D	AN		3	担
																827	3896	2	D	ANG		4	荡

I.D.	RANK	FREQ	P1	P2	P3	T	CHAR	I.D.	RANK	FREQ	P1	P2	P3	T	CHAR	I.D.	RANK	FREQ	P1	P2	P3	T	CHAR
829	3897	2	D	ANG		4	耆	1556	3947	2	L	U	O	3	椶	2243	3997	2	J	I		3	嗜
850	3898	2	D	I		2	咻	1561	3948	2	L	U	O	4	酷	2252	3998	2	J	I		3	几
880	3899	2	D	I	AU	1	弓	1565	3949	2	L	U	AN	2	攬	2288	3999	2	J	I		2	桷
879	3900	2	D	I	AU	4	浦	1575	3950	2	L	U	UN	2	掄	2296	4000	2	J	I		1	脚
901	3901	2	D	I	AN	4	疸	1630	3951	2	G	UH		2	藤	2320	4001	2	J	I		2	謠
904	3902	2	D	I	AN	4	誕	1637	3952	2	G	AI		1	荄	2363	4002	2	J	I	EH	3	怡
909	3903	2	D	I	UNG	3	董	1687	3953	2	G	AN		2	涇	2398	4003	2	J	I	AU	3	茭
932	3904	2	D	U		2	獨	1705	3954	2	G	UNG		1	梗	2401	4004	2	J	I	AN	1	鹹
941	3905	2	D	U	O	4	訛	1716	3955	2	G	U		3	姑	2437	4005	2	J	I	AN	4	檻
944	3906	2	D	U	O	4	躉	1715	3956	2	G	U	A	4	呱	2436	4006	2	J	I	AN	4	諌
964	3907	2	D	U	UN	2	迍	1738	3957	2	G	U		1	耵	2439	4007	2	J	I	AN	4	浣
987	3908	2	D	U	UNG	4	湖	1744	3958	2	G	U		4	計	2460	4008	2	J	I	UN	1	洋
1035	3909	2	T	A		2	揭	1748	3959	2	G	U		3	獨	2459	4009	2	J	I	UN	4	勁
1049	3910	2	T	AN	AU	2	胞	1798	3960	2	G	U	UN	3	滈	2466	4010	2	J	I	ANG	1	董
1081	3911	2	T	ANG		2	瞠	1814	3961	2	G	U	UNG	1	戾	2469	4011	2	J	I	ANG	1	珵
1093	3912	2	T	ANG		2	搶	1834	3962	2	K	UH		4	寒	2495	4012	2	J	I	UNG	3	值
1125	3913	2	T	I		4	扛	1846	3963	2	K	UH		4	起	2514	4013	2	J	I		1	桂
1138	3914	2	T	I	U	1	桃	1879	3964	2	K	ANG		4	扛	2526	4014	2	J	I		3	檀
1166	3915	2	T	I	U	2	浞	1892	3965	2	K	UH	A	2	苓	2539	4015	2	J	I		4	櫃
1140	3916	2	T	I	O	2	寡	1909	3966	2	K	U	EI	1	覆	2542	4016	2	J	I	EH	1	啞
1180	3917	2	T	I	O	2	啁	1915	3967	2	K	U	EI	2	睚	2544	4017	2	J	I	EH	2	岷
1192	3918	2	T	I	UNG	4	俊	1914	3968	2	K	U	EI	4	督	2556	4018	2	J	I	EH	2	脈
1231	3919	2	N	A		3	俠	1920	3969	2	K	U	ANG	4	礦	2555	4019	2	J	I	AN	2	辰
1230	3920	2	N	A	EI	4	勇	1942	3970	2	K	U	UNG	1	聖	2558	4020	2	J	I	UN	4	產
1232	3921	2	N	I		2	皂	1943	3971	2	K	U		2	岿	2557	4021	2	J	I		4	澄
1240	3922	2	N	I	AU	2	懊	1966	3972	2	K	U		3	桁	2564	4022	2	J	I		1	清
1246	3923	2	N	U		4	汪	1972	3973	2	K	U		4	和	2585	4023	2	J	I		2	涘
1259	3924	2	N	U	O	2	诤	1974	3974	2	H	A		2	啥	2584	4024	2	J	I		3	鴆
1300	3925	2	N	U	O	2	晷	1975	3975	2	H	AI		2	蝦	2597	4025	2	J	I		3	晷
1312	3926	2	N	U	UNG	2	攬	1979	3976	2	H	AI		1	眩	2612	4026	2	Q	I		4	蕤
1319	3927	2	L	A	O	3	梢	1984	3977	2	H	AI		2	駱	2615	4027	2	Q	I		2	林
1337	3928	2	L	A	O	3	哺	2013	3978	2	H	AN		1	馬	2614	4028	2	Q	I		2	蒼
1347	3929	2	L	EI	UNG	2	怅	2019	3979	2	H	AN		2	甘	2617	4029	2	Q	I		4	鵑
1365	3930	2	L	AU		4	攢	2022	3980	2	H	AN		4	子	2616	4030	2	Q	I		4	酵
1417	3931	2	L	AN		2	搜	2034	3981	2	H	AN		2	榛	2619	4031	2	Q	I		4	諝
1418	3932	2	L	AN		2	藝	2033	3982	2	H	AN		2	悍	2637	4032	2	Q	I		2	柟
1420	3933	2	L	ANG		4	放	2036	3983	2	H	U		4	瀟	2636	4032	2	Q	I	AU	1	扯
1419	3934	2	L	I		2	离	2084	3984	2	H	U		2	駭	2650	4033	2	Q	I	AU	4	誙
1422	3935	2	L	I		4	桎	2103	3985	2	H	U		4	威	2663	4034	2	Q	I	AU	4	竅
1467	3936	2	L	I		1	廉	2104	3986	2	H	U	AI	2	懷	2662	4035	2	Q	I	AN	1	扭
1484	3937	2	L	I		2	婁	2110	3987	2	H	U	EI	2	管	2684	4036	2	Q	I	UN	1	奉
1487	3938	2	L	I		3	矮	2103	3988	2	H	U	EI	1	速	2701	4037	2	Q	I		4	笨
1490	3939	2	L	I	AN	2	藤	2136	3989	2	H	U	EI	4	諱	2755	4038	2	Q	I		2	座
1517	3940	2	L	I	UN	2	齡	2135	3990	2	H	U	EI	4	慧	2803	4039	2	X	I		1	熟
1516	3941	2	L	I	UN	2	鈴	2141	3991	2	H	U	AN	2	蠐	2802	4040	2	X	I		2	蠶
1531	3942	2	L	I	UNG	2	隆	2181	3992	2	H	U	ANG	3	哄	2815	4041	2	X	I		3	厦
1544	3943	2	L	U		2	泠	2195	3993	2	H	U	UNG	3	鴨	2819	4042	2	X	I		3	库
1552	3944	2	L	U		4	鹿	2218	3994	2	J	I		1	鴨	2826	4043	2	X	I		4	峪
	3945	2	L	U		4	澀	2241	3995	2	J	I		4	焉	2828	4044	2	X	I		4	覈
	3946	2	L	U	O	2	捋	2240	3996	2	J	I		2	蔟	2839	4045	2	X	I	A	2	厘

I.D.	RANK	FREQ	P1	P2	P3	T	CHAR		I.D.	RANK	FREQ	P1	P2	P3	T	CHAR		I.D.	RANK	FREQ	P1	P2	P3	T	CHAR
2858	4046	2	X	I	EH	2			3612	4096	2	SH			4			4286	4145	2	UN			4	
2881	4047	2	X	I	AU	1			3615	4097	2	SH			4			4305	4146	2	I			1	
2880	4048	2	X	I	AU	1			3668	4098	2	SH	OU		4			4318	4147	2	I			2	
2883	4049	2	X	I	OU	2			3675	4099	2	SH	AN		1			4321	4148	2	I			2	
2885	4050	2	X	I	AU	1			3676	4100	2	SH	AN		1			4329	4149	2	I			3	
2907	4051	2	X	I	OU	3			3688	4101	2	SH	UN		1			4377	4150	2	I	A		2	
2929	4052	2	X	I	AN	1			3696	4102	2	SH	ANG		3			4379	4151	2	I	A		2	
2945	4053	2	X	I	AN	4			3710	4103	2	SH	UNG		1			4391	4152	2	I	EH		4	
2955	4054	2	X	I	UN	1			3721	4104	2	SH	UNG		1			4403	4153	2	I	EH		3	
2956	4055	2	X	I	UN	4			3720	4105	2	SH	UNG		4			4446	4154	2	I	OU		1	
3001	4056	2	X	I	UNG	4			3722	4106	2	SH	U		4			4445	4155	2	I	OU		3	
3022	4057	2	X	Y		4			3773	4107	2	SH	U	UH	1			4453	4156	2	I	AN		2	
3021	4058	2	X	Y		2			3776	4108	2	SH	U		1			4480	4157	2	I	AN		3	
3024	4059	2	X	Y		2			3803	4109	2	R	OU		4			4487	4158	2	I	AN		3	
3043	4060	2	X	Y	AN	4			3839	4110	2	R			2			4490	4159	2	I	UN		4	
3046	4061	2	X	Y	AN	4			3813	4111	2	R	UN		2			4504	4160	2	I	UN		4	
3049	4062	2	X	Y	UN	1			3830	4112	2	R	U		4			4512	4161	2	I	UN		1	
3058	4063	2	X	Y	UN	2			3837	4113	2	R	U		4			4511	4162	2	I	UN		2	
3090	4064	2	ZH			4			3882	4114	2	Z	A		4			4515	4163	2	I	UN		4	
3099	4065	2	ZH			2			3909	4115	2	Z	AU		4			4523	4164	2	I	ANG		3	
3126	4067	2	ZH			3			3923	4116	2	Z	OU		3			4529	4165	2	I	ANG		2	
3152	4066	2	ZH	UH		2			3929	4117	2	Z	AN		4			4538	4166	2	I	ANG		4	
3212	4068	2	ZH	AN		3			3956	4118	2	Z	U		4			4540	4167	2	I	ANG		4	
3231	4069	2	ZH	UN		3			3958	4119	2	Z	U		3			4548	4168	2	I	UNG		1	
3295	4070	2	ZH	U		1			4014	4120	2	Z	AI		1			4560	4169	2	U	UNG		2	
3330	4071	2	ZH	U		2			4039	4121	2	C	ANG		1			4570	4170	2	O			1	
3329	4072	2	ZH	U		2			4047	4122	2	C	U		4			4624	4171	2	U			1	
3340	4073	2	ZH	U	O	2			4063	4123	2	C	U		2			4636	4172	2	U	EI		1	
3342	4074	2	ZH	U	O	1			4064	4124	2	C	U		4			4648	4173	2	U	EI		2	
3355	4075	2	ZH	U	AN	3			3082	4125	2	C	U		4			4651	4174	2	U	EI		3	
3370	4076	2	ZH	U	ANG	3			4090	4126	2	S	A		1			4656	4175	2	U	EI		3	
3378	4077	2	ZH	U	UNG	3			4112	4127	2	S	AU		4			4690	4176	2	U	AN		3	
3383	4078	2	CH			1			4130	4128	2	S	AU		4			4693	4177	2	U	AN		2	
3389	4079	2	CH	UH		3			4160	4129	2	S	U		4			4702	4178	2	U	UN		3	
3409	4080	2	CH	A		1			4159	4130	2	S	U		4			4715	4179	2	U	ANG		2	
3416	4081	2	CH	AN		3			4162	4131	2	S	U		2			4748	4180	2	Y			4	
3441	4082	2	CH	AN		3			4183	4132	2	S	U		1			4785	4181	2	Y	AN		4	
3445	4083	2	CH	AN		4			4185	4133	2	S	U		1			4807	4182	2	Y	AN		1	
3450	4084	2	CH	AN		1			4194	4134	2	S	U		1			4827	4183	2	Y	UN		4	
3470	4085	2	CH	ANG		3			4193	4135	2	S	U		3			4845	4184	2	Y	UNG		4	
3486	4086	2	CH	ANG		1			4200	4136	2	A			1			4848	4185	2	B	A		1	
3488	4087	2	CH	ANG		3			4210	4137	2	A		UNG	3			8	4186	1	B	A		1	
3515	4088	2	CH	UNG		2			4230	4138	2	UH	A		4			16	4187	1	B	A		4	
3518	4089	2	CH	U		3			4229	4139	2	UH	AN		4			17	4188	1	B	A		4	
3522	4090	2	CH	U		4			4232	4140	2	UH	AN		4			43	4189	1	B	O		2	
3526	4091	2	CH	U		4			4251	4141	2	UH	AN		4			45	4190	1	B	O		3	
3547	4092	2	CH	U		4			4259	4142	2	AU	AN		3			72	4191	1	B	EI		1	
3552	4093	2	CH	U	ANG	1			4274	4143	2	AN	U	ANG	1			96	4192	1	B	AN		3	
3557	4094	2	CH	U	ANG	4			4277	4144	2	AN			1			102	4193	1	B	AN		3	
	4095	2																109	4194	1	B	AN		4	

I.D.	RANK	FREQ	P1	P2	P3	T	CHAR		I.D.	RANK	FREQ	P1	P2	P3	T	CHAR		I.D.	RANK	FREQ	P1	P2	P3	T	CHAR
113	4195	1	B	UN		4	悴		603	4245	1	F	EI		4	吠		1080	4295	1	T	I	AU	4	悼
125	4196	1	B	ANG		4	俸		607	4246	1	F	AN		1	繙		1087	4296	1	T	I	AU	3	桃
128	4197	1	B	UNG		2	甫		609	4247	1	F	AN		1	帆		1092	4297	1	T	I	AN	3	泰
135	4198	1	B	I		3	沘		635	4248	1	F	UN		3	粉		1104	4298	1	T	I	UNG	3	桶
137	4199	1	B	I		3	妣		658	4249	1	F	ANG		3	彷		1117	4299	1	T	U	UNG	3	町
161	4200	1	B	I		4	痺		671	4250	1	F	UNG		1	封		1131	4300	1	T	U		4	埠
162	4201	1	B	I		4	簸		686	4251	1	F	U		1	敷		1149	4301	1	T	U	AN	2	潭
164	4202	1	B	I		4	臂		703	4252	1	F	U		2	佛		1155	4302	1	T	U	UN	2	囤
172	4203	1	B	I		3	馬		706	4253	1	F	U		2	拂		1154	4303	1	T	U	UN	2	臀
176	4204	1	B	I		4	匾		705	4254	1	F	U		2	棲		1156	4304	1	T	U	UNG	2	偶
188	4205	1	B	I		1	儐		708	4255	1	F	U		2	福		1165	4305	1	T	U	UNG	2	彤
190	4206	1	B	I		3	禀		707	4256	1	F	U		3	漫		1167	4306	1	T	U	UNG	2	形
206	4207	1	B	I		2	薄		717	4257	1	F	U		3	撫		1171	4307	1	T	U	UNG	4	衕
208	4208	1	B	U		4	部		735	4258	1	F	U		4	覆		1173	4308	1	T	U	UNG	4	術
220	4209	1	P	A		1	葩		739	4259	1	D	A		2	搭		1174	4309	1	T	U		1	勁
225	4210	1	P	AI		4	派		742	4260	1	D	A		4	埭		1182	4310	1	N	A		4	邦
244	4211	1	P	AI		2	排		763	4261	1	D	AI		4	叱		1188	4311	1	N	AI		4	撈
243	4212	1	P	AI		4	拜		765	4262	1	D	AI		1	呔		1196	4312	1	N	AU		3	惱
245	4213	1	P	AI		3	擺		795	4263	1	D	OU		4	鬥		1199	4313	1	N	AU		3	瑙
253	4214	1	P	EI		2	培		803	4264	1	D	AN		4	撣		1200	4314	1	N	AN		3	擶
256	4215	1	P	AU		1	拋		802	4265	1	D	AN		4	膽		1206	4315	1	N	I		3	偶
258	4216	1	P	U	AU	4	泊		817	4266	1	D	ANG		4	宕		1217	4316	1	N	I		4	笃
291	4217	1	P	UNG		1	拼		823	4267	1	D	ANG		3	黨		1219	4317	1	N	I		2	怩
318	4218	1	P	I		1	抹		840	4268	1	D	I		1	低		1239	4318	1	N	I	OU	4	路
323	4219	1	P	I		3	庇		843	4269	1	D	I		1	啟		1248	4319	1	N	I	AN	2	久
328	4220	1	P	I	AU	1	批		852	4270	1	D	I		1	滴		1261	4321	1	L	U	UNG	2	喋
334	4221	1	P	I	AU	2	枇		873	4271	1	D	I		2	桦		1274	4322	1	L	I	UNG	2	標
333	4222	1	P	I	AU	2	琵		876	4272	1	D	I		2	洋		1276	4323	1	L	I	AU	2	括
335	4223	1	P	EI		2	批		875	4273	1	D	I		4	諦		1303	4324	1	L	EI		1	筝
368	4224	1	P	AU		2	胸		881	4274	1	D	I		1	斟		1306	4325	1	L	EI		2	儡
371	4225	1	P	U		2	河		890	4275	1	D	I		1	剔		1305	4326	1	L	EI		1	壘
387	4226	1	P	UNG		1	拼		903	4276	1	D	I		3	打		1311	4327	1	L	EI		3	未
396	4227	1	M	A		5	麻		907	4277	1	D	U		4	訂		1323	4328	1	L	AU		2	佬
406	4228	1	M	A		4	孔		936	4278	1	D	U		3	賭		1326	4329	1	L	OU		3	軱
420	4229	1	M	O		4	麼		943	4279	1	D	U		4	度		1330	4330	1	L	OU		4	蠶
423	4230	1	M	AI		4	勍		963	4280	1	D	UN		4	焊		1329	4331	1	L	OU		2	撈
428	4231	1	M	AI		3	罂		965	4281	1	D	UN		2	太		1332	4332	1	L	OU		3	村
443	4232	1	M	EI		3	美		970	4282	1	T	A		4	闥		1346	4333	1	L	ANG		4	醒
450	4233	1	M	EI		4	鈉		986	4283	1	T	AI		2	釕		1361	4334	1	L	ANG		4	桂
459	4234	1	M	AU		4	霪		988	4284	1	T	AU		1	討		1382	4335	1	L	ANG		2	倥
477	4235	1	M	UN		3	惘		995	4285	1	T	UN		2	飯		1384	4336	1	L	ANG		2	懂
509	4236	1	M	I		3	引		1011	4286	1	T	AN		1	傳		1421	4337	1	L	UNG		2	蠻
508	4237	1	M	I		3	抹		1021	4287	1	T	ANG		1	釘		1424	4338	1	L	I	EH	4	燦
537	4238	1	M	I		3	眼		1031	4288	1	T	ANG		2	宿		1423	4339	1	L	I	AU	4	擣
547	4239	1	M	I		3	悶		1041	4289	1	T	ANG		3	牚		1431	4340	1	L	I	AU	4	廢
550	4240	1	M	I		3	悶		1054	4290	1	T	ANG		1	比		1439	4341	1	L	I	AU	4	撩
549	4241	1	M	I		3	渭		1053	4291	1	T	UNG		4	太		1441	4342	1	L	I		4	濂
574	4242	1	M	U		4	睦		1061	4292	1	T	I		4	遇		1453	4343	1	L	I	OU	4	樑
594	4244	1	F	EI		2	縫		1064	4293	1	T	I		2	疫			4344						
									1071	4294	1	T	I		2	泄									

I.D.	RANK	FREQ	P1	P2	P3	T	CHAR	I.D.	RANK	FREQ	P1	P2	P3	T	CHAR	I.D.	RANK	FREQ	P1	P2	P3	T	CHAR
1466	4345	1	L	I		2		1919	4395	1	K	U	EI	4		2274	4445	1	J	I		4	
1486	4346	1	L	I	AN	3		1921	4396	1	K	U	EI	4		2273	4446	1	J	I		4	
1489	4347	1	L	I	UN	2		1930	4397	1	K	U	UN	3		2276	4447	1	J	I		4	
1492	4348	1	L	I	UN	4		1932	4398	1	K	U	ANG	1		2275	4448	1	J	I		4	
1501	4349	1	L	I	ANG	3		1934	4399	1	K	U	ANG	2		2277	4449	1	J	I	A	1	
1519	4350	1	L	I	UNG	2		1950	4400	1	H	U		1		2284	4450	1	J	I	A	2	
1518	4351	1	L	I	UNG	2		1965	4401	1	H	UH		2		2291	4451	1	J	I	A	4	
1555	4352	1	L	U		2		1967	4402	1	H	AI		4		2290	4452	1	J	I	A	4	
1554	4353	1	L	U	O	4		1983	4403	1	H	AU		2		2302	4453	1	J	I	EH	2	
1535	4354	1	L	U	O	4		1993	4404	1	H	AU		2		2323	4454	1	J	I	EH	2	
1546	4355	1	L	U		4		1992	4405	1	H	AU		4		2324	4455	1	J	I	EH	4	
1584	4356	1	L	U	UNG	2		1994	4406	1	H	AN		2		2336	4456	1	J	I	AU	2	
1590	4357	1	L	Y		2		2002	4407	1	H	AN		1		2350	4457	1	J	I	AU	3	
1592	4358	1	L	Y	AN	2		2014	4408	1	H	AN		4		2366	4458	1	J	I	OU	3	
1610	4359	1	L	Y	UN	2		2021	4409	1	H	AN		4		2365	4459	1	J	I	OU	3	
1611	4360	1	G	A		2		2037	4410	1	H	AN		4		2374	4460	1	J	I	OU	4	
1614	4361	1	G	UH		2		2054	4411	1	H	U		2		2380	4461	1	J	I	AN	1	
1621	4362	1	G	UH		4		2064	4412	1	H	U		2		2387	4462	1	J	I	AN	1	
1629	4363	1	G	AU		1		2067	4413	1	H	U		2		2389	4463	1	J	I	AN	2	
1650	4364	1	G	AU		4		2066	4414	1	H	U		4		2400	4464	1	J	I	AN	4	
1653	4365	1	G	AN		2		2075	4415	1	H	U		4		2403	4465	1	J	I	AN	1	
1654	4366	1	G	AN		3		2076	4416	1	H	U		4		2402	4466	1	J	I	UN	2	
1675	4367	1	G	AN		4		2083	4417	1	H	U		4		2438	4467	1	J	I	UN	4	
1678	4368	1	G	AN		4		2105	4418	1	H	U		5		2461	4468	1	J	I	ANG	1	
1677	4369	1	G	AN		1		2118	4419	1	H	U		2		2468	4469	1	J	I	UNG	1	
1683	4370	1	G	ANG		3		2137	4420	1	H	U		4		2488	4470	1	J	I	UNG	1	
1704	4371	1	G	U		1		2143	4421	1	H	U		4		2490	4471	1	J	I	UNG	3	
1717	4372	1	G	U		1		2149	4422	1	H	U		3		2497	4472	1	J	Y		1	
1726	4373	1	G	U		3		2152	4423	1	H	U	EI	2		2508	4473	1	J	Y		2	
1731	4374	1	G	U		4		2151	4424	1	H	U	EI	4		2520	4474	1	J	Y		4	
1733	4375	1	G	U		4		2153	4425	1	H	U	AN	1		2519	4475	1	J	Y		4	
1743	4376	1	G	U	A	1		2156	4426	1	H	U	AN	2		2541	4476	1	J	Y		3	
1747	4377	1	G	U	A	4		2161	4427	1	H	U	AN	2		2525	4477	1	J	Y		4	
1752	4378	1	G	U	O	1		2174	4428	1	H	U	AN	2		2543	4478	1	J	Y		4	
1756	4379	1	G	U	O	4		2177	4429	1	H	U	UN	2		2560	4479	1	J	I		2	
1765	4380	1	G	U	AI	3		2178	4430	1	H	U	ANG	2		2559	4480	1	Q	I		2	
1770	4381	1	G	U	EI	1		2176	4431	1	H	U	ANG	2		2561	4481	1	Q	I	EH	2	
1775	4382	1	G	U	EI	1		2194	4432	1	H	U	ANG	2		2577	4482	1	Q	I	EH	4	
1778	4383	1	G	U	EI	3		2193	4433	1	H	U	ANG	4		2618	4483	1	Q	I	AU	1	
1777	4384	1	G	U	EI	3		2196	4434	1	H	U	UNG	2		2624	4484	1	Q	I	AN	1	
1795	4385	1	G	U	EI	4		2217	4435	1	H	U	UNG	2		2638	4485	1	Q	I	AN	2	
1833	4386	1	G	U	AN	1		2219	4436	1	J	I		1		2649	4486	1	Q	I	UN	1	
1835	4387	1	K	UH		3		2220	4437	1	J	I		3		2664	4487	1	Q	I	UN	1	
1841	4388	1	K	UH		3		2221	4438	1	J	I		1		2685	4488	1	Q	I		2	
1852	4389	1	K	AI		3		2242	4439	1	J	I		2		2649	4489	1	Q	I		3	
1882	4390	1	K	ANG		1		2221	4440	1	J	I		2		2685	4490	1	Q	I		1	
1887	4391	1	K	U		4		2245	4441	1	J	I		1		2707	4491	1	Q	I		1	
1886	4392	1	K	U		1		2244	4442	1	J	I		2		2710	4493	1	Q	I		1	
1905	4394	1	K	U	AI	4		2254	4444	1	J	I		3			4494	1	Q	I	UN	4	

I.D.	RANK	FREQ	P1	P2	P3	T	CHAR	I.D.	RANK	FREQ	P1	P2	P3	T	CHAR	I.D.	RANK	FREQ	P1	P2	P3	T	CHAR
2720	4495	1	Q	I	ANG	2	牪	3232	4545	1	ZH	UN		4	斟	3741	4595	1	SH	U		1	拣
2724	4496	1	Q	I	ANG	4	嗆	3240	4546	1	ZH	UN		1	肫	3767	4596	1	SH	U		4	澍
2731	4497	1	Q	I	UNG	1	青	3248	4547	1	ZH	ANG		4	瘴	3808	4597	1	R	AN		2	髯
2748	4498	1	Q	Y		1	方	3251	4548	1	ZH	ANG		3	磔	3822	4598	1	R	ANG		2	攘
2778	4499	1	Q	Y	UNG	1	窘	3261	4549	1	ZH	ANG		1	漲	3832	4599	1	R	U		4	哪
2777	4500	1	Q	Y	UNG	1	穷	3286	4550	1	ZH	U		1	朱	3842	4600	1	R	U		4	蓐
2805	4501	1	X	I		1	晞	3289	4551	1	ZH	U		1	珠	3846	4601	1	R	U	O	4	箬
2814	4502	1	X	I		1	媳	3288	4552	1	ZH	U		2	铢	3863	4602	1	R	U		1	蠕
2818	4503	1	X	I		3	徙	3290	4553	1	ZH	U		2	铸	3862	4603	1	R	U	EI	4	锐
2842	4504	1	X	I		2	磎	3297	4554	1	ZH	U		2	逐	3870	4604	1	R	U	UNG	2	茸
2851	4505	1	X	I	A	2	觉	3302	4555	1	ZH	U		2	滁	3872	4605	1	R	U	UNG	2	絨
2857	4506	1	X	I	A	1	煦	3313	4556	1	ZH	U		3	杵	3881	4606	1	Z	A		1	咂
2859	4507	1	X	I	EH	2	袖	3315	4557	1	ZH	U		3	煮	3883	4607	1	Z	A		1	匝
2870	4508	1	X	I	EH	4	邂	3331	4558	1	ZH	U	A	1	挝	3891	4608	1	Z	UH		4	痃
2882	4509	1	X	I	AU	1	梟	3332	4559	1	ZH	U	O	1	捉	3919	4609	1	Z	OU		1	诹
2884	4510	1	X	I	AU	1	蕭	3356	4560	1	ZH	U	AI	3	箠	3924	4610	1	Z	AN		2	糌
2894	4511	1	X	I	AU	4	哨	3366	4561	1	ZH	U	ANG	1	莊	3928	4611	1	Z	AN		4	数
2898	4512	1	X	I	OU	4	绣	3369	4562	1	ZH	U	ANG	3	奘	3938	4612	1	Z	ANG		1	牂
2925	4513	1	X	I	AN	4	陷	3391	4563	1	ZH	U		4	鑄	3943	4613	1	Z	U		1	呎
2931	4514	1	X	I	AN	2	啣	3397	4564	1	CH	U		3	咻	3948	4614	1	Z	U		2	崒
2944	4515	1	X	I	AN	3	跣	3396	4565	1	CH	U		4	亡	3964	4615	1	Z	U		4	最
2954	4516	1	X	I	UN	1	熏	3398	4566	1	CH	U		4	放	3966	4616	1	Z	U		4	次
2981	4517	1	X	I	UN	4	蕈	3411	4567	1	CH	U	A	1	抓	3984	4617	1	Z	AU		4	皂
2992	4518	1	X	I	ANG	4	饗	3418	4568	1	CH	U	UH	4	龊	3986	4618	1	C	AI		1	偲
3012	4519	1	X	I	UNG	1	胸	3447	4569	1	CH	U	AN	2	佢	3993	4619	1	C	UN		2	岑
3023	4520	1	SH	A		3	嚮	3446	4570	1	CH	U	AN	1	梅	3997	4620	1	C	OU		1	鄒
3025	4521	1	SH	UH		4	攉	3452	4571	1	CH	U	AN	2	橄	4022	4621	1	C	OU		2	簇
3032	4522	1	SH	UH		4	煞	3469	4572	1	CH	U	ANG	2	橱	4034	4622	1	C	AN		2	残
3035	4523	1	SH	UH		4	厦	3482	4573	1	CH	U	ANG	4	怆	4046	4623	1	C	AN		4	帐
3037	4524	1	SH	UH	EH	1	奢	3499	4574	1	CH	U	ANG	3	闯	4048	4624	1	C	AN		4	烂
3045	4525	1	SH	UH	AI	1	筛	3501	4575	1	CH	U	UNG	2	忡	4065	4625	1	C	ANG		1	苍
3051	4526	1	SH	UH	OU	2	焉	3502	4576	1	CH	U	UNG	1	铳	4079	4626	1	C	ANG		2	馀
3060	4527	1	SH	UH	OU	4	獸	3504	4577	1	CH	U	UNG	3	宠	4103	4627	1	C	U		4	煉
3067	4528	1	SH	UH	AN	1	搧	3524	4578	1	CH	U		4	犋	4105	4628	1	S	A		1	灰
3101	4529	1	SH	UH	ANG	4	晌	3528	4579	1	CH	U		4	炊	4121	4629	1	S	AI		1	腮
3108	4530	1	ZH	A		3	址	3534	4580	1	SH	A		2	锸	4133	4630	1	S	OU		4	愁
3129	4531	1	ZH	A		3	炸	3540	4581	1	SH	UH		4	酚	4137	4631	1	S	OU		2	俗
3128	4532	1	ZH	A		4	蚱	3563	4582	1	SH	AI	AI	1	摑	4161	4632	1	S	U		1	栘
3130	4533	1	ZH	A		4	塋	3590	4583	1	SH	AN		4	庞	4167	4633	1	S	U		2	檎
3147	4534	1	ZH	UH		1	蛋	3614	4584	1	SH	AN		4	栓	4174	4634	1	S	U		4	哂
3150	4535	1	ZH	UH		4	柘	3616	4585	1	SH	AN		2	栨	4178	4635	1	S	U		5	議
3149	4536	1	ZH	UH		4	蔗	3617	4586	1	SH	A	EI	2	鸣	4202	4636	1	S	U		4	惠
3151	4537	1	ZH	UH		4	磴	3626	4587	1	SH	UH		1	舆	4214	4637	1	S	U		4	杪
3162	4538	1	ZH	AI		2	翟	3632	4588	1	SH	UH	EI	2	鲑	4231	4638	1	S	U		2	孙
3200	4539	1	ZH	OU		4	昼	3642	4589	1	SH	UH	AI	1	楫	4234	4639	1	UH	A		4	曖
3207	4540	1	ZH	AN		4	旗	3678	4590	1	SH	UH	OU	4	绶	4233	4640	1	UH	AI		4	暧
3221	4541	1	ZH	AN		4	谏	3677	4591	1	SH	UH	AN	3	掺	4240	4641	1	UH	AN		4	按
3220	4542	1	ZH	AN		4	颤	3687	4592	1	SH	UH	AN	4	骟	4243	4642	1	AI	AN		3	捱
3230	4543	1	ZH	AN		4	湛	3689	4593	1	SH	UH	UNG	1	菘	4253	4643	1	AU			3	拗
	4544	1	ZH	UN		1	拵	3739	4594	1	SH	U		1	樗		4644	1				1	熬

I.D.	RANK	FREQ	P1	P2	P3	T	CHAR
4256	4645	1	AU			2	遊
4258	4646	1	AU			2	慶
4271	4647	1	OU			3	聰
4270	4648	1	OU			1	唯
4276	4649	1	AN			4	庵
4278	4650	1	AN			1	諸
4289	4651	1	ANG			4	畫
4320	4652	1	I			2	憂
4322	4653	1	I			4	飴
4362	4654	1	I			2	刈
4361	4655	1	I			4	誥
4364	4656	1	I			4	懿
4363	4657	1	I			4	詰
4366	4658	1	I			4	浥
4365	4659	1	I			4	螠
4367	4660	1	I	A		4	腋
4382	4661	1	I	EH		3	洟
4402	4662	1	I	AU		4	燁
4409	4663	1	I	AU		1	唔
4419	4664	1	I	AU		2	倘
4423	4665	1	I	AU		3	諂
4422	4666	1	I	AU		3	香
4428	4667	1	I	OU		4	鶖
4455	4668	1	I	AN		2	祐
4482	4669	1	I	AN		3	庵
4489	4670	1	I	AN		4	匯
4491	4671	1	I	AN		2	宴
4506	4672	1	I	UN		4	朕
4518	4673	1	I	UN		2	汪
4517	4674	1	I	ANG		1	椏
4531	4675	1	I	ANG		4	樣
4547	4676	1	I	UNG		4	慇
4559	4677	1	I	UNG		1	傀
4569	4678	1	I	UNG		2	瀧
4572	4679	1	I	UNG		2	薇
4571	4680	1	I	UNG		2	滙
4590	4681	1	I			3	慄
4598	4682	1	U	O		3	悵
4600	4683	1	U	EI		1	嵩
4623	4684	1	U	EI		1	藏
4635	4685	1	U	EI		2	俚
4637	4686	1	U	EI		3	澀
4650	4687	1	U	AN		1	烽
4658	4688	1	U	AN		3	蜿
4680	4689	1	U	UN		1	啦
4692	4690	1	U			4	粢
4709	4691	1	U	ANG		3	烟
4717	4692	1	U	ANG		3	殤
4724	4693	1	U	UNG		3	黃
4747	4694	1	Y			2	袤
4749	4695	1	Y			2	金
4788	4696	1	Y			4	弒
4787	4697	1	Y			4	憩
4790	4698	1	Y			4	挈
4789	4699	1	Y			4	弒
4801	4700	1	Y	EH		4	應
4829	4701	1	Y	AN		4	瘥
4836	4702	1	Y	UN		2	拄
4835	4703	1	Y	UN		2	蘑
4838	4704	1	Y	UN		2	葫
4837	4705	1	Y	UN		2	餛
4844	4706	1	Y	UNG		4	薑
4850	4707	1	Y	UNG		1	薑
4861	4708	1	Y	UNG		3	慝

Interdisciplinary Systems Research
Birkhäuser Verlag, Basel und Stuttgart

ISR 40
David Canfield Smith
PYGMALION: A Computer Program to Model and Stimulate Creative Thought

ISR 41
Friedrich Niehaus
Computersimulation langfristiger Umweltbelastung durch Energieerzeugung

ISR 42
Christian Konig (Herausgeber)
Energiemodelle für die Bundesrepublik Deutschland

ISR 46
Wolfgang Birkenfeld
Methoden zur Analyse von kurzen Zeitreihen

ISR 47
Takeo Kanade
Computer recognition of human faces

ISR 48
Erwin Grochla / Wolfgang Bauer / Herbert Fuchs / Helmut Lehmann / Wolfgang Vieweg
Zeitvarianz betrieblicher Systeme

ISR 49
Derek W. Bubb / Howard Thomas
Formal Methods in Policy Formulation

ISR 50
Gisela Arndt
Planung und statistische Auswertung von Computersimulationen interdependenter Modelle mit verzögerten endogenen Variablen

ISR 51
Karl A. Stroetmann (Editor)
Innovation, Economic Change and Technology Policies

ISR 52
Peter Sokolowsky
Grundlagen der Rechnertechnik mit einer Einführung in Mikroprozessoren

ISR 53
Claude Jablon / Jean Claude Simon
Application des modèles numériques en physique

ISR 54
Reinhard Klein
Nutzenbewertung in der Raumplanung

ISR 55
Luder Bach
Methoden zur Bestimmung von Standorten und Einzugsbereichen zentraler Einrichtungen

ISR 56
Derek W. Bunn
The Synthesis of Forecasting Models in Decision Analysis

ISR 57
Constantin V. Negoita
Management Applications of System Theory

ISR 58
William S. Faught
Motivation and Intentionality in a Computer Simulation Model of Paranoia

ISR 59
Bertold Wissebach
Entscheidungen der Produktionsplanung mit einer Sammlung von BASIC-Programmen

ISR 60
Peter Diekmann / Heribert Leppert
Planspiel und Planspiel-Simulation in der Raumplanung. Text – Spiele – Literatur

ISR 61
Michael Wegener
Mensch-Maschine-Systeme für die Stadtplanung

ISR 62
Günter Halbritter
Multidimensionale Optimierung bei der Standortwahl von grosstechnischen Anlagen

ISR 63
Gerhard Knolmayer
Programmierungsmodelle für die Produktionsprogrammplanung – Ein Beitrag zur Methodologie der Modellkonstruktion

ISR 64
Michael G. Strobel
CS-PAL. Compact Statistics Programs for an Analytical Library (or rather) Computerized Statistics for the Poor and Lazy

ISR 65
Kurt Schmitz
Langfristplanung in der Energiewirtschaft – Eine Computersimulation für die BRD

ISR 66
David L. Székely
UNICODE. Ein Verfahren zur Optimierung der begrifflichen Gehirnleistung

ISR 67
Tim O'Shea
Self-Improving Teaching Systems

ISR 68
Bernhelm Booss / Mogens Niss (Editors)
Mathematics and the Real World

ISR 69
Jürgen Seetzen / Rolf Krengel / Gert von Kortzfleisch (Herausgeber)
Makroökonomische Input-Output-Analysen und dynamische Modelle zur Erfassung technischer Entwicklungen

ISR 70
Edmond Bianco
Informatique Fondamentale. De la machine de turing aux ordinateurs modernes

ISR 71
Gisela Morlock-Rahn
WASSIM. Computersimulation von Wasserversorgung und Abwasserentsorgung in Verdichtungsräumen

ISR 72
Ching Y. Suen
Computational Analysis of Mandarin

GPSR Compliance
The European Union's (EU) General Product Safety Regulation (GPSR) is a set of rules that requires consumer products to be safe and our obligations to ensure this.

If you have any concerns about our products, you can contact us on

ProductSafety@springernature.com

In case Publisher is established outside the EU, the EU authorized representative is:

Springer Nature Customer Service Center GmbH
Europaplatz 3
69115 Heidelberg, Germany

www.ingramcontent.com/pod-product-compliance
Lightning Source LLC
LaVergne TN
LVHW010342260326
834688LV00036B/837